Marketing für Ingenieure

mit vielen spannenden Beispielen aus der Unternehmenspraxis

von
Prof. Dr. Helmut Kohlert

3., aktualisierte und erweiterte Auflage

Oldenbourg Verlag München

Prof. Dr. Helmut Kohlert studierte Wirtschaftswissenschaften an der Universität Hohenheim. Anschließend promovierte er mit einer Arbeit zum Thema „Auswirkungen der Globalisierung auf die Automobilzulieferindustrie". Heute ist Helmut Kohlert als Berater und Seminarleiter für technisch orientierte Unternehmen tätig. Schwerpunkte seiner Tätigkeit sind B2B-Marketing, Internationales Marketing und Entrepreneurship, jeweils für Ingenieure.

Bibliografische Information der Deutschen Nationalbibliothek

Die Deutsche Nationalbibliothek verzeichnet diese Publikation in der Deutschen Nationalbibliografie; detaillierte bibliografische Daten sind im Internet über http://dnb.d-nb.de abrufbar.

© 2013 Oldenbourg Wissenschaftsverlag GmbH
Rosenheimer Straße 145, D-81671 München
Telefon: (089) 45051-0
www.oldenbourg-verlag.de

Das Werk einschließlich aller Abbildungen ist urheberrechtlich geschützt. Jede Verwertung außerhalb der Grenzen des Urheberrechtsgesetzes ist ohne Zustimmung des Verlages unzulässig und strafbar. Das gilt insbesondere für Vervielfältigungen, Übersetzungen, Mikroverfilmungen und die Einspeicherung und Bearbeitung in elektronischen Systemen.

Lektorat: Dr. Gerhard Pappert
Herstellung: Tina Bonertz
Titelbild: thinkstockphotos.de
Einbandgestaltung: hauser lacour
Gesamtherstellung: Grafik & Druck GmbH, München

Dieses Papier ist alterungsbeständig nach DIN/ISO 9706.

ISBN 978-3-486-70790-8
eISBN 978-3-486-59513-0

Vorwort

Warum ein Marketing-Buch für Ingenieure in der dritten Auflage? Fragen Sie einen Techniker, wie hoch die Schichtdicke nach der Oberflächenbeschichtung mit einem Pulver ist. Er wird Ihnen antworten „7µ", wenn er sich unsicher ist, fügt er eine Toleranz von „± 3µ" dazu. Fragen Sie dies einen Kaufmann, wenn man einmal von einem Buchhalter und einem Controller absieht, z. B. jemanden aus dem Marketing oder gar dem Vertrieb, wird er antworten „Für Ihre Zwecke ausreichend". Im Gegensatz zum Techniker ist der Kaufmann aus seiner Ausbildung heraus nicht gewohnt, sich präzise auszudrücken. Sagen wir es direkt: Techniker und Kaufleute leben in getrennten Welten. Ihr Denken und Handeln ist unterschiedlich, und sie sprechen nicht dieselbe Sprache. Die Verständigung ist schwierig. Techniker haben oft kein Gespür für den Markt, sie entwickeln „am Markt vorbei", sie wissen häufig nicht, wie man „sich und sein Produkt verkauft". Kaufleute betrachten moderne Technologien vielfach als eine „schwarze Magie", die sie nur oberflächlich verstehen. Allzu oft führt das zu strategischen Fehlentscheidungen und Misserfolgen im Unternehmen.

Dieses Buch hilft Technikern und Wissenschaftlern, die Realität der Geschäftswelt besser zu verstehen. Es gibt Einblick in die herrschenden Marktgegebenheiten. Techniker können sich hier mit Wegen und Mitteln zum kommerziellen Erfolg vertraut machen und lernen, technische Marktangebote und Prozesse strategisch zu bewerten. Marketing für Ingenieure unterstützt Techniker, ein Gefühl für Marketingprobleme zu entwickeln und eine Welt zu verstehen, aus der sie nicht kommen, mit der sie aber konfrontiert werden und in der sie sich unverhofft wiederfinden.

Dieses Buch konnte nur durch die Unterstützung verschiedener Unternehmen entstehen. Ganz herzlich danke ich den Herren Dipl.-Ing. Ralf Stoffels von der ADVANTEST Europe GmbH, Herrn David Pfänder von der Wolf & Müller Regionalbau GmbH, Herrn Yvon Lusseault von der ETAS GmbH sowie Herrn Dipl.-Betriebswirt (FH) Peter Glatz von der Robert Bosch GmbH für ihre Bereitschaft, Fallbeispiele und Informationen für dieses Buch zur Verfügung zu stellen.

Wesentliche Hilfe bei der Überarbeitung ist mir durch meine Assistentin Dipl.-Kff. Irina Rempel sowie durch meinen ehemaligen Assistenten Andreas Steinwandt, M.Sc., B.A., zuteil geworden. Beiden schulde ich meinen Dank.

Mein besonderer Dank gilt den Mitarbeitern des Oldenbourg Verlages, die dieses Buch möglich gemacht haben, sie waren mit wertvollen Hinweisen während der Entstehungsphase eine große Hilfe.

Esslingen　　　　　　　　　　　　　　　　　　　　　　　　　　　　　　　　　　Helmut Kohlert

Inhalt

Vorwort V

1 Marketing – Motor für Wachstum 1

1.1 Bedeutung von Marketing für den Unternehmenserfolg 1
1.1.1 Marketing-Umfeld in turbulenten Zeiten 1
1.1.2 Grundbegriffe und Kernaufgaben im Marketing 8
1.1.3 Besonderheiten im Business-to-Business-Marketing 13
1.1.4 Marketing-Kenntnisse für den Vertrieb 17
1.2 Unternehmerisches Denken und Handeln 19
1.2.1 Grundorientierungen des Unternehmens 19
1.2.2 Marktorientiertes Denken 21
1.3 Strategische Ausrichtung des Unternehmens 25
1.3.1 Ziele als Ergebnisse von Visionen 25
1.3.2 Umsetzung der Ziele über Strategien 29
1.3.3 Maßnahmen realisieren Strategien 33
1.3.4 Erstellung einer Marketing-Konzeption 36

2 Marktforschung und Business Intelligence 41

2.1 Marktinformationen als Grundlage von Entscheidungen 41
2.1.1 Rolle der Information im Marketing 41
2.1.2 Analyse des Umfelds 44
2.1.3 Prozess der Marktforschung 47
2.1.4 Formen der Informationsbeschaffung 49
2.2 Ablauf eines Marktforschungsprojekts 54
2.2.1 Problemstellung, Zielsetzung und Forschungsansatz 54
2.2.2 Design des Marktforschungsprojekts 58
2.2.3 Empirie und Handlungsempfehlungen 63
2.3 Erhebungsmethoden im Field Research 67
2.3.1 Befragung als bedeutendes Erhebungsinstrument 67
2.3.2 Experteninterviews als besondere Form der Befragung 71
2.3.3 Blick in die Zukunft mit der Szenario-Technik 73
2.3.4 Business Intelligence – Marktforschung im Technologieumfeld 76
2.3.5 Marktforschung in der Praxis 80

3	**Angewandte Methoden im Marketing**	**85**
3.1	Situationsanalyse im Unternehmen	85
3.1.1	Analyse des Geschäftsmodells	85
3.1.2	7-S-Modell von McKinsey	88
3.1.3	Kernkompetenzen als Grundlage von Stärken	90
3.1.4	Stärken/Schwächen-Profil	95
3.1.5	Marketing Screening – Arbeiten mit Checklisten	96
3.1.6	Analyse der externen Marktkräfte	98
3.2	Branchenanalyse und Branchentrends	105
3.2.1	Eintritts- und Austrittsbarrieren in eine Branche	105
3.2.2	Macht in der Wertekette in einer Branche	110
3.2.3	Branchenstrukturanalyse nach Porter	113
3.3	Marktanalyse	119
3.3.1	Marktpotenzial	119
3.3.2	Produktlebenszyklus-Analyse	121
3.4	Adaptionszyklen in Technologie-Märkten	128
3.4.1	Unterschiedliche Kundenwerte im Adaptionszyklus	128
3.4.2	Lücken im Adaptionszyklus	131
3.4.3	Unterschiedliche Kundentypen im Adaptionszyklus	134
3.5	Wettbewerbsanalyse	138
3.5.1	Klassische Wettbewerbsanalyse	138
3.5.2	Benchmarking und Best-Practices	144
3.5.3	Praxisfall: „Wargaming" bei der ETAS GmbH	146
3.6	Kundenanalyse	150
3.6.1	Klassifizierung von Kunden	150
3.6.2	Kundenwertanalyse	154
3.7	Strategische Analysen	158
3.7.1	SWOT-Analyse	158
3.7.2	Portfolio-Ansätze	163
3.8	Marketing-Audit	174
4	**Produktpositionierung im Wettbewerb**	**179**
4.1	Marktsegmentierung und Zielmarktbestimmung	179
4.1.1	Aufteilung des Marktes in Teilmärkte	179
4.1.2	Marktsegmentierung im B2B-Markt	184
4.1.3	Identifikation der relevanten Zielmärkte	186
4.1.4	Praxisfall: Marktsegmentierung in der Automobilzuliefererindustrie	190
4.2	Differenzierung durch Alleinstellungsmerkmale	192
4.2.1	Möglichkeiten der Differenzierung	192
4.2.2	Macht der Marke im B2B-Marketing	193

4.3	Positionierung von Marktangeboten	197
4.3.1	Begriff der Positionierung	197
4.3.2	Praxisfall: Positionierung und Preisgestaltung eines skalierbaren Plattformprodukts bei ADVANTEST	202
4.4	Positionierung der Zulieferer	206
4.4.1	Optionen für die Positionierung	206
4.4.2	OEM-Option für die Positionierung des Zulieferers	209

5 Aufbau von Marketing-Strategien — 213

5.1	Notwendigkeit einer strategischen Neuausrichtung	213
5.2	Strategien für Wachstum	217
5.2.1	Produkt/Markt-Strategien nach Ansoff	217
5.2.2	Wachstum mit eigenen Ressourcen	219
5.2.3	Wachstum durch Kooperation	221
5.3	Strategische Grundmuster nach Porter	225
5.3.1	Grundsätzliche strategische Alternativen	225
5.3.2	Nischenstrategie als typische Mittelstandsstrategie	230
5.4	Wettbewerbsstrategien	233
5.4.1	Klassische Wettbewerbsstrategien	233
5.4.2	Strategien des Marktführers	234
5.4.3	Strategien des Herausforderers und des Verfolgers	237
5.5	Formulierung einer Marketing-Strategie	240
5.6	Risikomanagement im strategischen Marketing	245
5.6.1	Identifikation und Bewertung von Risiken	245
5.6.2	Risikosteuerung	248

6 Marketing von Innovationen — 251

6.1	Bedeutung von Innovationen	251
6.1.1	Innovationen im Unternehmen	251
6.1.2	Innovationen und Marketing	254
6.1.3	Besondere Situation bei Innovationen im Technologieumfeld	259
6.2	Strategische Bedeutung für das Unternehmen	262
6.2.1	Bedeutung von Pioniervorteilen	262
6.2.2	„Lock-in" als Option bei Innovationen	265
6.3	Management von neuen Geschäftsgelegenheiten	269
6.3.1	Erkennen neuer Geschäftsgelegenheiten	269
6.3.2	Suche nach attraktiven Märkten	272
6.3.3	Referenzkunden als kritischer Erfolgsfaktor	275

7	**Umsetzung von Marketing-Strategien**	**277**
7.1	Formelle Umsetzung von Strategien	277
7.1.1	Ziele, Strategien und Maßnahmen	277
7.1.2	Mitnehmen der Mitarbeiter bei Veränderungen	281
7.2	Ausgestaltung der Vertriebsprozesse	285
7.2.1	Vertriebsprozesse in der Kundenakquisition	285
7.2.2	Praxisfall: Vom passiven zum aktiven Vertrieb bei WOLFF & MÜLLER Regionalbau	289
7.3	Vorgehensweise im Neukundenvertrieb	292
7.3.1	„Business Initiatives" als Ausgangspunkt	292
7.3.2	Qualifizierung möglicher „Targets"	295
7.3.3	„Value Proposition" – Unternehmenswerte treffen Kundenbedürfnisse	296
7.3.4	Analyse von Geschäftsgelegenheiten	302
7.3.5	Finales Marktangebot, Entscheidung und After-Sales Service	306
7.4	Entscheidungsfindung im „Buying Center"	310
7.4.1	„Buying Center" im B2B-Markt	310
7.4.2	Rollen im „Buying Center"	313
7.4.3	Vertriebsarbeit mit dem „Buying Center"-Konzept	315
7.5	Kundenmanagement	317
7.5.1	„Customer Relationship Management" als Brücke vom Marketing zum Verkauf	317
7.5.2	Kunde im Fokus	320
7.5.3	Effiziente Prozesse durch „Blueprinting"	326
8	**Einsatz der Marketing-Instrumente**	**331**
8.1	Interdependenzen auf Maßnahmenebene	331
8.2	Marktangebote für den Kunden	333
8.2.1	Bestandteile des Marktangebots	333
8.2.2	Einsatz von neuen Serviceleistungen	336
8.2.3	Praxisfall: Erklärungsbedürftiges Marktangebot bei der Robert Bosch GmbH	339
8.3	Preisbildung	346
8.3.1	Preispolitische Strategien	346
8.3.2	Einflussfaktoren auf den Preis	348
8.3.3	Unterschiedliche Methoden der Preisbildung	354
8.3.4	Ausgewählte Vorgehensweisen zur Bestimmung des optimalen Preises	357
8.4	Vertriebswege zum Kunden	361
8.4.1	Formen von Vertriebswegen	361
8.4.2	Auswahl der richtigen Vertriebswege	363
8.4.3	Empfehlungsmanagement im Vertriebsprozess	365
8.5	Kommunikation mit dem Kunden	368
8.5.1	Kommunikation im B2B-Markt	368
8.5.2	Kommunikationsmaßnahmen in der Umsetzung	372

8.5.3	Verkäufer – das Scharnier zum Kunden	375
8.5.4	Verkaufsförderung	379
8.5.5	Praxisfall: Umsetzung einer Marketing-Strategie bei der Robert Bosch GmbH	381

Glossar über wichtige Fachbegriffe im Marketing   **385**

Literaturhinweise   **401**

Stichwortverzeichnis   **409**

1 Marketing – Motor für Wachstum

1.1 Bedeutung von Marketing für den Unternehmenserfolg

1.1.1 Marketing-Umfeld in turbulenten Zeiten

Ist ein Unternehmen zufällig besser als andere? Nirgendwo ist das einfacher zu sehen als in der Bewertung von Investmentfonds. Wählt man eine einheitliche und damit vergleichbare Kategorie, z.B. „Aktienfonds Global" aus, stellt man fest, dass der Fond „Investissement" von Carmignac in den letzten drei und in den letzten fünf Jahren deutlich besser in der Leistung war als etwa ein entsprechender Fonds anderer Anbieter. Doch lässt das auch Rückschlüsse auf die zukünftige Entwicklung zu? Glaubt man daran, dass Erfolg kein Produkt des Zufalls ist, sondern das Ergebnis guter Planung, dann kann man sehr wohl zum Schluss kommen: Erfolg ist sehr stark mit dem Markt verbunden. Wenn ein Investmentfonds über 20 Jahre gute Ergebnisse erreicht, dann spricht einiges dafür, dass er sie auch in der Zukunft erzielen kann. Wie bei einem Investmentfonds müssen auch Unternehmen in die richtigen Marktangebote und Märkte investieren. So, wie sich der Anleger für den Fonds von Carmignac und damit ganz bewusst gegen den anderer Anbieter entscheidet, stehen auch hier solche Entscheidungen an.

Um letztendlich eine Auswahlentscheidung treffen zu können, muss allerdings auch das gesamte Umfeld bewertet werden. Ist die Entscheidung für „Aktienfonds Global" falsch, etwa weil man vermutet, dass Wachstum in den nächsten Jahren nur in Nischen stattfindet, dann ist die Auswahl des besten unter insgesamt schwachen Fonds kein großer Trost.

Diese Einflussfaktoren aus dem **Umfeld** auf das Marktgeschehen sind nicht in jedem Land gleich ausgeprägt, große Unterschiede bestehen etwa im ökologische Bewusstsein. Auch kann z. B. die Rechtsprechung in einem Land gravierende Auswirkungen auf das Unternehmen haben, wohingegen sie in einem anderen Land das Unternehmen nicht tangiert. Mehr und mehr prägt die Rechtsprechung das Handeln der Akteure im Wirtschaftsleben, diese Jurisdiktion resultiert längst nicht mehr nur aus nationalen Vorgaben. Man denke nur an die mitunter tiefgreifenden Anpassungen nationalen Rechts an das EU-Recht Die Gesellschaft wird zweifelsohne bunter, so wie die Wirtschaft globaler wird. Die ökonomische Entwicklung ist immer schwerer vorherzusehen, Krisen in einzelnen Ländern haben sehr schnell globale Auswirkungen. Die Entwicklungsmöglichkeiten in den unterschiedlichen Technologien scheinen noch gar nicht wirklich absehbar zu sein.

Abb. 1.1: Umfeldfaktoren beeinflussen Entscheidungen im Marketing

All diese unterschiedlichen Dimensionen wirken sich auf den Markt aus und müssen mit ihren Entwicklungsrichtungen bei Marketingentscheidungen berücksichtigt werden. Diese und andere Entwicklungen werden als die **„Neue Normalität"** im Markt bezeichnet:[1]

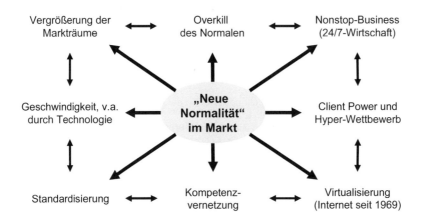

Abb. 1.2: „Neue Normalität" im Markt

---

[1] Vgl. Scheuss, 2009, S. 16 ff.

1.1 Bedeutung von Marketing für den Unternehmenserfolg

Trends, die sich aus dem Umfeld ergeben, sind nichts Neues. Es stellt sich aber die Frage, welcher Trend, wann und in welchem Umfang sich durchsetzt und welche Auswirkungen dies auf das eigene Unternehmen hat. Durch bestimmte Konstellationen geraten Unternehmen immer stärker unter Druck:

- Durch die **verschwommenen Unternehmens- und Branchengrenzen** wird der Wettbewerb intensiver, die Wettbewerber heterogener. Neue Wettbewerber können aus anderen Branchen auf dem eigenen Markt erscheinen.
- **Allgegenwärtige und überschäumende Informationen** bewirken, dass Vorteile aus geschützten Informationen nicht mehr nachhaltig bestehen können.
- **Ansteigende Volatilität in den Marktpositionierungen** reduziert die Durchhaltbarkeit und den Wert der Wettbewerbsvorteile.
- Die **neuen Externalitäten des Geschäfts**, z. B. die ansteigende Bedeutung von sozialen und ökologischen Trends, erschweren die Vorhersagbarkeit von Trends.
- **Neue soziale Verhaltensweisen** wie die ansteigende Mobilität, die abnehmende Kundenloyalität, immer neue Gruppen von Gleichaltrigen, aber auch die ansteigende Informiertheit lassen einen immer komplexer werdenden Markt entstehen.

Seit der Renaissance werden Menschen danach beurteilt, was sie selbst aus sich machen und nicht mehr nach ihrer Zugehörigkeit zu einem adeligen Geschlecht. Das gilt heute auch zunehmend für Unternehmen, die sich in einem ständig und immer schneller **verändernden Umfeld** bewegen müssen: Damit ist ihr Blick in die Zukunft das Entscheidende für den Unternehmenserfolg. Marketing bedeutet immer, den **Blick in die Zukunft** zu wagen, denn heutige Strategien und Maßnahmen wirken sich erst in der Zukunft aus:

heute	in 5 bis 10 Jahren
• Heutige **Kunden**?	• Kunden in 5 oder in 10 Jahren?
• Wichtigste **Vertriebswege** heute?	• Wichtigste Vertriebswege für Endkunden in der Zukunft?
• Wichtigste **Wettbewerber** heute?	• Zukünftige Wettbewerber?
• Auf was basieren die **Deckungsbeiträge** heute?	• Wo liegen die Grundlagen der Deckungsbeiträge der Wertekette in der Zukunft?
• Was ist heute unser **Wettbewerbsvorteil**?	• Was wird in der Zukunft die Grundlage unserer Wettbewerbsvorteile sein?
• Welche Eigenschaften und Fähigkeiten machen uns heute **einzigartig**?	• Welche Fähigkeiten machen uns in der Zukunft „unique"?
• In welchen **Produktmärkten** sind wir heute tätig und erfolgreich?	• Welche Marktangebote werden wir in der Zukunft anbieten?

Abb. 1.3: Blick in die Zukunft

Wirksame Prognosen setzen in vielen Branchen eine enge Verbindung mit dem Kunden voraus, denn die Quellen für Wachstum und Erfolg sind die aktuellen und die zukünftigen Kunden, die bestehende und neue Leistungen bei einem Unternehmen kaufen:

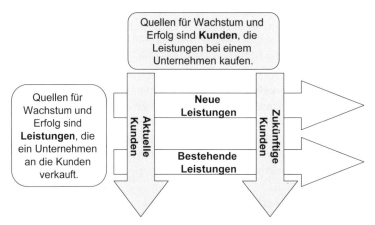

Abb. 1.4: Kunden und Leistungen müssen sich treffen, aktuell und zukünftig

Zu den Klassikern, die frühzeitig darauf hinwiesen, dass Marktangebote immer wieder neu auf die Bedürfnisse von Kunden zugeschnitten werden müssen, gehört der 1960 erschienene Artikel „Marketing Myopia"[1] von Theodore Levitt.[2] Dieser Artikel ist heute noch so aktuell wie damals. In ihm warnt Levitt davor, auf eine vermeintliche „Unsterblichkeit" von Produkten zu bauen, Marketing-Aktivitäten sieht er als unerlässlich für den wirtschaftlichen Erfolg eines Unternehmens an. So führt er wirtschaftliches Wachstum auf ein gutes, kundenbezogenes Management zurück, das immer wieder frühzeitig Probleme erkennt und sich auf sie einstellt. Bedrohtes, gebremstes oder zum Erliegen gekommenes Wachstum führt er nicht nur auf eine Marktsättigung zurück, sondern immer auf Versagen im Management. Als Beispiel für zu kurzsichtiges Denken und Fehler im Management nennt er die Bahn: Die Eisenbahnen sähen sich heute großen Schwierigkeiten gegenüber, weil der Bedarf auch von anderen Anbietern abgedeckt werde (Auto, Flugzeug etc.) und weil sie es den anderen gestattet hätten, in ihre traditionelle Kundschaft einzubrechen. Die Eisenbahnen hätten die Grenzen ihres Industrie- und Geschäftszweigs zu eng gesteckt, ihre Branche falsch definiert: Sie hätten eisenbahnorientiert und nicht transportorientiert gedacht, ihre Politik sei produkt- und nicht kundenbezogen gewesen.[3]

---

[1] Kurzsichtigkeit des Marketings.
[2] Vgl. Levitt.
[3] Vgl. Levitt, S. 45.

1.1 Bedeutung von Marketing für den Unternehmenserfolg

> Heute geht man davon aus, dass die **zentrale Größe des Unternehmens der Kunde** ist und alle Funktionen zusammenwirken müssen, um die Bedürfnisse des Kunden zu befriedigen und ihm reale Kundenwerte anzubieten. Nur solche Leistungen des Unternehmens, in denen der Kunde besondere und neuartige Nutzenvorteile erkennt, schaffen eine Kaufbereitschaft und entkoppeln von einem bloßen Wettbewerb über den Preis. Bei innovativen Leistungen ist das frühe Erfassen der „Stimme des Kunden" entscheidend, um den Erfolg der Markteinführung zu ermöglichen: „Je früher und zuverlässiger die Stimme des Marktes erfasst und genutzt wird, desto wahrscheinlicher ist späterer Markterfolg"[1].

Dabei bleibt der Begriff **„Marketing"** ein Begriff mit vielen Gesichtern, unter dem sich jeder, je nach seiner Betrachtungsweise, etwas anderes vorstellt. In der Praxis bestehen einige Ansichten über die Rolle des Marketings, die vielfältiger gar nicht sein können:[2]

Abb. 1.5: Definitionsalternativen von Marketing

- Es gibt Unternehmen, die **Marketing als Arbeitsvorbereitung des Vertriebs** verstehen: Danach umfasst Marketing alle vertrieblichen Aktivitäten, z.B. Vorbereitung der Verkaufspräsentation beim Kunden, Durchführung von Marktanalysen, oder schlichtweg die Beschaffung von „Leads", d.h. Neukontakte zu potenziellen Kunden. Diese gehen dann an den Vertrieb und werden dort weiter bearbeitet. Nicht selten ist in diesen Unternehmen die Generierung von „Leads" die Steuerungsgröße, um die Effektivität des Marketings zu beurteilen.
- **Marketing als die Gestaltung der Zukunft** beinhaltet eine strategische Komponente. Das Unternehmen beschäftigt sich dabei mit den einzelnen Branchen und mit welcher Technologie diese bedient werden können. Es besteht das Bewusstsein, dass die „Future

---

[1] Rahn, S. 87.
[2] Vgl. Kohlert, 2010a, S. 58 ff.

Fitness" davon abhängt, inwieweit die Markt-, Kunden- und Wettbewerbsbeobachtung Input- und Impulsgeber für das Unternehmen sein kann.
- **Marketing als Scharfschütze**, indem Marketing als zentraler Teil der Unternehmensführung betrachtet wird. Hier wird das Unternehmen vom Markt aus geführt, der Markt steht im Mittelpunkt, die Kunden sind bekannt. Um Leistungen effizient zu verkaufen, werden die Marketingmaßnahmen nicht gestreut, sondern auf eine eng definierte Zielgruppe bezogen. Marketing dient dem Aufbau, dem Erhalt und der Stärkung von exklusiven Kundenbeziehungen.
- Bei dem Verständnis von **Marketing als Erfüllung der Kundenwünsche** werden Kundenwünsche ins Unternehmen geholt, die zentrale Frage lautet hier immer: „Was braucht der Kunde?" Alle Anstrengungen des Unternehmens werden auf diese Kundenwünsche ausgerichtet. Diese Ansicht über das Marketing stellt vor allem in „Commodity Markets" die einzige Differenzierungsmöglichkeit dar. Die Marktangebote sind dort alle standardisiert und unterscheiden sich kaum von denen der Wettbewerber, somit ist die Wahrung der Kundennähe die einzige Differenzierungsmöglichkeit.
- Marketing wird als ein **Teil der Prozesskette „Produkt zum Kunden"** gesehen. Das führt z.B. von der Produktdefinition mit dem Sammeln von Kundenanforderungen, zum Verstehen des Marktes und dem Erkennen und Beurteilen von Geschäftsgelegenheiten bis hin zum After-Sales Service.
- **Marketing beinhaltet die Kommunikation von Unternehmen und Leistungen nach außen** und umfasst die Werbung, z.B. über Fachzeitschriften, Erstellung von Flyern, die Öffentlichkeitsarbeit, die Organisation von Events zur Kundenbindung mit der Kernbotschaft „Treue lohnt sich". Das Ziel eines Kommunikationskonzepts ist es, im starken Wettbewerb Premiumpreise durch eine exzellente Unternehmensdarstellung durchzusetzen.

Als Definition von Marketing ist auch „**angewandte Bauernschläue**" anzutreffen, wobei dies nicht die schlechteste Begriffsdeutung von Marketing darstellt. Kotler et al. verstehen unter Marketing schlichtweg die Identifizierung und die Befriedigung von Bedürfnissen.[1] Ähnlich auch die Definition der American Marketing Association:[2] Unter Marketing versteht sie eine organisatorische Funktion, ein Set von Geschäftsprozessen, um Kundenwert zu erschaffen, zu kommunizieren und an den Kunden zu liefern sowie die Pflege der Kundenbeziehungen in einer Art und Weise, die der Organisation und seinen „Stakeholdern" dient. Diese Definition beinhaltet eine ganze Reihe von Aspekten, die das **Handlungsfeld des Marketings** deutlich ausweiten:[3]

- Marketing als **Funktion im Unternehmen**, gleichwertig neben anderen betriebswirtschaftlichen Grundfunktionen und als Leitkonzept der Unternehmensführung, d.h. die marktorientierte Koordination aller betrieblichen Funktionsbereiche.

---

[1] Vgl. Kotler et al., S. 6.
[2] American Marketing Association, 2003.
[3] Vgl. Meffert/Burmann/Kirchgeorg, S. 13 ff.

1.1 Bedeutung von Marketing für den Unternehmenserfolg

- Marketing hat hier eine **Koordinationsfunktion** gegenüber F&E, Fertigung, Lagerhaltung, Finanzierung etc. Daraus ergibt sich, dass Marketing nicht nur als alleinige Unternehmensfunktion gesehen werden kann:

Abb. 1.6: Marketing koordiniert viele Schnittstellen

- Durch die Umsetzung im Unternehmen wird ein **einzigartiger Kundennutzen** geschaffen. Dies setzt die Erfassung der Kundenbedürfnisse voraus. Beim Kauf der Leistung muss der Kunde einen Preis bezahlen; dieser muss niedriger sein als der zu erwartende Nutzen der Leistung. Sonst besteht für den Kunden kein Kaufanreiz.
- Ursprünglich stand im Marketing die reine Transaktion im Vordergrund. Seit den 90iger Jahren setzt man sich stärker mit den Beziehungen zwischen Nachfrager und Anbieter auseinander, dem „**Relationship Marketing**". Der Kunde wird mit seinem gesamten Gewinnpotenzial über den gesamten Beziehungszyklus betrachtet („**Customer Lifetime Value**"). Die Marketingaktivitäten werden danach differenziert, in welchem Beziehungsstatus sich der Kunde befindet, z.B. in der Kundenbindung, der Kundenrückgewinnung.
- Durch die **Wertorientierung** soll Marketing einen Beitrag zum finanziellen Erfolg des Unternehmens leisten. Es besteht das Bewusstsein, dass durch das Marketing Unternehmensziele, wie z.B. Umsatzsteigerung, Gewinn- und Renditeerhöhung, besser zu erreichen sind. Unternehmensziele werden somit maßgeblich durch das Marketing beeinflusst.
- Die Betrachtung der Auswirkungen des Marketings ist auch auf diejenigen Personen auszudehnen, die dadurch im weitesten Sinne betroffen werden können, auf die „**Stakeholder**" (Anspruchsgruppenkonzept), nämlich die Aktionäre, Bürger, Umweltschutzverbände, Öffentlichkeit etc.

Die Diskussion um die Definition von Marketing zeigt seine Breite im Unternehmensgeschehen ebenso auf, wie es seinen Einfluss auf den Unternehmenserfolg erahnen lässt:

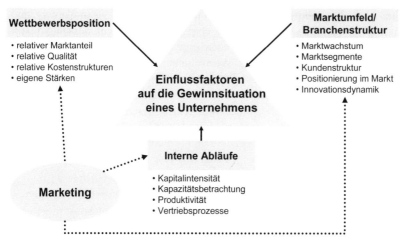

Abb. 1.7: Einfluss von Marketing auf den Unternehmenserfolg

Für die Praxis kann die **Definition von Marketing** prägnant zusammengestellt werden:

> Marketing ist die aktive Auseinandersetzung mit dem Wettbewerber um Kunden, mit dem Ziel der Ausschaltung der Wettbewerber. Das Ziel des Marketings ist es, dem Kunden keinen Grund zu geben, beim Wettbewerber einzukaufen.

1.1.2 Grundbegriffe und Kernaufgaben im Marketing

Wie jede andere Disziplin auch, hat das Marketing seine eigene Sprache. Um zu verstehen, aber auch verstanden zu werden, soll an dieser Stelle auf einige der **grundlegenden Begrifflichkeiten im Marketing** eingegangen werden:

	Gewinn	Marktangebot
Relationships und Networks		Nutzwert und Problemlösung
Verkauf	**Bedürfnisse, Wünsche, Nachfrage und Kaufakt**	Austausch und Transaktion
Vertriebsprozesse		Markt und Zielgruppen
Vertriebswege		„Buying Center"
	Kommunikation	

Abb. 1.8: Grundbegriffe im Marketing

1.1 Bedeutung von Marketing für den Unternehmenserfolg

Im Marketing stehen stets die Bedürfnisse und die Wünsche der Kunden im Vordergrund. Unter einem **Bedürfnis** versteht man einen subjektiv empfundenen Mangel, dessen Notwendigkeit sich aus den menschlichen Lebensumständen ergibt. Bedürfnisse sind z.B. Essen, Trinken oder das Bedürfnis nach Fortbewegung. **Wünsche** entsprechen dem Verlangen nach ganz bestimmten Befriedigungsmitteln für diese Bedürfnisse. Eine Person bringt ihre eigenen Präferenzen mit ein, z.B. „Fortbewegung mit einem Automobil der Marke Porsche". Kann sich der Kunde diesen Wunsch leisten, aber nur dann, stellt er einen **Nachfrager** dar. Jetzt muss der Kunde nur noch den **Kaufakt** vollziehen. Eine besondere Rolle spielen die **Kundenbedürfnisse**, d.h. die originären Motive des Kunden, nach einem neuen Marktangebot zu suchen. Für das verkaufende Unternehmen ergeben sich hier eine ganze Reihe von Fragen:

- Was ist das Bedürfnis oder Problem des Kunden, welches wirklich befriedigt wird?
- Was kaufen die Kunden letztendlich?
- Was wertschätzen sie an dem Marktangebot? Ist es die Qualität, die sie sonst nirgendwo bekommen, oder die außergewöhnliche Beratung, oder die Schnelligkeit im Service?

Im Marketing spricht man oft von Produkten, darunter subsumiert man im Allgemeinen auch die Dienstleistungen. Allerdings verkürzt dies die Realität. Produkte können heutzutage nicht mehr als einzelne Leistungen verkauft werden, sondern sie umfassen eine ganze Anzahl von verschiedenen Dienstleistungen, die erst in ihrer Gesamtheit den Wert des Produkts für den Kunden zum eigentlichen Marktangebot werden lassen. Kauft ein Unternehmen beispielsweise ein neues IT-System, beinhaltet das nicht nur den einzelnen PC (Produkt), sondern auch noch das Einrichten (Dienstleistung), die Garantieleistungen (Dienstleistung), den Vor-Ort-Service (Standort des Unternehmens), die Marke (Idee) etc. Das Produkt ist derart vielfältig, dass der Name „**Marktangebot**" („Market Offering") sicherlich treffender ist. Bei der Definition des Marktangebots geht es letztlich darum, herauszufinden, welche Leistungen der Kunde vom Anbieter erwartet, um diese dann möglichst vollständig abzudecken. Dabei ist es notwendig, in Problemlösungen des Kunden zu denken, d.h. welches Leistungsspektrum muss dem Kunden angeboten werden, um sein spezifisches Problem zu lösen. Zu diesem Zweck wird eine Problemlösung hergestellt, die dem Kunden angeboten werden kann. Dazu benötigt der Hersteller Know-how über die angewandte Technologie etc., aber auch Informationen über den Markt des Kunden, die Aktivitäten des Kunden in seinem Markt, seine Pläne, seine Projekte, seine Probleme sowie seine Nutzenerwartungen. Erst dann kann er den Bedarf spezifizieren und ein problemlösendes Marktangebot für den Kunden entwickeln.

Ist der **Nutzwert** für beide Parteien ähnlich hoch, betrachten beide Parteien diese Transaktion als fair, als eine „Win/Win-Beziehung", von der beide Parteien gleichermaßen profitieren. Der Nutzwert ist für den Käufer hoch, wenn sein Problem gelöst wird. Daher wird zunächst ermittelt, welche Lösung für welches Problem des Kunden existiert und welche Kundenprobleme das eigene Unternehmen schneller, billiger und besser befriedigt, als die Problemlösungen der Wettbewerber. Möglicherweise ist es aber auch gelungen, neue Kundenbedürfnisse aufzuspüren. Eine entscheidende Frage dürfte dabei auch sein, wie gut die Bedürfnisse des Kunden befriedigt werden. Besteht eine latente Unzufriedenheit des Kunden, die sich Wettbewerber mit spezifischeren Lösungen zunutze machen könnten? Getauscht wird jedoch nur dann, wenn der Tausch einen Nutzwert und eine **Problemlösung** darstellt. Der Kunde wählt das Marktangebot aus, von dem er sich den größeren Nutzwert verspricht, d.h. die Lösung, die sein Problem optimal löst. Der Nutzwert ist definiert als das Verhältnis des Nutzens zu den Kosten, die der Kunde wahrnimmt.

Der **Austausch** ist eine Möglichkeit, in den Besitz eines zur Bedürfnisbefriedigung tauglichen Marktangebots zu gelangen. Er kann nur dann stattfinden, wenn die folgenden Bedingungen erfüllt sind: Es sind zwei Parteien vorhanden. Jede der beiden Parteien verfügt über etwas, das für die andere Partei von Wert sein könnte. Jede Partei ist der Kommunikation und der Übergabe des Wertobjekts fähig, unterliegt keinerlei Restriktionen. Jeder der beiden Parteien steht es frei, das Angebot anzunehmen oder abzulehnen. **Transaktionen** stellen auf dem Markt immer einen Austausch dar. Dieser erfolgt meist als Ware gegen Geld. Erfolgt der Austausch als Ware gegen Ware, spricht man von Barterhandel.

Es muss immer ein **Markt** vorhanden sein, der sich dort entwickelt, wo ein Austauschpotenzial besteht. Ein Markt besteht aus der Menge aller tatsächlichen und potenziellen Käufer eines Marktangebots. Seine Größe hängt von der Anzahl der Personen ab, die sich für den Tauschgegenstand interessieren, über eigene Gegenleistungen verfügen und bereit sind, auf die geforderten Austauschbedingungen einzugehen. Der Markt kann konkret auf die einzelnen Zielgruppen heruntergebrochen werden. Unter **Zielgruppe** versteht man einen abgrenzbaren und homogenen Teil des Marktes (Marktsegment), auf den das Unternehmen seine akquisitorischen Bemühungen konzentriert. Diese Zielgruppe sollte eindeutig durch verschiedene frei wählbare Merkmale charakterisiert werden können. Über diese Zielgruppe liegen dem Unternehmen ausreichende Informationen vor bzw. es wird geklärt, welche Informationen noch beschafft werden müssen, wie man zu diesen Informationen kommt und was diese kosten. Mitunter stellt man dabei fest, dass die Daten darüber gar nicht ermittelbar sind oder das Marktpotenzial in dieser Zielgruppe zu klein ist, um eine Bearbeitung der Zielgruppe als lukrativ zu erachten.

Im „**Buying Center**" sind alle am Einkaufsprozess beteiligten Rollen dargestellt, die auch vom Verkäufer berücksichtigt werden müssen. Hier stellt sich die Frage, wie der Einkaufsprozess bei der Zielgruppe erfolgt und wie die eigenen Verkaufsprozesse darauf eingestellt werden können. Alle Mitglieder des „Buying Center" sollten kontaktiert und beeinflusst werden, um die Kaufentscheidung zugunsten des eigenen Unternehmens zu erzielen.

Es erfolgt die **Kommunikation** des Marktangebots beim Kunden, oftmals über eine Präsentation: Dabei wird die eigene Person, das Marktangebot und das eigene Unternehmen präsentiert. Das Ziel der Präsentation ist eine Darstellung der eigenen Leistungsfähigkeit, die der Kunde nicht zu schnell vergessen soll, d.h. die sich von der der Wettbewerber deutlich abhebt. Dazu werden die Argumente ermittelt, die für den Kunden und seine Problemlösung wichtig sind. Die Kommunikationsmaßnahmen müssen den Kunden erreichen und von ihm verstanden werden.

Es wird der **Vertriebsweg** zum Kunden definiert, auf dem er am besten erreicht werden kann. Die Entscheidungen über die Vertriebswege haben einen strategischen Charakter, denn diese lassen sich später unter Umständen nur noch mit sehr hohem Aufwand verändern. Als heikel für die Wahl des Vertriebswegs dürfte gelten, ob diese Wege bereits bestehen, gar bereits Erfahrungen vorliegen oder ob sie erst aufgebaut werden müssen. Auch muss geklärt werden, ob der eingeschlagene Vertriebsweg der richtige ist, um den Kunden dauerhaft gut zu bedienen und ob zumindest Optionen für einen Wechsel der Vertriebswege offen bleiben.

Der Begriff **Vertriebsprozess** bezeichnet alle Entscheidungen und Aktivitäten von der Auswahl und Gewinnung (Akquisition) neuer Kunden, der Entscheidung für bestimmte Vertriebswege, über die Bindung von Kunden bis hin zur Rückgewinnung ehemaliger Kunden. Wie der Vertriebsprozess konkret zu gestalten ist, unterscheidet sich von Branche zu Branche, teilweise auch von Kunde zu Kunde, gerade im Unternehmensgeschäft durchaus keine Seltenheit. Der Vertriebsprozess beginnt mit der Identifizierung und Auswahl „attraktiver" Kunden in den ausgewählten Marktsegmenten. Diese Kunden werden in bestimmten Stufen abgearbeitet, die das Unternehmen idealerweise festlegt. Dazu gehören zum Beispiel die Identifizierung des „Buying Center" beim Kunden, die Angebotsausarbeitung und Präsentation, sowie die Verhandlungen über die Preise. Der Kunde durchläuft im Rahmen seines Entscheidungsprozesses diese verschiedenen Stufen. Es ist die Aufgabe des Verkäufers, ihn auf diesem Weg zu führen!

Verkauf bezeichnet die Übereignung einer Sache im rechtlichen Sinne oder die Übertragung eines Rechts gegen Entgelt. Dabei unterscheiden sich Verkauf und Vertrieb grundsätzlich, denn der Verkauf bezeichnet die Übereignung bzw. Übertragung eines Marktangebots gegen Entgelt. Vertrieb bezeichnet alle Entscheidungen und Systeme, die notwendig sind, um ein Marktangebot für den Kunden in der notwendigen Verfügbarkeit zugängig zu machen.

Eine große Rolle spielen dabei heute „Relationships" und „Networks". Unter **„Relationship Marketing"** versteht man langfristig etablierte Beziehungen, die durch beiderseitige Nutzenbeziehungen gekennzeichnet sind. Diese können mit Kunden, Lieferanten sowie anderen Unternehmen bestehen. Bezieht sich das mehr auf die Leistungserbringung eines Unternehmens, spricht man hier eher von einem Netzwerk. Treten Kunden mit dem Unternehmen in Kontakt, sei es über den Außendienst des eigenen Unternehmens, direkt über die Website oder über einen Vertriebspartner, so werden durch „Customer Relationship Management" alle Informationen gebündelt und der Kunde wird ins Zentrum der Aktivitäten gestellt. Dadurch werden Geschäftsprozesse initiiert, die stringent an den Bedürfnissen der Kunden ausgerichtet sind.

Unter **„Network Marketing"** versteht man die Vermarktung der eigenen Marktangebote über das eigene Netzwerk („Network") von Kontakten zu anderen Marktteilnehmern. In der Regel gehören zu einem Netzwerk Unternehmen, die komplementäre Leistungen erbringen und nur als Ganzes ein für den Kunden gewünschtes Marktangebot darstellen. Heute spricht man oft schon von einem Wettbewerb zwischen einzelnen Netzwerken anstatt vom Wettbewerb zwischen einzelnen Unternehmen. Die Basis für geschäftliche Beziehungen ist das Vertrauen. Dieses ist naturgemäß bei Personen, die sich kennen, schon von Beginn an vorhanden; kennt man sich noch nicht, muss dieses erst noch entwickelt werden. Demnach ist der oft zitierte Ausspruch „Mit Freunden macht man keine Geschäfte" falsch. Wenn alle Konditionen eines Geschäfts gleich sind, kauft man lieber bei einem Freund. Sind die Konditionen verschieden, kauft man trotzdem lieber bei einem Freund. Deshalb sind Freunde im Geschäftsleben so wichtig, denn **„Kontakte führen zu Kontrakten"**. Demnach sind Netzwerke natürlich, auch wenn sie in Deutschland mit verschiedenen Ausdrücken wie „Seilschaften" und „Vetternwirtschaft" negativ belegt sind. In England nennt man es übrigens

„Old Boys' Network" und in den USA eben „Networks". Es ist etwas Natürliches, mit Menschen Geschäfte zu machen, die man kennt!

Es muss immer sichergestellt sein, dass ein **Gewinn** erwirtschaftet werden kann. Der Kunde muss damit bereit sein, den entsprechenden Preis zu bezahlen, bzw. es müssen die Voraussetzungen dafür geschaffen werden. Sind die angestrebten Preise auch realistisch, wenn sie mit den Preisen von Substitutionsprodukten und Marktangeboten der Wettbewerber verglichen werden? Welche Parameter werden durch den Wettbewerber für die Gestaltung der Preise vorgegeben?

Diese Grundbegriffe finden sich in den verschiedenen **Kernaufgaben im Marketing** wieder. Gemeinhin werden darunter die Folgenden verstanden:

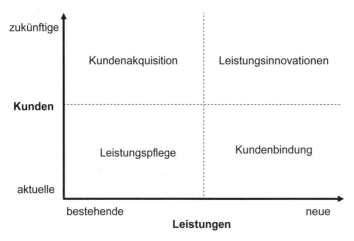

Abb. 1.9: Vier Kernaufgaben im Marketing

Diese Kernaufgaben werden dann im Unternehmen umgesetzt, in der Regel parallel, da sie alle eine ähnlich hohe Bedeutung haben. Daraus können sechs **Anforderungen an das Marketing** im Unternehmen abgeleitet werden:

Stellen Sie das richtige Marktangebot zusammen!	Welche Produkte und Dienstleistungen erwartet der Kunde, um sein Problem optimal zu lösen?
Arbeiten Sie die Stärken Ihres Angebots heraus!	Was sind die Stärken unseres Marktangebots? Warum soll jemand unser Marktangebot kaufen?
Für was steht Ihr Marktangebot?	Für was gibt der Kunde sein Geld aus? Was wertschätzt er besonders und warum?
Alles ist Vertrieb - Vertrieb ist alles!	Über welche Vertriebswege kommt das Marktangebot zum Kunden? Gibt es effektivere Möglichkeiten?
Geben Sie die richtigen Impulse!	Wie erreicht man den Kunden mit Kommunikation? Welches sind die zentralen Verkaufsargumente?
Bauen Sie Ihr Geschäft auf!	Wie kann aus einem Erstkäufer ein Wiederkäufer und Empfehler werden? Was sind die nächsten Schritte?

Abb. 1.10: Sechs Anforderungen an das Marketing

1.1.3 Besonderheiten im Business-to-Business-Marketing

Im B2B („Business-to-Business")-Markt, oft auch Investitionsgütermarkt genannt, spielen die Leistungen die zentrale Rolle, die weiterverarbeitet oder genutzt werden können, um Leistungen in Richtung des Endkunden herzustellen bzw. bei Dienstleistungen bereitzustellen. Der Unterschied zum B2C („Business-to –Consumer")-Markt, auch Konsumgütermarkt genannt, besteht damit darin, dass der Kunde im B2B-Markt das Marktangebot zur eigenen Leistungserstellung benötigt:

- Unternehmen, die diese Marktangebote weiterverarbeiten bzw. nutzen, z.B.:
  - Komponenten, wie Aggregate, Module, Werkzeuge und Normteile
  - Einzelinvestitionsgüter, wie Maschinen, Nutzkraftfahrzeuge
  - Systemtechnik, wie Fertigungs-, Versorgungs-, Entsorgungs- und Informationssysteme
  - Investitionsgüter als Ergebnisse kooperativer Entwicklungstechnologien und Erzeugnisse
  - Industrieanlagen, wie Chemieanlagen oder Walzwerke
  - Technische Dienstleistungen
- Unternehmen, die diese Marktangebote weiterverkaufen, z.B. Handelsunternehmen
- Organisationen, die diese Marktangebote nutzen, um Dienstleistungen für die Allgemeinheit zu erbringen, z.B. „Non-Profit"-Organisationen (NPO)
- Regierungsstellen in Bund, Ländern und Kommunen, auch „Business-to-Administration" (B2A) oder „Business-to-Government" (B2G) genannt

Die grundlegenden **Unterschiede zwischen B2B- und B2C-Märkten** können wie folgt dargestellt werden:

	B2C-Markt ("Business-to-Consumer")	B2B-Markt ("Business-to-Business")
Marktstruktur	Massenmarkt	relativ wenige Kunden
Produkte	standardisiert	technisch komplex
Einkaufsverhalten	soziale Motive dominieren	rationale Motive dominieren
Vertriebswege	indirekt, langer Weg	direkt, kurzer Weg
Promotion	Betonung auf Werbung	Betonung auf Personal Selling
Preise	Listenpreise	Verhandlungspreise

Abb. 1.11: B2B- und B2C-Märkte im Vergleich

- In B2B-Märkten bewerben sich wenige Unternehmen um eine **begrenzte Anzahl von Kunden**. Dadurch wird der Markt transparent. Es kommt vor, dass für bestimmte Marktangebote keine oder nur sehr wenige Anbieter vorhanden sind. Daher hängen Existenzen oft von Großaufträgen wie zum Beispiel vom Automobilhersteller ab.[1] Diese wenigen Kunden sind an technisch komplexen Lösungen interessiert. Ganz anders in B2C-Märkten: Der Konsument ist überall, es handelt sich dabei um Massenmärkte. Die Produkte sind standardisiert, um sie schnell kopierbar zu machen und nach Möglichkeit ohne größeren Aufwand zu verkaufen.
- Im **Einkaufsprozess** dominieren im B2B-Markt eher rationale Motive. Die verschlungenen Wege im Einkaufsprozess müssen vom Verkäufer erst ermittelt werden. Dazu sind interne Informationen über den Kunden vonnöten, auch „Customer Insights" genannt. Bei den Konsumenten dominieren beim Einkauf sehr oft soziale Motive. Eine typische Fragestellung ist z.B., wer in der Familie welchen Einfluss auf die Kaufentscheidung hat.
- Die **Vertriebswege** im B2B-Markt sind in der Regel kurz, oft direkt vom Hersteller an den Kunden. Bei der Vermarktung liegt der Schwerpunkt auf dem Verkauf durch Personen („Personal Selling"). Die Vertriebswege sind im B2C-Markt sehr oft indirekt und lang; oft geht es vom Hersteller über den Großhandel an den Einzelhandel und erst dann zum Konsumenten.
- Die **Preise** werden im B2B-Markt oft auf dem Verhandlungsweg ermittelt, während sie im B2C-Markt meist Listenpreise darstellen, die nicht verhandelbar sind.

---

[1] Eine Studie von Kohlert zusammen mit der PricewaterhouseCoopers AG bei Maschinenbauern in Baden-Württemberg ergab eine immense direkte Abhängigkeit von einigen wenigen Kunden, dabei war die indirekte noch gar nicht berücksichtigt; vgl. Kohlert et al.

1.1 Bedeutung von Marketing für den Unternehmenserfolg

In der Praxis findet man oftmals die folgende Unterteilung der B2B-Märkte, bezogen auf das Industriegeschäft:

Abb. 1.12: Unterteilung des B2B-Marktes nach Leistungen des Unternehmens für den Kunden

Die **Nachfrage nach Marktangeboten für den B2B-Markt** unterliegt eigenen Gesetzmäßigkeiten:

- Letztendlich determinieren immer die Konsumenten den Bedarf an Investitionsgütern. Daher ist es für die Einschätzung des Unternehmens, das in der „Pipeline" an letzter Stelle steht, wichtig, den Markt seiner Kunden und das Umfeld zu kennen („**Business Customer Understanding**"). Befindet sich eine Branche in der Krise, so haben auch die Lieferanten dieser Branche nur geringe Möglichkeiten, ihren Absatz zu steigern. Im B2B-Markt sind die **Kunden des Kunden** entscheidend:

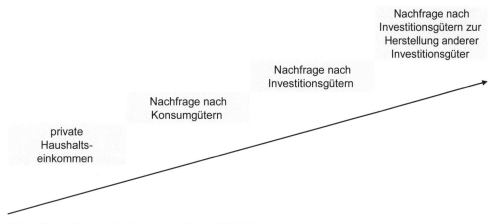

Abb. 1.13: Stufen des abgeleiteten Bedarfs von B2B-Marktangeboten

- Oftmals erfordert im B2B-Markt der Verkauf eines Marktangebots die Existenz einer ganzen Reihe von anderen Leistungen anderer Unternehmen, die das eigene Marktangebot komplettieren. Werden hier von einem der beteiligten Unternehmen mit direktem Kundenkontakt die Anforderungen geändert, kann dies die Nachfrage bei den anderen Anbietern in Frage stellen. Man spricht hierbei von einem „**Joint Demand**". Veränderungen in den Geschäftsprozessen der beteiligten Unternehmen müssen hier sehr sorgfältig beobachtet werden. Damit ist der Verkauf in B2B-Märkten deutlich komplexer, zu den ökonomischen Kaufkriterien kommen spezifische technische Anforderungen des Kunden hinzu.[1]
- Die Bewertung von **Vorschlägen** („Proposal") und die Auswahlprozesse von Lieferanten verlaufen beim Kunden mitunter entlang einer Einkaufsroutine, ebenso wie die Leistungsmessung und -bewertung. Dazu kommen deutlich mehr Kaufkriterien als im B2C-Markt, z.B. Qualität, Preis und „Life Cycle Costs", Liefersicherheit, wahrgenommene Risiken, die eigene Unternehmenspolitik, aber auch persönliche Animositäten!
- Aufkommende Probleme in den Verwendungsbereichen für Industriegüter können oft nur durch den **Einsatz von neuen Technologien** optimal gelöst werden. Daraus ergibt sich, dass die Güter und die dazugehörenden Märkte von einer wissenschaftlich-technischen Entwicklung geprägt sind. In der heutigen Zeit sind sie damit einem stetigen Wandel ausgesetzt und müssen daher ihr B2B-Marketing fortlaufend an die sich verändernden Gegebenheiten anpassen.[2]
- **Kreuzpreiselastizitäten** spielen im B2B-Markt eine wesentlich größere Rolle und können einen einschneidenden Effekt auf die gesamte Strategie des Unternehmens haben. Die Kreuzpreiselastizität η gibt an, wie stark sich die nachgefragte Menge des Gutes x ändert, wenn sich der Preis p des Gutes y ändert. Die relative Änderung der nachgefragten Menge nach Gut x wird in das Verhältnis zur relativen Preisänderung des Gutes y gesetzt: $\eta = dx/dp_y * p_y/x$.[3] Ist der Wert $\eta = 0$, handelt es sich um unverbundene, d.h. unabhängige, Güter. Es besteht eine sogenannte Substitutionslücke. Ist $\eta < 0$, handelt es sich um Komplementäre, d.h. die Nachfrage nach x steigt bei sinkendem p. Zum Beispiel fällt der Benzinpreis, so nimmt die Nachfrage nach Autos mit einem höheren Benzinverbrauch zu. Ist $\eta > 0$ handelt es sich um substituierbare Güter, d.h. die Nachfrage nach x steigt (fällt) bei einem steigenden (fallenden) p. Steigt etwa der Preis für Benzin, wird der Bedarf nach energiesparenden Autos zunehmen. Dazu ein Beispiel: Der Preis eines Gutes y fällt von 4 auf 3; die Nachfrage nach Gut x geht daraufhin von 6 auf 4 zurück. Daraus ergibt sich dann eine Kreuzpreiselastizität $\eta = -2/-1 * 4/6 = 1,33$. Dieser Wert weist auf eine substituierbare Beziehung hin. Die Kreuzpreiselastizität kann zur Messung der Wettbewerbsintensität in einem Markt herangezogen werden.[4]
- Die Kunden in B2B-Märkten sind **RoI-getrieben**, d.h. sie wollen Fakten, z.B. ein schnellerer Durchlauf um 3 % erhöht die Kapazitäten, ein reduzierter Energieverbrauch zwischen 5 % und 10 % innerhalb von zwei Monaten, Erträge erhöhen sich um 2 % bis

---

[1] Vgl. Jobber, S. 82 ff.
[2] Vgl. Richter, S. 21 ff.
[3] Vgl. Witkowski, S. 60.
[4] Vgl. Ott, S. 140 f.

3 % pro Monat. Es muss absehbar sein, wie sich geplante Investitionen auf die Zahlen auswirken. Diese Fakten müssen vom Verkäufer dargelegt werden; dies erfordert vom Verkäufer ein erhebliches Wissen über Details beim Kunden.

1.1.4 Marketing-Kenntnisse für den Vertrieb

Ingenieure sind als Vertriebsingenieure oder als Produktmanager tätig, sie müssen mit ihren Kollegen zielgerichtet kommunizieren können und im Gespräch mit dem Kunden auch deren Markt und Wettbewerb verstehen. Daher benötigen sie Marketing-Kenntnisse für ihre eigene Tätigkeit, aber auch Marketing-Kenntnisse um den Kunden zu verstehen. Um die „Customer Insights" zu erkennen und zu erfassen, müssen die Einkaufsprozesse des Kunden identifiziert und die eigenen Verkaufsprozesse darauf abgestimmt werden. Dies ist ohne vertieftes Wissen aus dem Markt kaum möglich. Nicht vergessen werden sollte auch die Funktion des Verkäufers als „wandelnder Marktforscher".

Die folgende Übersicht stellt die möglichen **Aufgabenbereiche eines Produktmanagers** dar. In dem vorliegenden Umfang könnte man fast annehmen, dass der Vertriebsingenieur als **Produktmanager** eingesetzt wird. Der Unterschied liegt darin, dass Produktmanager deutlich mehr mit strategischen Aufgaben betreut sind und Schnittflächen zu zahlreichen anderen Funktionen im Unternehmen haben als der Vertriebsingenieur. Der Vertriebsingenieur ist primär eben „nur" für den Vertrieb zuständig:[1]

Kompetenzbereiche des Produktmanagers

Strategie und Innovation	Markenführung und Kommunikation	Effektivität des Vertriebs	Fähigkeiten für die „neue Welt"
Marktinformationen	Segmentierung und Zielgruppenbestimmung	Wertschöpfung und Kalkulation	Aktivierung der Vertriebswege

Fähigkeiten des Produktmanagers
- Externe Trends und Einflüsse erkennen
- Wissen und Daten sammeln & verwalten
- Märkte, Wettbewerber & Kunden analysieren
- Strategische Ausrichtung empfehlen

Aufgaben, die der Produktmanager wahrnehmen muss
- Kenntnisse über das **Umfeld**, einschließlich geplanter oder potenzieller Gesetze und Vorschriften, die Auswirkungen auf den eigenen Markt haben
- Bewertung des **gesamtwirtschaftlichen Umfelds** sowie der Auswirkungen von Rezessionen und Finanzkrisen auf den eigenen Markt
- Kenntnis **sozialer Veränderungen**, durch die neue Kundenbedürfnisse, Technologien und Marktangebote entstehen; Vergleich mit den eigenen Fähigkeiten, sich darauf einzustellen
- **Anpassung an andere Faktoren**, die das Geschäft beeinflussen, als die der Geschäftspartner und der Kunden

Abb. 1.14: Mögliche Aufgabenbereiche eines Prouktmanagers

---

[1] Vgl. Comstock/Gulati/Liguori, S. 79.

Dafür benötigt der Produktmanager eine ganze Reihe von Kompetenzen und Fähigkeiten:
- **Fachkompetenz** auf höchst unterschiedlichen Feldern:
  - Kostenrechnung: Investitionsrechnung, Kalkulation
  - Rechtliche Grundlagen: Kenntnisse zur Bewertung von Vertragsdokumenten und Erkennen möglicher Risiken, Erstellung von Angeboten und damit Kenntnisse über Angebotsklauseln und Nebenleistungen, z.B. Liefer- und Zahlungsbedingungen
  - Branchen-, Markt- und Wettbewerbskenntnisse: Vorhandenes Marketing-Know-how, z.B. zur Durchführung einer Marktsegmentierung für die Definition von Zielgruppen
  - Erkennen und Eingehen auf die Kundenanforderungen: Verständnis für die kritischen Kundenanforderungen und Darlegung des Produktnutzens in einer Nutzenargumentation
  - Interner Ablauf: Nutzung der Geschäftsprozesse im Vertrieb und Projekt-Management im Unternehmen, d.h. von der Kundenanfrage bis zum Geschäftsabschluss
  - Produktkenntnisse: Eingesetzte Materialien sowie Beschaffenheit, Lebensdauer und Beanspruchung der Produkte und Einzelteile; Kenntnisse über eigene Fertigungsprozesse
- **Persönlichkeit** des Vertriebsingenieurs:
  - Durchsetzungskompetenz
  - Höfliches und souveränes Auftreten, einschließlich dem äußeren Erscheinungsbild
  - Empathie
  - Strukturierung der Aufgaben und Organisation der einzelnen Arbeitsschritte
- **Strategische Kompetenz**, um Geschäftsmöglichkeiten der Zukunft zu erkennen:
  - Beobachtung der allgemeinen Branchenentwicklung und der Schlüsseltrends, v.a. bei neuen Technologien
  - Erstellung und Auswertung von Markt- und Wettbewerbsanalysen, insbesondere der Strategien und Maßnahmen der Wettbewerber
  - Durchführung einer strategischen Markterschließung, d.h. Erkennen von möglichen Referenzkunden
  - Durchführung der Neukundengewinnung
- **Führungskompetenz für Vertriebsleiter und Geschäftsführer-Vertrieb**:
  - Gestaltung der Aufbauorganisation, z.B. nach Ländern, Kunden
  - Gestaltung von spezifischen Produkten und Markteinführung
  - Führung und Motivation von Mitarbeitern
  - Kennen und Anwendung der Beurteilungsmethoden und Entlohnungskonzepte für Mitarbeiter

---

Ohne solide Marketingkenntnisse wird der Produktmanager den an ihn gestellten Anforderungen nicht gerecht, nämlich als Bindeglied zwischen seinem Unternehmen und dem Kunden.

1.2 Unternehmerisches Denken und Handeln

1.2.1 Grundorientierungen des Unternehmens

Jedes Unternehmen hat seine eigene Grundorientierung, wie es das Geschehen auf dem Markt für sich einordnet. Die Grundorientierung dient dazu, die Komplexität des Marktgeschehens zu reduzieren und grundlegende Faktoren zu betonen, die für den Erfolg des eigenen Unternehmens in der Branche notwendig sind: Maschinenbauunternehmen sind sehr oft überaus technikgetrieben, Konsumgüterhersteller sehr marktgetrieben sowie Markenhersteller besonders auf ihr Image bedacht. In allen Fällen stellt die strategische **Grundorientierung** des Unternehmens zum Markt, also die Philosophie, die ein Unternehmen bei seinen Marktaktivitäten begleitet, eine wichtige Information im Unternehmen dar, denn sie beantwortet die Frage, wie die Interessen des Unternehmens, seiner Kunden und der Gesellschaft gewichtet werden sollen. Hierzu bestehen fünf unterschiedliche **Grundorientierungen des Unternehmens**:[1]

- Bei der **Produktionsorientierung** geht das Unternehmen davon aus, dass Kunden Marktangebote präferieren, die weit verbreitet und preisgünstig sind. Diese Unternehmen versuchen hohe Effizienzen in der Fertigung zu realisieren und ihre Marktangebote mit niedrigen Kosten und breiten Vertriebswegen anzubieten. Diese Orientierung findet sich nicht nur in der Industrie, in der diese Orientierung ihre Existenzberechtigung haben könnte, sondern auch in vielen Arztpraxen und in vielen Ämtern staatlicher Einrichtungen, die nach dem Fließbandprinzip organisiert sind. Sie zeichnet sich für den Kunden durch Unpersönlichkeit und schlechte Servicequalität aus und ist auf die bloße Abwicklung ausgerichtet. Für Produkte, die selbsterklärend, einfach handhabbar und preisgünstig sind, ist diese Grundorientierung durchaus berechtigt.
- Bei der **Produktorientierung** geht das Unternehmen davon aus, dass Kunden Marktangebote präferieren, die die höchste Qualität, die beste Leistung oder innovative Eigenschaften bieten. Diese Unternehmen achten auf exzellente Marktangebote und verbessern diese fortlaufend. Sie gehen davon aus, dass Kunden gut gemachte Angebote wertschätzen und auch bereit sind, dafür hohe Preise zu bezahlen. Das Design ihrer Marktangebote ist relativ unabhängig von den Ansichten der Kunden, die Kunden passen sich dem Produkt an, das sich durch eine starke Marke auszeichnet.
- Bei der **Verkaufsorientierung** glauben Unternehmen daran, dass Kunden diese Marktangebote nur dann kaufen, wenn das Unternehmen sie aggressiv vermarktet und es ihnen gelingt, die Kunden zu überzeugen. Der Fokus liegt auf dem Verkauf der Marktangebote des Unternehmens.
- Bei der **Marktorientierung** (oder **Kundenorientierung**) fokussiert sich das Unternehmen auf die Wünsche und Bedürfnisse der Kunden; es wird ein höherer Kundenwert als der der Wettbewerber angestrebt. Eine große Rolle spielen die Definition der Zielmärkte, das Treffen der Kundenbedürfnisse und das integrierte Marketing, das alle Funktionen

---

[1] Vgl. Kotler et al., S. 25 ff.

des Unternehmens betrifft. Der Kunde wird im Mittelpunkt der Betrachtung gesehen, um ihn dreht sich letztendlich alles.

- Mit einer **gesellschaftlichen Orientierung** wird das Unternehmen versuchen, gesellschaftliche Trends zu antizipieren und fokussiert auf soziale und ethische Bedürfnisse eines Marktes. Es setzt konsequent auf Trends, die in der Gesellschaft vorherrschend sind. Diese Orientierung funktioniert nur, wenn es eine genügende Zahl von Kunden gibt, die eine Auswahl aufgrund ihrer Überzeugungen treffen. Statt in teuren Inseraten stellen sich diese Unternehmen mit Pressemeldungen, Vorträgen oder durch Aktivitäten ihrer Vorstandsmitglieder vor. Folglich haben die Medien eine besondere Verpflichtung, sicherzustellen, dass die hohen Ansprüche auch eingehalten werden.[1] Das gelingt aber nur unter der Bedingung, dass die identifizierten Trends auch eindeutig und stabil sind!

Diese Grundorientierungen im Unternehmen müssen wertneutral betrachtet werden. Alle diese Ansätze haben bei näherer Betrachtung und unter Berücksichtigung der Unternehmenssituation ihre Vor- und Nachteile. Es ist nicht immer das Ziel, sehr marketingorientiert zu werden, wenngleich ein Schritt in diese Richtung vielen Unternehmen nicht schaden würde. Grundsätzlich steht das Unternehmen vor der folgenden Entscheidung:[2]

- In der „**Inside-Out**"-Perspektive beschäftigt sich das Unternehmen mit der Frage, wie es sein Know-how und seine Technologien zu Marktangeboten umwandeln kann (Kompetenzorientierung, „**resource-based view**"). Überhaupt spielt die Technologie eine sehr große Rolle, eine Situation, wie sie in der IT-Industrie und der Biotechnologie vorzufinden ist. In diesen Bereichen können sich Kunden gar nicht vorstellen, was machbar ist.
- In der „**Outside-In**"-Perspektive werden über die Anforderungen des Marktes die Marktangebote erstellt (Marktorientierung, „**market-based view**"). Aktuelle und potenzielle Kunden werden auf ihre spezifischen Anforderungen und ihre Bedürfnisse hin untersucht. Als Parameter dienen die Erreichbarkeit der Zielgruppen, die Abdeckung des Marktsegments sowie die Qualität des eigenen Marktangebots. Im Vergleich zum Wettbewerber werden insbesondere die spezifischen Wettbewerbsvorteile identifiziert, z.B. Möglichkeiten zur Differenzierung und zur Realisierung zusätzlicher Wertschöpfung, Synergien zum bestehenden Kerngeschäft.

Es gibt Unternehmen, die sehr produktorientiert und Kraft ihrer starken Marke damit sehr erfolgreich sind. Sie bewegen sich jedoch auf einem schmalen Pfad, auf dem fast nur Nischenanbieter überleben können. Es gibt außerdem Unternehmen, die mit einer konsequenten Verkaufsorientierung erfolgreich sind, oft aber auch nur für eine bestimmte Zeit. Auch bedeutet etwa eine gesellschaftliche Orientierung nicht, dass die Effizienz in der Fertigung keine Rolle spielt oder auf einen guten Vertrieb keinen Wert gelegt wird. Es bedeutet nur, dass eine neue Betrachtungsweise in die Unternehmenspolitik mit integriert wird. Selbstverständlich können diese Grundorientierungen im Unternehmen aufgrund von Veränderungen der Markt- und Wettbewerbsstruktur auch gewechselt werden, um weiterhin erfolgreich bestehen zu können.

---

[1] Vgl. Dunfee, S. 435.
[2] Vgl. o.V., 1998a, S. 24 f.

Für das Unternehmen ergeben sich aus der **Betrachtung der Grundorientierung** die folgenden vier Fragestellungen:
1. Hat das eigene Unternehmen für diesen Markt und in diesem Wettbewerbsumfeld die richtige Grundorientierung?
2. Welche Grundorientierung hat das Unternehmen, das als Kunde gewonnen werden soll?
3. Welche Argumente präferiert es aufgrund seiner Grundorientierung? Auf welche zentralen Nutzenargumente muss gesetzt werden?
4. Für den Mitarbeiter: Entspricht seine eigene persönliche Grundorientierung der des Unternehmens als sein Arbeitgeber?

1.2.2 Marktorientiertes Denken

Aus den Grundorientierungen ergeben sich für das Unternehmen ganz praktische Konsequenzen, wie es mit Marketingfragen umgeht. Ein Unternehmen mit einer **Marktorientierung** ist davon überzeugt, dass effektiver zu sein als die Wettbewerber der Schlüssel zur Erreichung der Zielsetzungen des Unternehmens ist. Kundenwerte für ausgewählte Zielgruppen zu kreieren, zu liefern und zu kommunizieren hat größte Priorität. Ein solches Unternehmen wird sich sehr serviceorientiert an der Befriedigung der Kundenbedürfnisse ausrichten, wohlwissend, dass dadurch Gewinne realisiert werden können. Unternehmen mit einer Marktorientierung besitzen meist eine gute Zusammenarbeit zwischen den einzelnen Funktionen und Abteilungen im Unternehmen.

Oftmals herrscht Unklarheit über die Markt- und die Verkaufsorientierung in einem Unternehmen. Aber eine **Marktorientierung** unterscheidet sich fundamental von einer **Verkaufsorientierung**, wie die folgende Übersicht zeigt:

	Verkaufsorientierung	**Marktorientierung**
Marktverständnis	Marktdurchdringung	Suche nach Chancen durch Entdecken und Einblicke
Segmentierung des Marktes	nach Produkten	nach Charakteristiken der Kunden
Positionierung/ Markenstrategie	ungeplant, Unternehmen glaubt an die Unverwundbarkeit	Positionen oder Marktsegmente definieren, besetzen und ausbauen
Distribution	keine Kontrolle der Vertriebswege	Kontrolle der Vertriebswege
Preis	bestimmt durch die Kosten	bestimmt durch Markt & Wettbewerb
Zielsetzung des Unternehmens	Umsatzorientierung	Gewinnung einer Marktposition

Abb. 1.15: Unterschiede zwischen einer Verkaufs- und einer Marktorientierung

So unterscheiden sich auch die beiden Unternehmensfunktionen **Marketing und Verkauf**:[1]

- Im **Verkauf** steht das **Interesse des Verkäufers** im Mittelpunkt, sein Produkt in bare Münze umzusetzen. Dazu beschäftigt sich der Verkäufer mit Verkaufstechniken, um Menschen dazu zu bewegen, ihr Geld gegen ein Produkt einzutauschen.
- Im **Marketing** steht das **Interesse des Käufers** im Mittelpunkt, um die Bedürfnisse und Wünsche des Kunden durch das Produkt selbst zufriedenzustellen, sowie durch ein ganzes Bündel von weiteren Aktivitäten, in die das Produkt eingebettet ist. Marketing ist ein eng verflochtenes Bemühen, Kundenwünsche zu entdecken, zu kreieren, zu wecken und zu befriedigen.

Der Markt mit seinen Kunden entscheidet über Erfolg und Misserfolg. Wie erkennt ein Unternehmen, inwieweit eine **ausreichende Marktorientierung** bereits verankert ist? Marktorientierte Unternehmen zeichnen sich durch die folgenden Blick- und Denkrichtungen aus:

- Unternehmen denken stärker an die Gewinnung von Marktpositionen und nicht an den kurzfristigen Umsatz. So tritt ein Unternehmen z.B. in den russischen Markt ein, weil es Geschäftsmöglichkeiten erkannt hat, es an die Zukunft des russischen Marktes glaubt und sich dort etablieren möchte. Diese Denkweise spiegelt eine ausgeprägte Marktorientierung wieder.
- Marktorientierte Unternehmen treten in Märkte ein, in denen sie Gelegenheiten wahrgenommen haben. Daher beschäftigen sie sich auch stärker mit Instrumenten wie der „Op-

---

[1] Vgl. dazu die Ausführungen von Levitt, S. 2 ff.

portunity Analysis", d.h. der Analyse, wie sie erfolgversprechende Gelegenheiten überhaupt erkennen können. Diese müssen für jedes Unternehmen mit der eigenen spezifischen Situation angefertigt werden.
- Sie führen eine Marktsegmentierung nach den Charakteristiken der Kunden durch und passen ihre Marktangebote an.
- Sie beobachten den Markt und den Wettbewerb fortlaufend und sind sich bewusst, dass sie an den beiden Fronten fortlaufend herausgefordert werden.

Wirkt sich die Marktorientierung auch auf die Rentabilität eines Unternehmens aus? Ein Zusammenhang zwischen Marktorientierung und Unternehmenswert wurde durch eine Studie der BBDO, einer der weltgrößten Werbeagenturen, belegt: Sind Unternehmen marktorientiert, unterhalten sie normalerweise eine einflussreichere Marketingabteilung, die wiederum für kundenorientierte und innovative Marktangebote sorgt. Dadurch werden die Marktangebote vom Kunden als höherwertiger eingestuft, was sich wiederum auf den Umsatz und die Rentabilität des Unternehmens auswirkt.[1]

Eine **Marktorientierung in den einzelnen Abteilungen** kann man im Unternehmen erkennen:[2]

- Mitarbeiter aus **Forschung und Entwicklung** verbringen Zeit, um Kunden zu treffen und sich deren Probleme anzuhören. Sie vergleichen ihre eigenen mit den Marktangeboten der Wettbewerber und streben eine führende Position an. Kundenvorschläge werden in ihre neuen Projekte mit eingefügt.
- Im **Einkauf** sucht man proaktiv nach neuen Lösungen mit zuverlässigen und qualitativ hochwertigen Lieferanten mit denen langfristige Beziehungen aufgebaut und erhalten werden. Der Einkauf geht keine Kompromisse in der Qualität ein, auch wenn es Preisvorteile mit sich bringen würde.
- Die **Finanzabteilung** bietet ihren Kunden maßgeschneiderte Finanzierungsalternativen an. Sie trifft schnelle Entscheidungen bei der Bewertung der Kreditwürdigkeit des Kunden.
- Kunden werden in die **Fertigung** eingeladen. Sie besuchen selbst die Fertigungen ihrer Kunden, in die später ihre Produkte eingebaut bzw. ihre Leistungen genutzt werden. Sie suchen fortlaufend nach Möglichkeiten, Produkte zu verbessern, die Qualität zu erhöhen oder preisgünstiger herzustellen.
- Das **Marketing** bewertet fortlaufend neue Produktideen, Produktverbesserungen und Dienstleistungen. Die Marketing-Abteilung versteht, dass Marketingaktivitäten langfristig ausgerichtet sein müssen und nur so die Präferenzen der Kunden beeinflussbar sind.
- Der **Vertrieb** kennt die Besonderheiten in der Branche seiner Kunden und bemüht sich darum, dem Kunden das Beste zu liefern. Kundenbedürfnisse und Kundenreaktionen leitet der Vertrieb an die Forschung und Entwicklung im eigenen Hause weiter.
- In der **Logistik** setzen die Mitarbeiter einen hohen Standard für die Lieferzeit und erfüllen diesen immer. Sie unterhalten ein lernfähiges und freundliches Backoffice, das in der Lage ist, Kundenanfragen und Beschwerden zu behandeln und Probleme zu lösen.

---

[1] Vgl. Hanser, S. 26 ff.
[2] Vgl. Kotler, 1999, S. 21 f.

- Das **Rechnungswesen** bereitet monatliche Zahlen auf, für jede Einheit einzeln: Marktangebot, Marktsegment, geografische Gebiete (Region, Vertriebsgebiet, Bestellmengen, Vertriebsweg, individuelle Kunden). Das Rechnungswesen stellt die Rechnungen und bereitet diese so auf, wie der Kunde sie benötigt.

Unternehmen sehen sich der Herausforderung ausgesetzt, dass alle Mitarbeiter im Unternehmen diesen Weg hin zum Markt mitgehen müssen. In diesem Zusammenhang muss der Veränderungsbedarf bei allen Mitarbeitern „spürbar" sein. Dieses Bewusstsein „Veränderung tut Not" und „Wir kennen die Richtung" muss zunächst einmal geschaffen werden. Doch **wie kann das Unternehmen eine marktorientierte Unternehmenskultur schaffen**? Dafür gibt es eine ganze Reihe von Möglichkeiten:

- Die **Informationen der Mitarbeiter mit Kundenkontakt** werden genutzt. Sie sind wandelnde Marktforscher, deren Erkenntnisse, gesammelt und strukturiert, ein Bild ergeben können. Dabei wird auch das Bewusstsein bei den Mitarbeitern vermittelt, dass sie etwas beitragen können. So kann man die Stellenbeschreibungen eines Produktmanagers sowie eines Vertriebsingenieurs sehr gut dahingehend anpassen, auch marktorientierte Informationen über Markt und Wettbewerb zu sammeln und dem Unternehmen zugänglich zu machen. Allerdings müssen dafür auch die organisatorischen Voraussetzungen geschaffen werden.
- Die **Weiterbildung der Mitarbeiter** hilft, einen Blick für das Ganze zu gewinnen. Sie kann ein Verständnis der Mitarbeiter für Veränderungen im eigenen Unternehmen unterstützen, z.B. dass das eigene Leistungsprogramm weiterentwickelt und angepasst werden muss, um die Kundenbedürfnisse zu erreichen.
- **Offenheit für Sonderlösungen für einen Kunden** zeigt sowohl den Kunden, als auch den Mitarbeitern, dass innovative Lösungen zum Alltag gehören.
- „Dem Kunden zuhören", seine Ängste und Nöte zu verstehen, denn der Kunde ist der Ideengeber für neue Marktangebote. Diese Innovationen entstehen dann nicht im Labor, sondern über die eigenen Kunden auf dem Marktplatz: „**Große Geräte werden in den Laboratorien entwickelt, durchschlagende Marktangebote im Markt kreiert!**"
- Ist die Neugier, die „**Gier nach Neuem**", bei allen Mitarbeitern vorhanden, suchen sie gemeinsam nach neuen Geschäftsgelegenheiten. Das Ausprobieren neuer Leistungen ist erlaubt und wird im Falle eines Fehlers auch nicht bestraft.
- **Arbeiten mit Zielen**, um Veränderungen festzulegen. Denn nur wer sein Ziel kennt, findet auch den Weg.

Mitarbeiter können nur dann zum Träger einer Marktorientierung werden, wenn das vom Management vorgelebt wird. Natürlich schauen Mitarbeiter auf den Kapitän ihres Unternehmens: Jeder Seemann auf der Heuer fragt zuerst nach dem Namen des Kapitäns, nicht nach denen der Kollegen! Sein Verhalten setzt sich durch die Hierarchieebenen nach unten fort.

1.3 Strategische Ausrichtung des Unternehmens

1.3.1 Ziele als Ergebnisse von Visionen

Eine sehr treffende Definition für eine **Vision** eines Unternehmens stammt von der Boston Consulting Group: „Die Vision ist ein konkretes Zukunftsbild, nahe genug, dass wir die Realisierbarkeit noch sehen können, aber schon fern genug, um die Begeisterung der Organisation für eine neue Wirklichkeit zu erwecken". Die „Vision eines Unternehmens legt die grundlegende Richtung dar, in die es sich entwickeln möchte. Hier werden die „Zukunftsentwürfe eines Unternehmens" aufgestellt, an denen sich die strategischen Stoßrichtungen des Unternehmens, seine konkreten Zielsetzungen und die Strategien ausrichten. Die Vision, oft sehr plakativ formuliert, ist somit für alle verständlich und einprägsam, formt die Unternehmenskultur und gibt den grundsätzlichen Weg vor. Die Notwendigkeit einer Vision wird in „Alice im Wunderland" sehr treffend umschrieben: „If you don't know where you are going, any road will get you there". Diese Vision wird von einigen zentralen Personen, oftmals nur einer, in der Gründungsphase eines Unternehmens entwickelt und später zur gemeinsamen Vision stilisiert. Dabei erfüllt die Vision für das Unternehmen eine ganze Reihe von **Funktionen**:

Impulsgebende Funktion	Impulsgebende Kraft entsteht schon bei der Erarbeitung der Vision; sie ist der **Motor für Entwicklungs- und Veränderungsprozesse**.
Orientierungs- und Ordnungsfunktion	Orientierung durch Beschreibung des Zukunftsbilds; **Vision reduziert die Komplexität** des operativen Handelns, sie ist allerdings kein Ersatz für Regeln.
Erfolgsfördernde Funktion	Durch **Konzentration auf das Wesentliche** entsteht eine höhere Effektivität und das Kerngeschäft rückt in den Mittelpunkt.
Motivations- und Integrationsfunktion	Vision schafft Transparenz und Konturen, dadurch kann Identifikation und Motivation für die Mitarbeiter entstehen. Das „gemeinsam an einem Strang ziehen" integriert die verschiedenen Abteilungen und Mitarbeiter.

Abb. 1.16: Funktionen von Visionen

Die Vision soll aufzeigen, wohin sich das Unternehmen langfristig entwickeln soll. Sie zeigt einen zukünftigen Zustand des Unternehmens, der für die Mitarbeiter erstrebenswert ist und damit eine motivierende Wirkung hat. Es gilt, die Vision in wenige Worte zu fassen, weshalb es umso schwieriger ist, eine solche Wirkung zu erzielen.[1] Deshalb sollte sie einfach verständlich und recht bildhaft oder plakativ formuliert sein. Gleichzeitig muss die Vision realistisch sein, ansonsten wirkt sie nicht motivierend. **An der Vision orientiert sich alles Nachfolgende**:

---
[1] Vgl. Vahs, S. 127.

Vision	Wohin geht das Unternehmen?	• Vorstellung über die zukünftige Entwicklung • Langfristige Kernelemente der Strategie
Ziele	Was muss erreicht werden (in Marketing und Vertrieb)?	• Spezifisch (Marktangebote) • Messbar (Absatzmenge) • Zeitgebunden (Termin)
Stärken	Mit welchen Stärken können welche Märkte bedient werden?	• Eigenschaften, Fähigkeiten, Kenntnisse • Anforderungen und Erwartungen der Kunden, die mit den eigenen Stärken bedient werden
Strategien	Welche strategischen Ziele werden daraus abgeleitet?	• Beschreibung der generellen Vorgehensweise • Wege zum Ziel • Strategische Ausrichtung des Unternehmens
Maßnahmen	Welche spezifischen Maßnahmen werden umgesetzt?	• Markt- und Kundenbearbeitung • Führung, Organisation
Ressourcen	Was wird benötigt, um die Maßnahmen umzusetzen?	• Methoden verbunden mit den Maßnahmen • Identifikation der Menschen, Vorgehensweisen und der finanziellen Ressourcen
Controlling	Wie wird die Umsetzung überprüft?	• Sicherstellen, dass der eigene Plan realistisch ist und der Realisierung näher kommt

Abb. 1.17: Planungsschritte bei der strategischen Ausrichtung eines Unternehmens

Es besteht eine Beziehung zwischen der Vision, den Kernkompetenzen des Unternehmens sowie der angestrebten Positionierung im Markt, d.h. wie das Unternehmen mit seinen Marktangeboten in der Marktöffentlichkeit wahrgenommen werden soll. Das Verbindende sind dabei die **Grundwerte des Unternehmens**, die wiederum die Grundlage der Unternehmenskultur stellen:

Abb. 1.18: Grundwerte im Unternehmen als der zusammenfassende Kitt

Grundwerte sind historisch entwickelt und/oder bewusst gestaltet, sie beinhalten soziokulturelle und sachrationale Elemente. Sie erfordern eine Kommunikation und aktives, sichtbares Vorleben durch die oberste Führungsebene und treffen Aussagen zu Themen wie Kunde/Markt, Wachstum, Qualitätsorientierung, Innovationsbereitschaft, Ergebnisorientierung, Kommunikations- und Führungsverhalten etc. Sollen die Grundwerte nun in der Praxis mehr als nur eine Worthülse darstellen, sind weitere Faktoren notwendig, um die **Wirksamkeit einer Vision** zu gewährleisten:

1.3 Strategische Ausrichtung des Unternehmens

Top-down-Implementierung	Die oberste Führungsebene erarbeitet die Vision, das mittlere Management überprüft die operative Umsetzungsmöglichkeit, die Mitarbeiter werden umfassend informiert.
Positionierung der Vision zur Ausgangssituation	Das Spannungsfeld zwischen Ausgangssituation und Vision muss **herausfordernd sein, aber denkbar** erscheinen.
Ableitung von operativen Jahreszielen	Durch die **Ableitung von jährlichen quantitativen Unternehmenszielen** auf Basis der Unternehmensvision erlangt die Vision ihre operative Wirksamkeit.
Kontinuierliche Kommunikation	**Commitment und kontinuierliche Kommunikation** der Vision durch die oberste Führungsebene ist eine Voraussetzung für deren Wirksamkeit.

Abb. 1.19: Anforderungen an die Wirksamkeit einer Vision

Oftmals wird auch noch zwischen der „Vision" und der „Mission" unterschieden. Die „**Mission**" eines Unternehmens wird konkreter und gibt Antworten auf grundsätzliche Fragen im Unternehmen. Nach Drucker sind die typischen Fragen zum Unternehmen, die die Mission des Unternehmens darstellen, die folgenden:[1]

- Was ist unser Geschäftsfeld?
- Wer sind unsere Kunden? Wer sind **nicht** unsere Kunden?
- Was sind die Bedürfnisse des Kunden? Was ist dabei unsere Aufgabe?
- Warum kaufen Kunden? Es ist notwendig, die Motivation für den Kauf beim Kunden zu verstehen. Sie kaufen keine Marktangebote, sondern Lösungen für ihre Probleme, die sie erkannt haben.

> Die Unternehmensvision richtet sich primär an die Mitarbeiter, die Unternehmensmission primär an die Kunden. Im Idealfall entsteht damit eine Identifikation des Kunden mit dem Unternehmen. Aus den Visionen und Missionen leiten sich die Ziele des Unternehmens für eine bestimmte Zeitperiode ab.

Ziele beschreiben einen angestrebten zukünftigen Zustand, dabei ist die Zielformulierung klar an der Vision orientiert. Sie brechen die Vision auf portionierbare Größen, meist auf Jahresebene herunter, und dienen so den Mitarbeitern als Orientierung in Bezug auf die Schwerpunkte des Unternehmens, indem sie eine konkrete Festlegung für einen bestimmten Zeitraum treffen. Ziele können durchaus auch martialische Botschaften enthalten, um keine Zweifel aufkommen zu lassen und sicherzustellen, dass sie jeder Mitarbeiter aufnehmen kann. Ziel als Begriff beinhaltet:

- Zielinhalt: „Was soll erreicht werden?"
- Zielausmaß: „Wie viel davon soll erreicht werden?"
- Zielperiode: „Wann soll es erreicht werden?"

---

[1] Vgl. Drucker, S. 7.

- Zielgruppe: „Beim wem soll es erreicht werden?"

Ziele setzen eine gewisse Qualität voraus: Nur **„gute Ziele"** bringen das Unternehmen wirklich weiter:

- Gute Ziele schaffen Vertrauen, dass man sich auf dem richtigen Weg befindet.
- Ein festgelegter Ablauf zwingt dazu, klare Schritte festzulegen, Prioritäten zu setzen und die Ressourcen daraufhin auszurichten.
- Nur Ziele erlauben auch die Kontrolle, ob man auf dem richtigen Weg ist oder ob Korrekturen erforderlich sind.
- Ziele erleichtern die Kommunikation mit den Anspruchsgruppen, weil diese schneller eine Vorstellung vom Unternehmen und seiner Orientierung erhalten.
- Sobald klare Unternehmensziele festgelegt sind, können die entsprechenden Strategien daraus abgeleitet werden.

Das folgende Beispiel dokumentiert die große **Bedeutung der richtigen Zieldefinition**: Im Jahre 1953 startete die Yale University in den USA eine Studie und fragte alle Studienabgänger nach ihren Zielsetzungen. Nur 3 % konnten klare Ziele definieren. 20 Jahre später wurden dieselben Absolventen noch einmal befragt. Diese 3 % der Absolventen besaßen inzwischen ca. 95 % des gesamten Vermögens des Jahrgangs. Daraus kann als Fazit gezogen werden: Wer sich keine Ziele setzt, kann sie auch nicht verfolgen und somit auch nichts erreichen.

Alle definierten **Ziele müssen SMART sein**, sonst können in ihrem Zusammenhang Probleme auftreten und sie können ihre motivierende Wirkung verlieren. SMART steht für:

Spezifisch	Ziele sind eindeutig formuliert.
Messbar	Zielerreichungsgrad lässt sich durch Kennzahlen bestimmen.
Ambitiös	Ziele sollen Mitarbeiter motivieren. Sind sie zu leicht erreichbar, motivieren sie nicht.
Realistisch	Ziele müssen erreichbar sein, ansonsten erreichen sie keine motivationale Wirkung.
Termin	Ziele benötigen Termine, bis wann etwas erreicht werden soll, um die Planung zu ermöglichen.

Abb. 1.20: SMART-Kriterien der Zielformulierung

Es gibt eine Vielzahl **typischer unternehmerischer Ziele** wie Erreichen eines branchenüblichen Gewinns, maximaler Gewinn auf kurze oder lange Sicht, maximale Rentabilität des Eigenkapitals, Verbesserung der Liquidität, Eigenkapitalquote, Kreditwürdigkeit, Vergrößerung des Marktanteils, Erschließung neuer Märkte, Erhöhung der Kapazitätsauslastung, um nur einige zu nennen.

1.3.2 Umsetzung der Ziele über Strategien

Unter **Strategie** versteht man langfristig geplante und umgesetzte, kurzfristig nicht änderbare Verhaltensweisen der Unternehmen zur Erreichung ihrer Ziele. Die Unternehmensstrategie zeigt auf, wie und auf welche Art ein mittelfristiges oder langfristiges Unternehmensziel erreicht werden kann. Macharzina beschreibt eine „Strategie als abgestimmtes Maßnahmenbündel"[1], denn aus einer getroffenen Strategie resultieren viele Einzelentscheidungen und Maßnahmen, die der Zielerreichung dienen.[2] Ausgangspunkt einer jeglichen strategischen Betrachtung ist immer die ausgiebige Innenbetrachtung, dann die Außenbetrachtung und schließlich die Verknüpfung der beiden Perspektiven in der Strategieentwicklung.[3] Eine hilfreiche Vorgehensweise ist es, die Strategie in weitere Teilstrategien aufzuteilen, wie die Wettbewerbs- oder Markteintrittsstrategie.

Grundsätzlich verbinden Strategien **das Heute mit dem Morgen**:

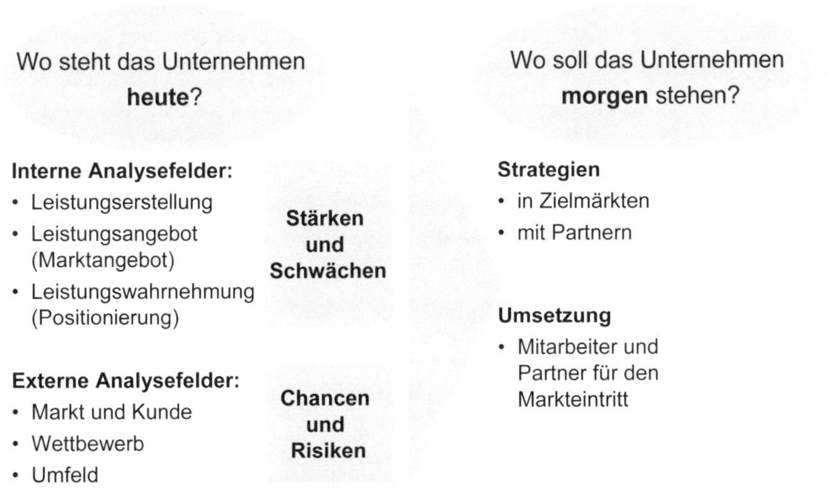

Wo steht das Unternehmen heute?

Interne Analysefelder:
- Leistungserstellung
- Leistungsangebot (Marktangebot)
- Leistungswahrnehmung (Positionierung)

Stärken und Schwächen

Externe Analysefelder:
- Markt und Kunde
- Wettbewerb
- Umfeld

Chancen und Risiken

Wo soll das Unternehmen morgen stehen?

Strategien
- in Zielmärkten
- mit Partnern

Umsetzung
- Mitarbeiter und Partner für den Markteintritt

Abb. 1.21: Strategien als Brücke zur Zukunft

Die **Marketing-Strategie** beantwortet eindeutig die Frage, wo das Unternehmen morgen stehen soll. Sie ist immer auf die Zukunft gerichtet, die dem Unternehmen als gestaltbar erscheint. Eine gut formulierte Strategie ist in der Lage:
1. eine einzigartige Wettbewerbsposition zu schaffen,
2. die auf internen Stärken des Unternehmens beruht und
3. die Umfelder des Unternehmens antizipiert.

---

[1] Macharzina, S. 257.
[2] Vgl. ebenda, S. 257 f.
[3] Vgl. dazu Kap. 5.5.

Dazu gehört es, die **zukünftige Entwicklung zu antizipieren** und sich aus Geschäftsfeldern zurückzuziehen, die in absehbarer Zeit keine Relevanz mehr haben, oder, wie es eine Stammesweisheit der Sioux-Indianer ausdrückt: „Wenn Du merkst, dass Du auf einem toten Gaul sitzt, dann steige lieber ab." Das kann man sehr gut auf das Geschäftsleben übertragen: Lange bevor es dazu kommt, sollte das Unternehmen begonnen haben, neue Geschäftsgelegenheiten zu suchen und nicht auf „tote" Geschäftsfelder setzen. Selbstverständlich können dabei auch Fehler unterlaufen, dies stellt aber keinen Grund dar, Neuorientierungen zu unterlassen. Napoleon I soll einmal gesagt haben: „Keine einzige meiner erfolgreichen Schlachten ist nach Plan verlaufen, trotzdem habe ich jede einzelne sehr sorgfältig konzipiert."

An dieser Stelle soll noch einmal die **Innenbetrachtung des Unternehmens** vertieft werden. Drei wesentliche Elemente sollten dabei nicht fehlen, um den eigenen Zustand richtig einzuschätzen:

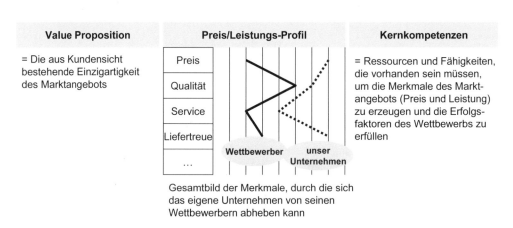

Abb. 1.22: Innenbetrachtung des Unternehmens

Eine Strategie wird durch drei wesentliche Elemente geprägt, die es gilt, in der Umsetzung der Strategie zu kommunizieren:

- **Value Proposition** als die Leitidee, worin aus Kundensicht die Einzigartigkeit des eigenen Marktangebots besteht bzw. bestehen soll.
- **Preis/Leistungs-Profil** als das Gesamtbild der Preis- und Leistungsmerkmale, mit denen sich das Unternehmen von den Wettbewerbern abheben will.
- **Kernkompetenzen** als die Ressourcen und Fähigkeiten, die vorhanden sein müssen, um die Preis- und Leistungsmerkmale zu erzeugen und die Erfolgsfaktoren des Wettbewerbs zu erfüllen.

Um den Nutzen für den Kunden („**Value Proposition**")[1] zu verstehen, legt man im B2B-Marketing die positiven Effekte dar, die das eigene Marktangebot für die Geschäfte des Auftraggebers hat. Folgende Punkt sind wichtig:

---

[1] Vgl. dazu Kap. 3.1.1.

1.3 Strategische Ausrichtung des Unternehmens

- Verstehen, wie eine Problemstellung gegenwärtig vom Kunden gelöst wird.
- Verstehen, wie sich die Geschäftsprozesse verändern, wenn das Unternehmen des Kundens zukünftig die neue Problemlösung nutzt.
- Darlegung der Auswirkungen auf die Gewinnmargen beim Kunden.

Es wird immer das Unternehmen und sein Markt als Ganzes betrachtet („**Big Picture**"-**Perspektive**) und nicht nur Teilbereiche. Dabei werden immer die folgenden **Grundfragen der strategischen Planung** beantwortet:

- In welchen Geschäftsfeldern will das Unternehmen tätig sein?
- Wie soll es den Wettbewerb in diesen Geschäftsfeldern bestreiten?
- Was ist die längerfristige Erfolgsbasis des Unternehmens?

Dabei strebt das Unternehmen an, eine Übereinstimmung zwischen den eigenen Ressourcen, den Technologien, der Organisation im Unternehmen sowie dem Umfeld zu erreichen und allen darin enthaltenen Veränderungen gerecht zu werden:

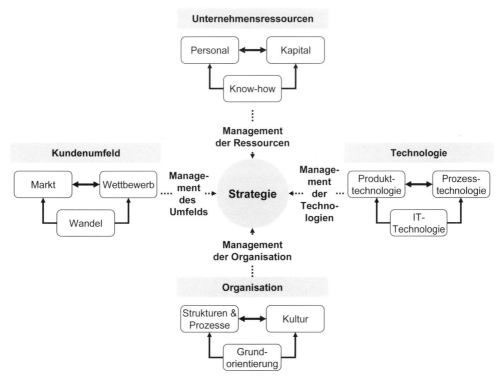

Abb. 1.23: Grundfragen der strategischen Planung im „Big Picture"

> Wichtige strategische Fragestellungen für das eigene Unternehmen könnten sein:
> 1. Welche Entwicklung hat das strategische Marketing in Ihrem Unternehmen genommen? In welcher Form haben Sie es an die aktuellen Entwicklungen der Herausforderungen ans Umfeld angepasst? Reicht das Ihrer Ansicht nach aus?
> 2. Was verstehen Sie unter einer Marketing-Strategie, wenn Sie in Ihrem Unternehmen davon sprechen?
> 3. Welche Perspektiven prägen das strategische Denken in Ihrem Unternehmen? Ist die Interpretation der Wirklichkeit ausreichend für die Anpassungen an die Branchen- und Marktentwicklungen? Welche Perspektiven befinden sich wohl hinter den Strategien Ihrer härtesten Wettbewerber?
> 4. Welche Themen des strategischen Marketings sollten Sie eventuell anders gewichten oder neu aufnehmen, wenn Sie Ihr strategisches Marketing mit den jetzigen Erkenntnissen vergleichen?

Die Erfüllung der folgenden **Prinzipien in der Marketing-Strategie** ist entscheidend dafür, ob eine Marketing-Strategie erfolgreich umgesetzt wird und das Unternehmen erfolgreich im Markt bestehen kann:[1]

- **Prinzip der Konzentration**: Schon nach Carl von Clausewitz ist die Konzentration auf die eigenen Stärken das Herzstück einer jeden Strategie. Diese wird am besten dort realisiert, wo sie auf Schwächen des Gegners trifft. Das ist im Marketing ähnlich: Das Unternehmen hat einen Zielmarkt definiert und konzentriert seine Ressourcen darauf, diesen Zielmarkt zu erobern. Dabei wird es sich immer auf die Ereignisse konzentrieren, die von zentraler Bedeutung sind und erkennen, bei welchen Angelegenheiten es sich um Nebenkriegsschauplätze handelt.
- **Prinzip der Problemlösung**: Der Kunde fragt gute Problemlösungen nach. Die zentrale Frage lautet nun, welche Aufgabe, der sich der Kunde gegenübersieht, das Unternehmen mit seinen Marktangeboten besonders gut lösen kann. Sieht das Unternehmen seine Produkte als Teil eines integrierten Marktangebots, das seinen Kunden einen zusätzlichen Nutzen verspricht?
- **Prinzip der Stärken**: Das Unternehmen kennt die Stärken[2] seines Marktangebots. So lautet in diesem Zusammenhang die zentrale Frage: „Welche überlegenen Fähigkeiten muss das Unternehmen entwickeln, um sich gegenüber dem Wettbewerb dauerhaft erfolgreich durchzusetzen?" Stärken sind dabei Vorgaben, die einem Unternehmen Wettbewerbsvorteile in seinem Markt verschaffen. Das Ziel der Stärken ist die Gewinnung und Erhaltung von strategischen Wettbewerbsvorteilen im ausgewählten Marktsegment.
- **Prinzip der Integration**: Schließlich dreht sich alles um den Verkauf. Lösungen für Aufgaben des Kunden werden anders verkauft als Produkte, die man berühren kann. Ausbildungsbedingt neigen Techniker zur Präzision und zu klaren Antworten. Anders der Kaufmann, der sich oft wortgewandt nicht zu eindeutigen Aussagen hinreißen lässt

---

[1] Vgl. Capon/Hulbert, S. 14 ff.
[2] Strategische Erfolgspositionen (SEP), Key Factors of Success (KFS), kritische Erfolgsfaktoren, Alleinstellungsmerkmale, Unique Selling Propositions (USP), strategische Wettbewerbsvorteile etc. sind Synonyme für Stärken.

oder sich eindeutig äußert, ohne zu wissen, ob es auch wirklich richtig ist. Letztendlich geht er aber davon aus, dass es die Techniker im Unternehmen schon irgendwie hinbekommen werden! Es ist somit erforderlich, dass alle Abteilungen des Unternehmens zusammenarbeiten, um die Bedürfnisse des Kunden möglichst vollständig abzudecken. Letztendlich sind sie alle vom Kunden abhängig.

Die **Strategie** hat für ein Unternehmen die folgende Bedeutung:
1. Das Unternehmen betrachtet den Markt als Ganzes und nicht nur seine Teilbereiche: **„Big Picture"-Perspektive**.
2. Die **Kernressourcen** sind eindeutig definiert, d.h. das Unternehmen kennt seine Stärken sehr genau und kann sie auch richtig im Sinne eines erhöhten Kundenwertes, den der Wettbewerber nicht bieten kann, einsetzen: Was bedeutet es für den Kunden, die besten Ingenieure in der Forschung und Entwicklung zu haben? Es bedeutet, dass das Unternehmen in der Lage ist, die Marktangebote besser den Kundenwünschen anzupassen als seine Wettbewerber.
3. Ziel der Strategie ist es, den Wettbewerber zu schlagen. Unternehmen entwickeln eine Strategie, um die **Wettbewerbsvorteile** zu schärfen und besser zu sein als die Wettbewerber. Dann gibt es für den Kunden keinen Grund, Marktangebote vom Wettbewerber wahrzunehmen.
4. Das Unternehmen ist sich seiner **Zwänge** bewusst und wählt eine Strategie aus, die realistischerweise innerhalb dieser Zwänge funktionieren kann, um die gesteckten Ziele zu erreichen. Solche Zwänge können limitierte finanzielle Ressourcen und eingeschränkte Kapazitäten in der Forschung und Entwicklung sein.

1.3.3 Maßnahmen realisieren Strategien

Die Strategien wiederum werden durch Maßnahmen in die Sphäre des Umsetzbaren heruntergebrochen und somit für alle Beteiligten realisierbar gemacht. Im Marketing geschieht das im Marketing-Mix. Carl von Clausewitz schreibt über den **Unterschied von Strategie und Taktik**: „Die Taktik ist die Lehre vom Gebrauch der Streitkräfte im Gefecht, die Strategie die Lehre vom Gebrauch der Gefechte zum Zweck des Krieges." Das beschreibt sehr gut den Unterschied zwischen Strategie und Taktik, letztere nennen wir hier Maßnahmen.

Die Maßnahmen im Marketing werden über den **Marketing-Mix** umgesetzt, der auch oft „4 P's" genannt wird, nämlich „product, price, place, promotion". Diese Strukturierung ist heute immer noch aktuell, wenn auch der „place", der eigentlich den Standort meint, heute mehr in Richtung Vertriebswege interpretiert wird und als „product" das Marktangebot des Unternehmens dargestellt wird. Das Unternehmen kennt seinen Marketing-Mix, d.h. seine Marktangebote, die dazugehörigen Preise, die Vertriebswege mit eventuellen Standorten von Niederlassungen (falls relevant) sowie die Art und Weise, wie sein Marktangebot in der Marktöffentlichkeit kommuniziert wird. Alle Instrumente im Marketing-Mix sind so aufeinander abgestimmt, dass sich eine optimale Kombination im Hinblick auf die Erreichung der Marketingziele des Unternehmens ergibt:

Abb. 1.24: Marketing-Mix aus Unternehmenssicht

- Unter dem **Marktangebot** versteht man alle Maßnahmen, die das problemlösende Marktangebot betreffen. Die zentrale Fragestellung lautet: Wie muss das Marktangebot des Unternehmens gestaltet werden, um den Bedürfnissen der Kunden gerecht zu werden? Daraus werden dann Entscheidungen getroffen, wie etwa zur Gestaltung des Marktangebots: Spitzenprodukte oder Spezialprodukte mit ihrem damit oft einhergehenden Nischencharakter; Massenprodukte, die oftmals Standardprodukte oder Systemprodukte sind.
- Unter dem **Preis** versteht man alle Maßnahmen, die mit dem Preis des Marktangebots in Zusammenhang stehen. Die zentrale Fragestellung lautet: Wie muss der Preis des Marktangebots bestimmt sein, damit er vom Kunden akzeptiert wird? Daraus werden dann Entscheidungen getroffen, wie etwa die Preisfestsetzung, ggf. Preisstabilisierung bei Neuprodukteinführungen, glaubhafte Differenzierungsmerkmale für einen höheren Preis, Controlling der realisierten Preise sowie Möglichkeiten zur Zahlungsbeschleunigung.
- Unter dem **Vertriebsweg** versteht man alle Maßnahmen, die getroffen werden müssen, um ein Marktangebot vom Unternehmen zum Kunden zu bringen. Die zentrale Fragestellung lautet: Wie erhält der Kunde möglichst einfach, schnell und kostengünstig Zugang zum Marktangebot und kann es erwerben? Daraus werden dann Entscheidungen getroffen, etwa der Aufbau der Vertriebsorganisation incl. Regelung der Parallelität von Vertriebswegen sowie der Aufbau einer effizienten Logistik.
- Unter der **Promotion** versteht man alle kommunikativen Maßnahmen, mit denen das Marktangebot bei den Zielgruppen bekannt gemacht wird. Die zentrale Fragestellung lautet: Wie kann das Unternehmen die Kunden auf das Marktangebot aufmerksam machen bzw. vom Kauf überzeugen? Daraus werden dann Entscheidungen getroffen, wie das Wecken von Aufmerksamkeit, Informieren der Kunden, Aufbau einer positiven Kundeneinstellung, sowie die Stärkung der Kaufabsicht.

1.3 Strategische Ausrichtung des Unternehmens

> Um die Marketingstrategie umzusetzen, wägt das Unternehmen jedes Marketing-Instrument und dessen Einzelmaßnahmen sorgfältig ab, entwirft einen sinnvollen Marketing-Mix und ist sich bewusst, dass Maßnahmen in einem Bereich immer eine Auswirkung auf die Maßnahmen in einem anderen Bereich haben.

Man sollte dabei jedoch nicht vergessen, dass diese Sicht des Marketings die Unternehmenssicht ist und der einzelne Kunde andere Definitionen bevorzugen mag:

Abb. 1.25: Marketing-Mix aus Kundensicht

Für den Kunden ist nicht das Marktangebot entscheidend, sondern ob dieses Angebot wirklich die Lösung seiner Probleme darstellt. Der Preis des Unternehmens sind für ihn Kosten und der Vertriebsweg hat für ihn etwas mit Bequemlichkeit zu tun. Für den Kunden ist es entscheidend, wie leicht er die Leistungen des Unternehmens in Anspruch nehmen kann, z.B. ob ein Vor-Ort-Service vorhanden ist. Bei der Promotion stellt sich für den Kunden die Frage, ob er die Art der Kommunikation des Unternehmens überhaupt versteht und dieses „seine Sprache spricht". Das gilt auch für die Präsentation des Unternehmens beim Kunden, in der der Mitarbeiter im Vertrieb in aller Kürze „sein" Unternehmen mit seinen Marktangeboten vorstellt. Diese Betrachtung wird Rückwirkungen auf die Gestaltung von Marktangeboten der Unternehmen haben. Der eigene Marketing-Mix wird stärker auf die Bedürfnisse des Kunden abgestellt.

Das folgende Schaubild stellt abschließend den Zusammenhang zwischen den dargestellten Begrifflichkeiten dar, am Beispiel eines Unternehmens aus der Automatisierungstechnik, ausgehend von der Vision bis zu den einzelnen Maßnahmen:

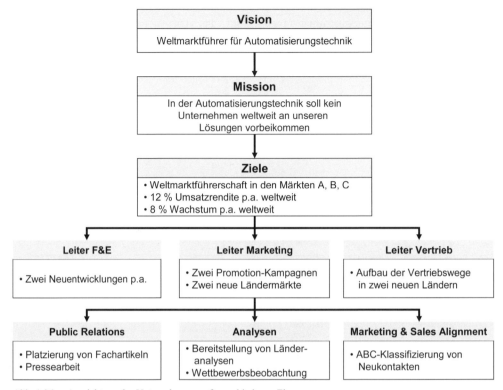

Abb. 1.26: Ausrichtung des Unternehmens auf verschiedenen Ebenen

1.3.4 Erstellung einer Marketing-Konzeption

Die **Basis einer Marketing-Konzeption** sind grundsätzlich die **Umfeldinformationen**. Diese können unterteilt werden in ein rechtliches, ein technologisches, ein ökonomisches sowie in ein soziales Umfeld. Das Umfeld wird dabei auf diejenigen Bereiche eingegrenzt, die für das Unternehmen von Relevanz sind. Man bezieht sich auf den Kunden (Änderungen seiner Präferenzen, Einsatzwünsche etc.), den Wettbewerb (seine Marktangebote etc.) und das eigene Unternehmen (Kenntnisse der Technologie, Stärken, Mitarbeiterstamm etc.). Dabei wird jedoch sehr großzügig verfahren, um möglichst keine wichtigen Variablen auszugrenzen, die sich erst in der jüngsten Vergangenheit ergeben haben. Aus diesen Umfeldinformationen werden **Prognosen**, d.h. Annahmen über die zukünftige Entwicklung des Unternehmens getroffen. Auf diesen Annahmen basieren das **strategische Marketing** und die Zielsetzungen des Unternehmens. Aus den Zielsetzungen werden Strategien abgeleitet, die darstellen, in welcher Weise die Ziele erreicht werden können. Im **operativen Marketing** werden diese Ziele im Marketing-Mix konkretisiert und in Form von Aktionsplänen (Maßnahmen, „Action Plans") dargestellt. Es schließt sich durch die **Marketing-Implementierung** die Umsetzung der Maßnahmen an:

1.3 Strategische Ausrichtung des Unternehmens

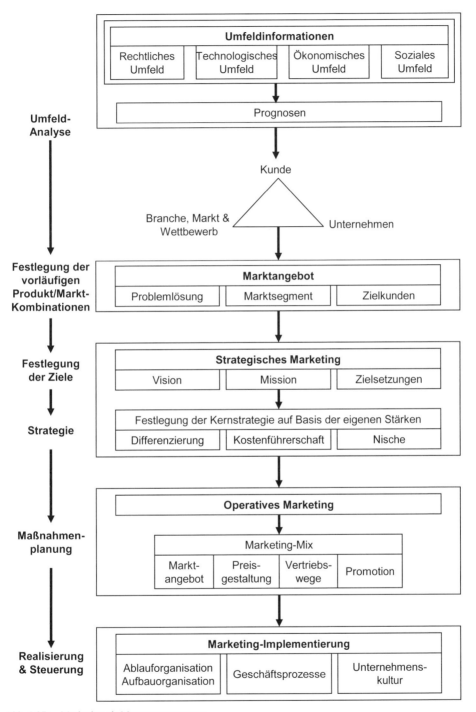

Abb. 1.27: Marketing als Managementprozess

Die **Zielsetzung der Marketing-Konzeption** kann sehr vielfältig sein, für ein neues Unternehmen bedeutet sie den Marktzugang schlechthin. Beim Aufbau von neuen Geschäftsfeldern sind die Ziele dieselben, wenngleich hier die finanzielle Ausstattung weit besser ist und Erfahrungen umfangreich vorhanden sind. Eine Marketing-Konzeption kann auch im Zuge einer umfassenden strategischen Neuausrichtung des Unternehmens erstellt werden. Bei vielen Unternehmen handelt es sich jedoch um eine fortlaufende Aufgabe, da sie jedes Jahr ihre Strategien überprüfen, gegebenenfalls korrigieren und neue Maßnahmen für das Folgejahr erstellen.

Dem Marketing-Konzept vorangestellt ist i.d.R. ein „**Executive Summary**". Der „Executive Summary" sollte mit besonderer Sorgfalt erstellt werden, da er in praxi oft die Grundlage ist, auf der Entscheidungen getroffen werden. Er ist also nicht nur ein Anhängsel des Berichts. Oft wird es im Jargon auch als „Zusammenfassung für faule Leser" bezeichnet. Viele Entscheidungsträger lesen also nicht den ganzen Bericht, sondern nur die Zusammenfassung. Konnte mit der Zusammenfassung nicht überzeugt werden, ist dies ein Garant dafür, dass erstens der Bericht nicht weitergelesen wird und zweitens die Entscheidung negativ ausfällt. Der „Executive Summary" liefert dem Management schnell einen Überblick über die grundsätzliche Stoßrichtung des Marketing-Konzepts. Somit beinhaltet der „Executive Summary" alle Faktoren, die eine wichtige Grundlage für die bevorstehenden Entscheidungen darstellen. Er wird extra für die Entscheidungsträger formuliert und soll sie befähigen, auf dieser Grundlage zu entscheiden.

Bei der **Umfeld-Analyse** werden die einzelnen Umfelder, die für das Unternehmen von Relevanz sind, betrachtet und die notwendigen Daten ermittelt. Diese werden dann mit dem Zustand des Unternehmens gegeneinander abgewogen, um eine Aussage zu treffen, ob das Unternehmen in dem sich verändernden Umfeld gut aufgestellt ist bzw. wo Bedarfe für Veränderungen bestehen. Das Umfeld wird meist in Makro- und Mikroumfeld unterteilt. Es ist die Aufgabe der Marktforschung, diesen Themenkomplex zu übernehmen und nach relevanten Informationen zu suchen.[1]

Die **Analyse des eigenen Unternehmens** ist die Grundlage für alle weitreichenden Entscheidungen im Unternehmen. Sie beginnt mit der Plausibilitätsprüfung von Unternehmenszielen und Strategien, sowie der Ermittlung aller relevanten Zahlen des Unternehmens wie Umsatz, Ertrag, Liquidität und Finanzstruktur. Eine besondere Rolle nehmen dabei die Stärken des Unternehmens ein. Die Darstellung der Stärken der eigenen Marktangebote kann durch die SWOT-Analyse[2] erfolgen. Die Positionierung wird unter anderem daraus abgeleitet. Dies ist der elementare Punkt in der Marketing-Konzeption: Durch welche Stärken besteht das Unternehmen im Wettbewerb, die die Kundenbedürfnisse bedienen. Das Unternehmen ist dann meist gezwungen, sich auf einige wesentliche Marktangebote zu fokussieren, dies gilt vor allem beim Markteintritt. Manche Unternehmen denken, dass sie ihr Angebot breit halten müssen, um möglichst viele mögliche Kunden anzusprechen; sie wollen keine Optionen außer Acht lassen. Der Kunde impliziert das mit einer fehlenden strategischen Ausrichtung, d.h. es wirkt nicht professionell.

---

[1] Vgl. dazu Kap. 2.
[2] Vgl. dazu Kap. 3.7.1.

1.3 Strategische Ausrichtung des Unternehmens

In der **Analyse von Branche, Markt und Wettbewerb** werden in der Marktsituation die Fakten über den Markt präsentiert. Üblicherweise findet man hier Aussagen zu der Marktgröße und dem Marktwachstum (in Verkaufseinheiten und im Wert). Nach Marktsegmenten und geografischen Unterschieden geordnet, werden auch hier die vergangenen Jahre ausgewertet und Aussagen über die Kundenbedürfnisse und Kaufgewohnheiten getroffen. Die Branchenstruktur wird am besten durch die umfassende Porters 5-Forces-Analysis untersucht.[1] Die direkten Wettbewerber werden anhand ihrer Größe, Zielsetzungen, Marktanteile, Qualität ihrer Marktangebote, Marketing-Strategien etc. dargestellt.[2] Vorhandene Brancheneintrittsbarrieren und -austrittsbarrieren spielen insbesondere bei Markteintritten eine große Rolle, ebenso wie die Analyse vorhandener bzw. erkennbarer Vertriebswege. Diese werden dargestellt und aufgrund ihrer Größe, Zugang und Wichtigkeit bewertet.

In der **Kundenanalyse** wird zunächst ein Kundenprofil ermittelt, d.h. eine Abschätzung, wie der ideale Kunde in einem Markt aussehen kann, z.B. durch Kriterien wie Kaufkraft bzw. Budget und damit auch der Bonität, Wachstum, Preiselastizität der Nachfrage, aber auch Lebensalter der Entscheidungsträger. Dann werden aus den bestehenden Marktsegmenten mögliche Schlüsselkunden sowie deren Umsatz-/Gewinnpotenziale und der Kenntnisstand über die Kundenbedürfnisse erfasst. Daraus kann eine Vorstellung über den Ablauf des Verkaufsprozesses und über den Aufbau von Vertriebsstrukturen ermittelt werden.

Bei der **Festlegung der vorläufigen Produkt/Markt-Kombinationen** werden die Marktangebote mit der vollständigen Problemlösung für den Kunden formuliert, sowie bestimmte Märkte mit spezifischen Zielgruppen und konkreten Kunden auf Basis der vorangegangenen Analysen ausgewählt.

Die **Festlegung der Ziele** kann in zwei Richtungen unterteilt werden, in die finanziellen Ziele und in die Marketing-Ziele. Zu den Marketing-Zielen gehören die Erhöhung des Bekanntheitsgrads des Produkts und/oder des Unternehmens, die Verbesserung des Unternehmensimages, sowie die Vermittlung von Wissen über das Produkt und die Bekanntmachung der Vorteile des Produkts. Die finanziellen Ziele beziehen sich auf Größen wie Umsatz, Gewinn, Deckungsbeitrag etc.

Die **Ableitung der dazugehörigen Marketing-Strategien zur Zielerreichung** fixiert die Festlegung der Kernstrategie, sowie der Positionierung und ggf. der Vertriebsplanung und der Verkaufsstrategie.

Die **Maßnahmenplanung** legt, meist auf Jahresbasis, die Umsetzung des Marktangebots mit seiner Qualität, Bedeutung der Marke, Dienstleistungen etc. fest. Die Preisfestsetzung erfolgt meist im Vergleich zu den Angeboten der Wettbewerber. Im Vertrieb wird das Unternehmen den persönlichen Verkauf organisieren, die Internetpräsenz überarbeiten, sich mit dem Aufbau von Fachgeschäften und Fragen zur Machbarkeit beschäftigen. In der Promotion spielt die Auswahl der Medien eine große Rolle, auch die Vorgehensweise beim Direktkontakt etc. Alle Maßnahmen sind bezogen auf die ausgewählten Marktsegmente und mit einem Zeitplan versehen.

---

[1] Vgl. dazu Kap. 3.2.3.
[2] Vgl. dazu Kap. 3.5.1.

Die Erfassung der **finanziellen Daten & Controlling der Umsetzung** rundet das Marketing-Konzept mit der Frage ab, ob es sich für das Unternehmen rechnet. Zahlen sind zwar nicht das Geschäft, aber sie reflektieren das Bild des Unternehmens, wie eine erhöhte Temperatur beim Menschen Fieber anzeigt. Zahlen sagen nicht aus, was nicht in Ordnung ist, sie sagen nur aus, dass etwas nicht stimmt. Sicherlich kann man durch „Financial Engineering" die Zahlen so beeinflussen, dass das Bild besser wird, an dem Erfolg des Geschäfts ändert dies jedoch trotzdem nichts. Die Kennzahlen können in verschiedenen Ebenen unterteilt werden:

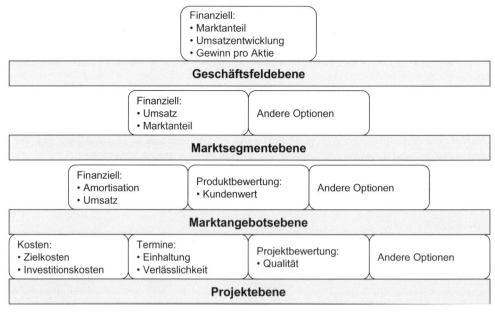

Abb. 1.28:   Controlling im Marketing

Die Erstellung einer Marketing-Konzeption ist ergebnisoffen: Aus der Erarbeitung der Konzeption kann demnach resultieren, dass das Unternehmen einen bestimmten Schritt nicht gehen sollte! In einem solchen Fall wurde es durch die Aufarbeitung der Konzeption als Entscheidungsgrundlage vor einer Fehlentscheidung bewahrt und hat eine ganze Menge an Geld gespart. Die Marketing-Konzeption geht letztendlich in einen Geschäftsplan („Business Plan") ein. Der **Geschäftsplan** „ist ein zentrales Instrument zur Steuerung und Koordination aller Unternehmensaktivitäten. Er ist die Zusammenfassung aller betrieblichen Teilpläne wie z.B. Beschaffungsplan, Personalplan, Finanzplan"[1].

---

[1] Kohlert, 2005a, S. 185.

2 Marktforschung und Business Intelligence

2.1 Marktinformationen als Grundlage von Entscheidungen

2.1.1 Rolle der Information im Marketing

Eine Vielzahl von Entwicklungen wirken sich auf das Geschäftsmodell[1] des eigenen Unternehmens aus:

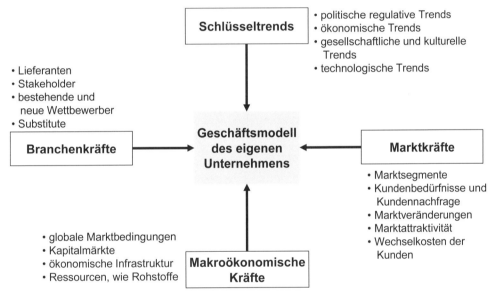

Abb. 2.1: Einflusskräfte aus dem Umfeld des Unternehmens auf sein Geschäftsmodell

Die meisten dieser Einflusskräfte kommen nicht überraschend, sondern kündigen sich an, d.h. das Unternehmen kann sich darauf durchaus vorbereiten. Markteinflüsse können auch selbst zu verantworten sein, z.B. wenn bewusst ein neues Umfeld gewählt wird, etwa bei einem Eintritt in ein neues Land oder in einen neuen Markt.

Jede Entscheidung innerhalb eines Unternehmens setzt, unabhängig von der Entscheidungsebene und der Bedeutung der Entscheidung für das Unternehmen, spezielle Informationen voraus. Komplexe Sachverhalte gilt es zu strukturieren und nützliche Daten schnell und

---

[1] Vgl. dazu Kap. 3.1.1.

effizient zu beschaffen. Auf die richtigen Informationen kommt es an, diese fehlerlos zu bewerten und sinnvolle Handlungsempfehlungen abzuleiten, sind weitere Schritte. Informationen werden für Planung, Organisation und Kontrolle des Unternehmensgeschehens benötigt.

Mit Marktinformationen können Unternehmen ihre marktbezogenen Entscheidungen und Aktivitäten an tatsächlichen Marktgegebenheiten orientieren (und nicht an Vermutungen). Die Marktforschung ist somit eine wichtige Voraussetzung für den Erfolg von Unternehmen am Markt. Man spricht in der betrieblichen Praxis sehr oft allgemein von der Marktforschung und subsumiert darunter alle genannten Formen der Informationsbeschaffung.

> Unter Marktforschung versteht man die systematische Suche, Sammlung, Aufbereitung und Interpretation von Daten, die sich auf alle Probleme des Marketings von Marktangeboten beziehen. Entgegen der oftmaligen Praxis hat Marktforschung keinen Projektcharakter, sondern ist eine laufende Aufgabe. Märkte und der Wettbewerb verändern sich fortlaufend und so kann eine sinnvolle Marktforschung nur erfolgen, wenn diese regelmäßig erstellt wird.

Die Informationsbeschaffung kann in Marktforschung und „Business Intelligence" unterteilt werden. Die **Marktforschung** hat einen eher **operativen Charakter** und konzentriert sich auf zahlreiche Einsatzfelder, die je nachdem, ob Probleme identifiziert oder gelöst werden sollen, gegliedert werden kann:[1]

Abb. 2.2: Klassifikation von Marktforschung

Problemidentifizierende Marktforschung wird unternommen, wenn Problemstellungen schwer erkennbar sind, Informationen darüber fehlen oder auch erst in der Zukunft auftreten können. So werden bei der problemidentifizierenden Marktforschung insbesondere **Fakten über einen bestimmten Markt** ermittelt, so dass daraufhin Marketing-Strategien entwickelt werden können. Dazu gehören z.B.:

- Das „**Branding**" (Markenbildung) kann in verschiedenen Märkten eine unterschiedliche Rolle spielen. Diese gilt es zu ermitteln. Lohnt es sich überhaupt, eine Markenstrategie zu verfolgen?

---

[1] Vgl. Malhotra/Birks, S. 9.

2.1 Marktinformationen als Grundlage von Entscheidungen

- Die angefertigte **Marketing-Konzeption** wird vorab in einem begrenzten Markt getestet. Es soll festgestellt werden, ob das neue Marktangebot marktfähig ist. Hier kann z.B. untersucht werden, unter welchen Gesichtspunkten eine Maschine gekauft wird. Eine andere mögliche Fragestellung könnte sein, ob ein ein bestimmter Service nachgefragt werden könnte, oder ob sich ein wachsender Markt für Ersatzteile aufgrund des vermehrten Einsatzes alter, gebrauchter Maschinen gebildet hat. Ebenfalls ein Gebiet der problemidentifizierenden Marktforschung ist, unter welchen Bedingungen welche Serviceleistungen auch verrechnet werden könnten.
- Wie verändern sich die **Präferenzen** bei den Kunden? Welche Veränderungen sind erkennbar, welche werden vermutet? Woran werden die möglichen Entwicklungen festgemacht?
- Vor der **Einführung eines neuen Marktangebots** wird das Markt- und Absatzpotenzial (-volumen) untersucht, um zu entscheiden, in welchen Märkten sich der Aufwand der Markteinführung lohnt.
- Durch die **Marktanteilsanalyse** wird festgestellt, wie das „Standing" des Unternehmens im Markt ist. Die Entwicklung der Marktanteile ist ein Indiz dafür.
- Ein Unternehmen erwägt einen **Markteintritt** und kennt das Wettbewerbsumfeld noch nicht. Es muss bewertet werden, inwieweit der Markt überhaupt attraktiv für das Unternehmen ist.
- Ein Unternehmen erwägt die **Akquisition eines Unternehmens**, um Zugang zu dessen Technologien zu bekommen, „Educational Acquisition" genannt. Es muss jedoch vorab in der Lage sein, die Technologie bewerten zu können und die Technologieposition im globalen Wettbewerb einschätzen können.
- Bei der **Suche nach neuen Lieferanten** werden Informationen über diese Unternehmen benötigt, etwa auf welchem technischen Stand sie sind, aber auch wer die Gesellschafter des Unternehmens sind. Es soll vorkommen, dass ein Lieferant ausgewählt wird und erst wesentlich später festgestellt wird, dass der größte Wettbewerber dort Hauptgesellschafter ist!

Problemlösende Marktforschung wird unternommen, wenn das Finden einer Lösung im Vordergrund steht. Dazu gehören z.B.:

- **Umsatzrückgänge** veranlassen regelmäßig Marktforschungsprojekte, um die Ursachen herauszufinden.
- Die **Werbebotschaften** in Präsentationen werden auf ihre Wirksamkeit, Verständlichkeit und Durchschlagskraft überprüft. Wie sollte das Kommunikationskonzept des Unternehmens ausgestaltet werden?
- Die **Preisgestaltung** und insbesondere die Reaktion der Kunden auf Preisveränderungen wird überprüft, um damit einen möglichst optimalen Preis zu erzielen (Preissensitivität des Kunden).
- Wird das Problem des Kunden vollständig gelöst? Kunden präferieren **vollständige Problemlösungen**.
- Bei Einführungen des neuen Marktangebots spielt auch die **Preissensitivität der Kunden** eine große Rolle.

- Durch **Marktsegmentierungsstudien** ist man in der Lage, die richtigen Zielgruppen herauszufiltern und zielgerichtete Marktangebote zu gestalten.
- Mit **Kundenzufriedenheitsstudien** wird die Reaktion der Kunden auf die Marktangebote des Unternehmens gemessen. Die Untersuchungsresultate werden oft als Ausgangspunkt für Verbesserungen und Weiterentwicklungen verwendet.
- Die Betrachtung des **Potenzials für Empfehlungen** stellt eine weitere Fragestellung in zwei Richtungen dar: Erstens, empfehlen die Kunden das eigene Unternehmen weiter? Zweitens, empfehlen die eigenen Mitarbeiter das eigene Unternehmen weiter?

„**Business Intelligence**" hat einen eher **strategischen Charakter** und konzentriert sich auf die Beschaffung von Informationen aus verschiedenen externen Quellen mit strategischer Relevanz für das eigene Unternehmen. Sie wird vor allem bei der Bewertung von neuen Entwicklungen in der Technologie eingesetzt. Dabei wird auf Signale, etwa Forschungsberichte, Versuche von Instituten etc. geachtet, die neue Entwicklungen auslösen könnten. Die Beschaffung von sinnvollen Informationen ist in diesem Umfeld nur möglich, wenn dies regelmäßig erfolgt.

Entgegen der vorherigen Feststellung, dass es sich bei der Marktforschung um eine laufende Aufgabe des Unternehmens handelt, werden in praxi eher **spezifische Marktforschungsprojekte** durchgeführt. Marktforschung braucht meist einen konkreten Anlass: Wettbewerbsdruck, bestehende Märkte verändern sich stark, die Kundenerwartungen ebenfalls, die Kosten eines Fehlers sind hoch, der Eintritt in neue Märkte, von denen wenig Informationen vorliegen, steht bevor. Marktforschung sollte in einem Unternehmen regelmäßig betrieben werden, um sie wirklich effektiv zu nutzen und eine Marktforschungskompetenz aufbauen zu können! Die Marktforschung besteht zwar aus Einzelprojekten, ist aber selbst kein Projekt mit einem Anfang und einem Ende!

2.1.2 Analyse des Umfelds

Die **Aufgabe der Umfeld-Analyse** besteht darin, Auskunft über die aktuellen und potenziellen Veränderungen im Umfeld zu geben. Dadurch steckt die Umfeld-Analyse gewissermaßen den Möglichkeitsraum strategischen Handelns für eine Unternehmung ab. Durch eine spätere Gegenüberstellung mit den Leistungspotenzialen des Unternehmens können die unternehmensspezifischen Chancen und Risiken abgeschätzt werden. Die Umfeld-Analyse lässt sich nach dem Mikro-Umfeld und dem Makro-Umfeld unterscheiden:

2.1 Marktinformationen als Grundlage von Entscheidungen

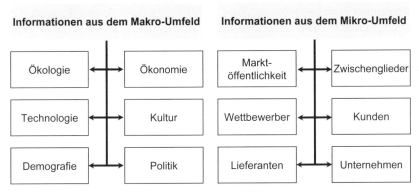

Abb. 2.3: Informationen aus Makro- und Mikro-Umfeld

Das **Makro-Umfeld** ist für die meisten Unternehmen vorgegeben, wie etwa die **Ökologie** in Form von Umweltschutzbestimmungen oder die Technologie in Form einer bestimmten Verfügbarkeit und Verbreitung von technischen Neuerungen. Bestimmte **Technologien** können in einer Gesellschaft gefördert oder blockiert werden. Beispiele dafür waren in den vergangenen Jahren die Biotechnologie und die Gentechnologie; erstere wurde zunächst sehr halbherzig bis gar nicht unterstützt, erst später wurde der enorme Nachholbedarf erkannt, nachdem eine Anzahl von Unternehmen in anderen Staaten bereits sehr erfolgreich in diesem Markt tätig war. Die **Demografie** kann für ein Unternehmen eine Rolle spielen, etwa wenn das Durchschnittsalter einer Gesellschaft relativ hoch ist, wie in Deutschland und in Japan. Auch spielen die ethnischen Märkte eine gewisse Rolle, die sich aus der Zuwanderung von Menschen ergeben und teilweise eine erstaunliche Höhe an Autonomie aufweisen. Einen nicht zu unterschätzenden Einfluss auf die Demografie hat auch die Veränderung in den Haushalten, etwa durch die verstärkte Berufstätigkeit von Frauen in der Gesellschaft. Die **ökonomische Gesamtsituation** und ihre Entwicklungsaussichten beeinflussen das Unternehmen ebenso wie die Kultur und deren Veränderungen, oft auch **Wertesystem** genannt. Besteht in einer Gesellschaft ein ausgeprägtes Wertesystem mit einem hohen Maß an Gemeinsamkeiten, kann dies in schwierigen Zeiten eine starke Stütze sein. Oder existieren vielleicht Subkulturen, die ein eigenes Wertesystem haben und in die Gesellschaft nicht mehr integrierbar sind? Die **Politik** und damit verbundene neue Gesetzesinitiativen hinterlassen auch ihre Spuren. Versteht z.B. die Regierung ihre Rolle in der Weise, dass sie sich aus der Wirtschaft soweit wie möglich heraushält oder ist sie stark involviert? Werden Privatisierungen vorangetrieben oder zurückgehalten? Durch die Besteuerung kann auf Entwicklungen Einfluss genommen werden; man denke nur einmal an die Besteuerung von Energie.

Das **Mikro-Umfeld** liegt mindestens zu einem gewissen Teil im Wirkungsbereich des Unternehmens. Es umfasst etwa Fragen der **Marktöffentlichkeit**, z.B. das öffentliche Image. Dieses kann sich auf die Personalbeschaffung von neuen Mitarbeitern auswirken, da Mitarbeiter gerne für bekannte Unternehmen arbeiten, mit denen sie mehr Sicherheit und bessere Aufstiegschancen, nicht zuletzt aber auch mehr Ansehen verbinden. Die Analyse der **Wettbewerber** ist in zweifacher Hinsicht relevant: Erstens ist die Frage nach Veränderungen in der Wettbewerbsintensität von enormer Wichtigkeit, da sich ein Anstieg im allgemeinen direkt auf die erzielbaren Gewinnmargen im Markt auswirkt. Zweitens kann aber auch die Abstinenz von Wettbewerbern, insbesondere bei neuen Technologien, ein Indiz dafür sein, dass sich die Neuerungen nicht durchsetzen. Dazu kommt, dass Kunden oft nur dann in Technologien investieren, wenn sie Alternativen von Lieferanten haben, um nicht in Abhängigkeit zu geraten. **Lieferantenstrukturen** sind insbesondere unter dem Gesichtspunkt der Abhängigkeit zu untersuchen oder unter dem Aspekt, wie sich ein Kauf des eigenen Lieferanten durch einen Wettbewerber auf das eigene Unternehmen auswirken würde. Dieselbe Frage könnte sich auch bei den **Zwischengliedern**, etwa den Vertriebswegen, stellen. Wie wirkt sich der Kauf eines Vertriebsunternehmens durch einen Wettbewerber auf das eigene Unternehmen aus? Ein wichtiger Bestandteil des Mikro-Umfelds sind die **Kunden** und deren Bedürfnisse und Präferenzen, wie bereits im vorherigen Kapitel dargestellt. Nicht vergessen werden sollte das **Unternehmen** selbst mit seinen Ressourcen und spezifischen Stärken, die es von den Wettbewerbern unterscheidbar macht, außerdem das Know-how im eigenen Unternehmen.

Daraus lassen sich dann Schlussfolgerungen für das Unternehmen ableiten:

- Welche relevanten Umweltfaktoren umgeben das eigene Geschäftsfeld?
- Welche dieser Faktoren werden sich wann verändern?
- Welche dieser Faktoren wirken sich wie auf das eigene Geschäftsfeld aus?

Zusammenfassend wird die Umfeld-Analyse wie folgt für das Unternehmen durchgeführt:

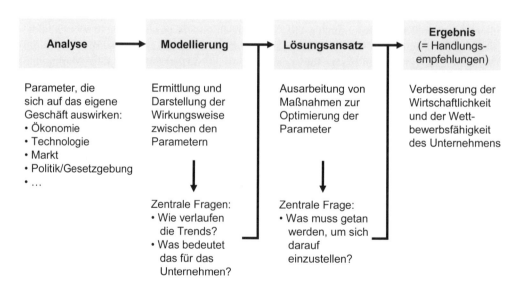

Abb. 2.4: Erkenntnisse der Umfeld-Analyse für das Unternehmen

- Im ersten Schritt, der Analyse, werden die **relevanten Parameter** aus den Umfeldern ermittelt und die notwendigen Informationen darüber zusammengetragen. In der Regel trifft man bereits hier eine Vorauswahl und betrachtet nur diejenigen Parameter, die sich auf das eigene Geschäft auswirken oder auswirken könnten.

- Im zweiten Schritt werden **Interdependenzen zwischen den Parametern** analysiert, um so die wirklich relevanten „Stellschrauben" für die Ergebnisse des Unternehmens zu erhalten. Daraus werden relevante trends für das Unternehmen ermittelt.
- Im dritten Schritt werden **Lösungsmöglichkeiten** erarbeitet, mit denen die einzelnen relevanten Umfelder beeinflusst oder vor allem im Mikro-Umfeld gestaltet werden können, um so zu besseren Ergebnissen zu kommen. Das Ergebnis ist ein Maßnahmenbündel.
- Aus dem erarbeiteten Maßnahmenbündel werden diejenigen Maßnahmen herausgenommen, die nach verschiedenen internen Kriterien, z.B. Machbarkeit, ausreichende finanzielle Mittel oder am schnellsten umsetzbar, am sinnvollsten erscheinen, und in **Handlungsempfehlungen** zusammengestellt. Die Handlungsempfehlungen ergeben sich ausschließlich aus dem Marktforschungsprojekt, nicht aus anderen Beweggründen.

Oft hört man hier die Aussage, in der Vergangenheit ging es auch ohne aufwändige Marktforschung. Allerdings war die Vergangenheit weniger komplex, z.B. mit viel weniger Wettbewerbern und geringerer weltweiter ökonomischer Verflechtung. Ohne eine Marktforschung kann es dem Unternehmen kaum gelingen, signifikante Kundenprobleme mit einem ausreichend großen Markt zu identifizieren und ein hochdifferenziertes und verteidigbares Marktangebot für den neuen Kunden zu entwickeln, das sich dazu eignet, ein gewinnträchtiges, durchhaltbares Geschäft aufzubauen.

> Die lästige Marktforschung, wie z.B. das Telefonieren mit unbekannten Menschen, Internetrecherchen, Kundenbefragungen etc., wird oft an andere ausgelagert, seien es Praktikanten oder externe Dienstleister, die oft wiederum Praktikanten einsetzen. Bitte bedenken Sie dabei: Es gibt keinen Ersatz für eigene und direkte Erfahrungen auf dem Marktplatz. Betreiben Sie persönlich eigene Marktforschung. Sie sammeln und bewerten die Informationen, mit denen Sie später selbst weiterarbeiten müssen, anders als Externe!

2.1.3 Prozess der Marktforschung

Ein Projekt in der **Marktforschung stellt einen systematischen Prozess dar**, an dessen Ende Handlungsempfehlungen zur **Lösung des anfangs dargestellten Problems** ermittelt werden:

Abb. 2.5: Kreislauf eines Marktforschungsprojekts

Dabei ist die **Frage nach der Zielsetzung** (Wie kann ich erreichen, dass …) elementar. Nur eindeutige und gut formulierte Zielsetzungen, die aus dem detaillierten Problemverständnis resultieren, können zu guten Erwartungen führen. Ein Verantwortlicher, etwa ein Produktmanager oder Marketingmanager, stellt **spezifische Informationsbedürfnisse** fest. Gute Manager erkennen die Zeichen der Zeit, dass aufgrund veränderter Umfelder alte Entscheidungen umgestellt werden müssen und neue Informationen über bestehende Sachverhalte benötigt werden. Gegebenenfalls müssen hierzu auch Fragestellungen neu definiert werden. Nachdem die genaue Fragestellung definiert ist, werden Datenquellen gesucht und die Daten ermittelt. Diese werden dann in einem „Marketing Information System" analysiert, gelagert, wieder gefunden oder auch wieder gelöscht.

Ein „**Marketing Information System**" besteht aus Mitarbeitern, Sachmitteln und Geschäftsprozessen, die die genau benötigten Daten, wenn sie gebraucht werden, zeitnah an die Entscheidungsträger übermitteln. Daraus generiert die Marktforschung entscheidungsrelevante Informationen, die der Verantwortliche zur Entscheidungsfindung nutzt. Der Unterschied zwischen Daten und Informationen ist dabei, dass Daten objektive Fakten darstellen, die erst durch Auswahl und Interpretation zu Informationen des Entscheidungsträgers werden. Erst durch die Darstellung der Daten in einem bestimmten Kontext werden aus ihnen Informationen, auf deren Grundlage Handlungsempfehlungen abzuleiten sind. Damit lässt sich eine gute Qualität der Informationen am einfachsten mit „**Fitness for Use**"[1] kennzeichnen, indem die Daten den Zweck erfüllen, den der Nutzer verlangt.

Als Besonderheit für den B2B-Markt gilt, dass die Hersteller von Investitionsgütern nicht nur von ihrer direkten Kundschaft abhängen, sondern vielmehr auch von der an diese gerichteten Nachfrage des Endkunden. Die **Marktforschung im B2B-Markt** sieht sich somit zwei Gruppen gegenüber, über die sie Informationen beschaffen muss:[2]

---

[1] PricewaterhouseCoopers, S. 33.
[2] Vgl. Zoeten, S. 242.

- Sie benötigt Informationen über ihre **direkten Kunden**. Diese Informationen beschafft sie über die Auswertungen des eigenen Datenbestandes, etwa durch Außendienstberichte und Segmentierungsanalysen. Hierdurch werden unterschiedliche Kundenbedürfnisse in den jeweiligen Segmenten besser verstanden. Letztendlich geht es dabei im B2B-Markt um Fragen der Zusammenarbeit, um innovative Marktangebote und immer wieder um die Senkung der Kosten.
- Veränderungen auf der Ebene „**Kunden der Kunden**" treffen das Unternehmen im B2B-Markt zwar nur indirekt, dafür aber nachhaltiger. Darum gilt es, möglichst viele Informationen auch von den Kunden der Kunden zu erhalten, um so Trends besser abschätzen zu können.

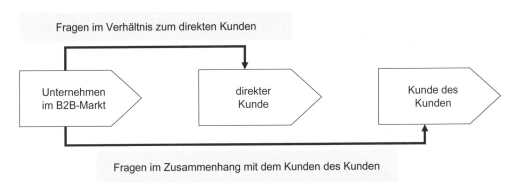

Abb. 2.6: Zweistufige Marktforschung im B2B-Markt

Mögliche **Fragen im Zusammenhang mit dem Kunden des Kunden** wären:
- Wie kann mein Angebot die Marktleistung des Kunden meines Kunden verbessern? Wie kann dem Kunden meines Kunden geholfen werden, noch erfolgreicher zu werden? Können komplementäre Leistungen für die eigenen Kunden des Kunden entwickelt werden und kann dadurch eine neue Ebene der Zusammenarbeit begründet werden?
- Wie sieht die Zukunft des Kundne meines Kunden aus? Wo entwickelt er zukünftige neue Stärken, welche gegenwärtigen alten Stärken können vernachlässigt werden, etwa weil sie bereits von Wettbewerbern imitiert wurden. Wie kann der Kunde des Kunden darin unterstützt werden?
- Welche Bedürfnisse kann der Neukunde des Kunden mit dem eigenen Marktangebot neu abdecken?

2.1.4 Formen der Informationsbeschaffung

Viele Daten lassen sich über **Desk Research** ermitteln, üblicherweise über Internetrecherchen. Beim „Desk Research" (**Sekundärforschung**) wertet man bereits vorhandene interne bzw. externe Daten („sekundäre Quellen") aus. Auch kann die Erhebung eigener Daten erfolgen, etwa über Experteninterviews, Kundenbefragungen etc., dann spricht man von Field Research. „**Field Research**" (**Primärforschung**) liegt vor, wenn Datenmaterial mit den klassischen Instrumenten der Marktforschung neu und eigens für die Untersuchung erhoben wird („primäre Quellen").

Vergleicht man das „Desk Research" mit dem „Field Research", so liegen die Stärken des „Desk Research" in der Kostengünstigkeit und in der Schnelligkeit. Schwächen sind oft die eingeschränkte Qualität und die fehlende Exklusivität. Da Sekundärforschung jedoch zu den **Hintergrundinformationen** beiträgt und die Basis für das „Field Research" darstellt, sollte sie bei jedem Projekt und jedem Informationsbedarf immer als Erstes durchgeführt werden. Ihr Informationsgehalt ist allerdings mit Vorsicht zu interpretieren. Als grundsätzliche **Bewertungskriterien für die Qualität der Sekundärdaten** sind immer die eingesetzten Methoden und die Glaubwürdigkeit der Quelle offenzulegen.[1]

Um Hintergrundinformationen zu erhalten, die eigentliche Aufgabe des Desk Research, bestehen zwei Möglichkeiten: Erstens gibt es die **unternehmensinternen Quellen**, dazu zählen vor allem die individuellen internen Unternehmensdaten sowie bereits vorhandene ältere Erhebungen, Vergleiche der Marktangebote oder Ähnliches.

Interne Vertriebsstatistiken	• Relation Anfragen/Aufträge • Relation Angebote/Aufträge • Absatzmengen • Umsätze (Absatzmengen bewertet mit Preisen) • Kosten • Deckungsbeiträge, gegliedert nach Produkt- und Kundengruppen und Absatzregionen
Besuchsberichte des Außendienstes	• Kundenbesuche • Besuche von Wettbewerbern • Auswertung von Tagungen und Messen
Service Management	• Serviceleistungen • Reklamationsstatistiken • Analyse der Beschwerdebriefe
Durchführung eigener Marktanalysen	• Adressdateien über Kunden und Interessenten • Sammlung der persönlichen Erfahrungen der Mitarbeiter, der Handelsvertreter und der Absatzhelfer

Abb. 2.7: Vorhandene Informationen aus unternehmensinternen Quellen

Als Zweites werden extern vorhandene Datenquellen identifiziert und ausgewertet. Zu den **unternehmensexternen Quellen** gehören die Statistiken von amtlichen und internationalen Stellen, die Wirtschaftsverbände, Datenbanken, Fachpublikationen und das Internet. Im Rahmen des „Desk Research" werden allgemein zugängliche, bereits ermittelte und aufberei-

---

[1] Vgl. Kamenz, S. 68.

2.1 Marktinformationen als Grundlage von Entscheidungen

tete Marktdaten gesucht, ausgewertet und auf die eigene Situation bezogen. Diese Marktdaten sind bei folgenden Stellen zu erhalten:

- durch **Internetrecherchen** über Suchmaschinen
- über **amtliche Statistiken**: Statistisches Bundesamt, Statistische Landesämter, Bundesamt für Auslandsinformationen (BfAI), Publikationen von Ministerien und Behörden
- durch **Publikationen der Verbände** und der halbstaatlichen Organisationen: Industrie- und Handelskammern, Handwerkskammern, berufsständische Verbände (z.B. Verein deutscher Ingenieure)
- durch **Publikationen und Informationen der Banken**, Sparkassen, Investmenthäuser und Analysten: Branchendaten, Unternehmensdaten, Berichte, Außenhandelsinformationen
- durch spezialisierte **Marktforschungsfirmen**, z.B. Frost & Sullivan
- durch **Rating-Agenturen**[1], z.B. Standard & Poor's, Moody's, Dun & Bradstreet
- **Publikationen von wirtschaftswissenschaftlichen Instituten**: Deutsches Institut für Wirtschaftsforschung (Berlin), Forschungsstelle für den Handel (Berlin), Gesellschaft für Konsumforschung (Nürnberg) für Kaufkraftkennzahlen, Absatzpotenzialforschung, Ifo-Institut (München) zur Konjunkturforschung, Erforschung von Struktur und Entwicklung einzelner Wirtschaftszweige, Institut für Handelsforschung an der Universität zu Köln zu Betriebsvergleichen im Handelsbereich, Institut für Weltwirtschaft (Kiel)
- **Informationen aus dem fachlichen und allgemeinen Schrifttum**: Bibliographien, Fachliteratur, Firmenveröffentlichungen, Zeitungen und Zeitschriften
- **Informationen von Absatzhelfern** und Werbeträgern: Adressverlage, Auskunfteien, Zeitschriftenverlage, insbesondere über bestimmte Branchen und Warengruppen, Veröffentlichungen von Untersuchungen über das Kauf- und Informationsverhalten
- **Informationen von internationalen Organisationen**: Statistische Ämter der europäischen Behörden, EFTA, OECD, WHO, IWF, Weltbank, Vereinte Nationen
- **Externe Datenbanken**
- **Publikationen von Magazinen**, z.B. das Fortune Magazin mit Unternehmensdaten zu den Fortune 500 USA und Fortune 500 Global[2]

Die **Zielsetzung des „Desk Research"** ist, einen Überblick über die IST-Situation zu erhalten. Die Informationen aus dem „Desk Research" gelten als Hintergrundinformationen für das „Field Research". Diese Hintergrundinformationen sind notwendig, um a) fundierte Fragen zu stellen und b) die Antworten der Interviewten richtig bewerten zu können. Ohne Hintergrundinformationen kann man das wirkliche Problem in der Regel nicht identifizieren. „Desk Research" und „Field Research" gehören demnach zusammen und sind zwei Seiten einer Medaille.

---

[1] Rating-Agenturen beurteilen die Kreditwürdigkeit (Bonität) von Unternehmen und Ländern durch eine Buchstabenkombination (Ratingcodes), die in der Regel von AAA (beste Qualität) bis D (zahlungsunfähig) reicht.
[2] Dabei handelt es sich um Unternehmensdaten zu den 500 umsatzstärksten Unternehmen in den USA bzw. global. Die Fortune 500 Global gilt als Grundlage für den größten Teil der empirischen Studien zur internationalen Managementforschung.

Oft reichen die Ergebnisse des „Desk Research" nicht aus, um aus ihnen genügend entscheidungsrelevante Informationen zu generieren. Diese Daten lassen sich oft nicht auf den eigenen Sachverhalt übertragen, sind zu unspezifisch oder bereits ein paar Jahre alt. Sie reichen zwar als Hintergrundinformationen aus, auf ihrer Basis kann aber keine Entscheidung getroffen werden. Dann müssen diese Daten mit aktuellem Praxiswissen angereichert werden. Diese Informationen werden durch das „**Field Research**" beschafft. Es kann zwischen **unternehmensinternen Quellen** (Außendienst-Mitarbeitern, internen Experten etc.) und **unternehmensexternen Quellen** (Kunden, Absatzmittlern, Experten etc.) unterschieden werden. Es werden Informationen gesucht, die unique sind, d.h. in dieser Weise noch nicht ermittelt worden sind. Der Aufwand für das „Field Research" ist deutlich höher als beim „Desk Research".

Insbesondere wenn es sich um ein bisher **unbekanntes Fachgebiet** handelt, worüber noch keine Quellenwege bekannt sind, empfiehlt sich die Aufstellung eines Rechercheplans. Exemplarisch kann ein **Rechercheplan** wie folgt gestaltet werden:[1]

1. Themenfestlegung: Festlegung von grobrastigen Suchkriterien und Suchbegriffen, dabei keine Spezialisierung zu Beginn der Untersuchung vornehmen, sondern breite Suche, um möglichst keine Informationen zu übersehen.
2. Festlegung der Informationsquellen, der genau gesuchten Materialien, dabei muss auf die Reihenfolge geachtet werden, z.B. Brancheninformationsdienste, erst dann Datenbankrecherchen und Zeitschriftenanalysen (Priorisierung nach Datenqualität, abhängig von den in der Vergangenheit gesammelten Erfahrungen).
3. Suche nach Experten zu diesem Thema, z.B. Inanspruchnahme eines vorhandenen persönlichen Netzwerkes aus bekannten Fachleuten von Banken, Firmen und Verbänden.

Es empfiehlt sich, entsprechende Geschäftsprozesse im Unternehmen aufzubauen, die sich regelmäßig mit der Beschaffung und Pflege von Daten über den Markt und den Wettbewerb beschäftigen. Es kann hier keine allgemeingültige Vorgehensweise dargestellt werden, sondern es hängt immer vom Unternehmen und seinen Mitarbeitern, von der Branche und der besonderen Situation des Unternehmens ab. So kann das Unternehmen, das sich etwa in einem wettbewerbsintensiven Markt bewegt, sich mit dem **Aufbau eines Nachrichtensystems zur Beschaffung von Informationen über die relevanten Wettbewerber** beschäftigen. Das kann dann wie folgt ausgestaltet werden:[2]

---

[1] Vgl. Kamenz, S. 69.
[2] Vgl. Porter, 1985, S. 108.

2.1 Marktinformationen als Grundlage von Entscheidungen

Abb. 2.8: Aufbau eines Nachrichtensystems im Unternehmen zur Wettbewerberanalyse

Viele Unternehmen scheuen sich, nach dem „Desk Research", bei dem die gesamten grundlegenden Daten ermittelt worden sind, in die zweite Phase, das „Field Research" überzugehen. Dies liegt vor allem daran, dass man vor den erwarteten Kosten zurückschreckt; das heißt aber nicht, dass diese Daten nicht benötigt werden. In der Regel ist beim „Desk Research" die Datenmenge zu allgemein oder nicht aktuell genug und lässt sich nur schwer auf eine spezifische Situation anwenden. Zweifelsohne gibt es jedoch in der Tat auch Konstellationen, in denen mit dem „Desk Research" die Untersuchung beendet ist: Etwa wenn ausreichend Zeit besteht, bevor eine Entscheidung getroffen werden muss, wenn Informationen bereits in ausreichendem Umfang für eine Entscheidung zur Verfügung stehen, oder wenn keine strategische Relevanz für das Unternehmen besteht.[1]

2.2 Ablauf eines Marktforschungsprojekts

2.2.1 Problemstellung, Zielsetzung und Forschungsansatz

Relevanz der Problemstellung	**Problemstellung und Ableitung der Ziele für das Marktforschungsprojekt:** • Problem muss präzise erfasst werden. <u>Vorsicht</u>: Oftmals sind es Symptome, die als Problem wahrgenommen werden • Zielsetzungen sind: spezifisch, messbar, ambitiös, real, terminiert (SMART) • Ableitung der konkreten Fragen, auf die das Marktforschungsprojekt eine Antwort finden soll	**Klärungsbedarf:** • Wichtigkeit und Dringlichkeit des Problems • Notwendigkeit für eine Lösung
Sammlung der Daten, die im Unternehmen vorliegen	**Status Quo im eigenen Unternehmen:** • Sammlung von Informationen aus internen Quellen und Hintergrundinformationen über die Problemstellung • Mögliche Redefinition der Problemstellung	**Klärungsbedarf:** • Wie löst das Unternehmen bislang dieses Problem? • Identifizierung von Lücken

Abb. 2.9: Ablauf eines Marktforschungsprojekts I

Es steht die Entscheidung an, welches Ziel ein Marktforschungsprojekt verfolgen soll. Dabei müssen vorab die **Zielsetzungen der Entscheidungsträger** ausgesprochen werden. Dieser Schritt offenbart, dass es unter den Entscheidungsträgern verschiedene Meinungen oder Konflikte gibt, die oft auch auf Missverständnissen beruhen. Wichtig ist jedoch, dass die Ziele eindeutig definiert sind. Vage Zielsetzungen sollten vermieden werden. Als etwa ein

---

[1] Vgl. Zikmund, S. 19.

2.2 Ablauf eines Marktforschungsprojekts

Maschinenbauer sein Ziel mit „Markteinstieg USA" beschrieb, entstanden dadurch zwei völlig unterschiedliche Ansichten, wie dieser erfolgen könne:

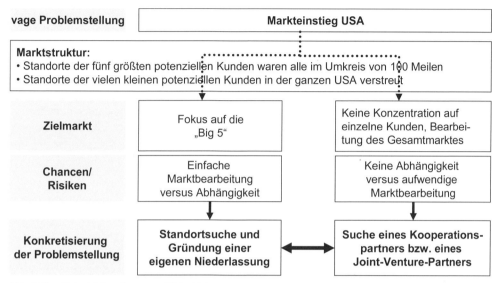

Abb. 2.10: Beispiel für missverständliche Zielsetzungen und die entstehenden Auswirkungen

Die **vage Zielsetzung** führte zu zwei unterschiedlichen Konkretisierungen, ein Teil der Verantwortlichen dachte an einen geeigneten Standort, der andere an einen Kooperations- oder Joint-Venture-Partner, um den Markteinstieg zu realisieren. Es dauerte eine Weile, um wieder zu einem einheitlichen Ziel zu gelangen.

Es gibt keinen Königsweg, wie man das wirkliche Problem erkennt oder, wie oben dargestellt, entscheiden kann, welcher Markteinstieg der bessere ist. Meist gibt es stichhaltige Argumente für mehrere Wege. Der Schlüssel zur Lösung liegt wohl in der sorgfältigen Auswertung der gewonnenen **Hintergrundinformationen**. Oft kennt der Betroffene diesen Sachverhalt am besten und sollte daher befragt werden. Letztendlich gehört auch Erfahrung dazu, die wirklichen Probleme zu erkennen, von denen später so viel abhängt.

Der Mensch neigt dazu, sein Weltbild dadurch zu vereinfachen, dass er zeitlich miteinander verbundene Sachverhalte schon deshalb auch als kausal miteinander verknüpft ansieht. Das **„Iceberg Principle"** weist darauf hin, dass der kritische Teil eines Marketingproblems in vielen Fällen nicht sichtbar ist oder von den Marketing-Managern nicht verstanden wird:

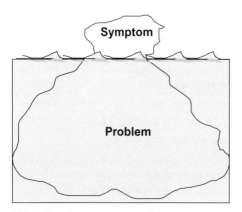

Abb. 2.11:   Symptom versus Problem

Ähnlich dem Bild eines Eisberges in der Antarktis, von dem nur 10 % an der Oberfläche sichtbar sind, die restlichen 90 % jedoch unsichtbar für den Betrachter bleiben. Unter einem **Symptom** versteht man eine subjektiv empfundene Beschwerde, welche die Auswirkung eines Problems sein kann. Auch eine Kombination aus mehreren Symptomen kann ebenfalls die Auswirkungen eines Problems darstellen. Dies nennt man dann Symptomatik. Die Behandlung von Symptomen kann zu einer Verbesserung führen, das Problem aber meist nicht lösen.

Symptome können verwirren und zu Fehlschlüssen führen, wie folgendes Beispiel zeigt:[1] Ein Bierhersteller erfährt einen Umsatzrückgang. Daraufhin wurden seine Kunden befragt. Es stellte sich heraus, dass die Kunden den Geschmack der Biere anderer Hersteller vorziehen (Symptom). Die Problemdefinition, auf den Symptomen basierend, würde lauten: Welches ist der ideale Geschmack eines Bieres? Das wirkliche Problem war jedoch die Verpackung; eine altmodische Verpackung beeinflusste die Geschmackswahrnehmung. Der Bierhersteller modernisierte die Verpackung und das Bier „schmeckte" den Kunden plötzlich besser und sie kauften es. Daher ist es so wichtig, zum Kern des eigentlichen Problems vorzudringen und sich nicht mit den Symptomen zu beschäftigen.

> Symptome sollten nicht mit Problemen verwechselt werden. Sie sollten mit Hintergrundinformationen beleuchtet werden, um so zu dem eigentlichen Kern, nämlich dem Problem, zu gelangen. Die Hintergrundinformationen basieren auf Informationen aus dem „Desk Research" und aus dem „Field Research". Ansonsten führt die Problembearbeitung zu Antworten auf nicht gestellte Fragen. Eine ausführliche Auseinandersetzung mit der Problemdefinition lohnt sich also. Einige Fehlinterpretationen können bereits mit einer systematischen Vorgehensweise vermieden werden.

Probleme kündigen sich immer an, aber die Signale müssen erkannt werden. Typische Signale entstehen in den folgenden Bereichen:

---

[1] Vgl. Zikmund, S. 114.

2.2 Ablauf eines Marktforschungsprojekts

Finanzwirtschaft	• Rückgang der **Gewinnmargen**, d.h. der erzielbaren Preise beim Kunden • Rückgang des Umsatzes
Markt	• Austauschbarkeit von Produkten und Marken • **Veränderungen in der Kundenstruktur** in den letzten Jahren • Bestehen ungenutzter Ertragspotenziale • **Marktposition** schwach, d.h. geringer werdender Marktanteil • Vernachlässigung der **Alleinstellungsmerkmale**
Unternehmensplanung	• Übereinstimmung von Unternehmensstrategien mit den Strategien in den einzelnen Geschäftsfeldern fehlt • Integrationspläne bei Akquisitionen nicht effektiv
Kommunikation	• (Interne) Kommunikation im Management führt zu Missverständnissen
Organisation	• Aufbauorganisation überkomplex • Design der Geschäftsprozesse fehlt oder entspricht nicht der Realität
Innovation	• **Innovationsintensität** nimmt ab, d.h. geringer werdende „Pipeline" neuer Marktangebote
Personal	• Humankapital ungenügend genutzt • **Unternehmenskulturen** nicht einheitlich, sondern divergierend
Fertigung	• **Erfahrungskurveneffekte** ungenutzt

Abb. 2.12: Typische „Alarmzeichen" im Unternehmen

Die Marktforschung kann auch Indikatoren aufstellen, die es einem Unternehmen ermöglichen, Veränderungen frühzeitig zu erkennen und Gegenmaßnahmen einzuleiten, wie etwa im **Vorfeld von Krisenzeiten**:[1]

---

[1] Vgl. hierzu die Ausführungen über die strategische Frühaufklärung in Nagel/Ley, S. 199 ff.

Indikatoren einer Veränderung/Krise → Frühzeitige Maßnahmen des Unternehmens → Auswirkungen auf die Marketing-Strategie

- Spürbare Risikoaversion der Banken, z.B. Neukredite werden stärker besichert
- Steigendes Informationsbedürfnis der Banken
- Steigende Rabatterwartungen bei Neukunden
- Erhöhung der Außenstände
- Sinkende Auslastung

- Überarbeitung des Finanzierungskonzepts bis hin zur Suche nach Finanzierungsalternativen
- Stärkere Konzentration auf Kerngeschäftsfelder
- Eingehen von Partnerschaften zur Risikominderung
- Veräußerung von Unternehmensteilen

- Strategische Neupositionierung
- Überarbeitung des bestehenden Geschäftsmodells
- Aufbau neuer Geschäftsfelder

Abb. 2.13: Umfeld-Analyse als Frühindikator von Veränderungen

2.2.2 Design des Marktforschungsprojekts

Untersuchungsplan

Design des Marktforschungsprojekts:
- Forschungsfragen
- Forschungsdesign: quantitativ versus qualitativ
- Untersuchungseinheiten
- Festlegung der relevanten Variablen
- Weitere Vorgehensweise

Klärungsbedarf
- Welches sind die nächsten Schritte im Marktforschungsprojekt?

Sammlung aller bereits vorhandenen Daten und Informationen

Sichtung vorhandener Informationen:
- Desk Research, z.B. Literaturanalyse, www-Quellen
- Aufbereitung bereits vorhandener Informationen im Unternehmen

Klärungsbedarf
- Wie löst die Literatur dieses Problem?
- Identifizierung von Wissenslücken

Abb. 2.14: Ablauf eines Marktforschungsprojekts II

Im Design der Studie werden grundsätzliche Festlegungen getroffen, die später praktisch nicht mehr abänderbar sind. Es beginnt mit den **Forschungsfragen**, die präzise formuliert werden müssen. Der wichtigste Punkt in der gesamten Marktforschung ist es, die richtigen Forschungsfragen zu stellen, denn an ihnen schließt sich die weitere Vorgehensweise an. Forschungsfragen haben die Aufgabe, komplexe Sachverhalte und Problemstellungen in einer spezifischen Frage zusammenzufassen. Ob die richtigen Antworten auf die richtigen

Fragen oder Antworten auf „falsche" Fragen gefunden werden, macht den Unterschied zwischen einer guten und einer schlechten Marktforschung aus.

An diesen Fragen orientiert man sich im gesamten Verlauf der Marktforschung, um zu vermeiden, Antworten auf Fragen zu erhalten, die gar nicht gestellt worden sind. Es geht dabei nicht „allein um die Frage, sondern auch um die **Antworten, die eine Frage ermöglicht**"[1]: Stellt man etwa die Aufgabe an die Marktforschung, wie ein bestimmter Geschäftsbereich im nächsten Jahr um 5 % wachsen sollte, dann werden Antworten auf genau diese Frage gesucht. Stellt man die Frage, wie der Umsatz um 50 % erhöht werden kann, wird man vermutlich zu anderen Antworten kommen.

Aus den Fragestellungen leitet sich dann der Informationsbedarf ab, den das Unternehmen für seine Entscheidungen braucht. Zur Verdeutlichung werden zwei **Beispiele von Forschungsfragen** dargestellt:[2]

- Ist es die Zielsetzung der Marktforschung, herauszufinden, welche möglichen Formen der Dienstleistung angeboten werden sollen, muss ermittelt werden, wie eine Bewertung der einzelnen Dienstleistungsangebote aus Kundensicht erfolgt. Welchen wahrgenommenen Nutzen erkennen die Interessenten und welche Einwände könnten die potenziellen Kunden gegen diese Dienstleistung vorbringen? Mögliche Forschungsfragen würden somit lauten: Wie reagieren die Kunden auf das Angebot A, B, C? Welchen Nutzen nehmen die Kunden vom jeweiligen Dienstleistungsangebot wahr?
- Lautet die Zielsetzung, einen Vorschlag zu erarbeiten, welche Preisstrategie eingeschlagen werden kann, müssen die Kundenvorstellungen und -erwartungen bezüglich der Preisgestaltung ermittelt werden. Gleichzeitig sollte ein Vergleich mit den Marktangeboten der Wettbewerber vorgenommen werden. Ein Plus wäre, den wahrgenommenen Kundenwert dieser Dienstleistung zu ermitteln. Die Forschungsfragen könnten somit lauten: Was glaubt der potenzielle Kunde, was diese Dienstleistung kosten wird? Glaubt der potenzielle Kunde, dass diese Dienstleistung billiger oder teurer als die des Wettbewerbers wird? Wird das Marktangebot mit einem hohen Kundenwert akzeptiert?

Eine grundsätzliche Entscheidung zur Vorgehensweise stellt dar, ob ein **quantitatives oder ein qualitatives Forschungsdesign** gewählt wird. Die Unterschiede zwischen einem qualitativen und einem quantitativen Design bzw. Studiendesign sind grundlegend:[3]

- Die **quantitative Forschung** beschäftigt sich mit Daten in Form von Zahlen, es beginnt immer mit einer Anfangshypothese. Die Theorie entsteht im Vorhinein. Das quantitative Forschungsprozedere ist meist standardisiert und wiederholbar. Oftmals wird als Erhebungsinstrument ein standardisierter und einfach auswertbarer Fragebogen verwendet. Die Datenanalyse erfolgt durch statistische Methoden; die Darstellung durch Tabellen und Kurvendiagramme, die sich alle auf die Ursprungsthese beziehen.
- Die **qualitative Forschung** beschäftigt sich mit Aussagen, die in der Branche getroffen werden, mit Beobachtungen etc. und beginnt immer mit einer Forschungsfrage. Die

---

[1] Friedrichs, S. 192.
[2] Vgl. Zikmund, S. 112.
[3] Vgl. Neumann, S. 317.

Theorie entsteht im Nachhinein nach Sichtung der neu ermittelten Daten; man ist offen für das Unerwartete, immer bereit das Forschungsdesign anzupassen. Das qualitative Forschungsprozedere ist einmalig und kaum wiederholbar. Oftmals wird als Erhebungsinstrument ein Interviewleitfaden mit vielen offenen Fragen verwendet. Die Datenanalyse erfolgt durch Darlegung von extrahierten Themen oder Generalisierungen. Der Marktforscher generiert Ideen, entwickelt versuchsweise Theorien, stellt Vermutungen an. Er formuliert weitere Fragen und verbessert die Ergebnisse für zukünftige systematischere Untersuchungen.[1]

Dadurch ergeben sich völlig unterschiedliche **Vorgehensweisen bei der quantitativen und bei der qualitativen Forschung**:[2]

quantitatives Forschungsdesign	qualitatives Forschungsdesign
Ausgangspunkt ist eine Testhypothese.	Erfassen und Erkennen von Bedeutungen bei der Sichtung von Daten.
Das Konzept besteht in Form von verschiedenen Variablen.	Das Konzept besteht aus einer Vielzahl von Fragestellungen, Motiven, Generalisierungen etc.
Die Messinstrumente werden vor der Datenerfassung ausgewählt und der Prozess standardisiert.	Die Messinstrumente werden ad hoc ausgewählt und entstehen oft nach den persönlichen Vorlieben des Forschers.
Daten werden in Form von präzise ermittelten Zahlen dargelegt.	Daten bestehen in Form von Aussagen, Dokumenten, Beobachtungen etc.
Das Theoriegerüst ist weitgehend kausal und deduktiv.	Das Theoriegerüst kann kausal oder nicht kausal sein, ist meist induktiv.

Abb. 2.15: Vorgehensweisen bei qualitativem und quantitativem Forschungsdesign

Welcher methodische Ansatz ist wann der Richtige? Dazu gibt es in der Marktforschung drei grundsätzliche Antworten:[3]

- „Exploratory Research" ist auf die Problemstellung fokussiert und erarbeitet neue Lösungsansätze oder neue Ideen. Diese Forschung verfolgt das Ziel, mit einem neuen Themengebiet vertraut zu werden, dort die wichtigen Fakten, Leute und Besonderheiten kennenzulernen. Man formuliert Fragestellungen, die im Laufe des Forschungsprozesses wieder aktualisiert werden. Das Forschungsdesign ist eher qualitativ ausgelegt.
- „Descriptive Research" beschreibt bestimmte Situationen, Prozesse, Mechanismen oder setzt quantitative Größen in Beziehung und bildet Schwerpunkte. Hier besteht bereits ein Profil des Sachverhalts. Das Ziel ist, neue Informationen zu finden, um neue Erklärungen zu erhalten und neue Vorgehensweisen zu bestimmen. Das Forschungsdesign ist eher quantitativ ausgelegt.

---

[1] Vgl. Strauss/Corbin, S. 21 ff.
[2] Vgl. Neumann, S. 317.
[3] Vgl. Friedrichs, S. 202.

2.2 Ablauf eines Marktforschungsprojekts

- **"Explanatory Research"** beschreibt Zusammenhänge. Hier werden Hypothesen aufgestellt, die einen Ursache/Wirkungs-Zusammenhang beschreiben, und auf die Richtigkeit ihrer Aussagen getestet werden. Man versucht herauszufinden, welche Erklärungen die Wirklichkeit besser beschreiben, und verbreitert das Wissen über die zugrunde liegenden Prozesse. Das Forschungsdesign ist eher qualitativ ausgelegt.

Die Auswahl des Forschungsdesigns kann auch in einen Zusammenhang mit der Technologie gebracht werden:[1]

Technologische Reife/ Grad der Einführung	Fragestellung (Beispiel)	Untersuchungs-design	Ergebnis
niedrig (Produktidee, neue Technologie)	In welche Richtung muss die Technologie weiterentwickelt werden, damit sie markt- bzw. bedarfskonform ist?	**Expertenorientiert** Branchen-, Produkt-, Technologieexperten	**qualitativ** Szenarien, Chancen/Risiken-Profile
mittel (fertiges Produkt, erprobte Technologie)	Wo liegen die größten Marktpotenziale und wie können sie realisiert werden?	**gemischte Ansätze** Experten und ausgewählte Endanwender	**quantitativ/qualitativ** Potenziale, Erfolgsfaktoren, Trends
hoch (eingeführtes Produkt)	Wie sehen Nachfrage, Nachfrageentwicklung und Wettbewerb genau aus?	**Endanwenderorientiert** Einkäufer, Fertigungs-Leitung, Betriebsleitung, F&E-Leiter	**quantitativ** Datenabfrage: Strukturen, Volumina, Anforderungen, Marktanteile, Prognosen

Abb. 2.16: Technologische Reife und Auswahl des Forschungsdesigns

Auf einige wichtige Unterschiede zwischen der Marktforschung im B2B- und im B2C-Markt, zwischen dem quantitativen und dem qualitativen Design einer Marktforschung, soll noch hingewiesen werden. Bei einem quantitativen Design, meist bei Studien im B2C-Markt, müssen, falls die Marktforschungsergebnisse und die daraus resultierenden Handlungsempfehlungen verlässlich sein sollen, folgende **drei Gütekriterien bei einer Marktforschungsstudie** berücksichtigt werden:[2]

- Die **Objektivität** (Unabhängigkeit) ist dann gegeben, wenn die Ergebnisse einer Marktforschungsstudie unabhängig von der durchführenden Person sind. Die Marktanalyse soll also frei von subjektiven Einflüssen und Interessen sein und somit bei verschiedenen Personen zu einem gleichen Resultat führen.
- Mit der **Reliabilität** (Zuverlässigkeit) wird die formale Genauigkeit beschrieben. Unter konstanten Voraussetzungen sind die Ergebnisse dann reliabel, wenn sie bei einer erneuten Untersuchung reproduzierbar sind.
- Die **Validität** (Gültigkeit) einer Marktforschungsstudie gilt als gegeben, wenn der Sachverhalt, der tatsächlich interessiert, erfasst wird. Diese kann noch unterschieden werden:

---

[1] Vgl. Hofmeier, S. 282.
[2] Vgl. Berekoven/Eckert/Ellenrieder, S. 80 ff.

- Interne Validität (Operationalisierung) bezieht sich auf die Überprüfung, ob die Parameter, die untersucht werden, tatsächlich kritisch, also wirklichkeitsnah, relevant und folgerichtig für den Sachverhalt sind und unabgängig voneinander sind.
- Externe Validität (Repräsentativität) bezieht sich darauf, ob die Ergebnisse auf bestimmte Personen, Situationen und Zeitabschnitte verallgemeinert werden können.

Diese Gütekriterien gibt es bei Studien mit einem qualitativen Design nicht! Hier werden eher Stimmungsbilder erfasst, die subjektiv, nicht reliabel und nicht valide sind! Dennoch wird dieses Instrument in bestimmten Situationen, wie bereits dargestellt, genutzt!

> Eine **Marktforschung im B2B-Markt** ist in vielen Fällen aufwändiger als im B2C-Markt: In Marktforschungsprojekten im B2B-Markt ist die Anzahl der untersuchten Einheiten meist relativ gering, eine Vollerhebung bei nur einigen wenigen Unternehmen in einer Branche oftmals möglich. Was sich zunächst wie ein Vorteil anhört, stellt sich in Wahrheit oftmals als ein Nachteil heraus, denn die Gewinnung von zu Befragenden kann schwierig werden, da die Vertraulichkeit aufgrund der geringen Anzahl von Unternehmen nicht gewährt werden kann. Die Branchenabgrenzung kann mitunter schwierig werden, da sich Unternehmen in ihrer Unternehmensentwicklung nicht an Branchengrenzen halten. Oftmals werden Interviews durchgeführt, die kompetente und fachlich versierte Interviewer voraussetzen. Letztendlich stellt die Auswertung der vielen offenen Fragen den Projektleiter für die Marktforschung vor neue Herausforderungen. All dies ist bei standardisierten Befragungen, über Statistikprogramme auswertbar, im B2C-Markt kein wirkliches Problem.

2.2.3 Empirie und Handlungsempfehlungen

Nach den grundsätzlichen Entscheidungen erfolgt die Umsetzung:

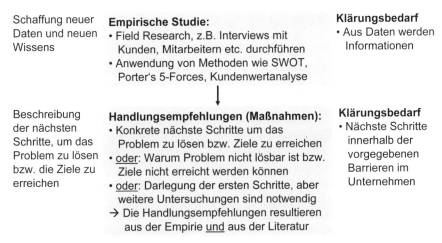

Abb. 2.17: Ablauf eines Marktforschungsprojekts III

Es gilt, das „Field Research" zu strukturieren. Dazu müssen bereits vor der Datenerhebung einige Entscheidungen getroffen werden:

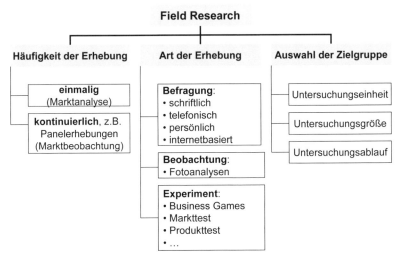

Abb. 2.18: Entscheidungen vor der Datenerhebung

- Die **Häufigkeit der Erhebung** wird festgelegt, ist es eine einmalige Untersuchung oder eine wiederkehrende?

- Wie soll die **Art der Erhebung** sein.[1] Es gibt, wie so oft im Marketing, kein richtig oder falsch. Es wird zwischen den Vor- und Nachteilen abgewogen. Sehr häufig fällt die Entscheidung zugunsten der Erhebungsmethode „Befragung". Am Beispiel dieser Erhebungsart können die folgendenn Unterschiede bei quantitativen und bei qualitativen Untersuchungsdesigns gegenübergestellt werden:

	Quantitative Befragung	Qualitative Befragung
Flexibilität	• Keine Flexibilität, sondern Abarbeitung des Fragebogens • Keine zusätzlichen Fragen möglich	• Hohe Flexibilität bei den Interviews • Interviewer kann auf den Befragten eingehen
Gehalt der Information	• Keine Vertiefungen möglich • Keine Hinterfragung vorgesehen	• Vertiefungen der Thematik während des Interviews möglich • Sachverhalte können auch hinterfragt werden
Kosten	• Geringer Zeit- und Kostenaufwand	• Hoher Zeit- und Kostenaufwand
Auswertung der Ergebnisse	• Schnelle und kostengünstige Auswertung, da Daten quantifizierbar • Einfache Auswertung, da viele Fragen mit Antwortvorgaben	• Aufwendige Auswertung, da Daten nicht quantifizierbar • Schwierige Auswertung der offenen Fragen
Qualität der Interviewer	• Keine hohe Qualifikation erforderlich	• Qualifiziert und erfahren, um die Qualität des Interviews zu gewährleisten

Abb. 2.19: Besonderheiten bei quantitativen und qualitativen Befragungen

Anschließend erfolgt die **Auswahl der Zielgruppe**:

- Dazu werden die **Untersuchungseinheiten** festgelegt, die erforscht werden sollen, z.B. die Kunden oder die Wettbewerber. Die Auswahl der Untersuchungseinheiten erfolgt manchmal nach dem Zufallsprinzip, meist aber nach bestimmten, vorher vorgegebenen Kriterien, z.B. nach den zehn größten Kunden oder den fünf direktesten Wettbewerbern. Konkret muss geklärt werden, welche Personen befragt werden sollen, z.B. die Exportleiter bestimmter Unternehmen mit einer gewissen Größe in einer definierten Branche. Erforderlich ist auch eine Auswahl der Erhebungsinstrumente, die angewandt werden sollen. Oftmals stellt sich dabei dann auch heraus, dass die richtigen Ansprechpartner in den Unternehmen in völlig unterschiedlichen Funktionen zu finden sind. Eine große Spannweite der Befragung im Hinblick uf Erhebungen zum Thema Internationalisierungspläne in der Maschinenbau- und Automobilzulieferindustrie ergibt sich z.B. bei deutschen Mittelständlern vom Exportleiter über den Geschäftsführer bis hin zum CFO[2] eines Unternehmens.[3]

---

[1] Vgl. dazu Kap. 2.3.
[2] Chief Financial Officer.
[3] Vgl. Kohlert et al.

- Die **Untersuchungsgröße** hängt davon ab, wie viele Untersuchungseinheiten es, vor allem im B2B-Markt, überhaupt gibt und welches die konkrete Zielsetzung ist.
- Es folgt der **Untersuchungsablauf** mit der **Festlegung der relevanten Variablen** bei den Untersuchungseinheiten. Auf diese Weichenstellung muss geachtet werden, um zu sinnvollen Aussagen zu kommen.

Dann geht es an die Umsetzung:

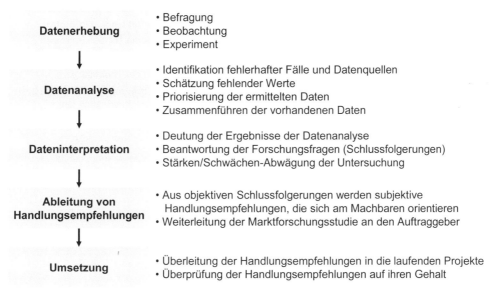

Abb. 2.20: Struktur einer Field Research-Studie

Für die Praxis sollte das Folgende beachtet werden: Es kommt oft vor, dass das Unternehmen in einem Marktforschungsprojekt zunächst keinen Fortschritt und damit keinen verwertbaren Nutzen erkennt, vor allem, wenn keine Erfahrungen mit diesen Projekten vorhanden sind. Das Ziel der Marktforschung ist nicht, 100 %ige Sicherheit zu erhalten, sondern man gibt sich mit „ungefähr richtig", oder wie es die US-Amerikaner nennen „quick and dirty" zufrieden.

Dann werden die **Schlussfolgerungen auf Basis der gewonnenen Daten** gezogen („Let the data tell the story"). Aus den Schlussfolgerungen werden subjektive Handlungsempfehlungen abgeleitet.

Die **Handlungsempfehlungen** sind im Kontext des Unternehmens gewichtete Schlussfolgerungen, die damit eine gewisse Subjektivität haben und sich am Umsetzbaren im Unternehmen orientieren. Die dazu gehörigen Daten, die dafür ermittelt werden, sollten die **folgenden Eigenschaften** haben:[1]

---

[1] Vgl. Kohlert, 2002a, S. 28 f.

- Es ist möglich, große Mengen an Daten zu finden, die für die Problemlösung irrelevant sind. Wenn man Manager mit unnötigen Informationen belastet, verkompliziert man nur ihre Tätigkeit und trägt nicht zum Gewinn des Unternehmens bei. Alle **Daten müssen daher relevant sein**.
- Informationen sollten objektiv sein. Fehler können durch falsche Untersuchungsgruppen, unerfahrene Interviewer, sorglose Analysten etc. aufkommen. Daher spielt die **Genauigkeit und Zuverlässigkeit der Daten** eine große Rolle.
- Keine Information ist wirklich kostenlos, wenn man nur einmal die „Opportunity Costs" betrachtet. Teuer zu beschaffende Daten sollten vermieden werden, es sei denn, man erwartet einen im Vergleich **zu den Kosten überproportionalen Nutzen**.
- Die **Aktualität und Rechtzeitigkeit** von Daten ist unerlässlich, um daraus Vorteile zu ziehen.

In aller Regel wird das Marktforschungsprojekt in einem Bericht dokumentiert. Ein **schriftlicher Marktforschungsbericht** kann wie folgt gegliedert werden:[1]

1. Titelseite

2. Inhaltsverzeichnis

3. Management Summary
- Zielsetzungen
- Ergebnisse
- Schlussfolgerungen
- Handlungsempfehlungen

4. Marktforschungsbericht
- Einführung
- Methodik
- Ergebnisse
- Limitationen

5. Schlussfolgerungen & Handlungsempfehlungen

6. Anhang
- Auswahl der Untersuchungspartner
- Formulare zur Datenerfassung, z.B. Fragebogen, Gesprächsleitfaden
- Unterstützende Tabellen

---

[1] Vgl. Kinnear/Taylor, S. 685 f.

2.3 Erhebungsmethoden im Field Research

2.3.1 Befragung als bedeutendes Erhebungsinstrument

Für den Marktforscher stellt sich bei jedem Informationsbedarf die Frage nach dem richtigen Erhebungsinstrument. Ist die Befragung der richtige Weg, muss der Verantwortliche die Vor- und Nachteile der **vier Befragungsmethoden** abwägen:[1]

Kriterien	schriftlich	telefonisch	persönlich	computergestützt
Umfang, Komplexität des Fragebogens	begrenzt (wegen Antwortquote)	begrenzt	sehr umfangreiche Befragung möglich	begrenzt (wegen Antwortquote)
Abfrage erklärungsbedürftiger Produkte	theoretisch gut möglich	kaum möglich	sehr gut möglich	theoretisch gut möglich
Diskussion technischer Details	nicht möglich	begrenzt möglich	sehr gut möglich	nicht möglich
Flexibilität des Befragungsablaufs	nicht gegeben	hoch	sehr hoch	gering bis mittel
Abfrage ad hoc nicht verfügbarer Daten	sehr gut möglich	bedingt möglich (Wiederholungs-Anruf)	bedingt möglich (Wiederholungs-Befragung)	sehr gut möglich
Zeitbedarf	sehr hoch	niedrig (Schnellschüsse)	hoch	mittel
Kosten	niedrig	niedrig bis mittel	mittel bis hoch	niedrig
Akzeptanz, Rücklaufquote	unzureichend	sehr gut	gut	unzureichend

Abb. 2.21: Vergleich der wichtigsten Befragungsmethoden

Ein **Vergleich der vier Befragungsmethoden** zeigt:

- Die **schriftliche Befragungsmethode** kann einen großen Kreis von Befragten erreichen und durchaus auch komplexe Sachverhalte abfragen, die vor der Frage im Fragebogen erläutert werden. Allerdings schlagen hier die Portokosten sowie eine in der Regel relativ geringe Rücklaufquote zu Buche. Der Nachteil der geringen Rücklaufquote kann durch eine sorgfältige Auswahl der Adresse mit richtigem Ansprechpartner aufgewogen werden. Gegebenenfalls müssen die genauen Daten vorher noch durch Telefonate ermittelt werden, was allerdings auch wieder den Aufwand erheblich vergrößert. Eine sog. „Nachfassaktion" ist in den meisten Fällen ein sehr sinnvoller, wenn auch aufwändiger Weg, um die Rücklaufquote zu erhöhen. So ist der Befragte im Unternehmen zwar meist bereit, sich an der Befragung zu beteiligen, das operative Tagesgeschäft lässt eine zeitnahe Antwort jedoch meist nicht zu, so dass die Fragebögen zunächst einmal liegen bleiben. Man neigt auch dazu, mehr geschlossene Fragen mit Antwortvorgaben zu formulieren, da die Möglichkeit des Nachfragens nicht besteht und die große Anzahl der

---

[1] Vgl. Backhaus, S. 122.

Fragebogen auch effizient ausgewertet werden muss. Die Befragungsmethode setzt oftmals ein quantitatives Forschungsdesign voraus.

- Die **telefonische Befragungsmethode** hat gegenüber der schriftlichen den Vorteil, dass Nachfragen des Interviewers möglich sind, sofern dies nicht über ein „Call Center" gesteuert wird, deren Mitarbeiter keine Erläuterungen geben können. Die Qualität der Ergebnisse ist dann höher, wenn das Interview weniger eine Abfrage als ein Gespräch darstellt, in dem auch Raum für unerwartete Antworten und Aspekte eingeräumt wird.
- Die **persönliche Befragungsmethode** ist die effektivste, da sich durch ein Gespräch in der Regel mehr Informationen ergeben, als bei einem Abfragen vorgefertigter Fragen und Antwortvorgaben. Allerdings stellt diese Methode auch die teuerste dar. Es empfiehlt sich, diese Befragungen in Zweierteams durchzuführen, was die Befragungskosten weiter ansteigen lässt.
- Die **computergestützte Befragungsmethode** ist im Prinzip eine schriftliche Befragung, nur dass diese über eine Maske im Internet stattfindet. Die Rücklaufquote ist sehr gering, sofern nicht Anreize in Form von Geld, Gutscheinen etc. gegeben werden. Eine Kontrolle, wer die maske wirklich ausfüllt, ist praktisch nicht möglich.

Die **Durchführung von Befragungen** ist der Weg, um die meisten wichtigen Informationen über Kundenanforderungen und indirekt auch Informationen über Wettbewerber abzurufen. Die Hauptgruppen der Befragungen sind dabei die Kunden, die Absatzmittler, z.B. Großhändler, Planungsbüros sowie die Experten bzw. Meinungsbildner. Aufgrund der Bedeutung der persönlichen Interviews bei Erhebungen im B2B-Markt soll auf die **Vorgehensweise bei persönlichen Interviews** näher eingegangen werden:

Abb. 2.22: Ablauf von persönlichen Interviews

- In der **Interviewvorbereitung** erfolgt die Anbahnung der Interviews durch die Zusammenstellung der Adressen und Ansprechpartner durch die fachliche Vorbereitung der Interviews und unterstützt von „Desk Research" über das zu befragende Unternehmen. Dies beinhaltet einen Überblick über das Geschäftsfeld, seinen Markt und seine Wettbe-

2.3 Erhebungsmethoden im Field Research

werber sowie einige aktuelle Entwicklungen bzw. Vorkommnisse, die der Presse zu entnehmen sind. Es sollte Wert darauf gelegt werden, möglichst alle Befragungen schnell hintereinander durchzuführen. Dadurch sollte gewährleistet werden, dass keine Verzerrungen aufgrund irgendwelcher Ereignisse zwischen den einzelnen Interviews die Ergebnisse verfälschen.

- In der **Interviewdurchführung** erfolgt die Eröffnung des Interviews, die Darstellung der Ziele und des Nutzens der Befragung, die eigentliche Informationsgewinnung durch Fragen, Gegenfragen, Umschreibungen von Sachverhalten sowie der Abschluss des Interviews. Anschließend wird das weitere Vorgehen dargestellt. Die Interviewdurchführung wird in vier Phasen eingeteilt:
  – In der Ingangsetzungsphase wird der Befragte in das Gespräch eingeführt. Dies ist wichtig, um mit der Stimme, Ausdrucksweise etc. vertraut zu werden.
  – In der Fragephase werden die einzelnen Fragen durchgegangen.
  – In der Rückgriffphase erfolgt die Nachfrage nach bestimmten Passagen der Antworten, um zu vertiefen, Unklarheiten zu erhellen, Widersprüche aufzuklären oder Präzisierungen zu erhalten.
  – In der Bilanzierungsphase werden die Aussagen gegliedert und strukturiert, die Ergebnisse vom Interviewer nach den möglichen Korrekturen noch einmal zusammengefasst.
- In der **Interviewnachbereitung** erfolgt schließlich die Auswertung der Interviews und die Bewertung der Informationen unter dem Licht des vorangegangenen „Desk Research". Die Dokumentation wird erstellt.

Die Befragung sollte zwar anonym erfolgen, die Interviewpartner aber doch persönlich angesprochen und repräsentativ ausgewählt werden. Diese Widersprüche können nur dann gelöst werden, wenn zuvor **vertrauensbildende Maßnahmen** im Unternehmen eingeleitet werden und sehr sensibel sowohl im Vorfeld als auch bei der Befragung vorgegangen wird. Dies spiegelt sich auch in der Konstruktion des Gesprächsleitfadens und der gesamten Vorgehensweise bei der Befragung wieder. Fast unnötig zu erwähnen, dass eine solche Befragung nur von einem neutralen Befrager durchgeführt werden kann, der mit dem Unternehmen in keinem irgendwie gearteten Verhältnis steht. Diese positive Atmosphäre zwischen dem Interviewer und den Interviewten kann z.B. durch das Folgende geschaffen werden:[1]

- Die Kleidung des Interviewers ist wichtig, denn sie gilt in den Augen der meisten Menschen als Indikator für seine Einstellung. Sie sollte der Kleidung der Interviewten entsprechen.
- Das Auftreten des Interviewers sollte angenehm sein.
- Je mehr Gemeinsamkeiten Interviewer und Interviewter haben, desto eher fasst der Interviewte Vertrauen zum Interviewer und ist bereit, präzisere Informationen zu geben. Der Interviewte erwartet, dass der Interviewer seine Sicht der Dinge versteht (Empathie).

Das Interview erfolgt oft als **teilstrukturiertes Interview** mit einem Leitfaden. Dies ist erforderlich, um die Antworten vergleichbar zu machen. Da nur wenige Fragen gestellt wer-

---
[1] Vgl. Kinnear/Taylor, S. 509.

den, ausgegangen wird von einer Gesamtbefragungsdauer von 30 bis 60 Minuten, wird hier auf eine exakte Fragestellung besonderer Wert gelegt. Zwar wird noch die Möglichkeit bestehen nachzufragen, jedoch wird der Befragte bei einer falschen Fragestellung sofort auf eine bestimmte Fährte geführt. Dies soll vermieden werden. Ebenso soll darauf geachtet werden, dass sich die Fragen und die möglichen Antworten auf den zu untersuchenden Zusammenhang beziehen, und nach Möglichkeit andere intervenierende Variablen geschlossen werden. Es kann nur im Interview darauf hingewirkt werden, diese Einflüsse zu minimieren.

Bei der Fragestellung, sei es im Gesprächsleitfaden bei Interviews oder in Fragebogen bei schriftlichen Befragungen, stellt sich das Problem, ob man sich für **offene oder** für **geschlossene Fragen** entscheidet. In Fragebögen (quantitative Forschung) tendiert man aufgrund der einfacheren Auswertbarkeit eher zu geschlossenen Fragen, während man bei Gesprächsleitfäden in Interviews (qualitative Forschung) eher offene Fragen verwendet, um möglichst viele Informationen zu erhalten. **Offene Fragen** haben eine ganze Reihe von Vorteilen:[1]

- Sie erlauben eine große Anzahl möglicher Antworten.
- Die Befragten können bei den Antworten ins Detail gehen und ihre Erklärungen begründen.
- Unerwartete Fragestellungen können ermittelt werden.
- Offene Fragen erlauben adäquate Antworten auf komplexe Sachverhalte.
- Sie offenbaren die Logik und die Denkprozesse des Interviewten.

Mögliche Nachteile von offenen Fragen sind insbesondere die schwierigere Auswertbarkeit, da unter Umständen alle Befragten unterschiedliche Antworten geben können oder sich in Details verstricken, die nicht relevant sind. Befragte, die sich gut ausdrücken können oder sich schlichtweg gut verkaufen können, haben einen Vorteil gegenüber anderen Befragten. Die Vorteile von offenen Fragen sind oft die Nachteile der geschlossenen Fragen.

Um bei den einzelnen Fragen ein gleiches Verständnis bei den Befragten zu fördern, werden manchen Fragen **Antwortvorgaben** zur Seite gestellt, um jedem Befragten die gleichen Hilfestellungen anzubieten. Dies ist für die spätere Vergleichbarkeit der Antworten der Interviewten erforderlich. Eine weitere Möglichkeit ist, Antwortdimensionen durch eine vorherige Information festzulegen. Dazu ist zu raten, wenn man von vornherein ein gleiches Verständnis, z.B. über Begriffe, gewährleisten möchte. Ein mögliches Problem, mit dem zu rechnen ist, ist die Meinungslosigkeit. Diese kann verschiedene Gründe haben, so z.B. Nicht-Informiertheit, tatsächliche Meinungslosigkeit oder Verweigerung.[2] Durch Nachfragen kann festgestellt werden, welcher Grund vorliegt, andererseits wäre auch die Meinungslosigkeit zu einem Sachverhalt ein Ergebnis, das zu einer weiteren Fragestellung veranlassen könnte.

Die einzelnen Interviewleitfäden werden nach Abschluss der Befragung ausgewertet. Bei qualitativen Untersuchungen soll nicht nach einer festgelegten Prozedur vorgegangen werden, in der z.B. das Vorkommen bestimmter Worte gezählt wird, sondern man muss flexibel sein und die Gelegenheiten wahrnehmen, Einblicke zu erhalten, wo immer sie sich ergeben.[3] Das bedeutet, dass der wirkliche Inhalt der Aussagen analysiert bzw. interpretiert werden

---

[1] Vgl. Neuman, S. 233.
[2] Vgl. Friedrichs, S. 202.
[3] Vgl. Zikmund, S. 133.

2.3 Erhebungsmethoden im Field Research

soll. Bei der **Auswertung der Daten** empfiehlt sich bei einem **qualitativen Forschungsdesign** die folgende Vorgehensweise:

1. Zusammenstellung der unterschiedlichen Antworten nach Forschungsfragen und Abteilungen
2. Clusterbildung, um Antworten zu gruppieren und die verschiedenen Antworten auf einzelne Strömungen zu reduzieren
3. Interpretation der „Cluster" im jeweiligen Kontext („Stream of Behavior")
4. Vergleich der „Cluster" der verschiedenen Abteilungen
5. Darstellung der Ergebnisse
6. Endgültige Darstellung der Ergebnisse und Handlungsempfehlungen

Bei der **Clusterbildung** wird angestrebt, die Datenmenge auf wenige überschaubare Einheiten zu reduzieren. Dabei sollen die einzelnen Einheiten in sich möglichst homogen, untereinander möglichst heterogen sein. Ein Beispiel dafür stellt auch die Marktsegmentierung dar, die sich bei der Clusterbildung auf Marktunterschiede bezieht.

Folgende **typische Probleme des „Field Research"** können in der Praxis auftreten:

- Die Auswahl der zu untersuchenden Betriebe und damit die Festlegung des Kriteriums für die Größe, z.B. Beschäftigtenzahl, Umsatz, Einsatz bestimmter Technologien etc. kann sich im Einzelfall schwierig gestalten. Oftmals spielt die Unternehmensgröße keine Rolle bei der Ermittlung wichtiger Informationen.
- Die Ermittlung bzw. Definition der Zielperson bzw. des anzusprechenden Funktionsbereichs für die Befragung kann oftmals nicht standardisiert werden, da einzelne Entscheidungen unterschiedlichen Funktionsbereichen zugeordnet werden können.

In der **Marktforschung im B2B-Markt** steht vor allem die **persönliche Befragung** im Mittelpunkt, denn die häufig sehr komplexen Fragestellungen können nur in einem eingehenden persönlichen Gespräch, meist auf Basis eines freien Gesprächsleitfadens, abgehandelt werden. Zum anderen sind telefonische Befragungen, nicht zuletzt aufgrund der geringeren Kosten und eines erheblichen Zeitvorteils, ein geeignetes Mittel. Gerade bei Marktanalysen für bereits eingeführte Marktangebote, bei denen keine Details mehr zu erklären sind, kann dieses Instrument sehr gute Ergebnisse bringen. Bei ganz genau umrissenen Fragestellungen führen auch Expertenbefragungen am Telefon zu guten Ergebnissen.

2.3.2 Experteninterviews als besondere Form der Befragung

Unter **Experteninterviews** versteht man persönliche Interviews, mit in der Branche bekannten Experten, die aus ihrer Sicht die Sachverhalte erläutern. Durch Experteninterviews können oft die wichtigsten Eckdaten und Trends ermittelt werden. Experteninterviews liefern wohl die effizientesten Informationen, ohne Rücksicht auf die statistischen Anforderungen, z.B. der Repräsentativität der Befragung. Experteninterviews finden meist, mit einem Gesprächsleitfaden präpariert, telefonisch statt. Wichtig ist hier eine exzellente Vorbereitung auf das Gespräch, das kaum länger als eine halbe Stunde bei telefonischen Befragungen und eine Stunde bei persönlichen Befragungen dauern darf.

Experteninterviews werden sehr gerne eingesetzt, um rasch einen Überblick über einen neuen Sachverhalt zu bekommen oder um sie mit den Ergebnissen einer allgemeinen Befragung vergleichen zu können. Die sogenannten Experten können durchaus auch aus potenziellen Anwenderunternehmen stammen, sollten dann aber gezielt unter denen ausgewählt werden, die sich schon am intensivsten mit der anstehenden Problematik/Lösung befasst haben. Experten finden sich in Unternehmen im Top-Management, als Vordenker in Forschung und Entwicklung oder im Innovationsmanagement sowie als Marketing-Strategen.

Dies setzt fast immer voraus, dass bereits Kontakte zu den entsprechenden Experten bestehen, sie schon einmal getroffen und deren Visitenkarten gesammelt worden sind. Es ist jedoch nicht selten ein **Problem, herauszufinden, welche die richtigen Experten sind**. Oft sind dies nicht die Geschäftsführer der Unternehmen, die mehr oder weniger weit vom eigentlichen Geschehen entfernt sind, sondern die Techniker, die das akute Problem lösen oder die technischen Entscheidungen treffen müssen, oder die Vertriebsleute mit ihrem tagtäglichen Kontakt zum Kunden. Diese Recherche, in welcher Funktion die richtigen Experten im Unternehmen gefunden werden können, nimmt bei der Vorbereitung von Experteninterviews die meiste Zeit in Anspruch.

Bei der **Durchführung von Experteninterviews** empfiehlt sich die folgende Vorgehensweise:

1. Darstellung der Ergebnisse des „Desk Research"
2. Analyse der Informationslücken
3. Ableitung der „richtigen" Fragestellungen und Zusammenstellung in einem Gesprächsleitfaden
4. Suche und Ermittlung der Experten (aus Top-Management, Vordenker aus der Forschung und Entwicklung, Marketing-Strategen etc.)
5. Telefonische Kontaktaufnahme: Sofortige Durchführung des Interviews bzw. Vereinbarung eines „Telefontermins"
6. Analyse der Ergebnisse:[1]
   – Erfassung von Hierarchien
   – Erfassung von Systemen, insbesondere der Verknüpfung einzelner Werte
   – Bestimmung von Segmenten, denen Interviewte zugeordnet werden können
   – Erfassung von Trends, Dynamik, Entwicklung
7. Erstellung von Handlungsempfehlungen, basierend auf den Ergebnissen der Befragungen

---

Experteninterviews eignen sich hervorragend bei bislang unbekannten Fachgebieten, in denen wenig bis keine Literatur oder publizierte Marktforschungsergebnisse zur Verfügung stehen. Allerdings müssen die Experten identifiziert werden und sie müssen sich bereit erklären, an der Untersuchung teilzunehmen.

---

[1] Vgl. Silberer, S. 11.

2.3.3 Blick in die Zukunft mit der Szenario-Technik

Bei der Szenario-Technik handelt es sich um eine Methode, die auf der Entwicklung und Analyse vorweggenommener **„möglicher Zukünfte"** beruht.

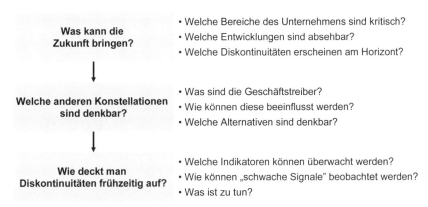

Abb. 2.23: Entwicklung von alternativen Zukünften

Mit der Szenario-Technik werden quantitative Daten und qualitative Informationen, Meinungen und Einschätzungen verknüpft, so dass als Ergebnis detaillierte Beschreibungen einer bzw. mehrerer möglicher Zukunftssituationen dargestellt werden können. Die Szenario-Technik ist dabei von der Prognose abzugrenzen; so werden keine Daten extrapoliert wie in der Marktforschung, sondern mögliche zukünftige Zustände antizipiert. Auf deren Basis lassen sich strategische Handlungsempfehlungen für das Unternehmen ableiten, die im nächsten Schritt entsprechend der Aufgabenverteilung umgesetzt werden.

Der optimale Einsatz von Szenarien ist nur möglich, wenn die Zukunft durch unterschiedliche Szenarien beschrieben werden kann. Als Vorarbeit dazu wird das Umfeld analysiert und es werden die zentralen Indikatoren ermittelt, die für die weitere Entwicklung des Unternehmens in diesem Umfeld relevant sind. Diese werden in der Szenario-Technik **Deskriptoren** genannt. Diese Deskriptoren sind für das Unternehmen wichtige Größen aus dem Umfeld des Unternehmens, z.B. politische Entscheidungen, Strategien der Wettbewerber, Konjunkturentwicklung, Arbeitslosenquote, Durchbruch bei internen Entwicklungen. Können diese nicht eindeutig ermittelt werden, so beschränkt man sich bei der Szenario-Technik oftmals nur auf die Extrempositionen. In der Analyse wird man verstärkt auf die **Treiber von Trends** achten und die möglichen Konsequenzen daraus ableiten. Treiber können z.B. aus den folgenden Branchen kommen:

Politik

- Gesetzgebung, z.B. Arbeitsrecht, Steuerrecht
- Privatisierung und Deregulierung
- Einschränkung der Gewerkschaftsmacht

Deskriptor 1: Ausgang von Wahlen

Abb. 2.24: Beispiele für Deskriptoren aus dem Umfeld der Politik

Markt & Gesellschaft

Interne Bedingungen:
- Eindeutige an den Kundenbedürfnissen ausgerichtete Stärken
- Innovationsklima
- „Entrepreneurial Spirit"
- Mitarbeiterzufriedenheit

Externe Bedingungen:
- Fähigkeit zur Kommunikation der Stärken
- Reaktionsfähigkeit auf sich verändernde Kundenbedürfnisse
- Verankerung im Bewusstsein der Kunden (Markenbildung)

Deskriptor 2: Aufbau, Ausbau & Verteidigung von Stärken

Deskriptor 3: Ausbau der externen Unternehmenskommunikation

Abb. 2.25: Beispiele für Deskriptoren aus dem Umfeld des Marktes und der Gesellschaft

Wettbewerb

- Neue ausländische Wettbewerber, z.B. aus Osteuropa
- Markteintritt Chinas in Europa im Maschinenbau

Deskriptor 4: Aufbau von loyalen Kundenbeziehungen

Abb. 2.26: Beispiele für Deskriptoren aus dem Umfeld des Wettbewerbs

2.3 Erhebungsmethoden im Field Research

Es erfolgt die Darstellung der möglichen Szenarien. Mitunter werden auch mögliche Störfaktoren identifiziert und gleich Gegenmaßnahmen für den Fall des Eintritts entwickelt. In der Regel betrachtet man dabei immer drei mögliche Zukünfte, nämlich ein extrem positives Szenario, ein extrem negatives Szenario sowie ein Trend-Szenario, das ein besonders relevantes oder typisches Szenario beschreibt. Daraus wird das **Grundmodell der Szenario-Technik** entwickelt:

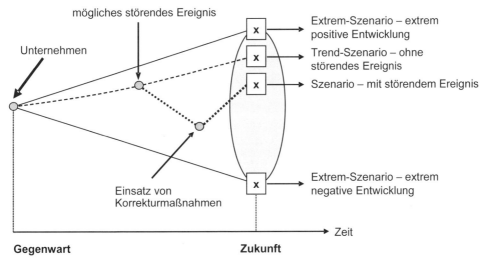

Abb. 2.27: Grundmodell der Szenario-Technik

Aus den möglichen Strategien des Unternehmens erfolgt die jeweilige Strategiebewertung sowie die **Entscheidung**, welche Strategien gefahren werden sollen. Für diese Strategien werden dann im nächsten Schritt Maßnahmenbündel erarbeitet, um sie umzusetzen und die Zukunftsfähigkeit des Unternehmens zu gewährleisten. Dabei kann man sich von den folgenden Fragen leiten lassen:

- In welchen Feldern liegen die größten Diskrepanzen zwischen gegenwärtiger und zukünftiger Situation?
- Was hindert unser Unternehmen daran, die aus dem Szenario abgeleiteten Ziele zu erreichen?
- Wie müssten die Unternehmensziele ausgestaltet sein, um zu der gewünschten Unternehmenszukunft zu gelangen?
- Welche vordringlichen Kernthemen und Problemstellungen muss das Unternehmen angehen, weil sie die Unternehmensstrategie vermutlich am stärksten beeinflussen (Hebelwirkung)?
- Welche konkreten Entscheidungen sind zu treffen? Welche Ressourcen werden dafür benötigt? Welche Maßnahmen müssen umgesetzt werden?

Neue Trends sind in dem Zusammenhang nur wirklich relevant, wenn die Deskriptoren erstens mit einer hohen Wahrscheinlichkeit vorhersagbar sind und zweitens einen starken

Einfluss auf das Unternehmensgeschehen haben werden. Ansonsten sind die möglichen Trends noch nicht wirklich erkennbar bzw. es ist unsicher, ob sie sich durchsetzen, oder aber sie haben keinen größeren Einfluss auf das eigene Unternehmen. Eine Betrachtung wäre dann für das Unternehmen nicht nutzbringend.

2.3.4 Business Intelligence – Marktforschung im Technologieumfeld

Der Begriff des „**Business Intelligence**" wurde Mitte der 90iger Jahre des letzten Jahrhunderts bekannt. Er bezeichnet die Verfahren und die Bearbeitung von Daten in elektronischer Form.[1] Eng mit diesem Begriff verbunden, ist der Begriff der „**Competitive Intelligence**". „Competitive Intelligence" ist der Prozess ethisch einwandfreier Sammlung, Analyse und Verteilung von Wissen („Intelligence") über das wirtschaftliche Umfeld, über den Wettbewerber und über die eigene Organisation.[2] Dieses Wissen muss korrekt, relevant, spezifisch, rechtzeitig, zukunftsorientiert und handlungsorientiert sein. Der Vorgang dient dem Zweck, voraussagen zu können, wie sich Wettbewerber entwickeln und wie sie sich in einer Branche behaupten könnten. „"Competitive Intelligence" liefert dazu zukunftsorientierte Aussagen über Positionen, Intentionen und Strategien der Wettbewerber. Es setzt seinen Schwerpunkt auf den Wettbewerb und auf bestimmte gegenwärtige und zukünftige Wettbewerber. Das Ziel ist hier ein Verständnis dafür zu entwickeln, wie sich das Wettbewerbsumfeld verändert und zu analysieren, was das für das eigene Unternehmen bedeutet. Daraus können eigene Handlungsempfehlungen abgeleitet werden, um die Aktionen der Wettbewerber zu antizipieren und strategische Vorteile gegenüber dem Wettbewerber abzuleiten.

> Es besteht ein erhöhter Bedarf an intelligenten, d.h. strategisch relevanten, Marketinginformationen vor allem für Unternehmen, die sich im Technologieumfeld bewegen. Für diese Unternehmen ist es relevant zu wissen, an welchen Projekten Institute in ihrer Branche weltweit forschen und mit welchen Ergebnissen in naher Zukunft zu rechnen ist. Obwohl aufgrund der Geheimhaltung nur ein Teil dieser Aktivitäten bei den entsprechenden Institutionen ermittelbar ist, sind doch verschiedene Entwicklungen mitunter absehbar. Zu diesem Zweck wird „Business Intelligence" eingesetzt.

Ein „**Business Intelligence**"-**System** besteht aus einem Set von Prozessen und Quellen, die kontinuierlich herangezogen werden, um Informationen über neue Entwicklungen im Marktumfeld zu erhalten. Es konzentriert sich ausschließlich auf den Wettbewerb und auf bestimmte gegenwärtige und zukünftige Wettbewerber. Das Ziel ist hier ein Verständnis dafür zu entwickeln, wie sich das Wettbewerbsumfeld verändert und zu analysieren, was das für das eigene Unternehmen bedeutet. Dabei werden frühe Indikatoren aufgegriffen, die es ermöglichen, das Unternehmen auf bedrohliche Entwicklungen und sich entwickelnde Gelegenheiten auf dem Markt strategisch vorzubereiten. Dazu gehört auch die Identifizierung neuer

---

[1] Vgl. Kemper/Baars, S. 7.
[2] Vgl. Romppel, S. 42.

2.3 Erhebungsmethoden im Field Research

Wettbewerber, bevor sie auf dem Markt erscheinen und eine Bedrohung darstellen könnten.[1] „Business Intelligence", auch als **„Technologie-Frühaufklärung"** bezeichnet, kann in einem Unternehmen wie folgt aufgebaut werden:

Stabsstelle „Technologie-Frühaufklärung"

- Zentrales F&E-Zentrum im Heimatland
- Sammeln und Speichern von Informationen als Aufgabenschwerpunkt
- Zentrale Stabsstelle ohne Kompetenzen und Weisungsrechte
- Gefahr eines „Datenfriedhofs" oder als Alibifunktion

Internationales Frühaufklärungs-Netzwerk

- F&E-Zentren in den wichtigsten Technologieregionen der Welt
- Vertrieb und Anwendungstechnik nahe bei internationalen Schlüsselkunden
- Persönliche Kontakte zu internationalen Technologieexperten und Meinungsführern
- Dezentrale Kompetenzzentren und internationaler Informationsaustausch
- Einsatz neuester Informations- und Kommunikationssysteme
- Integration von Technologien in bestehende Systeme

Abb. 2.28: Technologie-Frühaufklärung in einem Unternehmen

Eine besondere Rolle spielt **„Business Intelligence" bei neuen Technologien**, bei denen andere Entwicklungen die eigenen Forschungsarbeiten vehement beeinflussen können. Insbesondere hier kann die Schnelligkeit entscheidend sein: Der Erste mit einem neuen Marktangebot zu sein, Risiken besser abschätzen zu können als der Wettbewerber, neue Geschäftsgelegenheiten aufzufinden und möglichst frühzeitig über neue technologische Entwicklungen Bescheid zu wissen, und zwar ohne das übliche „Time Lag" ist von erheblicher Bedeutung.

Um sich hier die richtigen Informationen zu beschaffen, ist die folgende **Vorgehensweise bei „Business Intelligence"-Projekten** wichtig:

- Training der Mitarbeiter in Kunden- und sonstigen Außenkontakten
- Motivierung von Geschäftspartnern, Informationen zu teilen, z.B. Forschungseinrichtungen der Universitäten, die auf dem jeweiligen Gebiet weltweit führend sind
- Zukauf von Informationen von externen Dienstleistern, z.B. über Datenbanken:
  - Fachdatenbanken, wie Vergabe24, DIMDI, FIZ Technik
  - Firmendatenbanken, wie Bürgel/Coface, Creditreform, Dun & Bradsteet
  - Wirtschaftsdatenbanken, wie BfAI, Thomson Research
  - Pressedatenbanken, wie BGI-Genios
  - Studiendatenbanken, wie Frost & Sullivan

---

[1] Vgl. Romppel, S. 42.

- Etablierung eines internen „Information Center", in dem Daten alle gesammelt und ausgewertet werden

Die **Quellen für „Business Intelligence"** setzen sich aus dem unternehmensinternen Desk Research und Field Research zusammen. Unternehmensinterne primäre Informationen sind immer schon in Unternehmen vorhanden. Diese Informationen beinhalten ca. 70 % aller Aufgaben in diesem Bereich.[1] Oft werden sie jedoch nicht dokumentiert bzw. zentral abgespeichert und sind somit nur einzelnen Mitarbeitern bekannt.

Zum Set der „Business Intelligenc" zählen auch **unternehmensexterne Primärquellen**, man denke an Quellen und Informationen, die von anderen Personen, die in einem direkten Bezug zur Konkurrenz stehen, eingeholt werden können. Bei diesen Quellen kann es sich um die Wettbewerber selbst, Kunden, Lieferanten, Distributoren, andere Personen oder Institutionen handeln. Sie decken einen Großteil der Informationen ab, die ein Unternehmen für seine „intelligenten Informationen" benötigt. Bei Kontakten zu Wettbewerbern ist der Übergang zur Wirtschaftsspionage sehr schmal. Das bedeutet, dass darauf geachtet werden sollte, dass das Vorgehen zu keinen ethischen Konflikten führt. Die **unternehmensexternen Sekundärquellen** bestehen hauptsächlich aus allgemein zugänglichen Quellen. Die Datenbeschaffung und -auswertung unterscheidet sich prinzipiell nicht von der konventionellen Marktforschung.

Die **Methoden**, die bei **„Business Intelligence"-Projekten** auch genutzt werden können, sind die folgenden:[2,3]

- **Scouts** werden in den Testmärkten der Wettbewerber platziert und berichten über die Erfahrungen der Wettbewerber an das eigene Unternehmen. Die Testmärkte der Wettbewerber werden somit „angezapft".
- Es erfolgt eine **Auswertung des Hausmülls der Wettbewerber**, z.B. die Papierkörbe an den Kopiergeräten („Trash Trawling"). Ihre Aufgabe besteht dann darin, die Inhalte von Papierkörben der entsprechenden Abteilungen zu sichern, die dann später ausgewertet werden. Beschafft werden diese Inhalte durch Reinigungspersonal, das in die entsprechenden Zielunternehmen eingeschleust wird.
- Die Offenheit in weiten Teilen der Wissenschaft wird genutzt, um Hintergründe auszuloten. Durch ein vorgetäuschtes Interesse werden die entsprechenden **Zielpersonen animiert, über ihre Arbeit zu sprechen**, insbesondere bei Fachtagungen und Kongressen, in denen Wettbewerber in Fachgespräche verwickelt werden können.
- **V-Leute**[4] werden als Mitarbeiter verkleidet in die Unternehmen entsandt, insbesondere als Reinigungsmitarbeiter oder Altpapier-Entsorger („Drop by Spying").
- Durch **Experteninterviews** können Informationen abgefragt werden („Schlüsselpersonen schütteln").

---

[1] Vgl. Miller, S.10.

[2] Vgl. Stippel, S. 18.

[3] Rein vorsichtshalber wird darauf hingewiesen, dass es sich bei diesen Methoden teilweise um illegale Methoden handelt. Die Darstellung dient nur zur Information, um ggf. solche Methoden abzuwehren, die von außen an das eigene Unternehmen herangetragen werden, nicht aber um sie selbst umzusetzen.

[4] Verbindungsleute, Vertrauensleute.

2.3 Erhebungsmethoden im Field Research

- Die Entlockung beinhaltet die Einholung von Informationen, ohne jedoch die verdächtigen Fragen zu stellen. Es werden **Konversationstechniken wie vorgetäuschte Naivität**, falsche Aussagen etc. verwendet, die eine Richtigstellung fast schon provozieren. Spezialisten trainieren diese Fertigkeiten auf der Straße, indem sie versuchen, bei Passanten herauszufinden, was sie verdienen.
- **Messen** sind ein ideales Feld für Wettbewerbsbeobachtungen. Meist sind die Mitarbeiter der Unternehmen kommunikationsbereit und weniger vorsichtig als gewöhnlich. Dasselbe gilt auch für Seminare und Kongresse.
- **Mitarbeiter** sind eine gute Quelle, plaudern sie doch oft vertrauliche Informationen aus, insbesondere dann, wenn sie über ihren Arbeitgeber verärgert sind. Eine interessante Quelle können auch ehemalige Mitarbeiter sein oder indem bestehende Mitarbeiter, indem sie einfach vom Wettbewerber abgeworben werden.
- **Ausschreiben fiktiver Stellenanzeigen** mit dem Ziel, Bewerberinterviews mit Mitarbeitern des Wettbewerbers zu führen; das gleiche geht natürlich auch bei wirklichem Interesse an einem Mitarbeiter.
- **Zählen der Parkplätze im Unternehmen** über Google Earth, um die ungefähre Mitarbeiteranzahl zu ermitteln.

Eine wichtige Rolle bei der Ermittlung von Informationen im „Business Intelligence"-Umfeld spielt auch das **Aufstöbern von „schwachen Signalen" beim Wettbewerber**. Dies sind Informationen, auf die sonst weniger geachtet wird oder die man kaum ermitteln kann, wenn danach nicht explizit gesucht wird; sie basieren allesamt auf Veränderungen, die sich über die Jahre hinweg ergeben:

- Veränderungen in den IP[1]-Strategien der Wettbewerber, z.B. Veränderungen in der Anmeldestrategie bei Patenten
- Veränderungen bei den „Human Resources", z.B. häufiges Ausschreiben von ähnlichen Stellen
- Veränderungen im Rohstoffeinkauf oder bei Zulieferteilen, z.B. Preissensitivität
- M&A-Aktivitäten, z.B. strategischer Zukauf oder Verkauf
- Veränderungen in den Finanzkennzahlen
- Vortragsaktivitäten
- Veränderungen in den Kapazitäten

---

[1] Intellectual Property.

> Der Aufbau einer „Business Intelligence" eignet sich für Unternehmen, die im Technologieumfeld tätig sind. Dadurch wird es ihnen möglich, Marktgelegenheiten frühzeitig zu erkennen. Die meisten Gelegenheiten kündigen sich im Markt oder beim Wettbewerber an. Es gelingt, strukturiertes Wissen über Wettbewerber, durchaus auch in Detailfragen, zu beschaffen. Oftmals ist der Aufbau von „Business Intelligence" die einzige Chance, auch in der Perspektive neu eintretende Wettbewerber zu ermitteln, möglicherweise auch Anbieter von Substituten. Letztendlich ermöglicht „Business Intelligence" die Ermittlung der relevanten Wettbewerber, eine bessere Einschätzung sowie die Antizipation von deren Vorgehensweisen und nächsten Schritten, die erwartet werden können.

2.3.5 Marktforschung in der Praxis

In der Praxis ist festzustellen, dass vor allem bei technisch orientierten Unternehmen Marktforschung nur sehr unregelmäßig betrieben wird, bis hin zur ernsthaften Aussage, „regelmäßig bedeutet jeden Sommer"! Dazu die einzelnen Abstufungen:[1]

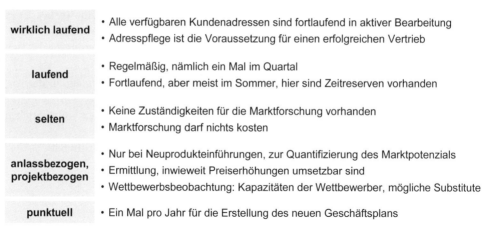

Abb. 2.29: Abstufungen beim Betreiben einer Marktforschung

Man muss grundsätzlich davon ausgehen, dass sich Manager nur sehr ungern mit Marktforschung beschäftigen. In der Marktforschung bestehen verschiedene Vorstellungen, darunter Vorurteile, die man als die **„Fünf Mythen der Marktforschung"** bezeichnen kann:[2]

- Der Mythos der „großen Entscheidung" unterstellt, dass man Marktforschung nur dann betreibt, wenn man vor einer wichtigen Entscheidung steht. Mit den Details der alltäglichen Entscheidungsfindung hat dies wenig zu tun.

---

[1] Vgl. Kohlert, 2010a, S. 59 f.
[2] Vgl. Andreasen, S. 74 ff.

2.3 Erhebungsmethoden im Field Research

- Der Mythos der „gründlichen Untersuchung" redet ein, dass aufgrund der Verwendung von Stichproben und statistischen Analysen etc. die Marktforschung ein umfassendes Bild und somit absolute Sicherheit für die Entscheidung erbringt.
- Der Mythos des „großen Geldes" sagt, dass nur große Unternehmen Marktforschung betreiben können und dies auch nur vor wichtigen Entscheidungen.
- Der Mythos des „hochqualifizierten Forschers" unterstellt, dass sie nur von Experten durchgeführt werden kann und daher entsprechend teuer sein muss.
- Der Mythos, dass „die meisten Marktforschungsberichte nur Makulatur sind" sagt aus, dass ein Großteil der Marktforschung für Manager irrelevant ist oder nur das bestätigt, was sie bereits wissen. Oft werden Marktforschungsberichte erstellt, um eigene Entscheidungen ex post zu rechtfertigen.

All das stimmt sicherlich von Fall zu Fall. In praxi gibt es nicht nur eine Möglichkeit, einer Fragestellung zu begegnen, sondern mehrere, die oft miteinander kombiniert werden können und für jedes Budget eine Möglichkeit ergeben.

Marktforschung ist daher eine Art Puzzle-Tätigkeit, bei der die geforderten Ergebnisse über einen **Methoden-Mix** und aus verschiedenen Quellen zusammengefügt werden müssen. Sehr oft führen nur komplexe, auch **mehrstufige Ansätze** zum gewünschten Ziel. **Ein typischer Ansatz in der Marktforschung auf dem B2B-Markt** ist die Verbindung von „Desk Research", Experteninterviews und breit angelegten Anwenderbefragungen bzw. Befragungen von Absatzmittlern:

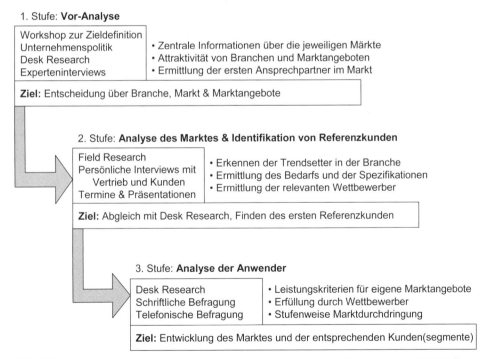

Abb. 2.30: Kombination verschiedener Befragungsinstrumente in unterschiedlichen Stufen im B2B-Markt

- Man beginnt in der ersten Stufe mit einer **Vor-Analyse**. Diese erfolgt auf der Basis von „Desk Research" sowie Experteninterviews. Es werden Vorentscheidungen getroffen, etwa die Auswahl der Befragten und in diesem Zusammenhang die Auswahl der Betriebe. Oft werden Kriterien wie die Beschäftigtenzahl, der Umsatz und der Einsatz bestimmter Technologien als Maßstab zu Grunde gelegt. Bei neuen Marktangeboten spielt es für den weiteren Erfolg auch häufig eine große Rolle, schnell einen Referenzkunden zu erhalten. Ist das Unternehmen dann noch in der Branche als Trendsetter anerkannt, unterstützt dies die Einführung eines neuen Marktangebots.
- In der **Analyse des Marktes** werden typische Vertreter dieses Marktes befragt. Neben der Befragung von potenziellen Kunden sind die Absatzmittler interessant, z.B. Vertriebsstrukturen, Planungsbüros. Je nach Branche bzw. zu untersuchendem Marktsegment haben Absatzmittler zuweilen einen sehr intensiven Kontakt zu einer Vielzahl von Produktanwendern. So können sie sehr genau und bereits in aggregierter Form deren Bedarfsstrukturen und Anforderungen beschreiben. Besonders in Märkten, die durch wenige sehr große und eine Vielzahl mittelgroßer und kleiner Nachfrager gekennzeichnet sind, ist es oft sinnvoll, die Gruppe der großen Abnehmer direkt zu interviewen und die Bedarfsstrukturen der kleinen Abnehmer durch Absatzmittler-Befragungen abzudecken. Eine weitere Gruppe von Befragten stellen die Experten und Meinungsführer dar. Wer als Experte herangezogen werden kann und mit welcher Fragestellung, hängt sehr stark von der Aufgabenstellung ab. Es ist möglich, dass der Experte nur flankierend zur Beschaffung oder Absicherung von bestimmten Teilinformationen dient oder praktisch als einzige Informationsquelle zur Verfügung steht. Es gibt auch Brancheninsider, die als freie Berater auftreten; die Autoren in der Fachpresse nicht zu vergessen.
- In der dritten Stufe kann die **Analyse der Anwender** erfolgen. Hier können auf direktem Weg die meisten wichtigen Informationen über die Leistungskriterien der Kunden und indirekt auch Informationen über Wettbewerber ermittelt werden. Interessenkonflikte zwischen dem Unternehmen und dem Kunden bestehen bei den meisten Fragestellungen nicht, da im Prinzip beiden Seiten gedient ist, wenn der Anbieter erfährt, was der Kunde benötigt. Gewisse Einschränkungen in der Auskunftsbereitschaft bestehen natürlich, wenn Angaben über das Einkaufsverhalten im Detail abgefragt werden, z.B. bei gerade laufenden konkreten Investitions- oder Kaufentscheidungen. Die zweite wichtige Aufgabe bei Anwenderbefragungen, insbesondere in größeren Unternehmen, ist die konkrete Beschreibung der Entscheidungsstrukturen und -abläufe im Einkauf und damit auch der Zielpersonen. Nur selten sind die Fragestellungen so monostrukturiert, dass ein Funktionsbereich im Unternehmen bzw. eine Person umfassend für die Gesamtheit des Unternehmens Auskunft geben kann. Es liegt nahe, die Lösung in einer Befragung mehrerer Personen/Bereiche im Unternehmen zu suchen. Wie in einem späteren Kapitel noch dargestellt wird, legen die einzelnen Bereiche unterschiedliche Kriterien bei der Entscheidungsfindung an.[1]

Die folgenden Punkte sind eine Zusammenfassung von Aussagen und Handlungsempfehlungen für Unternehmen, die als Leitsätze für eine „**Marktforschung im Kleinen**" genutzt

---

[1] Vgl. dazu die Ausführungen zum Buying Center in Kap. 7.4.

werden können. Die eigene Marktforschung muss nicht teuer sein, sondern kann mit einfachen Mitteln vollzogen werden:[1]

- Nutzung der kostenlosen oder kostengünstigen externen Quellen, z.B. Internet, Veröffentlichungen.
- Nutzung der Informationen, die man selbst gesammelt hat, z.B. durch Besuche, Kundengespräche, Besprechungen mit Kooperationspartnern und Experteninterviews.
- Systematisches Sammeln von Informationen über den eigenen Markt sowie Aufbau und Pflege von Datenbanken, z.B. Kundendateien, Wettbewerberdateien, Produktdateien, Branchendateien.
- Mut zur Lücke, denn lieber ungenauer und früher (ist billiger) als genauer und später (ist teurer). Vollständige Informationen sind für eine Entscheidung ohnehin nicht zu erhalten. Man muss lernen, auch bei unvollständigen Informationen gute Entscheidungen zu treffen bzw. überhaupt entscheidungsfähig zu sein.
- Einfachheit anstelle von Kompliziertheit bedeutet, man sollte mit anschaulichen grafischen Darstellungen arbeiten, Zahlenfriedhöfe sind zu vermeiden.
- Neben den quantitativen Fakten sollten auch die qualitativen, schwerer messbaren Aussagen beachtet und gesammelt werden. Die Zahlengläubigkeit ist zwar weit verbreitet, aber Daten, die nicht in Zahlen darstellbar sind, können ebenso wichtig sein.
- Resultate der Marktforschung sind nicht die Darstellung von Ergebnissen, sondern das Geben von Empfehlungen zur Entscheidungsvorbereitung.
- Marktforschung ist ein laufender Prozess und kein Instrument, um akute Probleme zu lösen.

> Wenn das Unternehmen bei seiner Einführung eines neuen Marktangebots auf Schwierigkeiten stößt, sollte es nicht voreilige Schlüsse ziehen, sondern den Sachverhalt zuerst untersuchen, die wirklichen Ursachen dafür feststellen und erst dann ein Urteil fällen. Meist liegen die wirklichen Ursachen nicht offen auf der Hand, sind nicht offensichtlich, sondern tiefgründig. Mit dem „Desk Research" ist man in der Lage, durch Betriebs- und Branchenvergleiche, Marktdaten etc. ein aussagefähiges Bild zu erhalten. Dann stellt sich die Frage, ob diese Informationen als Entscheidungsgrundlage ausreichen oder nicht. Im zweiten Fall erfolgt das „Field Research". In der Praxis hat es sich gezeigt, dass durch Experteninterviews ein Meinungsbild selbst durch einige wenige Interviews recht schnell ermittelt werden kann. Dies setzt allerdings voraus, dass man die richtigen Fragen stellt. Mit einem Gesprächsleitfaden (ein paar wenigen Fragen) bereitet man sich auf das Telefongespräch vor. Diese Möglichkeit sollte genutzt werden: Das Unternehmen sollte das Gespräch und den Austausch mit anderen suchen.

---

[1] Vgl. Kohlert, 2002a, S. 29 f.

3 Angewandte Methoden im Marketing

3.1 Situationsanalyse im Unternehmen

3.1.1 Analyse des Geschäftsmodells

Das Geschäftsmodell ist eine **modellhafte Beschreibung eines Geschäftes**:
- Die einzelnen **profilgebenden Elemente eines Unternehmens** und deren Zusammenhänge werden erfasst
- **Erfolgspotenziale eines Unternehmens** bezogen auf Umsatz, Kosten und Ertrag werde aufgezeigt
- Darstellung, wie das Unternehmen **Nutzen- und Wertsteigerungen beim Kunden** erzeugen kann

> Ein Geschäftsmodell beschreibt das Unternehmen nach den Chancen, dem Marktpotenzial, den benötigten Ressourcen und beabsichtigten Strukturen und Prozessen. Es betrachtet dabei die involvierten Risiken.

Ein Geschäftsmodell besteht aus den folgenden drei Hauptkomponenten:
- Durch das Nutzenversprechen („**Value Proposition**") enthält das Geschäftsmodell eine Beschreibung, welchen Nutzen Kunden oder Partner in der Wertekette aus der Verbindung mit diesem Unternehmen ziehen können. Dabei stellen sich die folgenden Fragen:
  – Welchen Nutzen stiftet das Unternehmen seinen Kunden und seinen Partnern, z.B. durch eine intensive Zusammenarbeit?
  – Welcher Kundenwert entsteht dadurch?
  – Kann den Kunden oder den Partnern in den Segmenten genau das angeboten werden, was sie wünschen zum Marktpreis oder darunter, so dass Wettbewerber nicht ohne weiteres die gleichen Angebote schaffen können?
- Im **Ertragsmodell** beschreibt das Geschäftsmodell, durch welche Marktangebote welche Gewinne erwirtschaftet werden können. Dies entscheidet dann letztendlich über die Nachhaltigkeit des Geschäftsmodells. An diesem Nachweis sind die meisten Geschäftsmodelle im „Neuen Markt" gescheitert. Die zukünftigen Einnahmen entscheiden über den Wert des Geschäftsmodells und damit über seine Nachhaltigkeit:
  – Mit welchen Nutzenelementen für den Kunden wird Geld verdient?
  – Welche Einnahmen wird das Unternehmen aus welchen unterschiedlichen Quellen erhalten (Risikobetrachtung des Ertragsmodells)?

- Ein Geschäftsmodell ist gleichzeitig eine **Architektur der Wertschöpfung**, d.h. es zeigt, durch welche Marktangebote der Nutzen in welcher Weise bereitgestellt werden kann:
  - Wie wird der Nutzen für die Kunden erschaffen?
  - Für welche Kunden(gruppe) wird die Leistung in welcher Zusammensetzung erstellt?
  - Welche Leistungen werden auf welchen Märkten angeboten (Produkt/Marktkombinationen)?

Diese einzelnen Elemente finden sich dann in der Gesamtschau wieder. Dazu eignet sich insbesondere die Darstellung des Geschäftsmodells nach Osterwalder & Pigneur. Diese Darstellung des Geschäftsmodells nach Osterwalder & Pigneur bietet eine exzellente Gesamtsicht auf das Geschäft eines Unternehmens. Dabei ist es sehr verständlich und eignet sich besonders gut für diejenigen, die sich vorher noch nicht mit „**Business Modelling**" beschäftigt haben:[1]

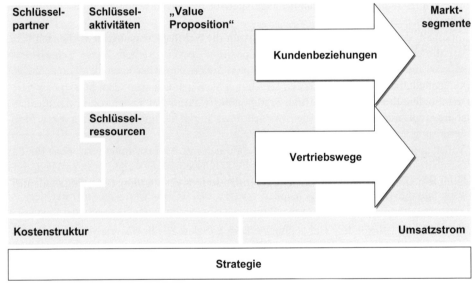

Abb. 3.1: Darstellung eines Geschäftsmodells nach Osterwalder & Pigneur

- Die „**Value Proposition**" beschreibt die Anteile an den Marktangeboten, die einen Kundenwert für ein spezifisches Marktsegment schaffen. Dies ist verbunden mit einer Problemlösung für den Kunden durch die Befriedigung seiner spezifischen Kundenbedürfnisse. Es ist auch Ausgangspunkt der Betrachtung, welche Leistungen dem Marktsegment angeboten werden sollen, um sich optimal zu positionieren.
- Die **Marktsegmente** definieren die in sich homogenen Kundengruppen, an die sich das Unternehmen wendet, um seine Marktangebote zu verkaufen. Das können Massenmärk-

---

[1] Vgl. Osterwalder/Pigneur, S. 18 ff.

3.1 Situationsanalyse im Unternehmen

te, Nischenmärkte etc. sein. Hier wird die Frage beantwortet, für wen die größten Kundenwerte geschaffen werden können und welche Kundengruppen diese am höchsten wertschätzen.
- Die Kunden werden über **Vertriebswege** erreicht, die sich am besten dafür eignen und auch die Kosten des Vertriebs zum erzielbaren Verkaufspreis angemessen erscheinen lassen.
- Die **Kundenbeziehungen** werden nicht nur aufgebaut, sondern auch in jedem einzelnen Marktsegment gepflegt. Die Spanne reicht von einer optimalen Selbstbedienung bis hin zur individuellen Betreuung.
- Aus diesen Aktivitäten ergibt sich ein **Umsatzstrom**, der aus den Preisen und der abgesetzten Menge sowie aus weiteren Leistungen resultiert. Es muss die Frage beantwortet werden, welchen Preis die Kunden für diese „Value Proposition" akzeptieren: Welchen Preis für das Kernangebot und welche Preise für die weiteren Leistungen? Das steht auch in Verbindung damit, wie viel die Kunden für die derzeitige Lösung mit der derzeitigen „Value Proposition" bezahlen. Unter Umsatzstrom versteht man in der Regel mehrere Ertragsquellen. Deren Qualität ist später für die Risikobetrachtung des Ertragsmodells aufschlussreich.
- Innerhalb des eigenen Unternehmens müssen die **Schlüsselressourcen** vorhanden sein, um diese außergewöhnliche „Value Proposition" bereitzustellen. Diese Schlüsselressourcen müssen ermittelt werden: Sie können in den Vertriebswegen, den Kundenbeziehungen etc. liegen.
- Die Schlüsselressourcen sind mit **Schlüsselaktivitäten** verbunden, ohne die die Ressourcen gar nicht genutzt werden würden, etwa in der Fertigung, der besonderen Problemlösung etc.
- Vollständige Leistungen benötigen Kooperationen mit **Schlüsselpartnern**, ohne die das Geschäftsmodell nicht umsetzbar wäre. Die Schlüsselpartner stellen dringend benötigte komplementäre Leistungen zur Verfügung. Diese müssen allerdings erst einmal identifiziert, ausgewählt und integriert werden.
- Alles unterliegt auch der Forderung nach einer optimalen **Kostenstruktur**, „es muss sich rechnen". Besondere Betrachtung erfahren diejenigen Schlüsselaktivitäten, Schlüsselressourcen, sowie Schlüsselpartner, die besonders kostenintensiv sind.
- Eine **Strategie** vermittelt dem Unternehmen eine konstante und konsistente Richtung, in die es sich ausgerichtet hat und sich bewegt.

Die „**Value Proposition**" steht als zentrales Element des „Business Model" unter besonderer Beobachtung, denn hier geht es um die Alleinstellung beim Kunden:[1]
- Besteht eine ausreichende Differenzierung zur Schaffung von eigenen Wettbewerbsvorteilen?
- Was sind die Vor- und Nachteile der Geschäftsmodelle der Wettbewerber?
- Sind die Nutzenelemente explizit, spezifisch und klar herausgearbeitet?
- Ist der Preis explizit genannt?
- Sind die Zielkunden oder die Marktsegmente eindeutig identifiziert?

---
[1] Vgl. Lanning/Michaels, S. 54.

- Ist die „Value Proposition" eindeutig, einfach verständlich und hat sie für die Kunden eine Bedeutung im Vergleich zu denen des Wettbewerbers?
- Ist es klar, dass die „Value Proposition" hochwertig für die Zielkunden ist?
- Ist die „Value Proposition" von einer erforderlichen Nachfrage gestützt? Besteht dafür ein Markt?
- Ist es möglich, durch die „Value Proposition" akzeptable Umsätze zu realisieren? Kann man damit Geld verdienen?
- Ist die „Value Proposition" überlebensfähig, wenn man sie mit denen der Wettbewerber vergleicht?
- Ist die „Value Proposition" überhaupt erreichbar? Sind die notwendigen Änderungen im gegenwärtigen Geschäftsmodell machbar?
- Hat das Unternehmen die beste der in Frage kommenden „Value Propositions" für den Marktauftritt genutzt?

In diesem Geschäftsmodell kommt der „Value Proposition" eine zentrale Bedeutung zu. Man sieht sich dabei immer noch relativ zu den Leistungen der Wettbewerber, rückt aber von dem absoluten Vergleich mit ihnen ab. Der Kunde mit seinen Bedürfnissen, die optimal mit der eigenen „Value Proposition" getroffen werden sollen, rückt in den Vordergrund.

3.1.2 7-S-Modell von McKinsey

Mit dem 7-S-Modell, entwickelt von der Unternehmensberatung McKinsey & Co., werden die **internen Ressourcen des Unternehmens** analysiert. Diese werden in die folgenden Bereiche, 7-S genannt, unterteilt:

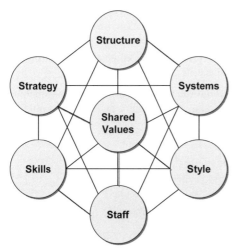

Abb. 3.2:   7-S-Modell von McKinsey

3.1 Situationsanalyse im Unternehmen

- Analyse der **Strategie** („strategy"): Sind die Vision, die Ziele und die Strategien des Unternehmens fixiert und den Mitarbeitern bekannt? Können mit den vorhandenen Strategien zukünftige Herausforderungen bewältigt werden? Ist die Strategie geeignet, das Unternehmen gegenüber den Wettbewerbern deutlich abzugrenzen? Wer ist an der Strategieentwicklung beteiligt, wer entwickelt sie tatsächlich weiter?
- Analyse der **Struktur** („structure"): Was ist der Grund für die vorhandenen Strukturen im Unternehmen? Ist diese Struktur in dem gegebenen Umfeld notwendig? Besteht eine explizite Struktur, in einem Organigramm festgehalten? Befördern die Strukturen die Problemlösungen? Sind die Kompetenzen der Organisationsbereiche ausreichend voneinander abgegrenzt? Sind Strukturveränderungen geplant und wie laufen sie gegebenenfalls ab?
- Analyse der **Systeme** („systems"): Welche Geschäftsprozesse sind für das Unternehmen zentral und wie sind sie organisiert? Wurden die Schnittstellen zwischen den einzelnen Prozessschritten optimal gelöst? Sind die Systeme mit der Umsetzung der Strategien abgestimmt? Wo besteht in den Geschäftsprozessen Entwicklungsbedarf?
- Analyse des **Stils** („style"): Gibt es ein Wertesystem, das von den Mitarbeitern unbedingt einzuhalten ist? Wie ausgeprägt ist es, z.B. welche Belohnungs- und Bestrafungsmechanismen existieren im Falle von Verstößen? Was sind die Eigenschaften der Führung? Passt der Führungsstil zur angestrebten oder herrschenden Unternehmenskultur?
- Analyse des **Personals** („staff"): Entspricht die tatsächliche Personalstruktur den formulierten Vorgaben? Erbringen die Stärken des Personals Alleinstellungsmerkmale gegenüber den Wettbewerbern? Wie werden die Mitarbeiter im Unternehmen gefördert und wie sehen die Entwicklungsmöglichkeiten aus? In welchen Bereichen besteht Entwicklungsbedarf hinsichtlich des Personals?
- Analyse der **Fähigkeiten** („skills"): Über welche herausragenden Fähigkeiten verfügt das Unternehmen und ist dieses Können die Basis für die Wettbewerbsvorteile? Sind die Fähigkeiten auf bestimmte Personen oder Abteilungen konzentriert? Ist das Know-how im Unternehmen transparent, wie wird es weitergegeben und wie wird neues Fachwissen erworben? Besteht Entwicklungsbedarf in den Fähigkeiten und Kompetenzen des Unternehmens?
- Analyse des **Wertesystems** („shared values"): Was sind die gemeinsam getragenen Werte im Unternehmen? Teilen die Mitarbeiter das Verständnis über diese Werte? Eignen sich die Werte, um die Unternehmenskultur zu fördern?

Die Erkenntnisse über die IST-Situation im Unternehmen werden in einer Matrix zusammengefasst und daraus neue Erkenntnisse gewonnen. Das Modell dient dabei zur Komplexitätsreduktion bei der Erstsortierung von Problemlagen und gibt einen Überblick über die Handlungsbereiche:

	Staff	Skills	Style	Shared Values	Systems	Structure	Strategy
Strategy							
Structure							
Systems							
Shared Values							
Style							
Skills							
Staff							

Abb. 3.3: Zusammenfassung der Ergebnisse aus dem 7-S-Modell

Eine gut funktionierende Organisation sollte eine Balance zwischen den aufgeführten Elementen anstreben. Bei strategischen Veränderungen können die Handlungsfelder abgeleitet und einzeln mit entsprechend einzuleitenden Maßnahmen konkretisiert werden.

3.1.3 Kernkompetenzen als Grundlage von Stärken

Der **Ausgangspunkt aller strategischen Überlegungen sind die Kernkompetenzen**. **Kernkompetenz** besagt zunächst nichts anderes, als dass ein Unternehmen erfolgreich sein kann, indem es das beste Unternehmen in punkto einiger Fähigkeiten oder Kenntnisse ist. Seit dem ersten Artikel zu diesem Thema von Prahalad & Hamel erfreut sich die Beschäftigung mit den Kernkompetenzen größter Beliebtheit.[1] Allerdings erweist es sich als sehr schwer, diese im Unternehmen eindeutig zu identifizieren; verschiedene Autoren weisen darauf hin, dass sie oft nur ex post gefunden werden können, was die praktische Bedeutung doch erheblich mindern dürfte. Andere vermuten, dass Kernkompetenzen von Unternehmen einfach postuliert werden ohne wirkliche Grundlage. Dies macht eine Definition umso wichtiger.

---

[1] Vgl. Prahalad/Hamel.

3.1 Situationsanalyse im Unternehmen

> Coyne, Hall & Clifford definieren Kernkompetenzen wie folgt. Eine **Kernkompetenz** ist:[1]
> 1. eine Kombination aus komplementären Fähigkeiten und Kenntnissen,
> 2. die in einem Team eingebettet ist
> 3. und dadurch die Qualität erlangt einen oder mehrere für das Unternehmen kritische Geschäftsprozesse mit einem weltbesten Standard durchzuführen.

Dazu stellen sich jetzt die folgenden **vier Fragen zur Kernkompetenz**:

1. Welche Kompetenzen sind im Unternehmen vorhanden? In welchen Bereichen/Abteilungen des Unternehmens? Bei welchen Personen? In welchem Umfang?
2. Werden sie aktiv eingesetzt und genutzt, oder müssen sie aktiviert werden?
3. Wie gut ist die Qualität dieser Kompetenz, die „Kompetenzstärke"?
4. Eröffnet die Kernkompetenz den Zugang zu (einer Vielzahl von) Märkten?

Die Qualität der Kernkompetenzen kann im Folgenden der Marktrelevanz gegenübergestellt werden:

Qualität der Kernkompetenzen / Marktrelevanz	Stufe 1: Weithin überlegene Fähigkeit	Stufe 2: Überlegenheit im Wettbewerb	Stufe 3: Fähigkeit auf Marktstandard	Stufe 4: Fähigkeit unter Marktstandard	Stufe 5: Fähigkeit nur in Ansätzen erkennbar
hoch					
mittel					
niedrig					

Abb. 3.4: Gegenüberstellung der Entwicklungsniveaus vorhandener Kernkompetenzen und der Marktrelevanz

Nur in den Stufen 1 und 2 kann man von aktuellen Kernkompetenzen sprechen, in den anderen Stufen könnte ausbaufähiges Potenzial vorhanden sein. Dieses sollte separat betrachtet und die Chance, Wettbewerber einzuholen, einzeln bewertet werden.

Hiermit wurden die **marktrelevanten Kompetenzen des Unternehmens** ermittelt. Im nächsten Schritt werden daraus die Kernkompetenzen herausgefiltert. Die **Kernkompetenzen eines Unternehmens** können aus drei Quellen resultieren:[2]

- Aus **privilegiertem Vermögen**, das schwer zu kopieren ist und einen Wettbewerbsvorteil für das Unternehmen schafft. Das privilegierte Vermögen setzt sich aus materiellen oder immateriellen Vermögensbestandteilen zusammen, z.B. aus Infrastruktur, Marken und Patenten, Vertriebswegen und besseren Marktinformationen. Mit diesen Vermö-

---

[1] Vgl. Coyne/Hall/Clifford, S. 43.
[2] Vgl. Baghai/Coley/White, S. 102 ff; vgl. Coyne/Hall/Clifford, S. 45 ff.

gensbestandteilen muss das Unternehmen besser als alle Wettbewerber sein, d.h. es muss daraus Kernkompetenzen entwickeln, die andere Unternehmen nicht aufbauen können.
- Ein weiterer Ausgangspunkt für den Aufbau von Kernkompetenzen sind finanzielle Mittel, die es ermöglichen, **Vermögensgegenstände aus anderen Unternehmen zu erwerben**, z.B. Unternehmen aufzukaufen. Während manche Fähigkeiten oft unternehmensspezifisch sind, können diese Kenntnisse aus verschiedenartigen Unternehmen auch in anderen Branchen und Märkten eingesetzt werden.
- Aus **besonderen persönlichen Beziehungen** ergeben sich Gelegenheiten, die ansonsten verschlossen geblieben wären. Verbindungen zwischen den Kunden und den Lieferanten können die Quelle für Wachstum bilden. Persönliche Beziehungen spielen eine Rolle, solange es Menschen gibt, die Geschäfte tätigen.

Ob die Fähigkeiten, die ein Unternehmen besitzt, **wirklich Kernkompetenzen darstellen**, lässt sich nach Prahalad & Hamel anhand von wenigstens drei Kriterien prüfen:[1]

- Eine Kernkompetenz eröffnet den **Zugang zu einem weiten Spektrum von Märkten**. Kompetenz bei Display-Systemen zum Beispiel ermöglicht einem Unternehmen die Marktteilnahme an so unterschiedlichen Produkten wie Taschenrechnern, Minifernsehern, Laptops, Bildschirmen oder Autoinstrumenten. Dieser „geschäftsfeldübergreifende Charakter von Kernkompetenzen"[2] ermöglicht dem Unternehmen in verschiedenen, nur durch eine Kernkompetenz verbundenen, Geschäftsfeldern tätig zu sein und damit die Kernkompetenz zu multiplizieren.
- Eine Kernkompetenz muss zu den **von den Kunden wahrgenommenen** Vorzügen des Endprodukts erheblich beitragen.
- Eine Kernkompetenz darf **von Wettbewerbern nur schwer zu imitieren sein**. Sie ist kaum nachzuahmen, wenn sie aus einer sehr komplexen Abstimmung zwischen verschiedenartigen Technologien und Fertigungskenntnissen resultiert. Ein Wettbewerber mag einige Technologien, die sich in einer Kernkompetenz wiederfinden, beherrschen, es dürfte ihm jedoch kaum gelingen, die mehr oder weniger umfassenden Muster internen Abstimmens und Lernens nachzuvollziehen.

Jetzt stellt sich die Frage nach der Gesamtbetrachtung der vorhandenen Kernkompetenzen im Unternehmen, sowie nach den benötigten, d.h. noch zu entwickelnden Kernkompetenzen:

---

[1] Vgl. Prahalad/Hamel, S. 83 f.
[2] Theuvsen, S. 1646.

3.1 Situationsanalyse im Unternehmen

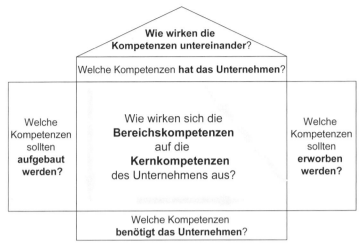

Abb. 3.5: Gegenwärtige und zukünftig benötigte Kernkompetenzen im Unternehmen

Kann man unterstellen, dass Kernkompetenzen die Basis für einen Wettbewerbsvorteil sind, dann stellt sich die Frage nach den durchhaltbaren Wettbewerbsvorteilen für ein Unternehmen. Ein **durchhaltbarer Wettbewerbsvorteil** setzt voraus, dass das Unternehmen außergewöhnliche Fähigkeiten hat, sich von Wettbewerbern regelrecht abzuschotten. Diese Kernkompetenz ist in der Regel etwas messbares, physisches und vor allem konkretes, nicht eine vage Formulierung wie „technologische Führerschaft" oder „Qualitätsführer", die von Unternehmen gelegentlich verwendet werden. Der wichtigste strategische Wettbewerbsvorteil kommt oft aus der täglichen Arbeit, aus der Flexibilität, der Geschwindigkeit und den Fähigkeiten der Vertriebsmitarbeiter, die tagtäglich mit dem Kunden zu tun haben. Soll eine **Kernkompetenz eine strategische Dimension** haben, d.h. durchhaltbar sein, müssen verschiedene Faktoren zusammen kommen:

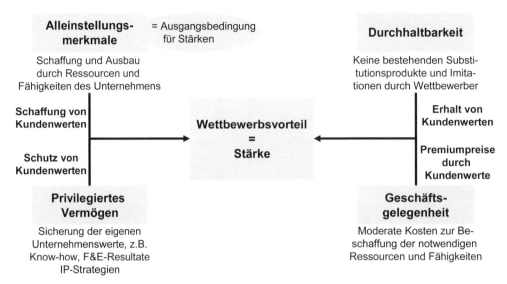

Abb. 3.6: Faktoren, die aus einer Kernkompetenz einen strategischen Wettbewerbsvorteil werden lassen

Für Unternehmen bestehen verschiedene **Möglichkeiten, durchhaltbare Wettbewerbsvorteile aufzubauen**:

- In den **Geschäftsprozessen** leistet das Unternehmen eine bessere Arbeit als ihre Wettbewerber. Meist hat es seine Geschäftsprozesse besser gestaltet und optimiert; für den Kunden resultieren daraus Kosten- oder Leistungsvorteile.
- Das Unternehmen hat eine **Lücke in der Positionierung** genutzt. Es wird seitdem vom Kunden mit einer bestimmten Problemlösung verbunden. Dies kann daran liegen, dass es diese Nische als Erster besetzt hat oder durch außergewöhnliche Leistungen auf sich aufmerksam gemacht hat.
- Das Unternehmen war in der Lage, auf sich **verändernde rechtliche Rahmenbedingungen schneller zu reagieren** und die entsprechenden Marktangebote dafür anzubieten, die diese Veränderungen berücksichtigen.
- Das Unternehmen konnte **Qualitätsprobleme der Wettbewerber** für sich nutzen. Dies kann daraus resultieren, dass das Unternehmen schneller und beständiger als die Wettbewerber neue Marktangebote anpasst oder entwirft.

> Durchhaltbare Wettbewerbsvorteile bleiben über eine gewisse Zeit bestehen, sie sind nicht schnell überwindbar oder kopierbar. Daher wird die Differenzierung der eigenen Marktangebote die Eigenschaften weiter ausgebaut, die der Markt wertschätzt, und nicht jene Eigenschaften, die auf Trends beruhen oder durch technische Fortschritte schnell unwichtig werden können. Kernkompetenzen können nur in klar definierten Marktsegmenten bestehen.

3.1.4 Stärken/Schwächen-Profil

Nach der Annäherung an die Analyse der Kernkompetenzen und Wettbewerbsvorteile schließt sich die **Betrachtung der kritischen Erfolgsfaktoren eines Unternehmens** sehr gut an:

Kritische Erfolgsfaktoren	Beurteilung				Bemerkungen
	sehr schlecht (- -)	schlecht (-)	gut (+)	sehr gut (++)	
Marktangebote					Viele gute Produkte, für jede Problemlösung vorhanden, teilweise Qualitätsprobleme, kein abgestimmtes Sortiment, fehlender Absatzschwerpunkt
Dienstleistungen					Teilweise gute Beratung, Kundenbetreuung ist mangelhaft aufgrund geringer Kunden- und Produktkenntnisse
Marketing-Management					Kein erkennbares Marketing-Konzept vorhanden
Vertriebswege					Langjährige Erfahrung, Optimierungsmaßnahmen bringen gute Ergebnisse, im überregionalen Bereich fehlende Informationen, teilweise Lieferverzug
Fertigung					Hochwertige Fertigung, teilweise Qualitätsprobleme durch bezogene Teile, daher Zeitverzug
Beschaffung					Langjährige Beziehungen und Erfahrungen mit Lieferanten, teilweise sind die Lieferanten gleichzeitig auch Wettbewerber, kein strategischer Einkauf
Forschung & Entwicklung					Potenzial vorhanden, wird aber wegen Altlasten und Routineaufgaben nicht ausgenützt, fehlende innovative Lösungen
Personal					Hoch qualifiziert, teilweise motiviert, teilweise zu Veränderungen nicht bereit, mit Routineaufgaben an der Kapazitätsgrenze
Führungskräfte/ Management/ Organisation					Hoch qualifiziert, motiviert, hoher persönlicher Einsatz, teilweise fehlende Zeit, organisatorisch teilweise unflexibel und langsam
Finanzsituation					Durch die Größe der Firma sind die Finanzen abgesichert

Abb. 3.7: Beispiel für die Beurteilung der kritischen Erfolgsfaktoren in einem Unternehmen

Es empfiehlt sich, sowohl die Auswahl der kritischen Erfolgsfaktoren als auch deren Bewertung im Team im Unternehmen durchzuführen und kritische Diskussionen zuzulassen. Danach werden daraus Handlungsempfehlungen abgeleitet, die es umzusetzen gilt. Dafür ist die Akzeptanz einer breiten Mehrheit im Unternehmen notwendig.

Mit der Betrachtung der kritischen Erfolgsfaktoren kommt man, wenn man zusätzlich zur eigenen Kurve auch die Einschätzung von Wettbewerbern einfügt, zu einem **Stärken/Schwächen-Profil des eigenen Unternehmens**. Aus Gründen der Übersichtlichkeit wird meist nur ein direkter Wettbewerber aufgenommen. Das Stärken/Schwächen-Profil ist immer relativ zum Wettbewerber zu sehen, d.h. Stärken liegen dort vor, wo sie auf Schwächen des Wettbewerbers treffen:

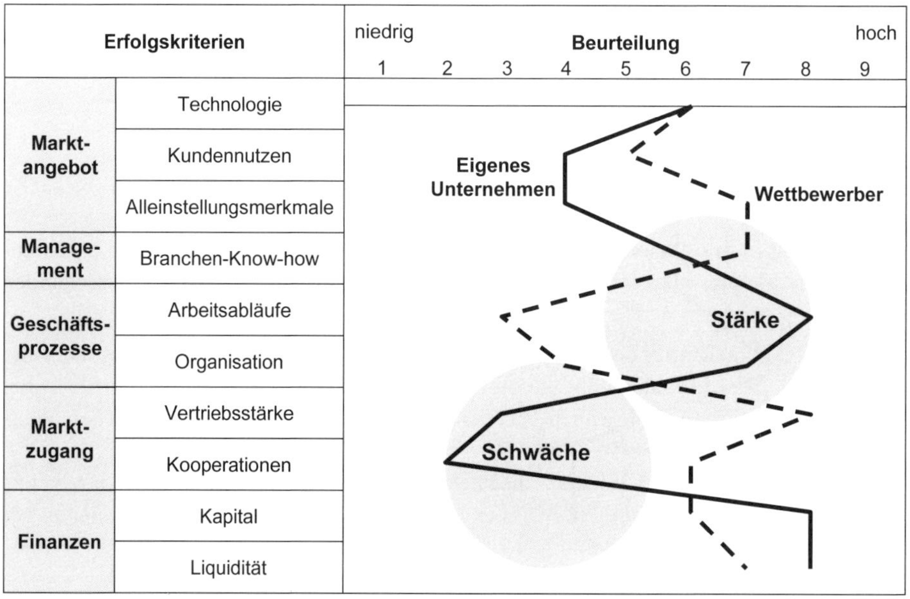

Abb. 3.8: Stärken/Schwächen-Profil eines Unternehmens im Vergleich zum Wettbewerber

3.1.5 Marketing Screening – Arbeiten mit Checklisten

Ein „**Marketing Screen**" dient als Checklist für den Einstieg in einen Markt. Checklisten werden entwickelt, um die Chancen für ein Marktangebot frühzeitig zu ermitteln. Es handelt sich dabei um eine bewährte Fragetechnik, mit der sondiert wird, welche Chancen für dieses Marktangebot auf dem jeweiligen Zielmarkt bestehen. Damit kann vermieden werden, dass Vorbereitungsmaßnahmen für den Markteintritt getroffen werden, obwohl schon zu einem sehr frühen Zeitpunkt erkennbar war, dass der Markteintritt nicht bzw. nur unter ganz bestimmten Voraussetzungen erfolgreich verlaufen kann.[1] Man kann einen „Screen" kaum allgemein darstellen, da er immer für sehr konkrete Vorhaben erstellt wird. Es empfiehlt sich, einen „Screen" in mehreren Phasen darzustellen, die alle durchlaufen werden müssen. Damit verhindert man, dass Prüfungen vorgenommen werden, obwohl schon klar erscheint, dass das eigene Leistungsangebot für den Markt nicht geeignet ist. Ein „Screening" könnte folgendermaßen gegliedert werden:

---

[1] Vgl. Kohlert/Delany/Regier, S. 49.

3.1 Situationsanalyse im Unternehmen

Phase 1:
1. Profil des Marktangebots
2. Unternehmensprofil
3. Marktfähigkeit
4. Gelegenheiten
5. Eigentumsrechte
6. Rechtliche Barrieren

Phase 2:
7. Markteintrittsstrategie
8. Start-up Phase
9. Zusatznutzen (Added Value)
10. Timing
11. Risiko
12. Mögliche Schwierigkeiten
13. Marktanalyse

Phase 3:
14. Verhandlungen
15. Verträge
16. Strukturierung der Zusammenarbeit

Abb. 3.9: Beispiel für einen „Screen"

Dieser „Screen" ist in drei Phasen unterteilt. Erst wenn alle drei Phasen erfolgreich durchlaufen worden sind, kann mit einer gewissen Sicherheit von einem erfolgversprechenden Marktangebot ausgegangen werden. Dabei sind alle Fragen gleichgewichtig zu bewerten:[1]

- Im **Profil des Marktangebots** erfolgt sowohl die technische Darstellung als auch die Beschreibung des Marktangebots, gefolgt von einem Stärken/Schwächen-Profil. Daran schließt sich die Frage nach seinem Erfolgspotenzial und nach den strategischen Wettbewerbsvorteilen an.
- Im **Unternehmensprofil** wird das Unternehmen selbst auf seine Fähigkeit hin untersucht, in neue Märkte einzutreten: Muss eventuell die Organisation im Unternehmen geändert werden, hat es die notwendigen finanziellen Ressourcen, um eventuelle Produktanpassungen zu finanzieren etc.
- Die **Marktfähigkeit** ergibt sich aus der Qualität und dem Preis, die der Markt akzeptiert. Daraus könnte sich beispielsweise ergeben, dass die Produktpositionierung aufgrund des Preises und der hohen Qualität noch einmal überdacht wird. Die Einzigartigkeit des Marktangebots spielt ebenso eine Rolle wie das Bestehen durchhaltbarer strategischer Wettbewerbsvorteile.
- Die **Bewertung der Gelegenheit**[2] ist ebenso von Bedeutung wie der richtige Zeitpunkt des Markteinstiegs. Dieses „**Window of Opportunity**", d.h. eine günstige Gelegenheit für einen Markteintritt, richtet sich leider in der Realität nicht nach den Planungen im eigenen Hause.
- Die **Eigentumsrechte**, z.B. Patentrechte und Markenrechte, müssen vor einem Markteintritt gesichert werden, wenn es rechtlich möglich ist.
- **Rechtliche Barrieren**, z.B. technische Standards und Normen, müssen frühzeitig erkannt und beurteilt werden. Es erfolgt eine Abschätzung, wie viel Zeit für eine Überwindung eventuell benötigt wird.
- Die **Markteintrittsstrategie** legt fest, wie der Marktauftritt erfolgen soll, z.B. Aufbau eines eigenen Vertriebs, Suche von Handelsvertretern, Einschaltung des Handels.
- In der **Start-up-Phase** sucht man eine Gelegenheit für den Markteinstieg, auch um schnell einen Erfolg vorweisen zu können. Der ist für die eigene Motivation besonders

---
[1] Vgl. Kohlert/Regier/Delany, S. 49 ff.
[2] Vgl. dazu die Ausführungen in Kap. 7.3.4.

wichtig und zeigt auch, dass der Markteintritt erfolgen kann. Eventuell werden alte Kontakte aufgefrischt, Lieferanten befragt etc.
- Der **Zusatznutzen** wird dem Kunden angeboten, um sich von den Wettbewerbern positiv auf Dauer abzuheben. Dies können aus der Sicht des Unternehmens Kleinigkeiten sein, die aber unter Umständen für den Kunden eine enorme Wichtigkeit haben, wie etwa Zuverlässigkeit, konstante Qualität oder eine besondere Beziehung zwischen dem Verkäufer des Unternehmens und dem Kunden.
- Das **Timing** stellt die Frage nach dem richtigen Zeitpunkt der Produkteinführung, etwa bei einer bekannten Messe.
- Das **Risiko** erfordert a) eine Bewertung des Risikos unter finanziellen Gesichtspunkten sowie b) den Aufbau einer „Exit Strategy", die einen kostengünstigen Ausstieg aus dem Markt vorsieht bzw. ihn ermöglicht, wenn das Vorhaben nicht gelingt. Dies gilt auch für Vertragsbeziehungen, die sich im Laufe der Zeit nicht als zielführend erweisen. Hier sind die sogenannten „**Exit-Klauseln**" im Vertrag Gold wert, die einen Sofortausstieg bei Nichterfüllung der Zielvereinbarungen (oft Umsatzziele) vorsehen.
- **Mögliche Schwierigkeiten** können sich durch technologische Durchbrüche der Wettbewerber ergeben oder auch dadurch, dass eine bestehende technische Lösung nicht anerkannt wird, weil sie noch zu jung ist. In diesen Fällen ist also mit Akzeptanzproblemen zu rechnen.
- Die **Marktanalyse** ermittelt die Bedürfnisse der Kunden sowie deren Erwartungen und Präferenzen. Oft spielt im B2B-Markt die Struktur des „Buying Center" eine große Rolle.
- Wenn der Markteintritt mit Partnern erfolgt, müssen die **Verhandlungen** vorbereitet werden. Dies beinhaltet die Struktur eines Vertrages, wie etwa die Einigung über die Laufzeit, den Vertragsbeginn etc.
- Es werden dann die **Verträge** geschlossen. Dem vorangehen kann ein sogenannter „Letter of Intent", der rechtlich bindend ist sowie eine Geheimhaltungserklärung. Danach wird der endgültige Kooperationsvertrag, Lizenzvertrag etc. abgeschlossen.
- Bei der **Strukturierung der Zusammenarbeit** muss geklärt werden, wie die Korrespondenz zu erfolgen hat. Insbesondere in der Anfangszeit werden die sogenannten „Meilensteine" definiert, bei denen von Zeit zu Zeit der aktuelle Stand ermittelt und bewertet wird. Diese liegen üblicherweise, wie der Name schon besagt, bei weittragenden Entscheidungen oder signifikanten Punkten.

3.1.6 Analyse der externen Marktkräfte

Besonders die Unterstützung der wichtigsten Beteiligten und Betroffenen kann zur Erreichung der Projektziele ausschlaggebend sein. Die Mitwirkung dieser Marktakteure ist jedoch nur dauerhaft gesichert, wenn die Projektziele mit den Erwartungen und Bedürfnissen derjenigen vereinbar sind und sie einen persönlichen konkreten Nutzen aus dem Projekt ziehen können.[1]

---

[1] Vgl. Bea/Scheurer/Hesselmann, S. 97.

3.1 Situationsanalyse im Unternehmen

- Als **Beteiligte** gelten diejenigen Personen und Institutionen, die aktiv in das Projekt einbezogen werden.
- **Betroffene** sind demgegenüber nur mit den Auswirkungen des Projektes, z.B. dem Projektergebnis, konfrontiert.

Als Oberbegriff dieser beiden Gruppierungen hat sich der Begriff „Stakeholder" etabliert[1]. Unter einer **Stakeholder-Analyse** versteht man eine Ermittlung der Interessenträger („stakeholder") zu einer Fragestellung, sowie die Art und Weise der Beziehung.[2] Das **Ziel der Stakeholder-Analyse** ist somit, die Bedürfnisse der „Stakeholder" und deren Einfluss auf Zielsetzungen oder Strategien des Unternehmens, interne Projekte etc. zu ermitteln und deren Akzeptanz zu steigern. Die Analyse wird zumindest beim Start eines Projektes durchgeführt, um einerseits Betroffene zu Beteiligten zu machen, indem man sie in die Projektorganisation einbindet und um andererseits Maßnahmen und eine Strategie für den Umgang mit kritischen Beteiligten umsetzen zu können. Die Stakeholder-Analyse ist die Basis für Projektplanung, Projektmarketing und für die Risikoanalyse.

Bei der Analyse erfolgt **im ersten Schritt** die **Identifizierung der Personen bzw. Gruppen**, die Ansprüche an die Erfüllung der Aufgabe stellen:[3]

---

[1] Vgl. Freeman, S. 25.
[2] In Projekten spricht man dabei von einer Projektumfeldanalyse.
[3] Vgl. Thommen/Achleitner, S. 51.

Interne Anspruchsgruppen	Interessen und Zielsetzungen
Eigentümer	• Gewinnausschüttungen • Erhaltung des Vermögens
Geschäftsleitung	• Gewinnthesaurierung • Macht, Einfluss, Prestige • Umsatzsteigerungen
Mitarbeiter	• Einkommen • Sicherheit des Arbeitsplatzes • Entfaltung der eigenen Fähigkeiten • Harmonie zwischen den Mitarbeitern
Externe Anspruchsgruppen	**Interessen und Zielsetzungen**
Fremdkapitalgeber (Banken, Investoren)	• Sichere Kapitalanlage • Verzinsung, Tilgung • Vermögenszuwachs
Lieferanten	• Stabile Lieferbedingungen • Zahlungsfähigkeit des Kunden
Kunden	• Gutes Preis/Leistungs-Verhältnis • Serviceleistungen
Wettbewerber	• Kooperationen auf Branchenebene • Einhalten der „Branchenregeln"
Staat/Gesellschaft	• Steuern • Sicherung der Arbeitsplätze • Sozialleistungen • Einhaltung der Rechtsvorschriften und Normen • Erhaltung einer lebenswerten Umwelt

Abb. 3.10: Identifizierung der internen und externen Anspruchsgruppen („Stakeholder")

Eine bestehende Situation kann im Einzelfall zu völlig unterschiedlichen Interessenlagen führen. So haben in einer **Krisensituation** alle „Stakeholder" eines Unternehmens Einiges zu verlieren:

- Die Eigentümer fürchten um den Verlust ihres investierten Kapitals oder gar um die Existenz des eigenen Unternehmens.
- Die Mitarbeiter bangen um ihren Arbeitsplatz, zumindest aber um Lohneinschnitte, was im Einzelfall zur persönlichen Existenzgefährdung führen kann.
- Die Lieferanten sehen sich einem erhöhten Risiko des Forderungsausfalls gegenüber und befürchten den Verlust von Kunden. Auch das kann zu einer Existenzgefährdung führen.
- Kunden befürchten den Verlust einer bewährten Lieferbeziehung durch Existenzverlust des Lieferanten und damit auch einen Verlust von Serviceleistungen.
- Die Gesellschaft fürchtet um den Ausfall von Steuereinnahmen, sowie den Anstieg der Arbeitslosigkeit und damit verbunden aufkommenden sozialen Spannungen.
- Banken fürchten um Kapitalverlust bis hin zur Existenzgefährdung, wie in der Finanzkrise ersichtlich wurde.

Diese genannten Gruppen sind typische „Stakeholder" eines Unternehmens. Für den Erfolg des Unternehmens ist es kritisch, ob es gelingt, alle diese zu befriedigen bzw. für die Veränderungen im Unternehmen mitzunehmen. Im **zweiten Schritt** erfolgt die **Bewertung der**

3.1 Situationsanalyse im Unternehmen

Interessen der „Stakeholder". Eine erste Eingliederung kann in Befürworter, Unentschlossene und Kritiker/Gegner erfolgen.[1] Jetzt werden wie folgt die Einflüsse der jeweiligen „Stakeholder" auf das Projekt etc. je nach Einfluss, Beteiligung und Einstellung des „Stakeholder" geordnet:

Stakeholder im Unternehmen	Einfluss des Stakeholders (0 ; 5) (klein ; groß)	Beteiligung des Stakeholders (0 ; 5) (klein ; groß)	Einstellung des Stakeholders (1 ; 5) (pos. ; neg.)

Abb. 3.11: Stakeholder-Analyse mit den Dimensionen Einfluss, Beteiligung und Einstellung

Mit diesen Informationen kann die Einordnung in eine Tabelle erfolgen. Entsprechend der Daten aus der Tabelle erfolgt die Einordnung der einzelnen „Stakeholder" in der folgenden Grafik. Die Einstellung des „Stakeholder" zum Projekt etc. kann über die Kreisgröße visualisiert werden, z.B. je größer der Kreis umso größer die positive Einstellung:

---

[1] Vgl. Weiand, S. 135.

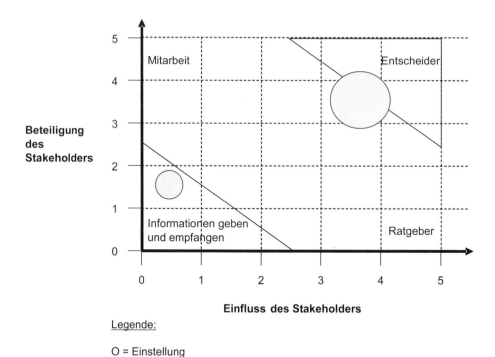

Abb. 3.12: Auswertung der Stakeholder-Analyse mit Handlungsempfehlungen

Mitunter stehen die einzelnen Bedürfnisse der „Stakeholder" in einer Interdependenz, die es zu ermitteln gilt. Die Bedürfnisse der Anspruchsgruppen erfolgt z.B. durch mündliche Befragungen. Die einzelnen Bedürfnisse werden in Form einer Vernetzungsmatrix Einfluss von/Einfluss auf gegenüber gestellt:[1]

---

[1] Vgl. Vester, S. 130 ff.

3.1 Situationsanalyse im Unternehmen

	Einfluss auf ...	1 Inhalte definieren	2 Verantwortlichkeiten festlegen	3 Dokumentation der „Milestones"	4 Abläufe standardisieren	...	Aktiv-Summe, gesamt
Einfluss von ...							
1	Inhalte definieren						
2	Verantwortlichkeiten festlegen						
3	Dokumentation der „Milestones"						
4	Abläufe standardisieren						
...	...						
	Passiv-Summe, gesamt						

Legende:
0 = keinen Einfluss
1 = mittlerer Einfluss
2 = großer Einfluss

Abb. 3.13: Vernetzungsmatrix der Einflussfaktoren

In der Abbildung wird ein hoher Einfluss eines Faktors auf einen anderen mit einer 2, ein mittlerer Einfluss mit einer 1 und kein Einfluss mit einer 0 bewertet und in die jeweiligen Felder eingetragen. Eine Summierung der Zeilenwerte führt zur Bildung einer Aktiv-Summe. Diese drückt aus, wie stark ein einzelner Faktor das Faktorensystem beeinflusst. Die Summierung der Spalten zur Passiv-Summe drückt hingegen aus, wie stark ein Faktor von anderen Faktoren beeinflusst wird. Daraus können verschiedene Kategorien von Einflussfaktoren abgeleitet werden:[1]

- **Impulsive Einflussfaktoren** (hohe Aktiv-Summe, niedrige Passiv-Summe) beeinflussen das System sehr stark, ohne beeinflusst zu werden. Sie stellen Schlüsselgrößen im System dar und eignen sich geradezu, um das Projekt etc. in die gewünschte Richtung zu lenken.
- **Dynamische Einflussfaktoren** (hohe Aktiv-Summe und hohe Passiv-Summe) eignen sich ebenfalls für Eingriffe in das System, können jedoch auch ungewollte Kettenreaktionen erzeugen, da sie eine eigene Dynamik mit sich bringen.
- **Reaktive Einflussfaktoren** (geringe Aktiv-Summe, hohe Passiv-Summe) werden stark vom System beeinflusst, ohne selber das System zu beeinflussen. Sie können somit als mögliche Maßnahmen vernachlässigt werden.
- **Neutrale Einflussfaktoren** (geringe Aktiv-Summe, geringe Passiv-Summe) beeinflussen das System im geringen Maße, können aber auch nur gering von anderen Faktoren

---

[1] Vgl. Mateika, S. 117 ff.

des Systems beeinflusst werden. Aus diesem Grund eignen sie sich wenig für Eingriffe, sollten jedoch beobachtet werden, da sie durch andere Faktoren nicht beeinflussbar sind.

Je höher die aktive Ausprägung einer Einwirkungsgröße ist, desto mehr beeinflusst sie andere Elemente und stellt eine Schlüsselgröße dar. Die ermittelten Einflussfaktoren werden in eine Grafik eingeordnet und dienen dann zur Orientierung, z.B. bei der Entwicklung von Maßnahmen im Umgang mit den „Stakeholder":

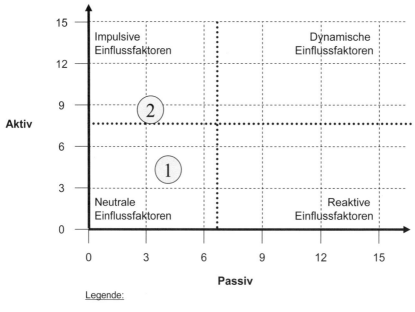

Legende:

1 = Inhalte definieren
2 = Verantwortlichkeiten festlegen

Abb. 3.14: Vernetzungsmatrix mit Darstellung von besonderen Wechselwirkungen der Einflussfaktoren

Da die Betroffenheiten in jeder Projektphase unterschiedlich sein können, muss die Vernetzungsmatrix der Einflussfaktoren für jede Phase im Projektablauf separat erstellt werden.

Im nächsten Schritt werden **Maßnahmen zur Einbindung der „Stakeholder"** abgeleitet. Diese können nach Cohen z.B. wie folgt geordnet werden:[1]

- Haben die „Stakeholder" bereits ein **Bewusstsein** von der Zielsetzung des Projekts entwickelt, sollten sie **fortlaufend informiert** werden.
- Haben die „Stakeholder" bereits ein **Verständnis** von den Vorteilen der Veränderung für das Unternehmen und sich selbst, sollten sie **am Projekt beteiligt** werden.
- Die „Stakeholder" **unterstützen den Wandel**, weil er lohnend ist und sie würden handeln wenn erforderlich, dann können diesen „Stakeholdern" im Veränderungsprozess **bedeutsame Rollen zugewiesen** werden.

---

[1] Vgl. Cohen, S. 95.

- Die „Stakeholder" **kommunizieren proaktiv und ergreifen notwendige Aktionen für den Wandel**, dann können ihnen **Veranwortlichkeiten zugewiesen** werden.
- **Ergreifen** die „Stakeholder" **die Initiative**, um die Leistungen zu verbessern, sollten sie zum **Teil des Veränderungsprozesses gemacht** werden.

Oftmals werden bei Veränderungsprozessen mit ihren tiefgreifenden Umstellungen in den Geschäftsprozessen, Organisationsstrukturen und Verantwortlichkeiten Akteure nicht ausreichend berücksichtigt und ihre Ideen nicht miterfasst. Es ist zu empfehlen, die „First Line", die später die Veränderungen umsetzen muss, frühzeitig einzubeziehen, um das Projekt zum Erfolg werden zu lassen, sowie auch die „Ideen der Basis" mitzuerfassen, die sich meist stärker an der Realität orientieren.

3.2 Branchenanalyse und Branchentrends

3.2.1 Eintritts- und Austrittsbarrieren in eine Branche

In der Folge werden zunächst **Determinanten für die Branchen** aufgelistet, um sie besser zu beschreiben und das Typische darzustellen:

- Die **Anzahl und Stärke der Wettbewerber** beeinflussen die Branche erheblich. So ist bei einer hohen Anzahl von Wettbewerbern die Branche in der Regel noch sehr jung, es haben noch keine Konzentrationsprozesse stattgefunden. Die verschiedenen Wettbewerber sind noch sehr heterogen und unterscheiden sich deutlich in ihren Marktangeboten.
- **Viele Newcomer** sind ein Zeichen für Branchenwachstum. Die Standardisierung von Marktangeboten ist in dieser Phase noch nicht weit fortgeschritten, wenngleich der Wettbewerb darum bereits begonnen hat.
- Die **Betrachtung der Fixkosten** ist zentral: Je höher sie sind, umso niedriger ist auch die Motivation für Unternehmen, sich in der Branche zu engagieren. Hohe Fixkosten wirken als Brancheneintrittsbarriere und schrecken mögliche neue Wettbewerber von einem Eintritt ab.
- Je größer die **Investitionen**, umso höher werden die Branchenaustrittsbarrieren. Hat man in Sondermaschinen oder spezielle Werkzeuge investiert, so sind die Austrittsbarrieren sehr hoch, da die Verkaufspreise im Falle einer Veräußerung derselben sehr niedrig sein dürften. Je spezieller das Anlagevermögen, umso schwieriger ist es verwertbar.
- Diese Umstände schrecken Neueinsteiger in diese Branche verständlicherweise ab. In diesem Zusammenhang kann auch der Aspekt der **kritischen Unternehmensgröße** eine gewichtige Rolle spielen. Dies gilt vor allem bei der Fertigung, falls sofort „Economies of Scale" erzielt werden müssen, um marktfähige Produkte anbieten zu können.
- In welchem Ausmaß haben die Unternehmen der Branche eine **Differenzierung der Leistungen** vorgenommen? Eine ausgeprägte Differenzierung der Marktangebote ist ein Kennzeichen für eine Branche, die schon sehr fortgeschritten ist, d.h. in der Wachstum nur noch spärlich stattfindet. Ist die Branche bereits stark differenziert, kann es für ein Unternehmen sehr viel mühsamer werden, darin noch eine Marktnische für sich zu ent-

decken, als wenn das Unternehmen es mit einer sehr homogenen Branche zu tun hat. In homogenen Branchen liegt oftmals die Vermutung nahe, dass die bestehenden Unternehmen nicht sonderlich auf die Kundenbedürfnisse eingehen. Es kann jedoch auch sein, dass die bestehenden Differenzierungsmöglichkeiten von allen Unternehmen bereits ausgeschöpft worden sind und das einzige Unterscheidungsmerkmal nur noch der Preis darstellt.

- **Kapazitätserweiterungen** werden nur in Branchen angestrebt, die sich in einer Wachstumsphase befinden. Beobachtet das Unternehmen Kapazitätserweiterungen in der Branche, dann kann es daraus schließen, dass die Wettbewerber mit einem Branchenwachstum rechnen.

> Brancheneintrittsbarrieren hindern potenzielle neue Wettbewerber am Eintritt. Sie stellen Wettbewerbsvorteile für bereits im Markt aktive Unternehmen dar, da sie potenzielle neue Wettbewerber vom Marktzutritt abhalten. Diese zeigen sich in Form von verschiedenen Variablen, wie etwa Produktdifferenzierung, Kostenvorteilen bzw. -nachteilen, Zugang zu Vertriebswegen, Kapitalbedarf, Reaktionen der etablierten Marktteilnehmer. Bei hohen Eintrittsbarrieren werden tendenziell weniger Unternehmen in diese Branche einsteigen als bei niedrigen.

Es gibt eine ganze Anzahl von **Brancheneintrittsbarrieren**, mit denen man den Eintritt für den neuen Wettbewerber in den eigenen Markt erschweren kann:

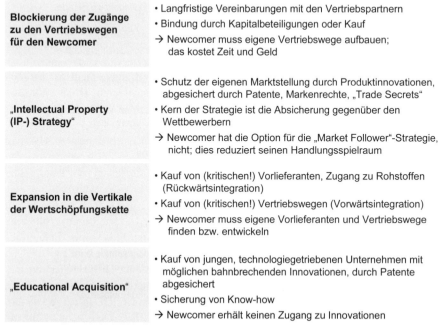

Abb. 3.15: Aufbau von Brancheneintrittsbarrieren zur Abwehr neuer Wettbewerber, Teil 1

3.2 Branchenanalyse und Branchentrends

Erwartete Vergeltung etablierter Wettbewerber	• Unternehmen warten nicht, bis sich neue Wettbewerber etablieren, sondern reagieren vorher, z.B. durch preispolitische Maßnahmen, Kauf des neuen Wettbewerbers etc. → Newcomer ist in seinen Eintrittsstrategien sehr beschränkt, ggf. nur „Underdog"-Positionierung möglich
Exklusivverträge mit Rohstofflieferanten	• Kritische Rohstoffe oder Vormaterialien werden limitiert oder zumindest für den Newcomer drastisch verteuert → Newcomer besitzt keine Beschaffungswege für Rohstoffe oder Vormaterialien, d.h. er muss sie selbst finden oder entwickeln
Größenvorteile als Wettbewerbsparameter	• Kauf von Wettbewerbern zur Erreichung kritischer Unternehmensgrößen (horizontale Integration) → Newcomer kann sich in dieser Branche nicht entwickeln, sondern muss von vornherein mit hohen Investitionen eine bestimmte Unternehmensgröße erreichen, d.h. sein Kapitalbedarf steigt erheblich
Gut ausgebildetes Personal	• Bewerber orientieren sich oftmals am Image des Arbeitgebers, das nutzt das etablierte Unternehmen („Employer Branding") → Newcomer muss Mitarbeiter überzeugen, dass er die bessere Alternative ist, z.B. über Lohn, und erhält oft schlechtere Bewerber

Abb. 3.16: Aufbau von Brancheneintrittsbarrieren zur Abwehr neuer Wettbewerber, Teil 2

Kurzfristige Lieferfähigkeit, hochwertige Services	• Kunde erwartet kurzfristige Lieferfähigkeit, die der Newcomer oftmals nicht leisten kann; seine Logistik befindet sich gerade noch im Aufbau • Kunde erwartet Bereitstellung hochwertiger Services → Newcomer ist in der Aufbauphase und kann dies nicht leisten
Produktdifferenzierung	• Identifizierung der Kunden mit einer Marke (Produkt- oder Unternehmensmarke) → Dies zwingt Newcomer, die Kundenakzeptanz und Kundenloyalität mit massiven Aufwendungen zu überwinden.
Suche nach Möglichkeiten im eigenen Marketing-Mix	• Optimierung der eigenen Vertriebsprozesse • Verbesserung der eigenen Präsentation, bessere Darstellung der eigenen Stärken • Veränderung der Preisgestaltung etc. → Newcomer hat aus Budgetgründen Probleme, diesen Maßnahmen der Wettbewerber zu folgen
Wirtschaftspolitik	• Rohwarenzölle, Lizenzvergabe, Gebindevorschriften, Baubeschränkungen, Wechselkursrisiken spielen vor allem beim Eintritt in ausländische Märkte eine Rolle → Newcomer muss Kenntnisse erwerben und Kontakte zu Intermediären aufbauen

Abb. 3.17: Aufbau von Brancheneintrittsbarrieren zur Abwehr neuer Wettbewerber, Teil 3

Dazu noch einige Anmerkungen:

- Bei einem „**Trade Secret**" wird bei einer Innovation auf die Patentierung verzichtet, da diese eine Offenlegung der Innovation mit sich bringen würde. Ganz bewusst wird auf die Geheimhaltung vertraut. Die „IP-Strategy" beinhaltet neben der bloßen Patentierung von technischen Neuerungen auch noch Überlegungen, wie diese gegenüber dem Wettbewerber abgesichert werden können, die möglicherweise um das eigene Patent herum weitere Patente platzieren, um die alleinige Kommerzialisierung zu erschweren.
- Auch eine zu **erwartende Vergeltung** der Unternehmen, die sich bedroht fühlen, kann eine Eintrittsbarriere darstellen. Kleine innovative Unternehmen werden oft von den großen Unternehmen aufgekauft, sofern sie mit ihrem Marktangebot dem großen Unternehmen gefährlich werden könnten. Sie werden auch auf andere Weise an ihrem Fortkommen gehindert, etwa indem die Vertriebswege blockiert werden oder der lästige Wettbewerber durch Kampfpreise vertrieben wird. Modern geführte Unternehmen warten nicht ab, bis ein potenzieller Wettbewerber erstarkt ist, sondern ergreifen rechtzeitig vorher die entsprechenden Maßnahmen zu dessen Ausschaltung.
- Sind **Betriebsgrößenersparnisse** („Economies of Scale") möglich, setzt dies meist eine Massenproduktion voraus. Unter „**Economies of Scale**" versteht man die Beziehung zwischen der Größenordnung und der Wirtschaftlichkeit eines Unternehmens. Bei wachsender Unternehmensgröße steigen die Möglichkeiten der Kostensenkung in Beschaffung, Absatz, Fertigung etc. Die Fertigungskosten pro Stück eines Produktes sinken also, während die Ausbringungsmenge steigt. Ein etabliertes Unternehmen hat hier bereits die richtigen Technologien im Einsatz, einen günstigen Zugang zu Lieferanten und zu Rohstoffen, einen günstigen Standort und kann zusätzlich Erfahrungskurveneffekte realisieren. Das schreckt einen „Newcomer" von einem Brancheneintritt verständlicherweise ab.

Oft vergessen, aber nicht minder von Bedeutung, sind die **Branchenaustrittsbarrieren**. Sie verhindern den Austritt aktueller Anbieter aus einem Markt. Sind sie sehr hoch, so steigt für das Unternehmen das Risiko erheblich und damit fällt die Motivation, sich in dieser Branche zu engagieren. Sie spielen demnach für das Risikomanagement beim Eintritt in eine neue Branche eine nicht unerhebliche Rolle. Zu den **Branchenaustrittsbarrieren** gehören:

- **Sehr spezialisierte Betriebsanlagen** und -einrichtungen, die hohe Transfer- und Umstellungskosten mit sich bringen, müssen angeschafft werden und könnten im „Worst Case" nicht wieder ohne Weiteres „versilbert" werden.
- **Die Fixkosten des Austritts** sind hoch, z.B. weil für freigesetzte Mitarbeiter Sozialpläne aufgestellt werden müssen.
- **Strategische Interdependenzen**, z.B. Gemeinsamkeiten mit anderen Geschäftseinheiten, verhindern einen Austritt aus dem Markt.
- **Emotionale Barrieren**, z.B. der eigene Stolz oder der ramponierte Ruf, können auch Barrieren sein, die ein Unternehmen einen Austritt als sehr teuer empfinden lassen.

Eine besondere Rolle spielen die Branchenaustrittsbarrieren bei der Erarbeitung der „**Exit Strategy**". Trotz einer positiv optimistischen Grundhaltung ist eine „Exit Strategy" für jedes Unternehmen ein Bestandteil des Geschäftsplans. Diese stellt dar, wie das Unternehmen im Falle eines Misserfolgs diese Branche schnell wieder verlassen kann, ohne zu viele Kosten zu verursachen. Es sollte durchspielen, was im schlimmsten Fall passieren kann und wie es aus diesem Abenteuer wieder herauskommt, wenn es nicht wie geplant abläuft („Worst Case Scenario"). Da alles dann meist sehr schnell gehen muss, sollte diese „Exit Strategy" bereits im Vorfeld vorbereitet werden. Außerdem ist ein solcher Plan eine gute Methode, um seine Ressourcen von Beginn an flexibel einzusetzen. Diese wird mitunter auch als **„Game-Over"-Strategie** bezeichnet.

Eine Branche steht nie still, sondern entwickelt sich immer weiter. Meist unmerklich, gelegentlich aber auch sehr sprunghaft, insbesondere dann, wenn ein Wettbewerber einen Innovationsschub vollzogen hat. Folgende **Indikatoren zeigen Bewegung in der Branche**:

- Ein **Rückgang der Umsätze in den bisher bedienten Kundensegmenten** zeigt, dass die traditionellen Abnehmer langsam wegfallen und neue Marktsegmente erschlossen werden müssen.
- **Lernprozesse bei den Kunden**, d.h. sie wissen immer mehr über das Marktangebot, brauchen daher immer weniger Beratung, und achten umso mehr auf den Preis. Daher sollte nach neuen Nutzenargumenten gesucht werden, um den Preis zu rechtfertigen; eine Alternative wäre, die Preise zu senken, solange noch ein positiver Deckungsbeitrag erwirtschaftet wird.
- Die **Verbreitung des Know-how** ruft mehr und mehr Wettbewerber auf den Plan, ebenfalls in diese Branche einzusteigen. Das bedeutet, dass die Preise der Marktangebote unter Wettbewerbsdruck geraten und tendenziell sinken. Damit stellt sich die Frage nach Kontinuierung in dieser Branche.
- **Innovationen** zeigen immer mehr Anwendungsbereiche für das Marktangebot auf und motivieren dadurch immer mehr Unternehmen, in diese Innovationen zu investieren. Diese Herausforderung sollte man annehmen, sofern man noch Vorteile in den Marktangeboten besitzt und in die Innovationsfähigkeit in dieser Branche investieren will.
- **Marketinginnovationen**, d.h. die Marktangebote werden durch immer mehr Vertriebswege vertrieben, völlig neue Formen der Werbung werden entwickelt, um den Vertrieb zu forcieren. Dies sind Zeichen dafür, dass die Angebote in der Branche nicht mehr zeitgemäß sind. Damit empfielt sich eine Neuinvestitionen in neue Angebote für die Branche oder der Rückzug aus der Branche.
- **Branchenein- und -austritte** von einzelnen Unternehmen zeugen von einer hohen Turbulenz in der Branche, mit ihren vielen Chancen, aber auch unzähligen unwägbaren Risiken. Hier muss abgewogen werden, ob es das Risiko wert ist, in dieser Branche präsent zu bleiben.

Nach diesen Ausführungen zeichnet sich ein **Marktführer** in der Branche dadurch aus, dass er die genannten Faktoren selbst für sich nutzen kann:
1. Der Marktführer kann erhebliche „Economies of Scale" realisieren und hat eine steile unternehmenseigene Lernkurve („Experience Curve Effects").
2. Es bestehen wenig Marktsegmente in der Branche und damit keine Möglichkeiten für Nischenstrategien für den Neueinsteiger.
3. Die Kunden sind in der Tat bereit, von nur einer Bezugsquelle zu kaufen und suchen nicht nach Alternativen.
4. Es bestehen keine Vertriebspartner, die mehrere Marken vertreiben.
5. Die sonstigen Brancheneintrittsbarrieren sind sehr hoch.

3.2.2 Macht in der Wertekette in einer Branche

Die Wertekette bzw. **Wertschöpfungskette** („**Value Chain**") ist ein Managementkonzept, das ein Unternehmen als eine geordnete Reihung von unterschiedlichen Tätigkeiten darstellt. Das Konzept wurde von Michael E. Porter entwickelt und erstmals 1985 in seinem Buch „Competitive Advantage" veröffentlicht.[1] Eine **Wertekette** zerlegt ein Unternehmen in die strategisch relevanten Aktivitäten, um die Kostenstruktur und die bestehenden und potenziell bestehenden Differenzierungsmöglichkeiten vom Wettbewerber zu erkennen. Aus einem Differenzierungsvorteil kann sich ein Wettbewerbsvorteil ergeben, wenn dieser dem Kunden einen Nutzen oder Vorteil bietet, für den der Kunde zu zahlen bereit ist. Somit kann das Ertragspotenzial als Differenz zwischen Preis und den durch wertschöpfende Aktivitäten verursachten Stückkosten errechnet werden.[2] Diese relevanten Aktivitäten schaffen Kundenwerte, verbrauchen Ressourcen und sind durch die Geschäftsprozesse untereinander verbunden:

---

[1] Vgl. Porter, 1985.
[2] Vgl. Zerres/Zerres, S. 35 f.

3.2 Branchenanalyse und Branchentrends

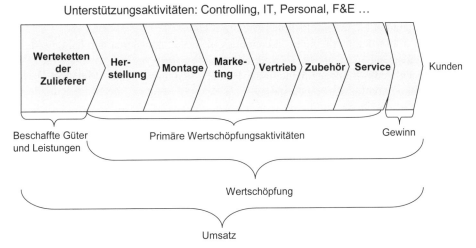

Abb. 3.18: Wertekette eines Unternehmens

Primäre Wertschöpfungsaktivitäten sind die Tätigkeiten, die einen direkten wertschöpfenden Beitrag zur Erstellung eines Marktangebots liefern. **Unterstützungsaktivitäten** sind Tätigkeiten, die für die Ausübung der primären Aktivitäten die notwendigen Voraussetzungen liefern und so einen indirekten Beitrag zur Erstellung eines Marktangebots leisten.

In der Analyse der Wertekette kommt man auf die zentrale Frage nach der Macht: Diese Frage ist für ein Unternehmen essentiell, denn: „**Money goes with power**". Derjenige, der die Macht in der Wertekette hat, wird die höchsten Gewinne erzielen. Rentabilität richtet sich normalerweise nach der „Macht", d.h. dasjenige Unternehmen, das die Spielregeln in der Branche maßgeblich bestimmt, hat auch die Macht in der Branche und damit die höchste Rentabilität.

Macht resultiert aus zwei möglichen Verfügungsgewalten, irgendwo in der Wertekette:[1]

- „**Appropriability**" ist die Kontrolle über das Know-how, das aus einer Innovation resultiert, z.B. über Rechte wie Patente (endliche Dauer, Recht eine Produktion zu verbieten), Copyrights (Recht, Kopien zu verbieten) und der „Secrecy", z.B. Handelsgeheimnisse und Vereinbarungen, Komplexität und stillschweigendes, nicht niedergeschriebenes Know-how, Geschwindigkeit einer Innovation.
- „**Complementary Assets**" werden in der Regel benötigt, um das eigene Know-how auch wirklich zu nutzen. Dazu gehören Dinge, die man selbst besitzt (Ressourcen), z.B. Markenname, Vertriebswege, Kundenbeziehungen oder aber auch Fähigkeiten, die man selbst nicht besitzt, z.B. Fertigungsfähigkeiten, Verkaufs- und Servicekompetenz und auch Know-how von Zulieferern.

Mit diesen Betrachtungen erscheint es wichtig, **Verständnis über die Macht in der Wertekette** zu erhalten und die Verteilung der Macht in der Wertekette zu untersuchen. Die eigenen

---

[1] Vgl. Teece, S. 285 ff.

„Appropriability" und „Complementary Assets" konkurrieren mit denen der Wettbewerber; selbst 100 % „Appropriability" oder komplette Kontrolle über die „Complementary Assets" werden nicht zwangsläufig garantieren, den vollen Wert einer Innovation abschöpfen zu können. Meistens muss man sich mit den „Powerful Others" in der Wertekette arrangieren.

Die **Macht in der Wertekette** wird sich über die Zeit verschieben, neue „Business Driver" einer Wertekette können aus verschiedenen Richtungen aufkommen, die es im Rahmen der Marktforschung zu beobachten gilt:

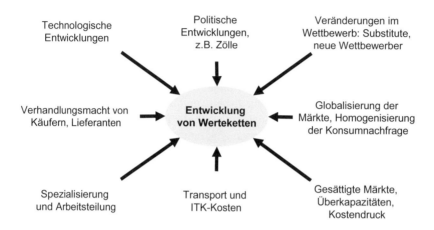

Abb. 3.19: Mögliche Entwicklungen in der Wertekette in einer Branche

Aus dieser Zukunftsbetrachtung ergeben sich bei der Analyse der Wertekette die Fragen, durch welche Aktivitäten der Mehrwert generiert wird, was die Schlüsselfaktoren für die eigenen Kosten bzw. Erträge sind, welche Geschäftsbereiche gestärkt, welche abgebaut werden sollen und wie man sich gegenüber dem Wettbewerber aufstellt.

12-Punkte-Checklist für die Analyse der Wertekette:
1. Bildet die Wertekette das eigene Geschäft mit all seinen relevanten Aktivitäten ab?
2. Liegt eine präzise strategische Zieldefinition mit Marktstellung, Kostenposition, Leistungserbringung, Vertriebswegen, Technologie etc. vor?
3. Können Mannjahre, Kosten, Investitionen etc. den einzelnen Stufen der Kette zugeordnet werden (Prinzip der Messbarkeit)?
4. Kann man sie durch Zusatzaktivitäten ausdifferenzieren/ausweiten?
5. Welche Stufen der Kette sind disponibel? Was soll selbst gemacht, was outgesourct werden („Make-or-Buy"-Entscheidung)?
6. Wie wird im Falle von Outsourcing die Qualität sichergestellt (Wertschöpfungspartnerschaften)?

3.2 Branchenanalyse und Branchentrends

7. Welche Stufe in der Kette liefert welchen Beitrag zum Kundennutzen?
8. Entspricht die Wertekette der „Denke" der Kunden?
9. Auf welchen Stufen der Wertekette liegen die eigenen Wettbewerbsvorteile?
10. Wie verändern sich Schnittstellen bzw. der Informationsfluss durch Veränderungen in der Wertekette?
11. Wird die Wertekette durch die Organisation unterstützt oder muss sie angepasst werden?
12. Können Wettbewerber bzw. alternative Lieferanten klar zugeordnet werden?

3.2.3 Branchenstrukturanalyse nach Porter

Wenn man über den **Wettbewerb im eigenen Markt** spricht, so behandelt man nur einen Teil der Wettbewerbsanalyse. Sicherlich ist es wichtig, die Wettbewerber genau zu kennen, mit deren Marktangeboten und Preisen vertraut zu sein, und über deren Kunden Bescheid zu wissen. Wichtige Informationen sind aber auch, wie sich die Branche als Ganzes entwickelt und ob Anzeichen für einen drohenden Niedergang erkennbar sind. In der Regel kennt man sich jedoch untereinander und „tut sich nicht weh". Dies ändert sich meist dann rapide, wenn einer der Hersteller aufgekauft bzw. beim Altersübergang des alten Inhabers ein neues Management eingesetzt wird. Auch wenn ein neuer Wettbewerber auf dem Markt auftritt, der diese „Regeln" nicht kennt oder sich einfach nicht daran hält, können diese ungeschriebenen Gesetze innerhalb dieser Branche plötzlich ungültig werden. Aber meistens kennt man sich, ist über die Stärken und Schwächen der einzelnen Hersteller informiert und behindert sich gegenseitig nicht nennenswert. Üblicherweise kann die jeweilige Branche beschrieben werden durch Entwicklung der Gewinnmargen, Umsatzentwicklung, Kapazitätserweiterungen etc.

Um den Wettbewerb vollständig zu erfassen, muss weit über die klassische Wettbewerbsanalyse das externe Umfeld betrachtet werden. Verschiedene Kräfte üben hier einen Einfluss auf den Wettbewerb aus, in dem sich das Unternehmen befindet. Zu diesem Zweck entwickelte Michael E. Porter die „**5-Forces-Analysis**".[1] Sie geht davon aus, dass die Struktur und die Wettbewerbssituation in einer Branche von fünf unterschiedlichen Kräften bestimmt werden. Die stärksten der fünf Kräfte sind für die spätere Strategieformulierung entscheidend. Diese fünf verschiedene Kräfte sind die Folgenden:

---

[1] Vgl. Porter, 1998b.

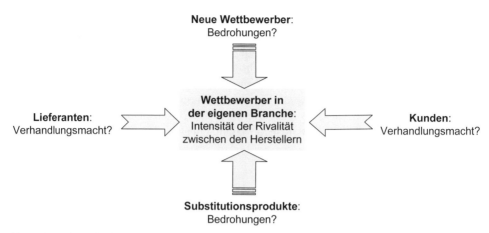

Abb. 3.20: Beherrschende Kräfte des Wettbewerbsumfelds nach Porters „5-Forces-Analysis"

- Der **Wettbewerb in der eigenen Branche** hängt vor allem von der Struktur der Wettbewerber ab, d.h. auf welche Wettbewerber das eigene Unternehmen trifft und auf welcher Ebene der Wettbewerb ausgetragen wird. Der Wettbewerb ist umso stärker, je mehr Rivalen auf der selben Ebene miteinander im Wettbewerb stehen. Der Profitabilität besonders abträglich ist dabei die Ebene des Preises, d.h. ein Preiswettbewerb[1] Darüberhinaus spielen noch weitere Faktoren eine Rolle:

Der **Wettbewerb im eigenen Markt** ist hoch,
wenn folgenden Faktoren zutreffen:
- geringes Marktwachstum
- geringe Kapazitätsauslastung
- Fixkostenanteile hoch und Branchenaustrittsbarrieren hoch
- Differenzierungsmöglichkeiten gering
- verlangsamtes Marktwachstum führt zu verschärftem Kampf um Marktanteile
- austauschbare Produkte werden über den Preis verkauft
- Kapazitätserweiterungen sind nur in großen Schritten möglich, was zu vorübergehenden Überkapazitäten führt

Abb. 3.21: Wettbewerbsdruck durch vorhandene Wettbewerber nach Porters „5-Forces"

- Wenn **Lieferanten** beteiligt sind, stellt sich die Frage nach deren Verhandlungsmacht. Diese hängt insbesondere ab von vorhandenen Alternativen, von der Konzentration möglicher Lieferanten, den relativen Kosten der Beschaffung und dem Einfluss der Vorpro-

---

[1] Vgl. Porter, 2008, S. 24.

3.2 Branchenanalyse und Branchentrends

dukte auf die Kosten des Endprodukts. Insbesondere dann, wenn es Lieferanten gelingt, einen eigenen Markennamen zu bilden, wie z.B. Intel, können sie den Wettbewerb in der Branche durch ihre Preis- und Lieferpolitik erheblich beeinflussen. Ein wichtiger Aspekt sind hier die Kosten des Lieferantenwechsels für den Kunden. Man spricht hier von den „**Switching Costs**", d.h. die Kosten, die entstehen, wenn ein Kunde von der bestehenden technischen Lösung zur Lösung des Wettbewerbers wechselt. Daher werden Unternehmen meist versuchen, diese so hoch wie möglich anzusetzen, sofern beeinflussbar, um einen Wechsel für den eigenen Kunden als möglichst unlukrativ erscheinen zu lassen („**Lock-in**"-**Effekt**).

Die **Lieferantenmacht** ist besonders groß, wenn:
- Anzahl der Lieferanten klein
- Anzahl der Kunden groß
- Bedeutung des Vorprodukts ist für die Kunden hoch
- Spezifität des Produkts hoch
- Umstellungskosten hoch

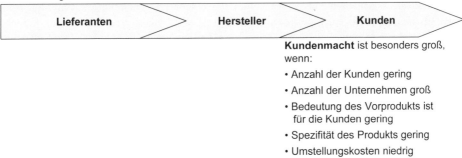

Kundenmacht ist besonders groß, wenn:
- Anzahl der Kunden gering
- Anzahl der Unternehmen groß
- Bedeutung des Vorprodukts ist für die Kunden gering
- Spezifität des Produkts gering
- Umstellungskosten niedrig

Abb. 3.22: Lieferanten- und Kundenmacht nach Porters „5-Forces"

- Die **Verhandlungsmacht des Kunden**[1] hängt ab von seinem Kaufvolumen, den Kosten des Anbieterwechsels, den Kundeninformationen sowie seiner Möglichkeit zur Beschaffung von Substitutionsprodukten. Bei den Kunden spielt es eine große Rolle, wie empfindlich sie auf Preiserhöhungen reagieren (Preiselastizität der Nachfrage). Die Preiselastizität hängt ab von den einzelnen Beschaffungskosten im Verhältnis zu dem gesamten Beschaffungsvolumen, den objektiven Unterschieden der Marktangebote, der Markentreue, der Qualität, der Gewinnsituation des Kunden und seinen Einflussmöglichkeiten auf den Entscheidungsträger. Es stellt sich auch die Frage, inwieweit es den Kunden gelingt, die Hersteller in eine gewisse Abhängigkeit von sich zu bringen, etwa durch das Beherrschen bestimmter Vertriebswege, die für den Hersteller eine große Bedeutung haben („**Lock-in**"-**Effekt**).

---

[1] Bei den Kunden im B2B-Markt kann es sich um Unternehmen handeln, für die das Marktangebot ein Vorprodukt darstellt, das sie weiter verarbeiten oder nutzen, um ihr eigenes Marktangebot zu erstellen. Es kann sich auch um ein Vertriebssystem handeln, das sich auf die Kontakte zum Endkunden konzentriert, sofern der Hersteller keinen eigenen Vertrieb unterhält.

Hier wird auch der klassische **Konflikt zwischen den Zulieferern und den Herstellern** deutlich, deren Strategien diametral gegenüber stehen:

Strategien der Zulieferer ←— Kriterien —→		Strategien der Hersteller (Kunden der Zulieferer)
• Aufbau hoher Umstellungskosten für die Kunden	Umstellungskosten	• Vermeidung von Umstellungskosten
• wenige Zulieferer der Kunden	Konzentrationsgrad	• Streuung der Einkäufe • Suche nach neuen Lieferanten
• Drohung mit Vorwärtsintegration	Strategie	• Drohung mit Rückwärtsintegration
• Kostenvorsprung realisieren	Kostenanteil	• Kostenvorteile durch Standardisierung
• Alleinstellungsmerkmale ausarbeiten	Substituierbarkeit	• Vergleichbarkeit gewährleisten
• Erhöhung des Kundenwerts führt zu höherem Gewinnanteil	Gewinnziele	• Realisierung von maximalen Gewinnmargen

Abb. 3.23: Kriterien zur Beurteilung der Strategien der Hersteller und ihrer Zulieferer

- Da die einschlägigen Unternehmen der Branche ständig neue Marktangebote entwickeln und alte verbessern, muss mit entsprechenden **Substitutionsprodukten** immer gerechnet werden. Dies sind Problemlösungen, die vom Kunden als Alternative in Betracht gezogen werden können. Auch wenn das Unternehmen dies anders sieht, ist doch die Meinung des Kunden entscheidend. Sobald eine andere Problemlösung für ihn subjektiv eine Alternative darstellt, stellt es ein Substitutionsprodukt dar. Unternehmen, die lange erfolgreich waren, oder sehr ausgeprägte Stärken haben, glauben oft an die Unverwundbarkeit ihres Unternehmens, insbesondere dann, wenn die Wettbewerber relativ schwach erscheinen. Indikatoren dafür, dass ein gewisses **Substitutionsrisiko** besteht, sind unter folgenden Aspekten gegeben:
    - Kunden suchen nach den am Markt bereits vorhandenen Lösungstechniken für ihre Problemstellung. Gründe können etwa darin liegen, dass die bisherige Lösung Probleme offenlässt, zu teuer ist etc.
    - Grundsätzlich kann man in der Branche die Suche nach potenziell neuen Lösungstechniken bzw. -technologien, sowie Forschungstendenzen beobachten.
    - Mitunter wird auch nach den im Unternehmen bereits vorhandenen Lösungstechniken gesucht und die Übertragbarkeit auf das andere Problem getestet.

3.2 Branchenanalyse und Branchentrends

Bedrohung durch **neue Wettbewerber** ist hoch, wenn niedrige Brancheneintrittsbarrieren bestehen:
- Notwendigkeit zur Erzielung von „Economies of Scale"
- niedriger Kapitalbedarf
- wenig staatliche Regulierung
- Zugang zu vorhandenen Vertriebswegen einfach
- keine Kostenvorteile der bestehenden Unternehmen
- geringe Kundenloyalität, geringe Markentreue
- geringe Umstellungskosten im Unternehmen
- geringe Wechselkosten bei den Kunden
- keine Technologievorsprünge und keine Know-how-Vorteile bestehender Unternehmen

Bedrohung durch **Substitutionsprodukte** ist groß, wenn:
- Trends einen großen Einfluss haben
- Relation Preis/Leistung unausgewogen
- Entwicklung neuer Technologien
- viele und intensive Umfeldeinflüsse
- wenig vorhandene Gewohnheiten bei den Kunden

Abb. 3.24: Bedrohung durch neue Wettbewerber und Substitutionsprodukte nach Porters „5-Forces"

- **Neue Wettbewerber** treten immer dann auf, wenn die Gewinnaussichten in einer Branche sehr gut sind. Die Wahrscheinlichkeit für den Brancheneintritt neuer Wettbewerber wird durch die in der Branche vorhandenen Eintrittsbarrieren bestimmt. Dabei ist entscheidend, wie schnell das eigene Unternehmen Eintrittsbarrieren aufbauen kann, um den Markteintritt von weiteren Wettbewerbern abzuwehren und damit auch das eigene Gewinnpotential zu erhalten. Neue Unternehmen treten bisweilen äußerst aggressiv und mit voller Energie in den Markt ein, stellen Bestehendes in Frage und versuchen, den Kunden durch ihre zusätzlichen Leistungen auf ihre Seite zu ziehen. Das macht die neuen Wettbewerber so gefährlich. In einer freien Marktwirtschaft ist mit ihnen immer zu rechnen, sie setzen aber auch Entwicklungen in Gang und bringen Innovationen in eine Branche. Für die etablierten Unternehmen bedeutet dies, dass sie diese neuen, noch nicht als Wettbewerber in Erscheinung getretenen Unternehmen durch ihre Frühaufklärung rechtzeitig ermitteln und sich auf sie einstellen müssen. Es ist davon auszugehen, dass sie Gegenstrategien entwickeln und einleiten, um sich dem neuen Wettbewerber entgegenzustellen. Damit stellt sich für neue Unternehmen auch die Frage, wie die Wettbewerber reagieren, wenn sie mit einem plötzlich aufkommenden Wettbewerb im eigenen Markt konfrontiert werden.

Ist das Gesamtbild des Wettbewerbsumfelds erstellt, werden Prioritäten nach Wichtigkeit und Dringlichkeit gesetzt. Daraus werden dann neue Projekte für das Unternehmen abgeleitet, um schließlich den sich ankündigenden Herausforderungen frühzeitig begegnen zu können.

Das Wettbewerbsumfeld, in dem sich ein Unternehmen bewegt, kann noch durch die Einflussfaktoren aus den verschiedenen, für das Unternehmen **relevanten Umfeldern ergänzt** werden. Somit entspricht diese Betrachtung stärker der Realität, allerdings nimmt auch die Komplexität zu, was das weitere Arbeiten mit den Ergebnissen der Porters „5-Forces-Analysis" erschweren kann:[1]

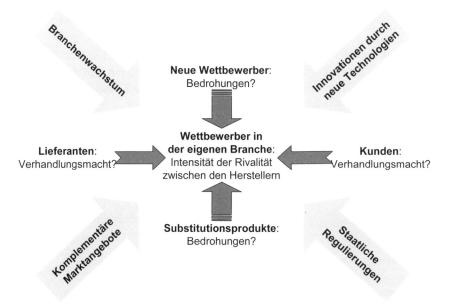

Abb. 3.25: Porters „5-Forces" erweitert um zusätzliche relevante Umfelder

> Für das Unternehmen bringt die „**5-Forces-Analysis**" eine ganze Reihe von Vorteilen: Sie stellt sicher, dass im Rahmen der Strategiebildung alle wichtigen Bereiche angesprochen und analysiert werden. Sie verhindert, dass ein bestimmtes Element zu stark in Beschlag genommen und auf flüchtige Veränderungen in der Branche anstatt auf strukturelle Veränderungen fokussiert wird. Branchenveränderungen ermöglichen nur dann eine Gelegenheit, vielversprechende neue Positionen zu besetzen, wenn die Strategie auf einem tiefgründigen Verständnis der Wettbewerbskräfte in einer Branche basiert.[2] Die eigenen Ressourcen können entsprechend den Prioritäten effizienter eingesetzt werden. Damit verbessert die „5-Forces-Analysis" die eigene Marketing-Strategie. Sie bereitet ein Unternehmen frühzeitig

---

[1] Vgl. Coyne/Subramaniam, S. 62.
[2] Vgl. Porter, 2008, S. 25.

> für Veränderungen vor und unterstützt das Management, bereits wahrgenommene Entwicklungen zu antizipieren. Die eigene Positionierung im Markt kann gut dargestellt werden; sie eignet sich also auch für Präsentationen, bei denen z.B. Investoren einen raschen Überblick über das Marktgeschehen erhalten sollen.

3.3 Marktanalyse

3.3.1 Marktpotenzial

Wenn sich ein Unternehmen zum Einstieg in einen bestimmten Markt entschließt, eine Nische in einem bestimmten Marktsegment identifiziert und besetzt, stellt sich immer die Frage, ob das Marktvolumen dieses Engagement auch rechtfertigt, mit anderen Worten: Rechnet es sich überhaupt? Ist das **Marktvolumen** groß genug, um die Markteinstiegskosten mit einem angemessenen Gewinn wieder zu erwirtschaften, und wie sicher ist dies? Auch wenn das Marktvolumen nur annähernd geschätzt werden kann, ist dies kein Grund dafür, auf einen Markteinstieg allein deshalb zu verzichten. Das Marktvolumen ist der Anteil am Marktpotenzial, den das Unternehmen mit dem Einsatz seines Marketing-Mixes erreichen könnte:

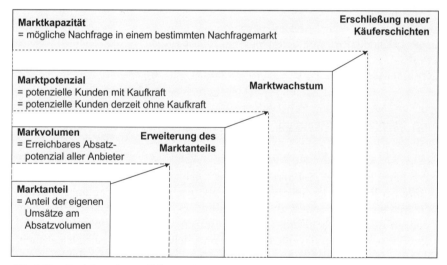

Abb. 3.26: Ermittlung des möglichen Marktpotenzials für das Unternehmen

Den Marktanteil bezieht man oft auf den **relativen Marktanteil**. Dabei handelt es sich im Allgemeinen um das Verhältnis des eigenen Marktanteils zum Hauptwettbewerber oder zu den drei größten Wettbewerbern. Es ist zu empfehlen, den relativen Marktanteil als den **Marktanteil in seinem relevanten Markt** zu definieren. Dort würde man dann diejenigen Wettbewerber herausfiltern, auf die man immer wieder im Wettbewerb um Kunden trifft. Der

Anteil am Marktvolumen dieser Unternehmen stellt dann den eigenen relativen Marktanteil dar.

> Es ist notwendig, den eigenen Markt definieren zu können:
> 1. Identifizierung eines **signifikanten Kundenproblems** mit einem ausreichend großen Markt und es bestehen zwingende Gründe zum Kauf („Painkiller") aufgrund eines ungelösten Problems des Kunden.
> 2. **Vorliegen eines großen, schnell wachsenden Marktes**, v.a. für neue Unternehmen auf dem Markt ist dies wichtig, denn hier haben sie eine Chance zur Dominanz.
> 3. Entwicklung eines **hochdifferenzierten und verteidigbaren Marktangebots**, das sich dazu eignet, ein gewinnträchtiges, durchhaltbares Geschäft aufzubauen.

Zur **Ermittlung des Marktpotenzials** bestehen verschiedene Möglichkeiten. Die Prognose des zukünftigen Marktpotenzials dient als Basis für die Planungsrechnungen im Unternehmen. Bei **Prognosen** handelt es sich immer um einen „Ausdruck einer rationalen Beschäftigung mit der Zukunft"[1]. Es soll nur auf diejenigen Methoden eingegangen werden, die in der Praxis üblicherweise eingesetzt und auch mit einem vertretbaren Einsatz an Kosten und Zeit umgesetzt werden können:

- Befragung von Experten (**Experteninterviews**), die über Fachkenntnisse und Erfahrung verfügen, z.B. Diskussion in unternehmensinternen Gruppen, Befragung der Absatzmittler oder der Anwender.
- **Analogieschluss**: Hier wird eine vergangene oder gegenwärtige Entwicklung (Region, Marktangebot, Kunden) im Analogieschluss auf einen jeweils vergleichbaren Sachverhalt übertragen.
- **Trendextrapolation**: Die in der Vergangenheit festgestellte Tendenz wird in die Zukunft fortgeschrieben. Dabei wird darauf verzichtet, Ursachenkomplexe von Entwicklungen zu untersuchen. Man geht von Zeitstabilität aus und unterstellt, dass sich das Verhalten auch in der Zukunft fortsetzen wird. In der Tat ändern sich, abgesehen von „Crash"-Situationen wie dem 11. September 2001, unternehmensrelevante Faktoren wie Kundenstamm und Preise oft nicht kurzfristig, sondern durchlaufen einen kontinuierlichen Prozess der Weiterentwicklung.
- **Indikatormethode**: Es handelt sich hier um ein Verfahren, welches die Entwicklung einer Variablen aufgrund des Entwicklungsverlaufs einer oder mehrerer anderer Variablen vorherzusagen sucht. Es werden Merkmale untersucht, die möglicherweise als Leitgrößen frühzeitig künftige Entwicklungen vorausberechnen lassen, z.B. Bautätigkeit und allgemeine Konjunkturentwicklung. Auch hat es sich gezeigt, dass der Papierverbrauch eines Landes eine Korrelation nahe „1" mit der Entwicklung des Bruttosozialprodukts besitzt. Nach solchen Kennzahlen, die sich leicht ermitteln lassen, wird gesucht. Vorsicht ist dabei bei Zufallskorrelationen geboten, daher besteht auch die Forderung nach einem plausiblen theoretischen Zusammenhang.

---

[1] Raffée, S. 143.

- **Korrelations- und Regressionsverfahren** analysieren Zeitreihen von Daten. Dabei werden Zusammenhänge zwischen den Daten ermittelt, die dann auch zur Vorhersage der Zielgröße herangezogen werden können.
- **Fortschreibung**, d.h. aus dem derzeitigen Bestand werden Zu- und Abgänge ermittelt, geordnet nach Ersatzbedarf, Neubedarf und durchschnittlicher Lebensdauer. Aus diesen Daten lassen sich Schlussfolgerungen auf den Ersatzbedarf nach x Jahren ziehen.
- **Hochrechnungen**, d.h. ausgehend von einem ermittelten Teilmarkt wird auf den Gesamtmarkt geschlossen.
- **Szenario-Technik**, d.h. über zukünftige Entwicklungen werden alternative Annahmen getroffen. Mit der Szenario-Technik wird versucht, realistische Entwicklungsmöglichkeiten aufzuzeigen, auch wenn aufgrund von dynamischen Rahmenbedingungen eine relativ hohe Unsicherheit besteht.[1]

Prognosen versuchen **Trends** zu ermitteln. Es spielt für den Erfolg des Unternehmens eine große Rolle, ob es Trends richtig erkennen und bewerten kann, um dann dazu zur richtigen Zeit die richtigen Marktangebote zu entwickeln. Die folgenden **Faktoren bei der Trendbewertung** spielen dafür eine Rolle: Trenddauer, Trendstabilität (zeitliches Kriterium), Trendpotenzial (quantitatives Kriterium), Unternehmenspotenzial (Setzen und Nutzen der Trends durch das Unternehmen) und die augenblickliche Phase[2], in der sich der Trend befindet.

Die Qualität der Prognosen hängt im Wesentlichen vom Umfang und von der Qualität der Informationen und der methodischen Aufbereitung ab. Damit erhalten die Probleme der Datengewinnung und der Datenverdichtung ein erhebliches Gewicht. Zukunftsentwicklungen haben ihren Ursprung in der Vergangenheit und in der Gegenwart und entstehen nicht aus dem Nichts. Gute Basisarbeit ist demnach bei der Erstellung von Prognosen von entscheidender Bedeutung.

3.3.2 Produktlebenszyklus-Analyse

Der Lebenszyklus der Marktangebote („**Product Life Cycle**") ist eine Darstellung des Verlaufs einer typischen Entwicklung nach der Markteinführung. Die Marktangebote haben eine begrenzte Lebensdauer. Der Umsatz durchläuft definierte Phasen; jede Phase hat ihre Herausforderungen, Gelegenheiten und Probleme. Die Gewinne steigen und fallen in den verschiedenen Phasen des Produktlebenszyklus. Die einzelnen Phasen können wie folgt beschrieben werden:

---

[1] Vgl. dazu Kap. 2.3.3.
[2] Annahme: Trends laufen immer in Phasen ab.

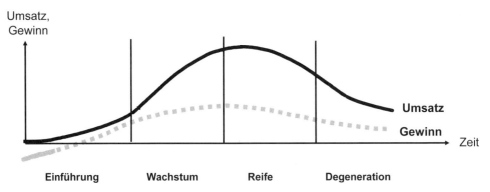

Abb. 3.27: Phasen im Produktlebenszyklus

Man geht davon aus, dass die zeitliche Entwicklung jedes Produkts bzw. Marktangebots in charakteristische Phasen unterteilt werden kann, einem glockenförmigen Verlauf folgt und damit endlich lange auf dem Markt ist. Marktangebote haben eine begrenzte Lebensdauer, in der sie Gewinne erwirtschaften. Diese Zeitspanne hängt vom Marktangebot selbst, von der technologischen Entwicklung, der Entwicklung der Nachfrage, sowie den Entscheidungen des Marketing-Managements ab.

- In der **Einführungsphase** wird das Marktangebot langsam auf dem Markt eingeführt, die Umsätze steigen bedächtig, Gewinne werden noch nicht erzielt. Auf diesem jungen Markt fehlt die Marktkenntnis und es besteht eine hohe technologische Unsicherheit, ob sich dieser Trend durchsetzen kann. Da kein Konsens über die Kundenanforderungen besteht, werden eine Vielzahl von alternativen Lösungen mit unterschiedlichen Technologien, Standards, Designs etc. angeboten. Chancen zum Aufbau von Stärken liegen in der Zielgruppe der Kunden mit hohem Budget, in offensichtlichen Innovationen, sowie in der Qualität des Marktangebots. Es mag der Zeitpunkt des Markteintritts eine wichtige Rolle spielen; für und wider „First-Mover-Advantage" und die Erzielung von Pioniergewinnen sind beherrschende Themen. Es ist hier mit vielen „Newcomern" zu rechnen, da die Branche in dieser Phase nur sehr niedrige Markteintrittsbarrieren aufgebaut hat und üblicherweise Wachstumspotenziale vorhanden sind oder zumindest vermutet werden.
- Die **Wachstumsphase** ist durch ein rasantes Wachstum gekennzeichnet. Die Steigung des Grenzumsatzes, d.h. der Zuwachs des Umsatzes pro Zeiteinheit, erreicht in dieser Phase seinen Höhepunkt; die Gewinne erreichen ihr Maximum. Hier besteht ein intensiverer Wettbewerb um Marktanteile und es erfolgt eine stärkere Fokussierung auf Kosten und Service. Dies kann bereits in dieser Phase zu Zusammenschlüssen und ersten Branchenaustritten führen. Die stärkere Uniformität der Marktangebote eröffnet einen gewissen Spielraum für Standardisierungen, die Kapazitäten erreichen ihren Höhepunkt, bedingt durch eine stärkere Marktdurchdringung. Auf der Nachfrageseite steigt das Knowhow über das neue Marktangebot an, ebenso die Preissensitivität. Die Kunden sind immer mehr in der Lage, unter Kosten/Nutzen-Gesichtspunkten abzuwägen.

3.3 Marktanalyse

- In der **Reifephase** erreicht der Umsatz seinen Zenit. Während ein Anstieg der Umsätze zu verzeichnen ist, kann die rasante Steigerung wie in der vorherigen Phase nicht mehr erreicht werden. Demzufolge nehmen die Gewinne ab, sind aber noch auf einem guten Niveau. Später in dieser Phase fällt auch der Umsatz, leichte Gewinne werden weiterhin gemacht, sie fallen deutlich. Die Branche sucht nach kostengünstigeren Herstellungsmöglichkeiten und nach technologischen Innovationen. Die Preiskämpfe beginnen und gewinnen rasch an Intensität. Die Möglichkeiten der Differenzierung bestehen durch Markenbildung und durch komplementäre Dienstleistungen, nicht mehr durch das eigentliche Marktangebot. Erfolgreiche Unternehmen versuchen die „Spielregeln der Branche" zu verändern, z.B. durch eine neue Branchendefinition, Identifizierung noch kleinerer Marktsegmente, neue Geschäftsmodelle etc.
- In der **Degenerationsphase** fällt der Umsatz deutlich und das Marktangebot gerät in die Verlustzone. Die Preiskämpfe steigen weiter an, immer mehr Unternehmen entwickeln „End of Life Strategies" („EOL-Strategies") und verlassen schließlich diesen Markt. Die Unternehmenskonzentration in dieser Phase ist sehr hoch, sofern sich die Branche nicht selbst auflöst.

	Einführungsphase	Wachstumsphase	Reifephase	Degenerationsphase
Wachstumsrate	• gering bis zur Einführung, danach schnell ansteigend	• steigend	• stagnierend	• negativ
Marktpotenzial	• noch nicht erkennbar	• ansteigend • unsicher	• begrenzt und überschaubar • häufig Ersatzbedarf	
Risiko und Produkterfahrung	←——————————— ansteigendes Risiko ———————————→ ←——————————— wachsende Erfahrung ———————————→			
Wettbewerb	• zu beginn nur wenige Pioniere • Aufbau von Brancheneintrittsbarrieren • fehlende Spielregeln	• vermehrt Brancheneintritte, aber: höhere Eintrittsbarrieren • steigende Intensität des Wettbewerbs	• höchste Wettbewerbsintensität • hohe Brancheneintritts- und -austrittsbarrieren	• weniger Wettbewerber • Branchenaustritte, aber: mitunter hohe Austrittsbarrieren
Technologie	• technologische Innovationen • Produktinnovationen	• Produkt- und Prozessinnovationen • Key-Technologien	• alte, bewährte Technologien • Prozessinnovationen	
Marktanteile	• hohe Instabilität	• Ansätze zur Konzentration	• Konzentration • relative Stabilität (v.a. gegen Ende)	
Schlüsselfaktoren	• Technologie • Marketing	• Fertigung • Marketing/Vertrieb	• Marketing/Vertrieb • Controlling	• Geschäftsprozesse • Rationalisierung
Herausforderungen	• Brancheneintritt • Definition der Kundenbedürfnisse • signifikanter Marktanteil, Standards • alternative Lösungen	• Marktanteilsverschiebungen • starker Wettbewerb	• Preissensitivität • Veränderungen in den Kundenbedürfnissen	• Kundenorientierung • Desinvestition • Branchenaustrittsbarrieren • Veränderungen im Kundenverhalten

Abb. 3.28: Beschreibung der einzelnen Phasen im Lebenszyklus der Marktangebote

Doch wie kann das Unternehmen die **Position im Produktlebenszyklus** ermitteln? Um hier Aussagen über die herrschenden Trends zu erhalten, erfolgt die Aufbereitung der historischen Trendinformationen der vergangenen drei bis fünf Jahre. Dabei werden ermittelt:

- Bezogen auf das **eigene Produkt**:
  - Wachstumsrate des Marktes und Potenzial für weiteres Wachstum (Marktpotenzial)
  - Verkaufte Stückzahlen und Umsätze
  - Gewinnspannen (Margen) und erzielte Deckungsbeiträge
  - Return on Investment (RoI)
  - Breite des Marktangebots, Häufigkeiten von Veränderungen des Marktangebots
  - Veränderungen in der Preiselastizität
- Bezogen auf die **Wettbewerber**:
  - Anzahl der Wettbewerber, Struktur des Wettbewerbs, Stabilität der Marktanteile
  - Qualitäts- und Leistungsrelationen
  - Veränderungen in den einzelnen Vertriebswegen: Breite der Vertriebswege, Intensität des Vertriebs
  - Stärken/Schwächen-Profil der Marktangebote der Wettbewerber
  - Analyse der Strategien der Wettbewerber: neue Marktangebote, weitere Fertigungskapazitäten

Das mit diesen Kriterien gewonne Bild wird in der Realität nicht unbedingt einheitlich sein, aber es ermöglicht, einen Schwerpunkt zu erkennen:

	Phasen im Produktlebenszyklus			
	Einführungsphase	Wachstumsphase	Reifephase	Degenerationsphase
Entwicklung des Marktwachstums		X		
Produktvielfalt			X	
Anzahl der Wettbewerber		X		
Stabilität der Marktanteile		X		
Technologiereife			X	
Gesamtbewertung		X		

Abb. 3.29: Bestimmung der Position im Lebenszyklus

Die Strategien des eigenen Unternehmens ändern sich über diesen Lebenszyklus. Während in der Einführungsphase ein Wettbewerb um die besseren Marktangebote vorherrscht und Produktinnovationen im Vordergrund stehen, sind es in späteren Phasen die Preise, die im Mittelpunkt stehen. Demzufolge sind die Innovationen auch auf die Optimierung von Prozessen

3.3 Marktanalyse

gerichtet und nicht mehr auf das Marktangebot. Für die **Strategie-Empfehlungen im Lebenszyklus der Marktangebote** in den einzelnen Phasen gibt es typische Ziele, Strategien und Maßnahmen, um dem „Business Driver" in jeder Phase zu begegnen:

		Einführungsphase	Wachstumsphase	Reifephase	Degenerationsphase
Zielsetzung		• schnelles Wachstum • sichere Position	• Wachstum • hohe Marktanteile	• Rentabilität • Sicherung/Stabilisierung/Konsolidierung	
Fokus der Strategien		• bis Einführung: Technologie, dann: Kunde	• Kundenbedürfnisse • Wettbewerber	• Kundenloyalität • Wettbewerber	• Überleben • Exit
Kernstrategien		• Markteintritt • Markterschließung • Überwindung, dann Aufbau von Brancheneintrittsbarrieren	• Marktdurchdringung • Aufbau von Wettbewerbsvorteilen • Setzen von Standards	• Sicherung von Wettbewerbsvorteilen • beginnende Rationalisierung	• Überlebensstrategie • sehr intensive Rationalisierung • Aufbau neuer Kostenvorteile
Schwerpunkte in der Strategie		• Überwindung von Marktwiderständen • Kundenaufklärung • Gewinnung von Erstkäufern (Referenzen)	• Kundenpräferenzen festigen • Qualitätsoptimierung • Differenzierung, z.B. durch Markenstrategie	• Erhaltung von Kundenloyalität • feinere Marktsegmentierung, Suche nach Marktnischen • Qualitätsoptimierung • Sicherung der Marke	
Schwerpunkte bei der Umsetzung	Marktangebot	• wenige Varianten • regelmäßige Verbesserungen	• Markenprofilierung • Steigerung des Kundennutzens	• Ausnutzung von Synergien, Systemkonzepte	
	Preis	• „Skimming"-Preisstrategie	• wettbewerbsorientierte Preisfestsetzung • bereits Orientierung am Massenmarkt	• defensive Preispolitik, Gewähren von Rabatten etc.	
	Vertriebsweg	• Aufbau spezialisierter Vertriebswege • Kooperationen	• intensivere Distribution	• Kooperation mit dem Handel • Direktvertrieb • flexible Lieferpolitik	
	Kommunikation	• Kenntnisse über das Marktangebot	• Markenwerbung • Kundenvorteile herausstellen	• Emotionalisierung über die Marke • persönlicher Verkauf	

Abb. 3.30: Typische Ziele, Strategien und Maßnahmen in den Phasen im Lebenszyklus der Marktangebote

Zusammenfassend können während des Produktlebenszyklus die folgenden **Veränderungen in den Marktangeboten** konstatiert werden:

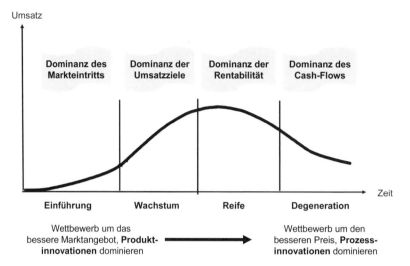

Abb. 3.31: Grundlegende Veränderungen im Lebenszyklus der Marktangebote

- Die **Kennzahlen**, auf die verstärkt geachtet wird, ändern sich: Während es in der Wachstumsphase darum geht, möglichst hohe Umsätze zu erzielen, um auf dem Markt zu dominieren, steht in der Reifephase die Rentabilität im Vordergrund. Der steigende Wettbewerb lässt die Gewinnmargen schrumpfen. Dies setzt sich in der Degenerationsphase fort; solange man noch einen positiven Cash-Flow erwirtschaftet, wird das Unternehmen seine Marktaktivitäten in der Regel fortsetzen.
- Beim **Wettbewerb** steht in der Einführungsphase das Marktangebot bzw. die neue technische Lösung im Vordergrund. Alles dreht sich um die Innovation und deren mögliche Einsatzfelder. Das ändert sich bis zur Degenerationsphase drastisch, in der Marktangebote nur noch über den Preis verkauft werden können. Naturgemäß steht dann die effizienteste Form der Leistungserbringung, d.h. die Optimierung der Geschäftsprozesse im Vordergrund.
- Die **Marktsegmentierung** findet in der Einführungsphase nur latent statt; erst in der Reifephase ist der Prozess der Marktsegmentierung abgeschlossen. In der Degenerationsphase verschwinden die Unterschiede zwischen den zuvor differenzierten Marktangeboten wieder.

Das Konzept des Produktlebenszyklus hat einen Tunnelblick auf das Marktgeschehen gebildet, dem man nur eine mögliche Entwicklung unterstellt. Da diese Denkweise auch viele Wettbewerber verfolgen, werden die Marktangebote im Zeitablauf mit weiteren Dienstleistungen, Zusatzprodukten etc. angereichert, um sie von den Marktangeboten der Wettbewerber zu differenzieren. Dieser Wettbewerb kann auf Dauer wohl von keinem gewonnen werden.

3.3 Marktanalyse

> Sind viele Marktangebote eines Unternehmens in der Reifephase, stellt dies eine Existenzgefährdung dar. Viele Branchen haben in den klassischen Triade-Märkten[1] die Reifephase erreicht. Es muss davon ausgegangen werden, dass weitere Veränderungen der Branchenstruktur bevorstehen. Bei Erreichen der „Reifephase" verändert sich die Branchenstruktur durch einen Konzentrationsprozess. Damit ist es für die Kontinuierung von Unternehmen notwendig, neue Marktangebote einzuführen, sowie sich in neuen Geschäftsfeldern zu positionieren.

Unternehmen versuchen manchmal, diesen Gesetzmäßigkeiten durch Repositionieriung zu entrinnen:[2]

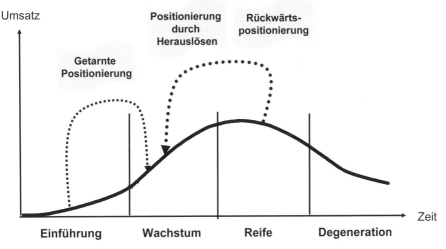

Abb. 3.32: Repositionierungen im Lebenszyklus

- Normalerweise versuchen Unternehmen durch Strategien mit Konventionellem zu brechen und mehr Aufmerksamkeit auf sich zu ziehen. **Getarnte Positionierung** („Stealth Positioning") wird gerade bei neuen Technologien eingesetzt, mit denen die Kunden noch nicht vertraut sind oder sogar in der Vergangenheit bei einem ersten Versuch des Markteintritts negative Erfahrungen gemacht haben. Sony nutzte bei der Einführung seines Haushaltsroboters „Aibo" diese Form der Positionierung, um die Schwächen, nämlich die fehlende Alltagstauglichkeit, zu vermeiden: Es wurde mit großem Erfolg als nutzloses, aber niedliches Haustier verkauft und in der Folge wurden viele Erfahrungen damit für die nächste Generation von Haushaltsrobotern gesammelt.
- Das Marktangebot kann auch aus seiner bestehenden Position bzw. dem Marktsegment herausgelöst und einer neuen Branche zugeordnet werden. Diese **Positionierung durch**

---

[1] Westeuropa, USA und Japan.
[2] Vgl. Moon, S. 88 ff.

Herauslösen („Breakaway Positioning") ermöglicht einen Sprung zurück in den Produktlebenszyklus. Als Beispiel kann hier die Entwicklung der Uhrenmarke „Swatch" herangezogen werden, die ihre Position vom Uhrenmarkt in den Markt für Modeaccessoires veränderte und aus einem Markt mit festen Regeln, z.B. eine Uhr, die ein Leben lang hält, ausbrach.

- Anstatt das Marktangebot fortlaufend mit neuen Kundenwerten zu überfrachten, wird das eigene Marktangebot auf den Stand des Basisprodukts „abgespeckt" und dann um einige wenige Eigenschaften bereichert, die sonst nur bei sehr exklusiven Produkten zu finden sind. Diese **Rückwärtspositionierung** („Reverse Positioning") des Marktangebots katapultiert das Marktangebot von der Reifephase zurück in die Wachstumsphase und lässt neues Wachstumspotenzial entstehen. Als Beispiel sind hier etwa die zahlreichen Billigflieger zu nennen, die durch Einfachheit mit einigen Pluspunkten glänzen, die sie unverwechselbar zugehörig zu den etablierten Fluggesellschaften erscheinen lassen.

Die Skizzierung des Produktlebenszyklus unterstützt Unternehmen, der Entwicklung ihrer Marktangebote kontrolliert zu begegnen, entlang einer Kurve von der Einführung über die Wachstumsphase bis zur Reife und der Degeneration. Dem Konzept folgend, durchläuft die Nachfrage bei jedem Produkt von seiner Entstehung aus gesehen unterschiedliche Sättigungsphasen bis zu dem Zeitpunkt, an dem es vom Markt gänzlich verschwindet.

3.4 Adaptionszyklen in Technologie-Märkten

3.4.1 Unterschiedliche Kundenwerte im Adaptionszyklus

Ein besonderer Blick sollte technologieorientierten Unternehmen gewidmet werden. Effektive Technologiestrategien schaffen Werte für den Kunden und sind für das Unternehmen umsetzbar. Die **Vermarktung von neuen Technologien beginnt in der F&E-Abteilung** des Unternehmens. Bereits frühzeitig müssen die richtigen Fragen gestellt werden, um damit die bestmögliche Strategie für die Vermarktung entwickeln zu können. Effektive Strategien entstehen durch die Beantwortung der folgenden drei Fragestellungen:

3.4 Adaptionszyklen in Technologie-Märkten

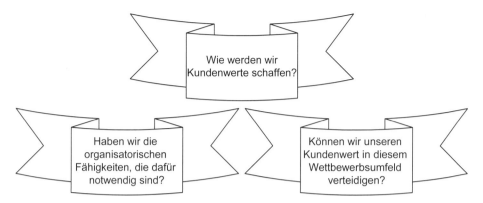

Abb. 3.33: Effektive Technologiestrategien beantworten drei Kernfragen

- Um diese **Kundenwerte** zu schaffen, stellen sich die folgenden Fragen: In welche Technologien soll investiert werde? Wo liegt die Balance zwischen Grundlagen- und angewandter Forschung, wo der Ausgleich zwischen alter und neuer Version? Für eine neue Technologie muss immer ein Markt vorhanden sein: Was ist die Produkt- und Preisstrategie? Wie werden Kundenwerte in der gesamten Wertekette geliefert?
- Zur Umsetzung benötigt das Unternehmen **organisatorische Fähigkeiten:** Wie wird das Unternehmen die eigene Forschung & Entwicklung organisieren: „Make or Buy"-Entscheidung, d.h. betreibt es eigene Forschung und Entwicklung, oder wird dieser Bereich an einen Zulieferer ausgelagert, wobei dann eine gewisse Abhängigkeit entstehen kann. Wie wird das Unternehmen Innovationen innerhalb des eigenen Unternehmens fördern?
- Des Weiteren benötigt es **Kenntnisse über das Wettbewerbsumfeld**: Kann der neu erzeugte Kundenwert gegenüber dem Wettbewerber verteidigt werden bzw. wie schnell ist er vom Wettbewerber imitierbar? In aller Regel ist der Wettbewerbsvorteil dann durchhaltbar, wenn die Quelle für Wettbewerbsvorteile geschützt werden kann. Hier stellt sich die Frage nach dem „Wie" und wie lange dieser Schutz nachhaltig vorhanden sein könnte.

Um eine Innovation auf dem Markt durchzusetzen, die Kundenwerte wirklich zu erschaffen und zum Kunden zu transportieren, bedarf es der Integration aller Funktionen im Unternehmen. Das Feedback des Vertriebsmitarbeiters an den Entwickler ist ebenso wichtig wie das Verständnis des Vertriebsmitarbeiters für die technischen Möglichkeiten. Die Integration sollte jedoch nicht bei diesen beiden Funktionen halt machen, sondern auch alle anderen mit einschließen, man denke nur an die Finanzierung, die den Mittelzufluss sicherstellen muss, oder an die Personalabteilung, die bei der Rekrutierung neuer Mitarbeiter auf besondere Anforderungen achten sollte.

Der Kenntnisstand der Kaufentscheider verändert sich im Zeitablauf und damit auch die Erwartung an das Marktangebot. Diesem Phänomen trägt der **technologische Adaptionszyk-**

lus (TALC) nach Moore Rechnung. Der technologische Adaptionszyklus, den alle neuen technischen Marktangebote durchlaufen, setzt sich aus fünf verschiedenen Phasen zusammen, die in jedem Marktsegment zu finden sind. Die Adaptionsgeschwindigkeit nimmt von links nach rechts ab:[1]

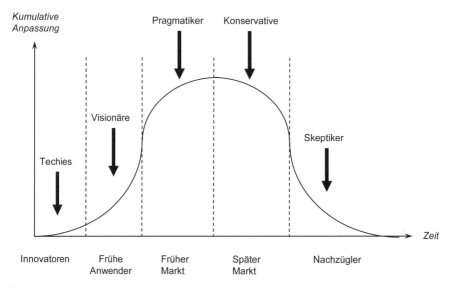

Abb. 3.34: Technologischer Adaptionszyklus

- Die Gruppe der **Techies** (Innovatoren) übernimmt die neue Technik in einem sehr frühen Stadium, um auf dem neuesten Stand der Technik zu sein. Sie haben eine starke Antenne für technologische Informationen und ein Faible dafür, neue Technologien in einem sehr frühen Stadium zu testen. Die Techies sind für das Unternehmen von großer Bedeutung, da sie das Signal an die anderen noch folgenden Kundengruppen geben, dass das Marktangebot funktionstüchtig ist. Techies sind oftmals die Türöffner, d.h. die notwendige Referenz für den frühen Anwender.
- Die Gruppe der **Visionäre** (frühe Anwender) kauft ähnlich wie die Techies das neue Marktangebot bereits relativ früh nach seiner Implementierung. Bei ihnen spielt das Bedürfnis, immer auf dem neuesten Stand der Technik zu sein, jedoch eine weit geringere Rolle als bei den Techies. Sie sind viel eher der Meinung, dass ihnen das neue Marktangebot eine Erleichterung bei der Bewältigung ihrer täglichen Arbeit gewährleistet.
- Die Gruppe der **Pragmatiker** (früher Markt) teilt mit der Gruppe der Visionäre die Fähigkeit, neue Techniken anwenden zu wollen und zu können. Anders als die Visionäre sind sie aber der Meinung, dass viele Innovationen nur Trends sind, welche rasch wieder vom Markt verschwinden. Bevor sie sich zum Kauf entschließen, benötigen sie Referenzen von anderen Marktteilnehmern, die sie von der Qualität und dem Nutzen des neuen

---

[1] Vgl. Moore, S. 13.

Marktangebotes überzeugen. Diese Gruppe stellt nahezu ein Drittel aller potenziellen Käufer. Für das Unternehmen ist es deshalb enorm wichtig, dieses Marktsegment zu erreichen.
- Die Gruppe der **Konservativen** (später Markt) teilt alle Vorbehalte der Pragmatiker gegenüber Innovationen. Zusätzlich fehlt ihnen jedoch der Wille, sich mit Innovationen auseinanderzusetzen. Deshalb warten sie mit dem Erwerb, bis sich das Marktangebot als Standard durchgesetzt hat und deshalb keine andere Möglichkeit mehr besteht, als das Marktangebot zu erwerben. Sie schwimmen gerne mit dem Strom, wie tote Fische. Sie sind sehr risikoscheu und verlassen sich lieber auf die Menschen als auf Technologien. Dabei sind sie sehr preissensitiv. Die Gruppe der Konservativen stellt ein ähnlich großes Potenzial an Käufern wie das der Pragmatiker dar und ist deshalb für die Amortisation des neuen Marktangebotes wichtig.
- Die letzte Gruppe im Adaptionszyklus, die sogenannten **Skeptiker** (Nachzügler), sind der Überzeugung, dass sie Innovationen nicht benötigen. Sie kaufen eine Innovation nur dann, wenn sie gar nicht erkennen, dass sie eine solche erwerben. So zum Beispiel beim Kauf eines neuen Autos, das aufgrund eines eingebauten Mikrochips eine bessere Kurvenfahrt ermöglicht. Der Nachzügler ist von der neuen Eigenschaft überzeugt, weiß aber nicht, dass diese auf einer neuen Technologie basiert.

Ziel einer Positionierung im Technologie-Markt ist es, die **Wahrnehmung des Zielkunden je nach Entwicklungsstadium des Marktangebotes auf bestimmte Eigenschaften zu lenken**. Der technologische Adaptionszyklus basiert auf der Annahme, dass eine neue Technologie, unabhängig von dem gegebenen Marktsegment verschiedene Stadien durchläuft, wobei das vorangegangene Stadium jeweils von Bedeutung für das darauf folgende ist. Ziel des Marketings ist es daher, das Stadium, in dem sich das Marktangebot befindet, zu erkennen und die Aktivitäten auf die jeweilige Gruppe abzustimmen. Die Übergänge zwischen den einzelnen Gruppen werden kontinuierlich vollzogen, da bei größeren Pausen die Gefahr besteht, dass der Ablauf zum Stehen kommt. Je später dies geschieht, desto größere finanzielle Nachteile entstehen für das Unternehmen, da profitable Käuferschichten, wie die der frühen Mehrheit, nicht erreicht werden. Je nachdem in welchem Stadium des Adaptionszyklusses sich das Marktangebot befindet, bedarf es daher einer unterschiedlichen Positionierung mit verschiedenen Kundenwerten.

3.4.2 Lücken im Adaptionszyklus

Bei genauerer Betrachtung des technologischen Adaptionszyklusses wird deutlich, dass zwischen den einzelnen Adaptionsgruppen größere Lücken („Cracks") existieren. Das sind Lücken, an denen die erfolgreiche Umsetzung eines innovativen Marktangebotes immer wieder scheitert. Der Unterschied zum Produktlebenszyklus liegt bei Technologien darin, dass der Zyklus verschiedene Brüche durchläuft, die so beim Produktlebenszyklus nicht zu erkennen sind.

Aus dieser Erkenntnis entstand der überarbeitete technologische Adaptionszyklus. Dieser weist im Gegensatz zu seinem Vorgänger Lücken zwischen den einzelnen Adaptionsgruppen auf. Das Marketing in jeder Adaptionsgruppe ist unterschiedlich. Zwischen einzelnen Adaptionsgruppen sind die Unterschiede größer, zwischen anderen kleiner. Im Wesentlichen gibt es zwei kleinere Lücken („**Cracks**") und eine größere Lücke („**Chasm**") im überarbeiteten Adaptionszyklus:[1]

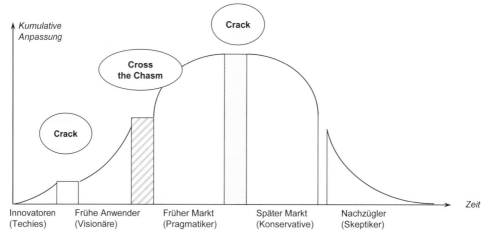

Abb. 3.35: Lücken im Adaptitionszyklus

- Der sogenannte **erste „Crack"** befindet sich zwischen der Gruppe der Techies und der Gruppe der Visionäre. Diese Lücke entsteht immer dann, wenn eine neue Technologie entwickelt wird, die von den Techies übernommen wird, in der die Visionäre aber keinen Nutzen erkennen können. Von den Techies wird eine neue Technologie als Meilenstein in der Weiterentwicklung angesehen. Für die Visionäre ist aber nicht ersichtlich, welchen Vorteil diese neue Technologie gegenüber den herkömmlichen Marktangeboten bringt. Der erste „Crack" kann nur dann überwunden werden, wenn es gelingt, den Visionären der frühen Anwender deutlich zu machen, dass ihnen aus der Anwendung der neuen Technologie ein strategischer Wettbewerbsvorteil entsteht.
- Der **zweite „Crack"** befindet sich zwischen den Gruppen der Pragmatiker und der Konservativen. Während die Pragmatiker bereit sind, sich technisch weiterzuentwickeln und sich neue technische Prozeduren anzueignen, ist dies bei den Konservativen weitgehend nicht der Fall. Deshalb muss zum Zeitpunkt des Übertritts in das Marktsegment der Konservativen die neue Technologie so stark vereinfacht und bedienerfreundlich gemacht worden sein, dass sich der Kunde nicht mehr anpassen muss, sich vielmehr das Marktangebot dem Kunden angepasst hat.[2]

---

[1] Vgl. Moore, S. 17.
[2] Vgl. Moore, S. 18 f.

3.4 Adaptionszyklen in Technologie-Märkten

- Das bei weitem größte Hindernis bei der Erschließung des „Mainstream Market" ist jedoch der sogenannte „**Chasm**"[1]. Dieser Spalt befindet sich zwischen dem Marktsegment der Visionäre und der Pragmatiker. Um den Übergang vom „Visionär" zum „Pragmatiker" zu schaffen, erfordert es zum Teil völlig unterschiedliche Kompetenzen des Unternehmens, z.B. im Service, in der Produktunterstützung, vor allem aber in einen umfassenden Vertriebsaufbau. Daran scheitern vor allem viele junge Unternehmen, die diesen Wechsel nicht in der Kürze der Zeit vollziehen können. Die Probleme, die sich daraus ergeben, werden nachfolgend detailliert dargestellt.

Nur das Unternehmen, welches den „**Chasm**"[2] überschreitet, erlangt **Zugang zum „Mainstream Market"** (der ab dem „frühen Markt" beginnt) und somit zu zwei Dritteln des Käuferpotenzials. Der zentrale Erfolgsfaktor jedes Unternehmens vor oder im „Chasm" ist das Verständnis der Verhaltensweisen der Käufertypen im „Mainstream Market" (Pragmatiker und Konservative). Nur wer ihre Verhaltensweisen erkennt und seine Aktivitäten darauf hin abstimmt, kann im Wettbewerb bestehen.

Diskontinuierliche Innovationen setzen sich in Technologie-Märkten vor allem durch Referenzen anderer Marktteilnehmer durch. Die Kommunikation zwischen Pragmatikern verläuft jedoch horizontal, d.h. Referenzen aus dem Bereich des frühen Marktes erreichen sie nicht. Ein von vielen Unternehmen verkanntes Problem liegt darin, dass sich Pragmatiker nicht für neue Technik oder bessere Arbeitsabläufe interessieren, für sie ist nur wichtig, ob sich mit dem neuen Marktangebot die Rentabilität ihres Unternehmens verbessern lässt. **Der Pragmatiker will jedoch eine Lösung, die alle seine Probleme auf einmal löst**. Er kauft, wenn möglich, immer aus einer Hand und bevorzugt Marktangebote, in denen Komponenten von Marktführern verwendet werden.

Dabei bietet sich eine Markterschließung mit Hilfe von **Nischenbesetzungen** an. Innerhalb der Nische sind sowohl die Marktteilnehmer als auch deren Bedürfnisse relativ kongruent. Dies erleichtert es dem Unternehmen, ein Marktangebot zu entwickeln, welches optimal auf diese Nische abgestimmt ist. Gelingt es dem Unternehmen, durch eine geeignete Positionierung einige Pragmatiker zum Kauf ihres Marktangebotes zu bewegen, wird eine Art Kettenreaktion in Gang gesetzt, welche die gesamte Nische erfasst. Voraussetzung dafür ist, dass das Marktangebot tatsächlich optimal auf die Nische abgestimmt ist. Ist dies nicht der Fall, so stellt sich der Fall umgekehrt dar, es kommen negative Referenzen in Umlauf und der Eintritt in die entsprechende Nische ist verschlossen. Hat ein Unternehmen die Marktführerschaft in einer Nische übernommen, so ist es mit den entsprechenden Referenzen ausgestattet, um aus der Nische heraus andere Nischen anzugreifen. Die bereits erschlossenen Nischen sind sicher vor Wettbewerbsunternehmen, da die Pragmatiker sehr loyal gegenüber dem Marktführer sind.[3]

---

[1] Vgl. Moore, S. 19.
[2] Moore spricht in seinem Buch von „Crossing the Chasm".
[3] Vgl. Bower, S. 47 ff.

Ein Erfolgsfaktor zur Erschließung des „Mainstream Market" ist die Konzentration auf ein oder zwei Nischen. In jeder Nische wird der Mix aus Positionierung, Distribution und Preisgestaltung neu entwickelt. Lässt sich ein Unternehmen bei der Umsetzung seiner Strategie zu viel Zeit, so kann ein anderes Unternehmen den Schritt in den „Mainstream Market" schneller realisieren und damit selbst den Standard in der eigenen Technologie setzen. Dann bleibt der Markt für alle folgenden Unternehmen verschlossen. Aus einer einmal erschlossenen Nische heraus lassen sich andere Nischen leichter erschließen. Das Marktangebot verfügt nun über Referenzen der Zielgruppe. Pragmatiker aus anderen Nischen akzeptieren Referenzen der Nische, welche das Unternehmen bereits besetzt. Allerdings wird auch darauf geachtet, dass die Strategie in einer neuen Nische eventuell neu auf die unterschiedlichen Umfeldbedingungen ausgerichtet werden muss. Gelingt dies dem Unternehmen, so kann es ohne die Hilfe der Referenzen des frühen Marktes nach und nach durch Nischenbesetzung den gesamten Markt erschließen.

3.4.3 Unterschiedliche Kundentypen im Adaptionszyklus

Der **Techie** erwartet vom innovativen Marktangebot nur den Kernnutzen, d.h. er begnügt sich mit den **technischen Neuerungen**, die das Gerät zu bieten hat. Es wären demnach verschwendete Mittel, um das Marktangebot herum Zusatznutzen aufzubauen, für die sich der Innovator gar nicht interessiert. Die Datenblätter, die alle technischen Spezifikationen und Neuerungen enthalten, reichen vollkommen aus, um sein Interesse zu wecken.

Erwartungen:
Kunde betrachtet die reine Technik, die ihn fasziniert.
Zusatznutzen interessiert ihn nicht.

Unternehmensstrategie/ Preissensitivität:	Verkauf über Techniker:	Promotion:
• Suche nach „Lead Customer"	• Techniker sind die richtigen Ansprechpartner	• Fokus auf technische Details
• Preisermittlung schwierig	• Ausnutzen der technischen Verliebtheit	• Verkauf von Begeisterung über eine neue Lösung
• Sicherung eines Brückenkopfes: Nischenmarkt		

Bedeutung für das verkaufende Unternehmen:
„Techies" sind in der Rolle der „Opinion Leaders", d.h. ihre Akzeptanz ist die Voraussetzung dafür, dass weitere Kundenkreise erschlossen werden können!

Abb. 3.36: Akquisition von „Techies"

Der **Visionär** kauft das Marktangebot nicht wegen seiner „Features", er kauft es, weil er sich einen **strategischen Wettbewerbsvorteil** verspricht. Das Marktangebot muss also um eine Komponente erweitert werden. Das Kernproblem, an dem viele Unternehmen scheitern, besteht nicht darin, dass sie nicht erkennen, wo dieser strategische Wettbewerbsvorteil für den Visionär liegt, vielmehr scheitern sie daran, ihm diesen zu vermitteln. Dies liegt vor

3.4 Adaptionszyklen in Technologie-Märkten

allem an der Art, wie das Vertriebspersonal versucht, seine Marktangebote zu verkaufen. Solange die Argumentationskette nur auf der Kostenebene basiert, wird sich kein Erfolg einstellen, da der Visionär keinen strategischen Nutzen für sich sieht und deshalb bei der alten Lösung bleibt. Der Preis ist für einen Visionär sekundär, solange er sich durch das Marktangebot einen strategischen Vorteil über seinen Wettbewerber verspricht. Jeder Vertriebsmitarbeiter wird daher für jeden seiner Kunden individuell Gedanken darüber anstellen, welchen Vorteil das innovative Marktangebot gerade für jenen birgt. Dies könnte auch die Anwendung in einer bestimmten Branche sein, die die Vorteile besonders wertschätzt.

Erwartungen:
Kunde kauft ein neues Marktangebot,
um damit einen strategischen Wettbewerbsvorteil zu erzielen.

Unternehmensstrategie/ Preissensitivität:	Verkauf über Strategien:	Promotion:
• Einstieg in Branchen, die Vorteile besonders wertschätzen. • Preissensitivität ist niedrig, solange der Vorteil gesehen wird.	• Dem Kunden wird aufgezeigt, wie er durch den Einsatz Vorteile gegenüber dem Wettbewerber erhält, die dieser nicht schnell imitieren kann.	• Nicht die Entwicklung neuer technischer Details, sondern: Aufzeigen, wie Wettbewerbsvorteile erzielt werden können.

Bedeutung für das verkaufende Unternehmen:
Visionäre verhelfen dem Marktangebot zur breiteren Marktakzeptanz! Entwickelte Marktangebotsvarianten können für nächste Kundengruppe genutzt werden!

Abb. 3.37: Akquisition eines „Visionärs"

Wichtig ist es, zu erkennen, dass ohne eine im Marktsegment der Visionäre gelegte Basis ein Vordringen in das pragmatische Marktsegment nicht möglich ist. Grundlage für das Marktangebot, welches dem **Pragmatiker** angeboten werden kann, sind die unterschiedlichen Varianten im Marktangebot, die für die Visionäre generiert wurden. Allerdings reichen reine Nutzenargumentationen nun nicht mehr aus. Es kommen zwei weitere Anforderungen hinzu:

- Der Pragmatiker erwartet von dem potenziellen Lieferanten die Lösung seines Gesamtproblems, nicht nur von Teilproblemen. Damit ist konkret gemeint, dass sich der Vertrieb von der Vorstellung lösen muss, jeweils nur das Marktangebot zu verkaufen. Es muss gelingen, **komplette Lösungspakete** zusammenzustellen, die das Gesamtproblem des Kunden lösen. Dies setzt für die Vertriebsmitarbeiter nicht zwingend technisches Spezialwissen voraus, vielmehr muss die Bereitschaft vorhanden sein, auf die jeweiligen Experten zuzugehen und zusammen mit ihnen ein Lösungskonzept zu erarbeiten. Ohne solche ganzheitlichen Lösungskonzepte kann ein Pragmatiker nicht vom Kauf überzeugt werden.
- Ein weiterer Punkt, den es beim Verkauf an einen Pragmatiker zu beachten gilt, ist die Tatsache, dass ein Pragmatiker bevorzugt von einem der **Marktführer** kauft. Der Pragmatiker verspricht sich davon, dass ihm für die erworbene Lösung möglichst lange das komplette Angebot an Ersatzteilen und Serviceleistungen zur Verfügung steht. Der Pragmatiker sucht die Sicherheit und die Kontinuität. Allerdings sollte ihm dieser Vorteil auch

dargelegt werden. Auf diese Art wird zusätzlicher Nutzen generiert, ohne das eigentliche Marktangebot zu modifizieren und nur so können Argumente im Wettbewerb gegen andere Hersteller gewonnen werden.

Erwartungen:
Kunde kauft eine komplette Problemlösung, Teillösungen werden nicht akzeptiert! Grundlage sind bereits entwickelte Marktangebotsvarianten! Bevorzugter Kauf erfolgt vom Marktführer!

Unternehmensstrategie/ Preissensitivität:	Verkauf über Teams:	Promotion:
• Marktführerschaft wird angestrebt: Sie vermittelt dem Kunden Sicherheit und Kontinuität. • Kein Wettbewerb impliziert keinen Bedarf	• Um dem Kunden eine ganzheitliche Lösung anbieten zu können, wird „Team Selling" benötigt.	• Marktangebot als vollständige Problemlösung • Darstellung der eigenen Marktführerschaft, d.h. Sicherheit und Kontinuität

Bedeutung für das verkaufende Unternehmen:
Marktführer setzt Marktstandards! Pragmatiker setzen das Marktangebot endgültig am Markt durch und eröffnen es einer breiten Käuferschicht.

Abb. 3.38: Akquisition eines „Pragmatikers"

Die **Konservativen** kaufen das innovative Marktangebot erst dann, wenn es sich als **Marktstandard** durchgesetzt hat und auch dann nur, wenn sie der Meinung sind, es handelt sich um ein vertrauenswürdiges Unternehmen. Voraussetzung zur Erschließung dieses Marktsegments ist also ein bedeutender Marktanteil im Bereich der pragmatischen Käufer. Im konservativen Marktsegment erwartet der Käufer zwar ebenfalls technisch ausgereifte Marktangebote, aber er verzichtet im Gegensatz zum Visionär auf den strategischen Wettbewerbsvorteil. Für den konservativen Käufer müssen keine neuen Problemlösungen entwickelt werden. Er greift lieber auf die Lösungen zurück, die sich in ihrer Anwendung bereits als zuverlässig erwiesen haben. Gerade aber weil der Käufer auf einen strategischen Vorteil verzichtet und weil er sich bewusst ist, dass dem Lieferanten keine zusätzlichen Entwicklungskosten mehr entstehen, ist er **nicht bereit, denselben Preis zu bezahlen wie es noch der Pragmatiker** getan hat. Für den konservativen Käufer ist einzig und allein der richtige Preis der Beweggrund zum Erwerb des innovativen Marktangebots. Dieser sollte im Laufe der Zeit herabgesetzt werden, da viele konservative Käufer der Meinung sind, dass standardisierte Marktangebote im Preis fallen. Die schrittweise Reduzierung des Verkaufspreises kann man nur durchführen, wenn keine zusätzlichen Kosten für etwaige Problemlösungskonzepte oder Weiterentwicklungen anfallen. Im Idealfall stellt sich das innovative Marktangebot in diesem **Marktsegment als „Cash Cow"** dar. Nur wenn sowohl der Standard gesetzt ist als auch die Reputation des Unternehmens ausreichend ist, kann ein Erfolg im konservativen Käufersegment prognostiziert werden. Versucht man mit Hilfe der diskontinuierlichen Innovation alte Technologien zu ersetzen, so darf die alte Technologie nicht zu stark angegriffen oder diskreditiert werden, da Pragmatiker gegenüber ihren Zulieferern sehr loyal sind und so ein negatives Image gegenüber dem eigenen Unternehmen aufgebaut werden könnte. Vielmehr sollte

3.4 Adaptionszyklen in Technologie-Märkten

versucht werden, dem Kunden zu verdeutlichen, dass die bisherige Technologie zwar hervorragend war, die neue Technologie aber mehr Vorteile bringt.

Erwartungen:
Kunde kauft, sobald sich der Marktstandard durchgesetzt hat.
Zeichen dafür ist ein hoher Marktanteil bei den Pragmatikern.

Unternehmensstrategie/ Preissensitivität:	Verkauf über Standard:	Promotion:
• Me-too-Strategie	• Stand der Technik impliziert sichere Nutzung	• Zuverlässige Problemlösung, die sich bewährt hat
• Standardisierte Lösungen müssen im Preis fallen		• Technisch ausgereifte Marktangebote

Bedeutung für das verkaufende Unternehmen:
„Cash Cow"-Strategie, sofern keine Entwicklungskosten mehr anfallen!

Abb. 3.39:   Akquisition eines „Konservativen"

Die **Nachzügler** finden keine Betrachtung mehr. Das Marktangebot ist längst zur „Commodity" geworden und somit für diese Betrachtung mit anschließenden Implikationen irrelevant.

Der **Wettbewerb** hat entscheidenden Einfluss auf das Käuferverhalten im Technologiemarkt. Aus den bereits erläuterten Gründen kauft ein Pragmatiker nur in solchen Märkten, in denen Wettbewerb herrscht. Es ist von Vorteil, in Märkte vorzustoßen, in denen bereits andere Unternehmen tätig sind, welche jedoch keine monopolistische Stellung einnehmen. Liegt in einem neu erschlossenen Markt kein Wettbewerb vor, so muss dieser durch eine geeignete Positionierung künstlich geschaffen werden. Der Wettbewerb im entsprechenden Markt muss stabil und für den Pragmatiker erkennbar sein. Die Gefahr ist, dass der Kunde keinen Wettbewerber erkennt und unterstellt, dass sich diese Innovation nicht durchsetzen wird.

Unternehmen ordnen ihre eigenen Marktangebote in eine Grafik ein, um die **Gesamtsituation des Unternehmens** zu erfassen:

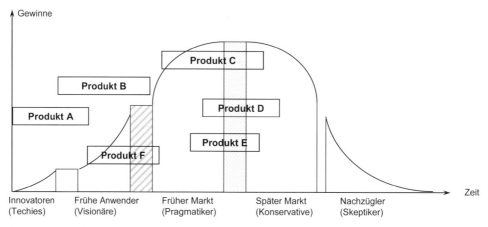

Abb. 3.40: Einordnung der eigenen Marktangebote

Die nächste Aufgabe ist, die richtigen Schlüsse aus der Positionierung zu ziehen: Ist das Portfolio an Produkten und Dienstleistungen ausgewogen? Wie könnte sich das Portfolio in bestimmten Zeiträumen ändern? Wäre es dann immer noch ausgewogen?

3.5 Wettbewerbsanalyse

3.5.1 Klassische Wettbewerbsanalyse

„Alle Unternehmen haben Wettbewerber. Selbst wenn es nur eine Fluggesellschaft gäbe, müsste sie sich um all die Menschen Gedanken machen, die Züge, Busse, Autos oder Fahrräder benutzen oder sogar lieber zu Fuß gehen"[1] schreibt Kotler. Damit gibt es immer Wettbewerber mit denen sich das Unternehmen auseinandersetzen muss, um Kunden zu gewinnen, die Kunden bestimmen, wer den „Krieg" gewinnt.[2] Um die eigene Wettbewerbsstrategie zu entwickeln, ist es ein „Muss" sich kontinuierlich mit den Stärken und Schwächen der Wettbewerber auseinanderzusetzen. Die Zielsetzung der Wettbewerberanalyse besteht darin, die relevanten Wettbewerber zu identifizieren und zu bewerten. Auf dieser Grundlage werden dann die Wettbewerbsstrategien erarbeitet, mit denen man sich gegenüber den Wettbewerbern positioniert. Unter **Wettbewerbsstrategien** werden gemeinhin Ziel/Mittel-Kombinationen verstanden, die dem wettbewerblichen Umfeld adäquat sind.[3] Das eigentliche Ziel ist dabei das Erreichen einer gefestigten Branchenposition gegenüber den Wettbewerbern:

---

[1] Kotler, 2004, S. 191.
[2] Vgl. ebenda, S. 193.
[3] Vgl. dazu Kap. 5.4.

3.5 Wettbewerbsanalyse

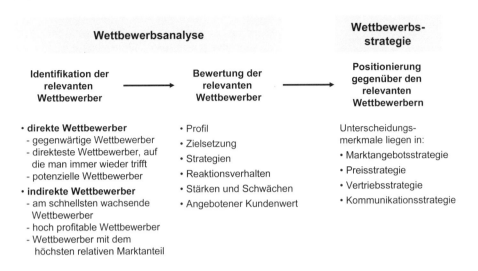

Abb. 3.41: Angestrebte Ergebnisse der Wettbewerberanalyse

Die dann ermittelten **relevanten Wettbewerber** werden analysiert, um die wichtigsten Informationen zu erhalten. Porter bietet einen guten Rahmen für die **klassische Wettbewerberanalyse**:[1]

- Die **Zielsetzungen eines Wettbewerbers** geben Aufschluss über die nächsten Maßnahmen, die er einleiten wird und wie er auf die eingeleiteten Maßnahmen des eigenen Unternehmens reagieren könnte. Unternehmen haben finanzielle Ziele, z.B. das Erreichen eines bestimmten Umsatzes und Marketingzieles, oder das Erreichen eines bestimmten Marktanteils. Sind Unternehmen mit ihren finanziellen Ergebnissen nicht zufrieden, kann es zum Strategiewechsel kommen. Unternehmen mit dem Ziel Kostenführerschaft werden bei einem Abschwung anders reagieren als ein Unternehmen, für das die Rendite eine herausragende Position hat. Gute Kenntnisse der Ziele des Wettbewerbers ermöglichen es auch, seine Initiativen besser einzuschätzen und eigene Reaktionen darauf abzustimmen. Interessant ist dabei auch die Betrachtung der „Reporting Lines" und der Ansiedlung der einzelnen Abteilungen in der Unternehmenshierarchie. Sie drücken die zugemessene Bedeutung der jeweiligen Abteilung im Unternehmen aus. Das wirkt sich auf die Allokation von Finanzmitteln, Mitarbeitern etc. aus. Wenn man das Entgeltsystem des Wettbewerbers kennt, erkennt man, was das Unternehmen belohnt, und damit dessen Zielsetzungen. Größere Schulungsmaßnahmen geben meist zu erkennen, dass es größere Veränderungen in den Zielsetzungen oder in den Strategien gibt.

---

[1] Vgl. Porter, 1985, S. 80 ff.

Abb. 3.42: System der Wettbewerberanalyse

- Die **Annahmen über die zukünftige Entwicklung**, die der Wettbewerber trifft, geben Aufschluss über sein zukünftiges Handeln. Es mag sein, dass sich der Wettbewerber darüber gar nicht bewusst ist, aber es ändert nichts an der Tatsache. Nimmt der Wettbewerber z.B. irrtümlich an, dass seine Kundenloyalität sehr hoch ist, können durch Preisaktionen des eigenen Unternehmens Positionen verändert werden, bevor der Wettbewerber den Fehler in seiner Annahme bemerkt. Der Wettbewerber kann geschlagen werden, wenn man seine sogenannten „Blind Spots" identifiziert. Dies sind Gebiete, die ein Wettbewerber als nicht für wichtig erachtet, oder die für ihn keine strategische Relevanz darstellen. Die Annahmen, die Wettbewerber ihren Zielen und Strategien zugrunde legen, geben Aufschluss über eine ganze Reihe von Fragen: Welche Stärken sieht der Wettbewerber bei sich? Bestehen emotionale Bindungen an bestimmte Marktangebote oder anderes? Bestehen bestimmte Institutionen oder Regeln beim Wettbewerber, die sich verfestigt haben und einen Strategiewechsel behindern? Wie bewertet der Wettbewerber die Nachfrageentwicklung, d.h. baut er z.B. weitere Kapazitäten auf?
- Die **Strategie des Wettbewerbers** kann durch die folgenden drei Aussagen beschrieben werden: Formulierung der Zielmärkte, Definition von Marktangeboten mit einer spezifischen Positionierung und das Einsetzen eines Marketing-Mixes, das seine Handlungsanweisungen im Markt umsetzt. Interessant ist dabei oft nicht nur die aktuelle Strategie, sondern auch die Strategien, die er einschlagen könnte, aber nicht in Taten umsetzt. Aus den Gründen für diese Entscheidungen können Rückschlüsse auf seine Einschätzung des

3.5 Wettbewerbsanalyse

Marktes und seine Zielsetzungen gezogen werden. Der Wettbewerber sollte auch dahingehend untersucht werden, wie seine Entwicklung in der Vergangenheit war, denn dies offenbart seine Fähigkeiten, sich neuen Marktgegebenheiten und Maßnahmen seiner Wettbewerber anzupassen und darauf zu reagieren. Den einzelnen Marktsegmenten lassen die Wettbewerber oft ein unterschiedliches Maß an Beachtung zukommen. Es gibt häufig Segmente, in denen der Wettbewerber aus verschiedenen Gründen sehr emotional involviert ist, andere führen eher ein Schattendasein.

- Die **Analyse der Fähigkeiten des Wettbewerbers** gibt Aufschluss über die Möglichkeiten, die der Wettbewerber hat. Dazu müssen alle Bereiche des Wettbewerbers durchgegangen werden, die zu seinem Erfolg beitragen: Marktangebote und Reputation aus Kundensicht, Vertriebssysteme, Fähigkeiten im Marketing, seine „Pipeline" von Neuprodukten, Kostensituation und Cash-Flow.

Aus diesem System der Wettbewerberanalyse können dann konkrete Fragestellungen abgeleitet werden. Um auf die Eigenheiten seiner Branche, seines Unternehmens etc. einzugehen und Vergleiche anstellen zu können, beginbnt man mit der Analyse der eigenen Fähigkeiten. Nach Porter könnte ein solches **„Competitive Screening"** somit die folgenden Punkte enthalten:[1]

Fähigkeiten des eigenen Unternehmens

- Marktangebote: Reputation (je Marktsegment), Vollständigkeit der Problemlösung, besondere Stärken des Marktangebots
- Vertriebswege: Lücken oder weitgehende Abdeckung durch die eigenen Vertriebswege, Intensität der Kundenbeziehungen über diese Vertriebswege
- Marketing: Fähigkeiten zur optimalen Gestaltung des Marketing-Mix, Entwicklung innovativer Marktangebote aus den Kundenbeziehungen
- Vertrieb: Ausbildung und Fähigkeiten des Verkaufspersonals
- Forschung und Entwicklung: „Intellectual Property", Entwicklung innovativer Marktangebote, Zugang zu externen Quellen, z.B. F&E-Partnerschaften
- Finanzielle Situation: Cash-Flow, kurz- und langfristige Kreditlinie, Zugang zu Eigenkapitalmärkten, Fähigkeiten des Finanzmanagements, z.B. bei der Verhandlungsführung, relative Kostensituation
- Organisation: Übereinstimmung organisatorischer Strukturen und Geschäftsprozesse mit der Strategie, Kostenstruktur, Flexibilität der Ressourcen
- Personalführung: Führungsqualität des Managements, Motivation der Mitarbeiter, Personalentwicklung, Personalloyalität, Flexibilität und Anpassungsfähigkeit
- Konzernportfolio: Fähigkeit des Konzerns zur Unterstützung von Veränderungen, zur konzernweiten Nutzung von Stärken

Abb. 3.43: „Competitive Screening" nach Porter, Teil 1

---

[1] Vgl. Porter, 1985, S. 98 ff.

Stärken des Wettbewerbers	• Bewertung des Wettbewerbers auf den Gebieten Marktangebot, Fertigung, Marketing & Vertrieb, Finanzen, Management und Unternehmenskultur • Identifizierung von Schwachstellen der Wettbewerber, die auf eigene Stärken treffen • Konsistenz in den Strategien des Wettbewerbers, d.h. ist sein Reaktionsprofil ersichtlich • Veränderungen in den Stärken, eher zunehmend oder eher abnehmend
Wachstumsfähigkeiten des Wettbewerbers	• Auswirkungen der Expansion auf die Entwicklung bzw. Ausprägung seiner Stärken • Wachstumsfähigkeit des Wettbewerbers in Bezug auf Personal, Kapazitäten etc. • Finanzielle Möglichkeiten für bestimmtes dauerhaftes Wachstum • Fähigkeit, dem Branchenwachstum Stand zu halten • Fähigkeiten zur Steigerung des Marktanteils
Fähigkeiten zur schnellen Reaktion des Wettbewerbers	• Fähigkeit zur schnellen Reaktion auf Maßnahmen anderer Anbieter, zum Start einer plötzlichen Offensive • Frage nach den Liquiditätsreserven, den offenen Kreditlinien, den überschüssigen Fertigungskapazitäten und den noch nicht eingeführten, aber sofort anbietbaren neuen Marktangeboten

Abb. 3.44:   „Competitive Screening" nach Porter, Teil 2

Anpassungsfähigkeit des Wettbewerbers	• Kosten seiner ungenutzten Kapazitäten • Anpassungsfähigkeit an sich verändernde Rahmenbedingungen in jedem einzelnen Funktionsbereich • Möglichkeiten zum Preiswettbewerb, ggf. Anpassung bzw. Reduzierung seiner Serviceleistungen • Erfahrungen bei der erfolgreichen Einführung neuer Marktangebote • Reaktionsfähigkeit auf mögliche exogene Ereignisse, die für die Branche zu erwarten sind, z.B. auf eine anhaltend hohe Inflationsrate; auf technologische Veränderungen, die eine bestehende Fertigungsstätte veralten lassen; auf eine Rezession; auf Lohnerhöhungen und auf die Formen behördlicher Vorschriften • Bestehen von Branchenaustrittsbarrieren, die ihn daran hindern, Kapazitäten abzubauen oder sich ganz aus einem Geschäftszweig zurückzuziehen • Gemeinsame Nutzung von bestimmten Anlagen zwischen verschiedenen Geschäftseinheiten im Unternehmen, z.B. in der Fertigung oder im Personal, etwa beim Vertriebspersonal; dies schränkt allerdings die Anpassungsfähigkeit ein und erschwert die Kostenkontrolle
Durchhaltevermögen des Wettbewerbers	• Fähigkeit, eine längere „Schlacht" zu führen, in deren Verlauf Erträge oder der Cash-Flow unter Druck geraten können • Fähigkeit hängt ab von Faktoren wie Liquiditätsreserven, Einstimmigkeit im Management, Langzeit-Perspektive bei den finanziellen Zielen und ggf. Börsendruck

Abb. 3.45:   „Competitive Screening" nach Porter, Teil 3

3.5 Wettbewerbsanalyse

Jedes Unternehmen stellt aus der Fülle der Möglichkeiten seine eigene Checklist zusammen, um die Wettbewerber zu „screenen". Diese kann z.B. wie folgt gestaltet werden:[1]

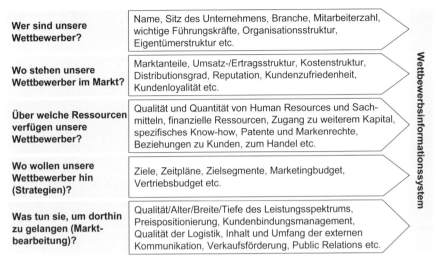

Abb. 3.46: Struktur eines Wettbewerbsinformationssystems

Woher bekommt man all diese Informationen, kann eine Frage sein, die sich in der Praxis selten stellt. Die Stellhebel sind bekannt, allerdings werden sie wohl selten systematisch angewandt. **Die Informationen über die Wettbewerber** kommen aus den vielfältigsten Quellen:

- **direkte Ansprache** der Wettbewerber, z.B. über „Mystery Shopping"-Projekte, in denen Wettbewerber über einen fiktiven potenziellen Kunden konkrete Angebote abrufen, um sie mit den eigenen zu vergleichen
- Interviews mit ehemaligen und gegenwärtigen **Mitarbeitern der Wettbewerber**
- **Geschäftspartner**, die auch mit den Wettbewerbern Geschäfte tätigen, z.B. Kunden, Lieferanten, Banken etc.
- **Auswertung von Dokumenten und Veröffentlichungen**, z.B. Geschäftsberichte, Stellenanzeigen
- **eigene Beobachtungen**, z.B. auf Messen, Werbeverhalten
- **eigene Aussagen**, z.B. zur Gesellschafterstruktur
- sonstige **gesellschaftliche oder private Kontakte**, z.B. Hochschulen, Kongresse

---

[1] Vgl. Nagel/Stark, S. 72.

> Aus der Wettbewerbsanalyse können auch Rückschlüsse auf das eigene Unternehmen gezogen werden:
> 1. Wer kämpft mit dem selben Problem wie wir, aber aus einem anderen Grund?
> 2. Wie gehen andere Unternehmen die Probleme an?
> 3. Welche radikalen Erfolge bei Wirtschaftlichkeit oder Effizienz hat das eigene Unternehmen erzielt, die auch in anderen Branchen genutzt werden könnten?[1]
> 4. Welche Informationen über Kunden und Produktverwendung fallen als Nebenprodukt des eigenen Geschäfts an, das genutzt werden könnte, um das eigene Geschäft radikal zu verbessern?

3.5.2 Benchmarking und Best-Practices

Das Benchmarking stellt einen methodischen Vergleich von ausgewählten Unternehmen, Geschäftsprozessen und Marktangeboten dar. Aus den Unterschieden der Vergleichsgrößen werden notwendige Veränderungen identifiziert, Potenziale für Verbesserungen erschlossen, Leistungslücken und ihre Ursachen festgestellt sowie eigene Best Practice-Lösungen entwickelt. **Ziel des Benchmarking** ist die Verbesserung der eigenen Prozesse, Produkte und Leistungen durch Vergleich: Von den anderen lernen, um die eigene Leistungsfähigkeit zu erhöhen. Die zentrale Fragestellung von Benchmarking lautet: „**Wie kann ich mich verbessern, indem ich von anderen lerne?**" So stellte der Vorstandsvorsitzende einer Fluglinie beim Kauf von Zahnpasta fest, dass er für jede gekaufte Tube einer Marke einen Punkt bekommt und bei Erreichen einer bestimmten Anzahl von Punkten eine kostenlose Tube Zahnpasta. Dies veranlasste ihn zu der Überlegung, ob dies auch auf seine Fluglinie übertragbar wäre: Damit waren die „Frequent Flyer"-Programme der Fluggesellschaften geboren.

Es gibt dazu die folgenden **Benchmarking-Varianten**:[2]

- Beim **funktionalen Benchmarking** erfolgt der Vergleich mit Unternehmen und Organisationen außerhalb der angestammten Branche.
- Beim **ganzheitlichen Benchmarking** kommen alle Bereiche, alle Prozesse eines Unternehmens auf den Prüfstand.
- Beim **internen Benchmarking** erfolgt der Vergleich und die Analyse von Prozessen zwischen den verschiedenen Bereichen eines Unternehmens beziehungsweise zwischen verschiedenen Konzernunternehmen.
- Beim **offenen Benchmarking** ist allen Unternehmen bekannt, wer in die Untersuchung einbezogen wird. Alle Beteiligten erhalten denselben Fragebogen sowie eine anonymisierte Auswertung.

---

[1] Möglicherweise ergeben sich hier neue Marktgelegenheiten.
[2] Vgl. www.absatzwirtschaft.de (14.02.2002).

3.5 Wettbewerbsanalyse

- Beim **verdeckten Benchmarking** ist den Unternehmen nicht bekannt, dass sie miteinander verglichen werden.
- Beim **wettbewerbsorientierten Benchmarking** wird das eigene Unternehmen mit direkten Wettbewerbern verglichen.

Die **Vorteile des Benchmarking** liegen darin, dass sehr hohe Verbesserungspotenziale identifizierbar sind, eine gute Übertragbarkeit der besten Lösung oftmals besteht und damit der Langzeitnutzen hoch ist. Weiterhin können Unterschiede zum besten untersuchten Wettbewerber beseitigt werden und eine führende Wettbewerbsposition erlangt werden.

Die **Nachteile des Benchmarking** liegen in den Vertraulichkeitsproblemen, sodass man oft an aktuelle Daten anderer Unternehmen nicht kommt, überhaupt kann die Datenbeschaffung sehr schwierig und mit hohen Kosten verbunden sein. Es ist immer wieder strittig, welcher Benchmarkingpartner ausgewählt wird und nur durch die Auswahl repräsentativer Kriterien kann das Benchmarking erfolgreich sein.

> Bei allen Varianten gilt: Aufgrund der Dynamik in der Geschäftswelt sollten die Benchmarking-Aktivitäten in gewissen Zeitabständen wiederholt werden, also kontinuierlich erfolgen. Vor der kritiklosen Übernahme fertiger Konzepte wird gewarnt, vielmehr sollte das Benchmarking als Ideenlieferant verstanden werden, der Anregungen gibt, wie ein Prozess besser zu gestalten ist. Man beginnt bei einer Benchmark-Studie daher immer wieder von Neuem.

Der **Ablauf eines Benchmarking-Projekts** kann damit wie folgt dargestellt werden:

Schritt 1: **Planung der Studie**	• **Festlegung der Projektziele**, d.h. der zu untersuchenden Objekte, z.B. Geschäftsprozesse, Marktangebote, Vorgehensweisen in Märkten • Bildung des **Benchmark-Projektteams** und **Festlegung des Zeitraums** • **Eingrenzung des Analysebereichs**, z.B. in welchen Funktionen
Schritt 2: **Sammlung der Daten**	• Auswahl und Operationalisierung von Vergleichsinhalten, Identifikation der **relevanten Kennzahlen** • **Identifizierung potenzieller Benchmark-Partner** (Wunsch versus machbar) • **Beschaffung** bereits vorhandener und neuer Daten über den Benchmark • **Beschreibung der eigenen Position** vor dem Hintergrund der externen Vergleichsmaßstäbe, d.h. Ermittlung der eigenen Kennzahlen
Schritt 3: **Analyse der Daten**	• Herausnahme nicht beeinflussbarer unternehmensinterner Faktoren (**Normierung**) • Identifizierung wichtiger **Ursachen für Unterschiede** (Haupteinflussfaktoren), z.B. bessere Technologien, Geschäftsprozesse • Definition der **erforderlichen eigenen Verbesserungen** zur Erreichung eines Vorsprungs des Wettbewerbers • **Priorisierung von Ansatzpunkten zur Leistungsverbesserung**
Schritt 4: **Anpassungen im eigenen Unternehmen**	• Diskussion der zentralen Ergebnisse mit dem Management und den betroffenen Mitarbeitern • **Verabschiedung von Verbesserungszielen** auf Basis der „Best Practices" • **Planung** der Ziele, Strategien und Maßnahmen zum Schließen der Leistungslücken • **Umsetzung** in einem Pilotbereich, danach Durchführung eines Umsetzungsplans, Überwachung des Fortschritts

Abb. 3.47: Ablauf eines Benchmarking-Projekts

Unter „**Best Practices**" versteht man eine spezielle Lernform, die man als Imitationslernen von herausragenden Beispielen bezeichnen kann. Unternehmen versuchen dabei, die Erfahrungen und das Wissen anderer Unternehmen aus der Realisierung von Spitzenleistungen zu nutzen und auf das eigene Unternehmen zu übertragen, um damit die eigene Leistungsfähigkeit zu verbessern.[1]

3.5.3 Praxisfall: „Wargaming" bei der ETAS GmbH[2]

Unternehmen

Die ETAS Group bietet umfassende und durchgängige Werkzeuglösungen für Entwicklung und Service von automobilen Steuergeräten. Mit 700 Mitarbeitern ist die ETAS Group weltweit an 14 Standorten in Deutschland, den USA, Japan, Korea, China, Indien, Frankreich, UK, Schweden, Italien, Brasilien und der Russischen Föderation vertreten. Die ETAS GmbH

---

[1] Vgl. Bratl/Miglbauer/Trippl.
[2] Alle Informationen, Unterlagen etc. mit freundlicher Genehmigung der ETAS GmbH. Die Ausarbeitung basiert auf einer Bachelorarbeit von Frau Sarah Schneider, eingereicht im Februar 2012, in Zusammenarbeit mit der ETAS GmbH.

3.5 Wettbewerbsanalyse

wurde 1994 als Tochtergesellschaft der Robert Bosch GmbH gegründet. Sie bietet eine umfassende Produktpalette mit integrierten Tools und Werkzeuglösungen, die die Qualität und Effizienz bei der Entwicklung und Wartung von Embedded Systemen steigern. Die Tools sind in automotiven und benachbarten Bereichen der Embedded Industrie im Einsatz. Ergänzt wird das Produktangebot durch Engineering-Dienstleistungen, Consulting, Training und erstklassigen Kundenservice.[1]

Problemstellung und Zielsetzung

Der Wettbewerb nimmt aufgrund der Profitabilität des Marktsegmentes und des Wachstumspotentials der Fahrzeugelektronikanwendungen zu. Vor diesem Hintergrund muss die erfolgreiche Positionierung der eigenen Geschäftsbereiche verteidigt werden. Daher benötigt das Unternehmen ein größeres Verständnis über den Markt, muss die kritischen Erfolgsfaktoren aufdecken, um die Geschäftsrisiken und Chancen sowie den Erfüllungsgrad der Erfolgsfaktoren nachzuvollziehen. Außerdem benötigt es Handlungsempfehlungen bezüglich der strategischen Veränderung der eigenen Geschäftsbereiche, die mit einer Neudefinition des Geschäftsbereichs einher gehen können.

Vorgehensweise: Schritt 1 – Marktforschung

Zunächst wurden in dem Markt für Engineeringdienstleistungen (EDL) die Megatrends identifiziert und die daraus resultierenden Erwartungen ermittelt. Dazu gehören auch Zahlen über das Marktvolumen, das Marktwachstum und die Markttrends:

Markttrends

| Verlagerung von Vertrieb und Fertigung in die BRIC-Staaten | Zunahme der Bedeutung von „Low cost"-Cars | Zunahme der Komplexität, insb. von neuen Technologien | Fachkräftemangel | Entstehung von zentralen Kompetenzstaaten |

Erwartungen vom OEM an den Engineeringdienstleister

1. Aufbau von Experten Know-how, z.B. für Elektrofahrzeuge
2. Standardisierung der Softwarearchitektur mit einheitlichen Beschreibungs- und Konfigurationsformaten für die Embedded Software im Automobil (Kostenminimierung)
3. Unterstützung beim Eintritt in die BRIC-Staaten
4. Know-how-Transfer zur Verbesserung der Qualität
5. Verringerung des Abwicklungsaufwands beim OEM durch System- und Beratungskompetenz
6. Ausbau der Kapazitäten, um den Innovationsstau bei den OEMs zu bewältigen
7. Effizientere Entwicklungswerkzeuge zur Kostenminimierung

Abb. 3.48: Schaffung der Grundlagen durch Marktforschung

---

[1] www.etas.de (07.04.2012).

Die Zahlen für das Marktvolumen, das Marktwachstum sowie die Marktanteile der jeweiligen Wettbewerber wurden ebenfalls ermittelt. Es wird in den nächsten fünf Jahren von einer Steigerung des Marktvolumens im Automotive Engineering Markt in Deutschland von über 50 % ausgegangen.

Vorgehensweise: Schritt 2 – Fit bezüglich der Marktanforderungen

Hier werden die „Key Success Factors" aufgedeckt, der eigene Erfüllungsgrad gemessen und die Wertekette in der Branche analysiert. Als Methodik der Untersuchung wurden Interviews und Workshops gewählt. So wurden über 30 Interviews mit internen und externen Industrieexperten durchgeführt sowie durch zwei Workshops Handlungsbedarfe und Maßnahmen für die eigenen Geschäftsbereiche ermittelt. Teilnehmer der Workshops waren Experten aus dem „Automotive Engineering"-Markt.

Auf diese Weise wurden die kritischen Erfolgsfaktoren für die Geschäftsbereiche der ETAS und die eigene Erfüllung wichtiger Erfolgsfaktoren im Vergleich zu einigen Wettbewerbern ermittelt:

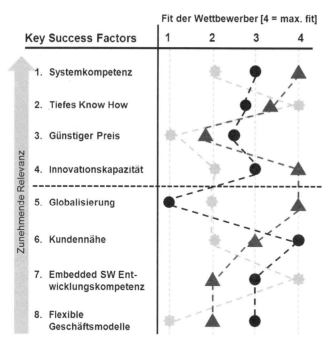

Abb. 3.49: Ermittlung der kritischen Erfolgsfaktoren und Erfüllung[1]

---

[1] Grafik von der ETAS GmbH (mit freundlicher Genehmigung).

3.5 Wettbewerbsanalyse

Im Anschluss daran erfolgte die Analyse der Wertekette, die Ermittlung der Stärken und Schwächen in jeder einzelnen Stufe und schließlich die Ableitung von Handlungsempfehlungen.

Vorgehensweise: Schritt 3 – Szenario-Analyse

Im letzten Schritt wurde ein „**Wargaming**" in den einzelnen Geschäftsbereichen sowie den Best-in-Class Unternehmen angestellt. Zur Vorbereitung dafür wurden zunächst SWOT-Analysen[1] mit den Best-in-Class (BiC)-Unternehmen erstellt:

	Gelegenheiten (O)	Bedrohungen (T)
	A: Kunden erwarten Komplettlösungen B: Markt in China/Indien wächst C: Globale Zunahme des Outsourcinggeschäfts D: Trend zur Elektromobilität E: Innovationsengpass F: Wachsender Entwicklungsmarkt G: Hoher RoI bei Werkzeugen	H: Begrenzte Anzahl von Ingenieuren I: Begrenztes F&E-Budget
Stärken (S)	**SO-Strategien**	**ST-Strategien**
1: Enge Partnerschaft mit OEMs 2: Innovationskapazität 3: Kompetenz in Elektromobilität 4: Gesamtfahrzeugkompetenz 5: Kompetenz in der SW-Entwicklung 6: SW-Entwicklungswerkzeuge 7: Motorenkompetenz	S1: Entwicklung einer Systemkompetenz in Elektromobilität: D, 3+4 S2: Eintritt ins High-End Segment: C+D+F, 2+3+6+7	S3: Eintritt in den Entwicklungswerkzeugmarkt: I, 7 S4: Gewinne durch mehr Marktanteil: H, 2+4+5 S5: BiC gewinnen Marktanteile: C+E, 1 + 2 S6: BiC positionieren sich zunehmend als SW-Entwickler/Integrator: A+G, 6+7
Schwächen (W)	**WO-Strategien**	**WT-Strategien**
8: Schlechtes Marketing 9: Schlechte Entwicklungswerkzeuge 10: Keine direkte Zusammenarbeit mit eigenen Lieferanten 11: Geringe globale Präsenz	S7: Enge Zusammenarbeit mit EDL/SW-Dienstleistern: B+G, 8+9+11 S8: Starke Investitionen in Zukunftsmärkte: B, 11	S9: Enge Zusammenarbeit mit OEMs: H+I, 8+10

Abb. 3.50: SWOT-Analysen zur Ermittlung möglicher Strategien für die ETAS GmbH

Im nächsten Schritt werden die „**Wargaming**"-Szenarien erstellt:

---

[1] Vgl. dazu Kap. 3.7.1.

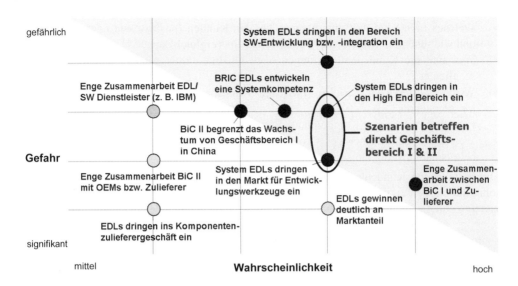

Abb. 3.51: „Wargaming"-Szenarien bei der ETAS GmbH[1]

Ergebnisse des „Wargaming"-Projekts

Aus dem „Wargaming"-Projekt wurde eine ganze Reihe von Handlungsempfehlungen für die ETAS GmbH generiert, von denen einige hier genannt werden:

- Ausbau der Anwendungskompetenz, insbesondere mit Fokus auf die Effizienz, um hochwertige Entwicklungswerkzeuge anzubieten
- Ausbau des Produkt- und Serviceangebotes im Bereich Consulting und engere Kooperation mit dem anderen Geschäftsbereich des Unternehmens
- Aufsetzen von strategischen Partnerschaften, um Lücken im ETAS-Portfolio zu schließen

3.6 Kundenanalyse

3.6.1 Klassifizierung von Kunden

Während bei der Marktanalyse die aggregierten Kundengruppen im Vordergrund standen, bewegt man sich in der Kundenanalyse **auf die einzelnen Kunden** zu. So stehen hier für das Unternehmen die folgenden Fragen im Vordergrund:

- Wie bewerten die einzelnen Kunden die Marktangebote bzgl. Preis, Qualität, Service, Verfügbarkeit, Umweltfreundlichkeit, Design etc., wie die der Wettbewerber?
- Welche Funktionen vermissen die Kunden, welche sind überflüssig?

---

[1] Grafik von der ETAS GmbH (mit freundlicher Genehmigung).

- Welches Image hat das Unternehmen bei den Kunden (positive wie negative Aspekte) und wie sehen die Kunden die Wettbewerber im Vergleich dazu?
- Was sind die Kundenanforderungen bzgl. Qualität, Preis, Service, technische Eigenschaften etc.?
- Welche Differenzen bestehen zwischen Kundenanforderungen und Beurteilung der Marktangebote?
- Erreichen die eigenen Kommunikationsmaßnahmen die Kunden?
- Welche Kunden machen den Großteil des Umsatzes aus? Welche Kunden bringen verhältnismäßig wenig Umsatz?

Die bestehenden Kundenkontakte müssen eingestuft werden, um zu erkennen, ob es sich lohnt, für sie Zeit zu investieren, d.h. sie müssen klassifiziert werden. Unter **Kundenklassifizierung** soll die Einteilung von bestehenden und möglichen Kunden in wichtige und weniger wichtige verstanden werden. Auf der Klassifizierung basierend können die begrenzten Ressourcen effizient vor allem im Vertrieb eingesetzt werden. Die Kernfrage lautet: Mit welchen Kunden wird welcher Umsatzanteil realisiert?

Die **ABC-Analyse** ist ein betriebswirtschaftliches Hilfsmittel, welches der Entscheidungsvorbereitung dient. Sie erfasst, welche Kunden wie stark zum Unternehmenserfolg beitragen. Die Identifikation von Schwerpunkten steht im Vordergrund. Die Vorgehensweise der ABC-Analyse ist dadurch gekennzeichnet, dass die Vielfalt der Kunden in drei Klassen eingeteilt wird, nämlich A (wichtig, dringlich), B (weniger wichtig) und C (unwichtig, nebensächlich). Grundlage dieser Klassifizierung ist ein eindeutig zu quantifizierendes Wertkriterium, welches auch als Mengen/Wert-Verhältnis bezeichnet wird und worin die relative Bedeutung eines Kunden zum Ausdruck kommt:

Klassifizierung	A-Kunde	B-Kunde	C-Kunde
80/20-Rule	80%	10%	10%
60/40-Rule	60%	30%	10%
Plausibilität	Kunde 1 + 2	Kunde 3 - 6	Reste von Kunden

Abb. 3.52: Kundenklassifizierung

Eine Möglichkeit der Einteilung folgt der 80/20-Regel (Pareto-Prinzip): A-Kunden sind dabei die Kunden, die 80 % Umsatzanteil haben, d.h. das 20 % der Kunden für 80 % des Umsatzes verantwortlich sind. B-Kunden sind die weiteren 10 % und C-Kunden die letzten 10 %. Die Anzahl der Kunden in den jeweiligen Kategorien kann sehr unterschiedlich sein und kann angepasst werden. Bei z. B. wenigen sehr umsatzstarken Kunden kann die Aufteilung in 60/40 geändert werden, so dass A-Kunden 60 % des Umsatzes ausmachen, B-Kunden die folgenden 30 % und C-Kunden die letzten 10 %.

Wenn auch die Grenzziehung willkürlich geschieht und deshalb in der betrieblichen Praxis unterschiedliche Wertgrenzen Verwendung finden, so lässt sich doch immer wieder die charakteristische Verteilung feststellen, dass ein relativ geringer Anteil der Kunden auf einen relativ hohen Verkaufsanteil fällt. Die auf diese Weise gekennzeichneten, wertmäßig bedeutenden A-Kunden bedürfen der besonderen Aufmerksamkeit, während die von der Anzahl umfangreichen C-Kunden von untergeordneter Bedeutung sind. Hieraus ergeben sich entsprechende Konsequenzen für das Kundenmanagement. So ist ein mit hohem Aufwand betriebenes Kundenmanagement nur für A-Kunden sinnvoll. Auch wird der Einsatz komplizierter Methoden der Bedarfsprognose eher bei A-Kunden als bei C-Kunden geboten sein:[1]

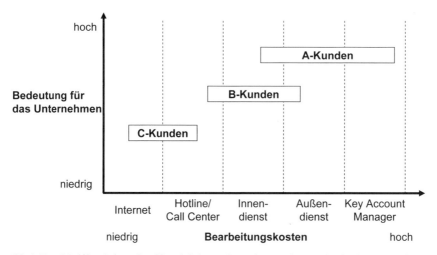

Abb. 3.53: Marktbearbeitung in Abhängigkeit von der Bedeutung der Kunden für das Unternehmensergebnis

Beide Einteilungen nutzen als Kriterien für die ABC-Klassifizierung Verkäufe der Vergangenheit, was eine gewisse Schwierigkeit bei Neukunden mit sich bringt. Dafür sind diese Kriterien aber einfach handhabbar. Mitunter mag es interessanter sein, in Kundenpotenzialen zu denken, insbesondere dann, wenn es sich um besonders viele Erstkunden handelt. Damit erfolgt allerdings eine Einzelfallbetrachtung jedes bestehenden und möglichen Kunden basierend auf seinem **Umsatzpotenzial in der Zukunft**; das ist dementsprechend aufwendig.

Die **Ermittlung der attraktivsten Kunden** kann auch über andere Vorgehensweisen erfolgen, die von Fall zu Fall entwickelt werden müssen. So kann sich zum Beispiel ein innovativer Zulieferer für die Automobilzuliefererindustrie überlegen, welches die zwei wichtigsten Kriterien für den Kunden sind, sich für ihre Marktangebote zu interessieren. So könnte der Zulieferer zu dem Schluss kommen, dass erstens das Unternehmen selbst innovativ sein muss und zweitens bislang, entgegen dem Trend, noch relativ viel selbst entwickelt. In diese Matrix werden dann die Automobilhersteller eingeordnet. Zur Einordnung kommt man etwa durch Experteninterviews:

---

[1] Vgl. Geisser, S. 9.

3.6 Kundenanalyse

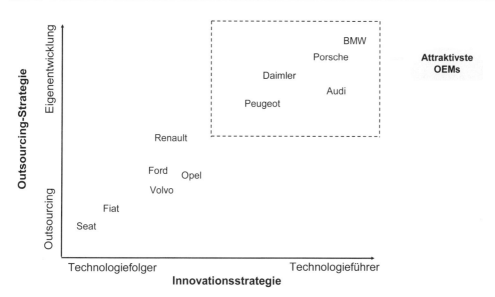

Abb. 3.54: Kundenanalyse zur Ermittlung der attraktivsten Kunden aus Sicht eines High-Tech-Zulieferers

Auf dieses Weise können die attraktivsten Kunden aus Sicht des Automobilzulieferers ermittelt werden. Da letztlich die Kunden die Marktangebote abnehmen, ist es von entscheidender Bedeutung zu wissen was diese möchten. Somit können unnötige und kostspielige Produkteigenschaften weggelassen werden, welche aus Kundensicht den Kundenwert nur wenig steigen lassen. Stattdessen kann sich die Entwicklung auf Produkteigenschaften fokussieren, welche tatsächlich von den Kunden erwünscht sind und auch entsprechend honoriert werden.[1] Diese Daten stellen die Basis für eine auf Kunden ausgerichtete Produktentwicklung dar, insbesondere bei technischen Unternehmen.

Das Unternehmen wird sich bei allen Maßnahmen der Verkaufsförderung immer Gedanken über die Zielgruppe(n) machen. Die Kunden eines Unternehmens sind von sehr unterschiedlicher Art und Mentalität; sie alle wollen individuell angesprochen und bedient werden. Die jeweilige Kommunikation muss für den Kunden, der angesprochen werden soll, passen. Zu diesem Zweck werden, wie bereits früher dargestellt, Märkte nach verschiedenen Kriterien segmentiert. Daran setzt auch die **Kundentypologie** an:[2]

---

[1] Vgl. Hahn/Taylor, 2006, S. 11.
[2] Vgl. Schultz/Robinson/Petrison, S. 18.

Abb. 3.55: Unterteilung nach Kundentypen

Für jeden einzelnen Kunden werden hier die folgenden **Kundendaten** ermittelt:
1. Jahresbedarf, unterteilt nach Produktgruppen
2. Gegenüberstellung von Bedarfs und realisiertem Umsatz bei den einzelnen Kunden
3. Wettbewerbssituation in Bezug auf den jeweiligen Kunden, d.h. mit wem und in welchem Umfang arbeitet er sonst noch zusammen und wie hoch ist der eigene Umsatzanteil
4. Nutzenkriterien, mit denen dem Kunden spezifische Vorteile geboten werden können und die der Wettbewerber nicht bieten kann
5. Bestimmung des voraussichtlichen Steigerungspotenzials in Zahlen und die Festlegung der Maßnahmen zur Steigerung des Umsatzes pro Kunde
6. Einordnung der Kunden nach ihrem Marktpotenzial mit Hilfe der ABC-Analyse

3.6.2 Kundenwertanalyse

Der **Kundenwert** basiert auf der Bewertung des Nutzens für den Kunden, verfügbar durch das Marktangebot. Auch die Kosten, die mit einer bestimmten Anwendungssituation des Kunden verbunden sind,[1] werden in den Kundenwert des Marktangebots einkalkuliert. Diese Kosten können in zwei Formen auftreten: Entweder monetär (in Geldeinheiten) oder nichtmonetär (zeitlicher, körperlicher oder geistiger Aufwand). Die **Kundenwertanalyse** hilft dem Unternehmen, tiefer in diejenigen Faktoren einzusteigen, die einen Wert für den Kunden

---

[1] Vgl. Anderson/Narus, 1998a, S. 54.

3.6 Kundenanalyse

schaffen. Der Mensch strebt danach, in Beziehungen den Nettonutzen zu maximieren. Dafür kann er entweder den Bruttonutzen maximieren, oder die Kosten minimieren:

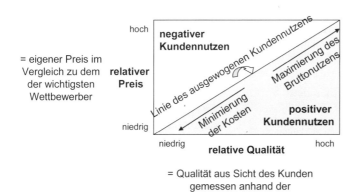

Abb. 3.56: Preis/Wert-Modell aus Kundensicht

Die folgenden für die Praxis **relevanten Aussagen** können mit diesem **Preis/Wert-Modell** getroffen werden:[1]

- Bei sehr starkem Wettbewerb und keinen Unterscheidungsmöglichkeiten für die verschiedenen Marktangebote durch den Kunden, liegen alle Marktangebote entlang der Indifferenzkurve.
- Marktangebote, die oberhalb der Indifferenzkurve liegen, werden im Zeitablauf eher Marktanteile verlieren, Marktangebote, die unterhalb der Kurve liegen, eher Marktanteile gewinnen.
- Dieses Modell eignet sich, um Zielgruppen zu identifizieren, die zu teuer oder zu günstig bedient werden. Erfolgt dies durch Marktangebote, die einen signifikanten Anteil intangibler Bestandteile aufweisen, wie etwa Serviceleistungen, oder bei denen die Marke eine große Rolle spielt, können somit Potenziale für Preiserhöhungen ermittelt werden.

Der Kunde erkennt, inwieweit er mit dem Marktangebot des Verkäufers einen Nutzen realisieren kann, z.B. in Form einer Steigerung des Umsatzes oder der Reduktion von Kosten, bzw. symbolisiert die „Macht der Marke" eine höhere Qualität, was sich wiederum in Nutzeneinheiten ausdrücken lässt. Demgegenüber werden die Kosten so gering wie möglich dargestellt. Je besser dies gelingt, umso höher ist für den Kunden der Wert des Marktangebots. Dabei kann der Verkäufer nicht davon ausgehen, dass die Käufer den wahren Wert der Marktangebote schon erkennen werden, sondern die Vorteile müssen hervorgehoben werden. Hier kann zwischen drei **Arten von Vorteilen für den Kunden** unterschieden werden:[2]

---

[1] Vgl. Golub/Henry, S. 48.
[2] Vgl. Narayandas, S. 41 ff.

- **Greifbare finanzielle Vorteile**, die der Verkäufer einfach herausstellt und der Käufer leicht nachvollziehen kann. Dies ist leicht erfassbar und darstellbar, allerdings auch für den Wettbewerber.
- **Nicht greifbare finanzielle Vorteile** sind für den Verkäufer vermittelbar, für den Käufer nicht leicht nachvollziehbar. Diese Vorteile werden gerne durch Studien oder durch das Anbieten von Pilotprojekten untermauert, um die Glaubwürdigkeit zu erhöhen. Dazu gehört auch das Schaffen einer Marke, globale Präsenz oder hohes Innovationspotenzial. Diese Vorteile können Preisaufschläge rechtfertigen.
- **Nicht greifbare nicht finanzielle Vorteile** sind weder für den Verkäufer noch für den Käufer quantifizierbar. Kunden müssen diese Vorteile erst erfahren haben, bevor sie in der Lage sind, sie auch wertzuschätzen, z.B. bestimmte Serviceleistungen.

Der Verkäufer transferiert die Kundenwerte in Produktmerkmale für den Kunden, die der heutige und der zukünftige Kunde verstehen:[1]

Abb. 3.57: Kundenwerte im B2B

---

[1] Anderson/Narus, 1998b, S. 5 ff.

3.6 Kundenanalyse

Kunden, die man fest gewonnen hat, kaufen immer wieder von dem einen Unternehmen, empfehlen es anderen und unterliegen nicht den Versuchungen der Wettbewerber. Das emotionale Band zwischen Zulieferer und Kunden bildet einen Kundenwert. Es ist der Kunde, nicht der Zulieferer, der entscheidet, ob ein Zulieferer einen Mehrwert bereitstellt oder auch nicht. Zur **Erreichung des optimalen Kundenwerts im B2B-Markt** kann die folgende Vorgehensweise eingeschlagen werden:

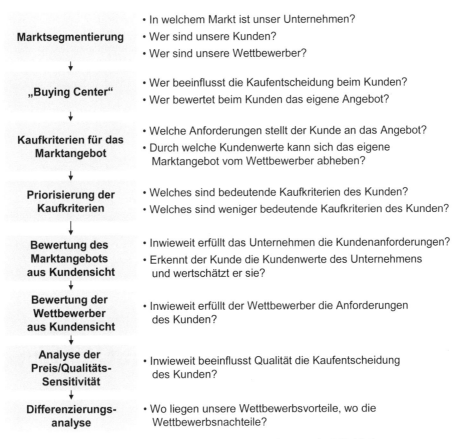

Abb. 3.58: Vorgehensweise zur Erreichung des optimalen Kundenwertes im B2B-Markt

> Gewarnt sei vor vagen Kundenwerten, die der Kunde nicht wirklich greifen kann, wie „gute Qualität". Kundenwerte werden für das Unternehmen vor der Erstellung und für den Kunden beim Kauf spezifiziert, konkret gemacht. Belege ergeben sich durch die quantitative Aussage, inwieweit sich die Qualität durch Messungen verbessert hat, durch kürzere Durchlaufzeiten bei der Fertigung, durch weniger Reklamationen etc. Kunden wechseln ihren Lieferanten nicht, wenn der neue Lieferant nur geringfügig besser ist. Er muss signifikante Unterschiede im Kundennutzen zur bisherigen Alternative bieten. Nachdem zunächst alle möglichen Marktsegmente betrachtet werden, wird sich das Unternehmen schnell auf diejenigen konzentrieren, die die bereitgestellten Kundenwerte besonders schätzen. Denn nur diese sind auch gewillt, die Premiumpreise zu bezahlen, da sie die Vorteile maximal nutzen können.

3.7 Strategische Analysen

3.7.1 SWOT-Analyse

In den Kernkompetenzen eines Unternehmens liegen die einzelnen Stärken des Unternehmens und seiner Marktangebote. Eine gute Behauptung am Markt setzt voraus, dass sich das Unternehmen dieser eigenen Stärken überhaupt bewusst ist. Daher beginnt man zunächst mit der eigenen Positionsbestimmung: Wo steht unser Unternehmen? Wie entwickelt sich das relevante Umfeld?

Wo stehen wir?	Interne Analyse			Stärken und Schwächen
Analysefelder	Erstellung des Marktangebots	Marktangebot	Wahrnehmung des Marktangebots	

Wie entwickelt sich das relevante Umfeld?	Externe Analyse					Gelegenheiten und Bedrohungen
Analysefelder	Umfeld	Branche	Wettbewerb	Markt	Kunden	

Abb. 3.59: Darstellung der IST-Situation im Unternehmen

Es gilt, die Frage, „Was können wir in diesem Umfeld besonders gut?" eindeutig zu beantworten. **Stärken** sind strategische Wettbewerbsvorteile, die auf Kernkompetenzen beruhen

3.7 Strategische Analysen

und die einem Unternehmen Wettbewerbsvorteile in einem bestimmten Markt verschaffen. Oft stellt sich dann heraus, dass diese vermeintliche Stärke alle anderen Unternehmen auch haben und dass man ohne sie überhaupt keine Kunden erreichen könnte. Es ist also keine Stärke, sondern ein Standard.

Um die Stärken herum wird die Unternehmensstrategie aufgebaut. Somit ist die Reihenfolge eindeutig: Aus den Stärken ergeben sich die Strategien und aus den Strategien die Strukturen, wie z.B. die Unternehmensorganisation, die Standorte:

Abb. 3.60: Zusammenhang zwischen Kernkompetenzen, Stärken, Strategien und Strukturen eines Unternehmens

Infolge der heute bestehenden Wettbewerbssituation auf beinahe allen Märkten herrscht eine weitgehende Ausgeglichenheit an Marktangeboten vor. Es ist daher nicht einfach, überhaupt eindeutige Unterscheidungsmerkmale zu finden und abzusichern. Diese müssen in der Lage sein, das eigene Angebot vom Angebot des Wettbewerbers ausreichend unterscheidbar zu machen und positiv abzuheben. In aller Regel werden auch meist nur einige wenige Ansatzpunkte für Differenzierungen gefunden, die dann kontinuierlich Zug um Zug weiter ausgebaut werden, um den Kundenwert weiter zu erhöhen.

> Das Erkennen der eigenen Stärken ist oft nicht so leicht. Die eigenen Stärken sind vermutlich die Gründe, warum sich ein Kunde für das eine Unternehmen entscheidet und gegen ein anderes. Problematisch dabei ist, dass Unternehmen oftmals ihre eigenen Stärken gar nicht kennen! Die eigenen Stärken sind die Ausgangsbasis für die eigene Unternehmensstrategie. Stärken beantworten für das Unternehmen die alles entscheidende Frage: **Woher kommt unser Wachstum?**

Eine Stärke ist nur dann gegeben, wenn a) der Markt diese Stärke als Alleinstellungsmerkmal anerkennt, sie wertschätzt und bereit ist, dafür einen Premiumpreis zu bezahlen, b) der Wettbewerber diese Stärke nicht hat und nicht so schnell erwerben kann:

Abb. 3.61: Stärken als Ausgangspunkt von Strategien (Gelegenheiten auf dem Markt)

Der Kunde bezahlt für Stärken nur dann einen **Premiumpreis**, wenn er dadurch seinen Umsatz und Gewinne erhöhen, die Kosten senken, das Geschäftsrisiko reduzieren und seinen

Geschäftsinhalt einfacher umzusetzen kann. Dann ergeben sich aus Stärken Gelegenheiten auf dem Markt. Die Strategieentwicklung fokussiert genau auf diese Gelegenheiten.

Die **SWOT-Analyse** ist eine Methode, die an der Harvard Business School entwickelt wurde[1], um die eigenen Stärken, d.h. die strategischen Wettbewerbsvorteile, zu erkennen und auf dieser Basis nach Geschäftsgelegenheiten zu suchen. SWOT steht dabei für die folgenden Begriffe:[2]

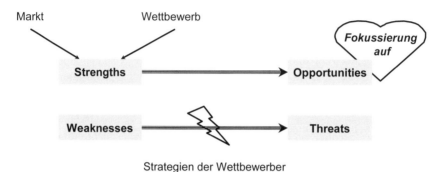

Abb. 3.62: Übersicht SWOT-Analyse

- Bei den **Strengths** (= **Stärken**) erfolgt die Bewertung immer aus der Sicht des Kunden. Was bedeutet eine Stärke für den Kunden? Was macht das Unternehmen besonders gut? Warum kaufen die Kunden bei dem Unternehmen? Was differenziert das Unternehmen vom Markt? Es wird unterschieden zwischen einer reinen Beschreibung und einer Stärke, aus der sich wirklich Kundenvorteile ergeben können. Stärken orientieren sich immer am Kundennutzen. Nur wenn Stärken einen Kundennutzen erbringen, sind es Stärken, sonst nicht!
- Bei den **Weaknesses** (= **Schwächen**) erfolgt die Bewertung der Bereiche, in denen das eigene Unternehmen verwundbar ist, insbesondere wenn die Wettbewerber genau dort ihre Stärken haben. Was läuft schlecht? Welche Felder benötigen die besondere Aufmerksamkeit des Unternehmens? Was sollte das Unternehmen zur Zeit vermeiden?
- **Opportunities** (= **Gelegenheiten**) im Markt sind die Folge der eigenen Stärken. Gelegenheiten können sich auch durch die Schwächen der Wettbewerber ergeben, die angegriffen werden können, z.B. durch neu aufkommende Märkte oder durch den Einsatz neuer Technologien. Welche Potenziale haben diese? Welche neuen Märkte (Länder, Branchen) kommen für die bestehenden Marktangebote auf? Welche neuen Marktangebote hat das Unternehmen in der Pipeline, um die vorhandenen Stärken zu nutzen und weiter auszubauen?
- **Threats** (= **Bedrohungen**) vom Markt her oder durch Wettbewerber entstehen insbesondere dort, wo Stärken der Wettbewerber auf Schwächen des eigenen Unternehmens treffen. Bedrohungen können sich manchmal auch dadurch ergeben, dass Unternehmen aus

---

[1] Vgl. Bea/Haas, S. 121.
[2] Vgl. Kohlert, 2002a, S. 51 f.

3.7 Strategische Analysen

unterschiedlichen Gründen der Zugang zu neuen Technologien versperrt bleibt. Weitere gefahren sind, dass die Markteintritts- und/oder Marktaustrittsbarrieren sehr hoch und risikoreich sind, oder dass durch eine unternehmensfeindliche Gesetzgebung die bisher innegehabten Wettbewerbsvorteile entwertet werden. Steht die Branche vor signifikanten Veränderungen? Was hindert das Unternehmen, etwas zu tun, was schon lange geplant, aber nicht umgesetzt wurde? Gibt es neue Wettbewerber auf dem Markt? Welche neuen Technologien fordern die bestehenden Stärken heraus?

Das Ergebnis der SWOT-Analyse ist eine Matrix, in der die Stärken und Schwächen des eigenen Unternehmens mit den Gelegenheiten und Bedrohungen seitens des Marktes verglichen werden.[1] Wenn die Stärken des Unternehmens auf die Gelegenheiten treffen, sollte investiert bzw. diese Position stark ausgenutzt werden. In einer Risikosituation können die Stärken dazu genutzt werden, das Risiko zu reduzieren. Die Schwächen können zu Bedrohungen werden, vor allem wenn Wettbewerber dort Stärken haben, wo das eigene Unternehmen Schwächen hat.

Stärken des Unternehmens können in den folgenden Bereichen liegen:[2]

- **Qualität** wird immer zuerst genannt, insbesondere von mittelständischen Unternehmen. Oft wird dabei jedoch nicht berücksichtigt, dass es auch eine Voraussetzung sein kann, um überhaupt bei einem neuen Kunden tätig zu werden. Sagt ein Unternehmen, dass Qualität seine Stärke ist, bedeutet dies, dass die Wettbewerber keine Qualität liefern, ansonsten stellt es keine Stärke dar!
- **Neue Marktangebote** werden offeriert. Dies zeugt von fortlaufenden Innovationen, einem qualifizierten Vertrieb, innovativen Vertriebswegen sowie der Bestätigung, dass die Unternehmenskommunikation die Kunden erreicht. Ferner ist man in der Lage, Marktangebote unter Nutzung neuer Technologien zu einem guten Preis/Leistungs-Verhältnis anzubieten.
- **Fähigkeiten der Mitarbeiter** sind vorhanden, d.h. es gibt auch die Mitarbeiter, die diese Strategien in den Markt implementieren und aus Erfahrungen lernen können. Der Schlüssel, insbesondere in der Dienstleistungsindustrie, sind gute Mitarbeiter. Der Wettbewerb findet immer zwischen den Stärken der Unternehmen und den dafür verantwortlichen Mitarbeitern statt.
- Die **Rentabilität pro Kundengruppe bzw. pro Leistungsprogramm** etc. ist gegeben und kann belegt werden. In der Regel ist die Tatsache, dass ein Unternehmen Geld verdient, ein gutes Indiz dafür, dass es gute Qualität liefert.
- Durch die **Beherrschung einer bestimmten Technologie** ist das Unternehmen in der Lage, Problemstellungen des Kunden optimal zu lösen. In der Anfangszeit ist dies oft mit einer gewissen Monopolstellung verbunden, die es erlaubt, zeitlich befristet Pioniergewinne zu vereinnahmen.
- Das Unternehmen hat seine eigenen **Geschäftsprozesse optimiert** und ist damit in der Lage, Marktangebote äußerst kostengünstig darzubieten.

---

[1] Vgl. Nagl, S. 29.
[2] Vgl. Kohlert, 2002a, S. 52 f; vgl. Baghai/Coley/White, S. 102 ff.

- Das Unternehmen ist in der Lage, durch seine in der **Regel sehr spezifischen Dienstleistungen die Wertekette des Kunden zu optimieren**. Durch Spezialisierung hat es sich in einem Bereich ein Know-how aufgebaut, das es zum unersetzlichen Teil in der Wertekette seines Kunden machen kann.
- Das **Vertriebssystem** ermöglicht dem Unternehmen, neue Marktangebote aufzunehmen, ohne viel in das System investieren zu müssen. Gegenüber seinen Wettbewerbern, die hohe Ressourcen für den Aufbau bereitstellen müssen, spart das Unternehmen diese Investitionen.
- **Erfahrungen von erfolgreichen Übernahmen** ermöglichen es dem Unternehmen, schnell in neue Märkte vorzustoßen; der eigene Aufbau dagegen dauert meist sehr lange.

Stärken sind immer auf die **Kundenbedürfnisse gerichtet**. Auf dem neuesten Stand der Technik zu sein, ist eine Stärke, wenn sie zu effizienten Lösungen für den Kunden führt. Gut ausgebildete Leute werden erst dann zu einer Stärke, wenn sie in der Lage sind, ungewöhnliche Lösungen für den Kunden zu entwickeln. Die Beherrschung einer Schlüsseltechnologie und eine hohe Beratungskompetenz werden erst dadurch zu Stärken, wenn das Unternehmen durch sie in der Lage ist, einzigartige sowie effiziente Lösungen zu erstellen. Eine große Kundenbasis ist erst dann für den neuen Kunden eine Stärke, wenn ihm verständlich ist, dass sich dadurch sein Risiko vermindert, weil das Unternehmen seine Leistungsfähigkeit bereits wiederholt bewiesen hat. Starke Partnerschaften in der Industrie werden erst dann zu Stärken, wenn dadurch nachweislich ein Mehrwert für den Kunden angeboten werden kann, der sonst nicht möglich gewesen wäre. Dies setzt sehr gute Informationen über die Anforderungen des Kunden voraus. Marktforschung ist in diesen Unternehmen in die Geschäftsprozesse integriert und wird fortlaufend betrieben.

Aus diesen Informationen kann ein umfassendes Bild des Unternehmens auf der Basis der Stärken und Schwächen erstellt werden und es können **Strategieempfehlungen auf Basis der SWOT-Analyse** abgeleitet werden:

3.7 Strategische Analysen

		Interne Analyse	
		Stärken (S)	**Schwächen (W)**
		Auflisten der ermittelten Stärken	Auflisten der ermittelten Schwächen
Externe Analyse	**Gelegenheiten (O)**	**SO-Strategien**	**WO-Strategien**
	Auflisten der möglichen Gelegenheiten	Einsatz von Stärken zur Nutzung von Geschäftsgelegenheiten: „Matching Strategy"	Überwindung der eigenen Schwächen durch Nutzen von Gelegenheiten: Umwandlungsstrategie
	Bedrohungen (T)	**ST-Strategien**	**WT-Strategien**
	Auflisten der möglichen Bedrohungen	Nutzung der eigenen Stärken zur Abwehr bzw. Eindämmung von Bedrohungen: Neutralisierungsstrategie	Minimierung der eigenen Schwächen zur Vermeidung von Bedrohungen: Verteidigungsstrategie

Abb. 3.63: Strategieempfehlungen auf Basis der SWOT-Analyse

> Die SWOT-Analyse ist die Grundlage vieler Marketingstrategien. Für Unternehmen ergibt sich die Empfehlung, das Umfeld auf Gelegenheiten und Bedrohungen sorgfältig zu analysieren und sich der eigenen Stärken und der Schwächen bewusst zu werden. Der Kern der Strategie besteht dann in der Entscheidung darüber, welche dieser Stärken das Unternehmen nutzen will um welche Marktgelegenheiten zu realisieren. Die daraus gewonnenen Strategien werden auch „Matching-Strategien" genannt, da sie Gelegenheiten durch passende Stärken des Unternehmens nutzen. Aber auch aus den anderen drei Kombinationen ergeben sich weitere Anregungen für Strategiealternativen.

3.7.2 Portfolio-Ansätze

Der Begriff der Portfolio-Analyse kommt ursprünglich aus dem Finanzbereich. Dabei sollten unterschiedliche Anlagemöglichkeiten mit dem Ziel der Maximierung des Gewinns unter Reduzierung des bestehenden Risikos optimiert werden. Später wurde dieser Gedanke vom strategischen Management aufgenommen. Das **Ziel der Portfolio-Analyse** ist die möglichst präzise Beurteilung der strategischen Geschäftseinheiten hinsichtlich der gegenwärtigen Marktverlaufs und den Entwicklungsmöglichkeiten. Durch diese Gesamtschau können die Stärken und Schwächen der einzelnen Geschäftsbereiche bezüglich der Erreichung der strategischen Ziele analysiert werden. Daraus werden Handlungsempfehlungen zur Veränderung des IST-Portfolios in Richtung des SOLL-Portfolios abgeleitet. Der **Hauptvorteil der Portfolio-Analyse** besteht darin, dass sie es ermöglicht, die äußerst komplexen strategischen Probleme eines Unternehmens in seinen zum Teil unterschiedlichen strategischen Geschäftsfeldern gedanklich zu strukturieren und zu visualisieren. Das ist sehr hilfreich für die weitere Ausrichtung des Unternehmens als Ganzes. Die Portfoliobetrachtung eignet sich allerdings unter Umständen mehr für Marktausstiegs- als für Markteintrittsentscheidungen.

Für Unternehmen, die in mehreren **strategischen Geschäftsfeldern (SGE)**, oftmals mit verschiedenen Angebot/Markt-Kombinationen, tätig sind, stellt sich häufig die Aufgabe, einzelne Felder unterschiedlich zu behandeln. Dies erfordert differenzierte Strategien, die den unterschiedlichen Marktgegebenheiten gerecht werden:

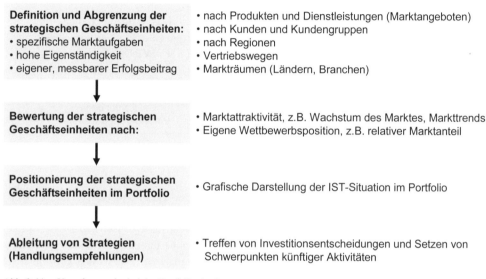

Abb. 3.64:   Vorgehensweise bei der Portfolio-Analyse

Die Organisation eines Unternehmens in strategische Geschäftseinheiten (SGE) birgt jedoch auch **Risiken**. Für viele Unternehmen bedeutet die SGE-Perspektive, dass die Topmanager nur einen einzigen Aspekt des globalen Wettbewerbs wahrnehmen, nämlich momentan wettbewerbsfähige Marktangebote zu schaffen. Prahalad & Hamel warnen vor den Folgen einer solchen Sichtweise:[1]

- Es könnten zu wenig Mittel für die Entwicklung von Kernkompetenzen investiert werden, denn es wird sich keiner dafür verantwortlich fühlen. Fehlt es an dieser Weitsicht, dann neigen SGE-Manager dazu, beim Mitteleinsatz, also den Kosten, zu sparen. Entwickelt sich eine SGE gut, so entstehen oft einzigartige Kompetenzen, die von der betreffenden Einheit als ihr alleiniges Besitztum betrachtet werden.

---

[1] Vgl. Prahalad/Hamel, S. 89.

3.7 Strategische Analysen

- Der Nutzen, den ein Unternehmen aus Kompetenzen wie aus dem Kapital zieht, hängt nicht nur von der Angebotsmenge, sondern auch von ihrer Umlaufgeschwindigkeit ab. Bleiben Kompetenzen eingeengt, können sich auch die Menschen, die sie verkörpern, nicht auf ihren Gebieten entfalten, d.h. die Fähigkeiten verkümmern. Einzig durch den vollen Einsatz ihrer Kernkompetenzen können so manche mittelständischen Unternehmen mit großen Konzernen in Wettbewerb treten.
- Wird der Wert von Kernkompetenzen nicht erkannt, dann verfolgen die einzelnen SGEs nur die auf der Hand liegenden Innovationsmöglichkeiten, neue Geschäftsgelegenheiten werden aber nicht wahrgenommen.

Der erste und bekannteste Portfolio-Ansatz, das **Marktwachstums/Marktanteils-Portfolio**, wurde von der Boston Consulting Group (BCG) entwickelt, in der die strategischen Geschäftseinheiten in einer Vier-Felder-Matrix positioniert werden (**BCG-Matrix**, BCG-Portfolio). Aufgabe dieser Matrix ist es, Zusammenhänge von Marktwachstum und Marktanteil eines Marktangebots, einer Sparte oder einer anderen strategischen Geschäftseinheit aufzuzeigen. Ausgangspunkt sind dabei die sogenannten **Erfahrungskurveneffekte**, die einen empirisch belegten Zusammenhang zwischen der Erfahrung, gemessen am kumulierten Absatz des Produkts (Marktangebot), und dem Verlauf der Stückkosten herstellen: Bei jeder Verdopplung des kumulierten Absatzes ergibt sich ein Kostenreduzierungspotenzial von ca. 20 % – 30 %.[1] Die Gründe für diesen Zusammenhang zwischen Absatz und Kosten liegen in den folgenden Bereichen:

- Fixkostendegression pro Ausbringungsmenge bei steigendem Output („Economies of Scale")
- Preiszugeständnisse der Lieferanten bei Abnahme höherer Mengen bzw. das Entstehen einer langfristigen Geschäftsverbindung
- Substitution von weniger effizienten Fertigungsverfahren, die sich oftmals erst ab einer bestimmten Fertigungsmenge lohnen
- Lerneffekte im Management, die zu weniger Ausschuss, geringeren Verwaltungskosten etc. führen

Der Marktführer kann somit im Extremfall zu Preisen anbieten, die bei den Wettbewerbern nicht einmal die Stückkosten decken. Auch die **PIMS-Studie** („Profit Impact of Market Strategy") bestätigt die Annahme, dass bestimmte unternehmerische Voraussetzungen eine maßgebliche Auswirkung auf den Erfolg eines Unternehmens haben. Das „Strategic Planning Institute" aus Cambridge/MA, USA geht in seiner Studie seit 1972 der Frage nach, welche Faktoren für den „Return on Investment" (RoI) verantwortlich sind. Auf breiter empirischer Basis werden dabei die 37 strategischen Einflussfaktoren untersucht, die sich auf den RoI auswirken. Heute sind an dem Projekt etwa 300 Unternehmen mit über 3.000 strategischen Geschäftseinheiten beteiligt. Auf der Grundlage der strategischen Geschäftseinheiten wird die Korrelation von 37 voneinander unabhängigen Variablen mit dem RoI gemessen. Die wichtigsten **Ergebnisse der PIMS-Studie** sind die folgenden:

- Je höher der relative Marktanteil, desto höher ist der RoI; dabei ist ein hoher Marktanteil umso günstiger, je höher die vertikale Integration ist. Dabei wurde auch festgestellt, dass

---

[1] Vgl. Henderson.

der Marktführer einen höheren RoI hat, als die Nummer zwei oder drei in dem Marktsegment.
- Unternehmen mit höherer Wertschöpfung weisen einen höheren RoI auf als Unternehmen mit einer geringen Wertschöpfung.
- Je höher die Produktqualität, desto höher ist der RoI, desto niedriger ist die Preissensitivität, d.h. die Nachfrageveränderung infolge von Preisänderungen.

Bei **hohem Marktwachstum** können die Fertigungsmengen auch ohne Marktanteilserhöhung kontinuierlich erhöht werden. Betrachtet wird hier immer der relative Marktanteil, meist der eigene Marktanteil im Vergleich zum stärksten Wettbewerber oder häufig auch in Relation zu den drei stärksten Wettbewerbern am Markt.

Bildet man die beiden strategischen Erfolgsfaktoren auf den zwei Achsen ab, also den relativen Marktanteil, der für die Stärken und Schwächen des Unternehmens steht, und das Marktwachstum, welches für die Chancen und Risiken steht, die sich aus dem Unternehmensumfeld ergeben, so erhält man die bekannte **Portfolio-Matrix der Boston Consulting Group**:

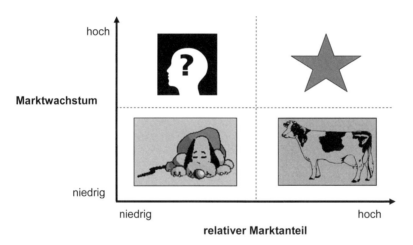

Abb. 3.65: Darstellung der Boston-Consulting-Group-Matrix

Die Matrix dient der anschaulichen Klassifizierung der strategischen Geschäftseinheiten (SGE) des Unternehmens. Die Skalierung beim relativen Marktanteil wird bei der Umsetzung festgelegt und hängt von der Struktur in den verschiedenen Märkten, in denen die SGEs positioniert sind, ab. Oftmals sieht man zwischen „niedrig" und „hoch" „1 x" stehen. Das besagt, dass die eigene SGE genauso groß wie die des Marktführers bzw. wie die des Marktverfolgers ist. Steht die eigene SGE in der Horizontalen bei „1,5 x", dann bedeutet das, dass die eigene SGE anderthalb Mal größer als die des nächsten Wettbewerbers ist bzw. bei „0,5 x", dass die eigene SGE nur halb so groß wie die des Wettbewerbers ist. Beim Marktwachstum wird eine marktspezifische Entscheidung getroffen, was unter „hoch" und „niedrig" verstanden werden kann. Aus dieser Einteilung ergeben sich dann die folgenden vier Felder der Matrix der Boston Consulting Group. Die vier verschiedenen Quadranten werden durch

Symbole dargestellt und auch nach diesen bezeichnet. Sie können folgendermaßen beschrieben werden:
- Der „**Poor Dog**", auch „Auslaufprodukte" genannt, ist das Sorgenkind des Unternehmens. Eine Verbesserung seiner Situation bedarf eines hohen Mitteleinsatzes. Jedoch befindet sich diese Geschäftseinheit in einer ungünstigen Kostenposition. Oft wird sie daher vom Markt genommen. Im Produktlebenszyklus befindet sich das Marktangebot in der späten Degenerationsphase oder in der Einführungsphase.
- Das „**Question Mark**", auch „Nachwuchsprodukte" genannt, ist in einem interessanten Markt tätig, oft sind es neue Marktangebote auf einem noch sehr stark fragmentierten Markt. Im Produktlebenszyklus befindet sich das Marktangebot in der Wachstumsphase. Da sich dieser Quadrant durch ein hohes Marktwachstum auszeichnet, birgt er jedoch auch Risiken, da man nicht den Marktanteil hat, der dieses Geschäftsfeld erst lukrativ macht.
- Der „**Star**" operiert in einem schnell wachsenden Markt mit einer relativ starken Wettbewerbsposition, es liegt Marktführerschaft, gemessen am relativen Marktanteil, vor. Im Produktlebenszyklus befindet sich das Marktangebot in der Reifephase. Es kann sich weitgehend selbst finanzieren. Eine Reinvestition der Gewinne ist durchaus sinnvoll.
- Die „**Cash Cow**" befindet sich auf dem Produktlebenszyklus bereits in der Degenerationsphase. Bei einem hohen Marktanteil sind keine Investitionen mehr notwendig, ein weiteres Wachstum ist nicht zu erwarten. Allerdings generiert sie einen guten Deckungsbeitrag. Sie wird dazu verwendet, die anderen Geschäftseinheiten, insbesondere diejenigen, die sich in der Position des „Question Mark" und eventuell noch des frühen „Star" befinden, zu subventionieren: Die „Cash Cow" muss dafür allerdings auch genügend „Milch geben"! Sobald kein positiver Deckungsbeitrag mehr erzielt werden kann, wird die „Cash Cow" abgestoßen, d.h. liquidiert oder verkauft.

Eine neue strategische Geschäftseinheit durchläuft in der Regel die folgende gezeigte Reihenfolge, wenn sie erfolgreich ist. Das bedeutet für das Portfolio, dass sie strategische Geschäftseinheiten in jeder dieser Quadranten haben sollte. „Poor Dogs" sollten allerdings nicht lange in dieser Position verharren.

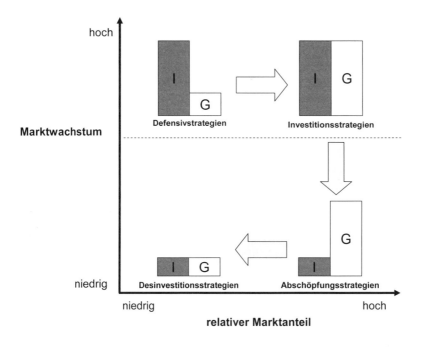

Abb. 3.66: Entwicklungen im Portfolio der Boston Consulting Group

Die **strategischen Empfehlungen der Boston-Consulting-Group-Matrix** sind die Folgenden:

- Bei dem „**Poor Dog**" lohnt es sich nicht, ein hohes Risiko einzugehen. Im Gegenteil, man denkt eher an den Verkauf der Anlagen oder gar über eine Stilllegung nach. Das Geschäftsfeld hat eine geringe Marktattraktivität und das Unternehmen selbst kaum Wettbewerbsvorteile. Ist keine Konzentration auf ein aussichtsreicheres Marktsegment möglich, lautet die strategische Empfehlung: keine Verteidigung dieser strategischen Geschäftseinheit und Desinvestition.
- Bei dem „**Question Mark**" wird das Risiko akzeptiert. Das Unternehmen baut Marktanteile sehr selektiv ab oder aus. Das hängt von der konkreten Verfassung der jeweiligen strategischen Geschäftseinheiten ab. Von dieser Entscheidung hängt auch der Investitionsbedarf ab. Er kann hoch sein, wenn erweitert wird, niedrig, wenn man sich entschließt, diese strategische Geschäftseinheit aufzugeben und zu eliminieren. Das Geschäftsfeld hat eine hohe Marktattraktivität und das Unternehmen selbst kaum Wettbewerbsvorteile. Die strategische Empfehlung lautet: Investition in erfolgträchtige Nachwuchsprodukte mit dem Ziel, sie durch eine Verbesserung der Wettbewerbsposition zu „Stars" zu machen.
- Beim „**Star**" wird das Risiko akzeptiert und man baut Marktanteile aus oder versucht sie zumindest zu halten. Das hängt von der genauen Position ab. Der Investitionsaufwand ist sehr hoch, in der Regel wird mindestens der Netto-Cash-Flow reinvestiert. Das Ge-

3.7 Strategische Analysen

schäftsfeld hat eine hohe Marktattraktivität und das Unternehmen selbst Wettbewerbsvorteile. Die strategische Empfehlung lautet: Investition in die eigene Wettbewerbsposition und Verteidigung gegenüber den Wettbewerbern.

- Die **„Cash Cow"** hat nur noch ein eingeschränktes Risiko. Es wird ein möglichst großer Rückfluss finanzieller Mittel angestrebt, indem Gewinnpotenziale ausgeschöpft werden, die zur Finanzierung der „Stars" und „Questions Marks" auch dringend benötigt werden. Es wird versucht, den Marktanteil mindestens zu halten bzw. im „End-of-Life"-Management auszubauen. Der Investitionsaufwand ist sehr gering, es handelt sich ausschließlich um Rationalisierungs- und Ersatzinvestitionen. Das Geschäftsfeld hat eine geringe Marktattraktivität und das Unternehmen selbst hat Wettbewerbsvorteile, die noch aus seiner Zeit als „Star" resultieren; neue Vorteile werden nicht mehr aufgebaut. Die strategische Empfehlung lautet: Verteidigung der Wettbewerbsvorteile gegenüber den Wettbewerbern und Abschöpfen der Erträge.

Portfolios eines Unternehmens werden in Form von Kreisen dargestellt. Die Größe des Kreises ergibt sich aus dem Anteil der jeweiligen strategischen Geschäftseinheit am Gesamtumsatz des Unternehmens:

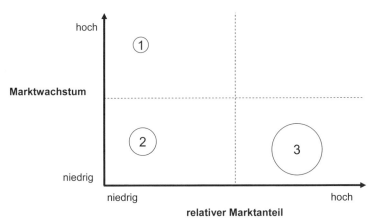

Abb. 3.67: Beispiel für ein BCG-Portfolio eines Unternehmens

In diesem Beispielfall steht das Unternehmen wie folgt da:

- SGE 3 ist bereits im „Cash Cow"-Quadranten und wird im Zeitablauf als „Cash Cow" wegfallen. Dies wird durch das geringe Marktwachstum deutlich. Im Produktlebenszyklus ist es in der Degenerationsphase und wird sich bald auf „Endspielstrategien" einstellen müssen, d.h. Liquidation oder Abschöpfen, so lange der Deckungsbeitrag positiv ist.
- Es gibt keine SGE, die die SGE 3 als „Cash Cow" ersetzen kann. Fällt sie heraus, steht das Unternehmen ohne finanzielle Ressourcen da. SGE 1 ist noch viel zu klein, außerdem im „Question Mark"-Quadranten; es wird sich erst noch entscheiden, ob sich SGE 1 im Rahmen der relativen Wettbewerber auf dem Markt durchsetzen und Marktanteile hinzugewinnen wird. Erst dann würde es in die „Star"-Position kommen; darauf kann aber nach jetziger Kenntnislage nicht gesetzt werden.

- Bei SGE 2 wird es sich entscheiden, ob der Markt interessanter wird, also insgesamt steigt, oder ob sich der Markt, in dem SGE 2 tätig ist, selbst eliminiert. Für diese kritische Entscheidung ist der Umsatzanteil von SGE 2 zu groß bzw. der von SGE 1 zu klein. In dieser Situation wird möglicherweise SGE 2 stärker subventioniert als SGE 1, welche in einem attraktiveren Markt tätig ist.

Für **Kritikpunkte an der Matrix der Boston Consulting Group** gibt es drei grundsätzliche Ansätze:

- Aus dem Erfahrungskurvenkonzept kann nicht zwangsläufig geschlossen werden, dass ein hoher Marktanteil zu einer positiven Geschäftsentwicklung führen muss. Kostensenkungspotenzial heißt nicht zwangsläufig realisierte Kostensenkung, das Erfahrungskurvenkonzept ist auf schnell wachsende Märkte ausgelegt und es kann sich für das Unternehmen ein Zwang zur Marktbeherrschung ergeben, die sich nur durch das Eingehen hoher, nicht zu rechtfertigender Risiken ermöglicht.
- Bei der Anlehnung der BCG-Matrix an das Produktlebenszykluskonzept muss berücksichtigt werden, dass die Phaseneinteilung willkürlich ist, der Lebenszyklus je nach Branche, Produktgruppe, Marke etc. variiert. In der BCG-Matrix werden Relaunch-Maßnahmen nicht berücksichtigt und die Bestimmung der Position einer SGE ist fast nicht möglich.
- Aussagen über den Zeithorizont werden nicht getroffen. Man geht implizit von einer in Phasen ablaufenden Entwicklung von strategischen Geschäftsfeldern aus, die nicht durch externe Faktoren, z.B. durch neue Technologien, beschleunigt oder gebremst werden kann.

> Insgesamt zwingt das Portfolio der Boston Consulting Group das Unternehmen zur Systematisierung seiner Aktivitäten mit dem Setzen von Prioritäten. Es legt Probleme offen und regt zur Diskussion und Kommunikation im Unternehmen an. Es ermöglicht eine gute Visualisierung der derzeitigen strategischen Position und eine strategische Bewertung der IST-Situation des Unternehmens. Wird das Portfolio in bestimmten Zeitabständen erstellt, können Entwicklungen aufgezeigt werden und es kann ein Bewusstsein im Unternehmen geschaffen werden, dass Änderungen notwendig sind.

Aus weiteren Kritikpunkten der BCG-Matrix, nämlich einer zu starken Vereinfachung der Erfolgsvariablen und der Einstufungen in „hoch" und „niedrig", entstand das **Marktattraktivitäts/Wettbewerbsvorteil-Portfolio** (GE-Portfolio, **McKinsey-Portfolio**). Es ist deutlich differenzierter und gibt Kriterien für die beiden Dimensionen des Portfolios vor. Im Marktattraktivitäts/Wettbewerbsvorteil-Portfolio werden die in der PIMS-Studie bestätigten 37 Erfolgsfaktoren anhand ihres Einflusses auf den RoI nach unternehmensinternen und unternehmensexternen Faktoren gruppiert. Das Portfolio stellt die Marktattraktivität dem relativen Wettbewerbsvorteil gegenüber.

3.7 Strategische Analysen

Die Ermittlung der **Marktattraktivität** erfolgt anhand vielfältiger Kriterien.[1] Zunächst werden die zwei zentralen Fragen gestellt:

- Spalte 1: In welchem Ausmaß wird die Marktattraktivität der strategischen Geschäftseinheiten von den einzelnen Kriterien beeinflusst? (3 = sehr stark; 2 = stark; 1 = schwach)
- Spalte 2: Wie ist die Marktattraktivität der strategischen Geschäftseinheiten im Hinblick auf jedes einzelne Kriterium zu beurteilen? (5 = sehr positiv; 4 = positiv; 3 = weder noch; 2 = negativ; 1 = sehr negativ)

Nr.	Kriterium	Spalte 1 Gewichtung (1 bis 3 Punkte)	Spalte 2 Beurteilung (1 bis 5 Punkte)	Spalte 3 Punktwert (Spalte 1 x Spalte 2)
1.	Marktwachstum und Marktgröße			
2.	**Marktqualität**			
2.1.	Rentabilität in der Branche			
2.2.	Spielraum für Preispolitik			
2.3.	Innovationspotenzial			
2.4.	Schutzfähigkeit von technischem Know-how			
2.5.	Wettbewerbsintensität und -struktur			
2.6.	Anzahl und Struktur potenzieller Kunden			
2.7.	Eintrittsbarrieren für neue Wettbewerber			
2.8.	Substitutionsmöglichkeiten			
2.9.	...			
3.	**Lieferanten**			
3.1.	Lieferbereitschaft			
3.2.	Weiterentwicklung			
3.3.	Optimierung der Prozesse			
3.4.	...			
4.	**Umfeldsituation**			
4.1.	Konjunkturabhängigkeit			
4.2.	Inflationsauswirkung			
4.3.	Abhängigkeit vom US$			
4.4.	Risiko staatlicher Eingriffe			
4.5.	...			
		Summe Gewichtung		
	Koordinatenwert = Gesamtpunktzahl / Summe Gewichtung			**Gesamtpunktzahl**

Abb. 3.68: Kriterien der Marktattraktivität im Portfolio von McKinsey

Auch zur Ermittlung des **relativen Wettbewerbsvorteils** werden eine Vielzahl von Kriterien herangezogen.[2] Zunächst werden wieder die zwei zentralen Fragen gestellt:

---

[1] Vgl. Nieschlag/Dichtl/Hörschgen, S. 913.
[2] Vgl. ebenda, S. 914.

- Spalte 1: In welchem Ausmaß wird der relative Wettbewerbsvorteil der strategischen Geschäftseinheiten von den einzelnen Kriterien beeinflusst? (3 = sehr stark; 2 = stark; 1 = schwach)
- Spalte 2: Wie ist der relative Wettbewerbsvorteil der strategischen Geschäftseinheiten im Hinblick auf jedes einzelne Kriterium zu beurteilen? (5 = sehr positiv; 4 = positiv; 3 = weder noch; 2 = negativ; 1 = sehr negativ)

Nr.	Kriterium	Spalte 1 Gewichtung (1 bis 3 Punkte)	Spalte 2 Beurteilung (1 bis 5 Punkte)	Spalte 3 Punktwert (Spalte 1 x Spalte 2)
1.	**Relative Marktposition**			
1.1.	Marktanteil und seine Entwicklung			
1.2.	Größe und Finanzkraft des Unternehmens			
1.3.	Etabliertheit am Markt und Marktrisiken			
1.4.	Rentabilität des Unternehmens			
1.5.	...			
2.	**Relatives Produktionspotenzial**			
2.1.	Flexibilität der Fertigung und Anpassungsfähigkeit der Anlagen an wechselnde Marktbedingungen			
2.2.	Kostenvorteile durch den Einsatz moderner Fertigungstechnologie und optimale Kapazitätsauslastung			
2.4.	Standortvorteile			
2.5.	...			
3.	**Relatives Einkaufspotenzial**			
3.1.	Gesicherte, kostengünstige Rohstoff- und Teileversorgung			
3.2.	Zuverlässigkeit der Lieferanten			
3.3.	...			
4.	**Relatives F&E-Potenzial**			
4.1.	Technologisches Know-how			
4.2.	Innovationsfähigkeit			
4.3.	...			
5.	**Relative Qualifikation des Managements und der Mitarbeiter**			
5.1.	Qualität der Führungssysteme			
5.2.	Qualität der Aus- und Weiterbildung, Personalentwicklung			
5.3.	Qualität der Motivationsstrukturen			
5.4.	...			
		Summe Gewichtung		
	Koordinatenwert = Gesamtpunktzahl / Summe Gewichtung			**Gesamtpunktzahl**

Abb. 3.69: Kriterien des relativen Wettbewerbsvorteils im Portfolio von McKinsey

3.7 Strategische Analysen

Daraus erfolgt die Einordnung der strategischen Geschäftsfelder in das Portfolio und die Ableitung von Handlungsempfehlungen:

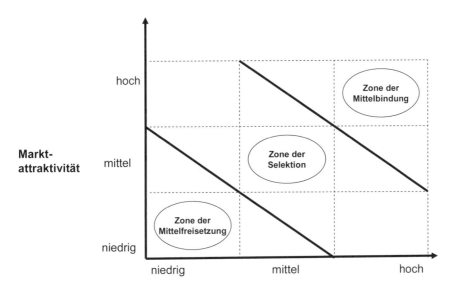

Abb. 3.70: Darstellung des McKinsey-Portfolios

- In der **Zone der Mittelfreisetzung** wird das Erfolgspotenzial als gering eingeschätzt. Die Strategieempfehlung lautet, die Rückflüsse ohne wesentlichen Ressourceneinsatz zu maximieren und, sofern möglich mit wenigen Mitteln, den Erhalt der Wettbewerbsvorteile voranzutreiben, im Zweifel jedoch den Rückzug aus diesem Geschäftsfeld zu forcieren.
- In der **Zone der Selektion** kann erheblich investiert werden, sofern das Erfolgspotenzial vom Unternehmen und die Marktattraktivität als eher hoch eingeschätzt werden. Ist die Marktattraktivität mittel oder gar gering, wird ein Ressourceneinsatz nicht mehr empfohlen, Strategien werden dann von der jeweiligen Situation oder den Gelegenheiten am Markt abhängig gemacht. Ein Ressourceneinsatz muss demnach konkret begründet werden.
- In der **Zone der Mittelbindung** wird das Erfolgspotenzial als hoch eingeschätzt. Dementsprechend sind die Investitionen hoch, insbesondere in die Forschung und Entwicklung, aber auch in die Fertigung, ins Marketing etc.

3.8 Marketing-Audit

Um eine Entscheidung mit strategischer Auswirkung zu treffen, z.B. über den Gang in ein neues Geschäftsfeld, müssen eine ganze Reihe von Analysen vorgenommen werden. Eine Festlegung solcher Tragweite kann nicht alleine auf einer Bauchentscheidung basieren. Dies soll aber die Bedeutung des „unternehmerischen Bauchgefühls" nicht abwerten, sondern es mit dem Einsatz verschiedener Methoden ergänzen. Denn nur in der Gesamtheit können gute Entscheidungen reifen und schließlich getroffen werden:

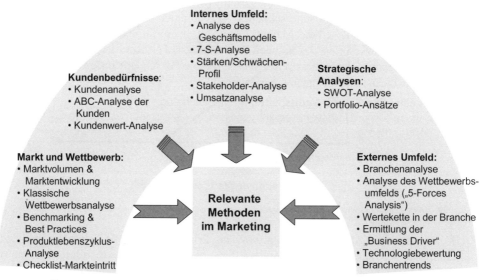

Abb. 3.71: Überblick der relevanten Methoden im Marketing

Die einzelnen Methoden werden in der Regel nicht alleine zur Entscheidungsfindung herangezogen, sondern zusammen mit anderen Methoden eingesetzt, um so ein umfassendes Bild von der Entscheidungssituation zu erhalten. Die eingesetzten Methoden werden sich in der Entwicklung des Unternehmens ändern, es gibt hier nicht das eine **„Set of Methods"**, das immerwährend genutzt werden kann. Unternehmen, die diese Methoden anwenden, nehmen die hier vorgestellten Werkzeuge als Grundgerüst und passen sie an ihre spezifischen Bedürfnisse an.

Unter dem **Marketing-Audit** soll eine zielgerichtete Vorgehensweise verstanden werden, um die konsequente Ausrichtung des Unternehmens auf die Markterfordernisse und die Kundenbedürfnisse sowie den Zustand des Marketings zu überprüfen. Die konkrete Frage dazu lautet, welchen Einfluss Marketing auf die Größen hat, die die Rentabilität des Unternehmens beeinflussen. Es unterscheidet sich vom Marketing-Controlling dahingehend, dass es im Gegensatz zu den Soll/Ist-Vergleichen des Controllings, die Problemfelder analysiert, die sich durch Zahlen nur in ihrer Auswirkung erfassen lassen, aber nicht im Detail.

3.8 Marketing-Audit

Das Marketing hat insgesamt die Aufgabe, als Informationsfilter vom und zum Markt zu wirken und damit einen interdisziplinären Charakter. Der **Zweck eines Marketing-Audits** liegt nun darin, Faktoren im Marketing zu identifizieren, die sich auf den Erfolg des Unternehmens bzw. seine Zukunftspläne auswirken. Unternehmen neigen dazu, eine Selbstüberprüfung nur im Angesicht von Krisensituationen vorzunehmen, besser ist es, an der Optimierung des eigenen Betriebsgeschehens fortlaufend, zumindest aber regelmäßig, zu arbeiten.

Das **Ziel des Marketing-Audits** ist es, das Unternehmen in die Lage zu versetzen, Erkenntnisse aus dem Umfeld des eigenen Unternehmens an die aktuellen Erfordernisse im Sinne von Chancen und Risiken anzupassen. Da die Stabilität von wirtschaftlichen Verhältnissen immer öfter und einschneidender in Frage gestellt wird, müssen Anpassungen im Unternehmen ausgehend von der Marktseite schneller vorgenommen werden. Oftmals müssen hier auch die Annahmen, auf denen das Marketing aufbaut, überprüft und angepasst werden, z.B. ändern sich die Kaufkriterien des Kunden über die Zeit. Die Kernfrage lautet dabei: Wie stellt das Unternehmen sicher, dass seine Marktangebote bei seinen Kunden auch in Zukunft gerne gekauft bzw. in Anspruch genommen werden?

Der **Ablauf eines Marketing-Audits** wird im Folgenden dargestellt:[1]

---

[1] Vgl. Kohlert, 2010b, S. 68 ff.

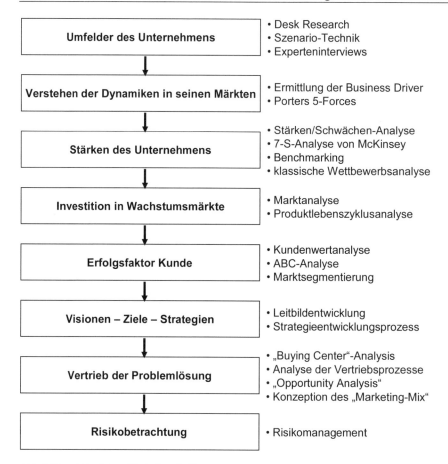

Abb. 3.72: Ablauf eines Marketing-Audits

1. Das Ziel der **Umfeld-Analysen** ist es, die zentralen Einflussfaktoren aus dem spezifischen Umfeld des Unternehmens auf die eigene Wettbewerbsposition im Markt zu erkennen. Da in den Unternehmen meist Informationen aus der Vergangenheit vorliegen, wird auf dieser Informationsbasis aufgebaut. Folgende Fragestellungen sollten dabei geklärt werden: Welche Informationen liegen im Unternehmen bereits vor? In welcher Qualität? Wo bestehen (noch) Informationslücken?
2. Ein **Verständnis der im Markt vorherrschenden Kräfte** ist für Unternehmen entscheidend, um die Marktdynamiken zu beurteilen. Das dabei stets verfolgte Ziel besteht darin, herauszufinden, in welchen Geschäftsfeldern künftige Geschäftsgelegenheiten für das eigene Unternehmen entstehen und welche der ursprünglich geplanten Vorhaben ausgeschlossen werden sollten.
3. Hier geht es primär um das **Erkennen der eigenen Stärken**, denn nur das Außergewöhnliche gewinnt im Wettbewerb. Stärken können sich aus soliden Kundenbeziehungen entwickeln, sie können im Marktangebot liegen, durch kontinuierliche Innovationen

3.8 Marketing-Audit

entstehen, oder in einer besonderen Qualität des Marktangebots bestehen. Aus den Stärken lassen sich Strategien für die Marktbearbeitung ableiten.

4. Unternehmen auf dem Markt benötigen **große, schnell wachsende Märkte**, auf denen sie dominieren können. Um zu erkennen, ob sich das eigene Unternehmen in einem Wachstumsmarkt befindet, ist eine Situationsanalyse in den ausgewählten Marktsegmenten hilfreich. Darüber hinaus ist ein Aufzeigen der strategischen Relevanz der jeweiligen Märkte erforderlich.
5. Unerlässlich ist es, ein umfassendes **Verständnis der eigenen Kunden** zu erlangen. Um die Frage „Wer sind unsere Kunden?" sicher beantworten zu können, müssen die relevanten Märkte, die in Frage kommenden Marktsegmente und die aktuell besetzten Marktsegmente definiert werden.
6. **Visionen, Ziele und Strategien** stehen im Zentrum der Betrachtung dieses Gestaltungselementes. Strategien dürfen nicht nur unternehmensweit entwickelt werden, vielmehr muss deren Entwicklung differenziert nach Marktsegmenten erfolgen.
7. Um dem Kunden durch das Marktangebot eine Lösung seiner Probleme anbieten zu können, erfolgt die **Umsetzung aller Maßnahmen** einschließlich der vorhandenen und zu berücksichtigenden Barrieren, z. B. Budgets, Termine und Zuweisung der Verantwortlichkeiten.
8. Es empfiehlt sich, zur **Minimierung von Risiken** das geplante, modifizierte oder bereits realisierte Geschäftsmodell einer gründlichen Risikobetrachtung zu unterziehen.

Zusammenfassend kann das Marketing-Audit auf die folgenden Kernaussagen eingegrenzt werden:[1]

Abb. 3.73: Felder des Marketing-Audits in technisch orientierten Unternehmen

---

[1] Vgl. Kohlert, 2010b, S. 72.

Als **mögliche Ergebnisse aus dem Marketing-Audit** könnte sich für das Unternehmen folgende Resultate ergeben:[1]

- Es gibt **Potenzial in der Umsetzung** in verschiedenen Bereichen:
  - Im Bereich Strategie könnte durch ein Audit ersichtlich werden, auf welche Geschäftsbereiche, Märkte, Kunden, Marktangebote etc. die eigenen Ressourcen konzentriert werden sollten. Die untersuchung kann zeigen, ob die Vision des Unternehmens weiterentwickelt und die Alleinstellungsmerkmale neu betrachtet werden sollten. Ein weiteres Ergebnis könnte sein, dass das Angebot an modularen Leistungen zur optimalen Abdeckung der Kundenbedürfnisse ausgebaut wird.
  - Im Bereich Marketing könnte eine Untersuchung ergeben, dass eine klare Positionierung und eindeutige Zielsetzungen erforderlich werden, vielleicht auch eine stärkere Gewichtung und Pflege der Altkunden.
  - Im Bereich Verkauf ist ein mögliches Ergebnis, dass die Einführung eines Key Account Management zur Optimierung der Erfolge bei Top-Kunden erforderlich wird, eine systematischere Führung des Vertriebes mit klareren Zielvorgaben und Kontrollen, der Einsatz des Managements bei Top-Kunden oder eine strukturierte Vorgehensweise zur Bewertung von Geschäftsgelegenheiten („Opportunity Analysis") und eine strukturierte Vorgehensweise zur Analyse des „Buying Center".
- Es besteht **Potenzial in der Darstellung nach Außen**:
  - In der Kommunikation könnte man die Notwendigkeit erkennen, den Kontakt zum Kunden zu pflegen oder zu eröffnen, z.B. durch neue Events, regelmäßige „Lösungsinformationen" an den Kunden oder einen „Competence-Letter" (Mailing der Geschäftsleitung an Kunden). Die Kommunikation nach außen kann mit einer klaren Zielsetzung optimiert werden, ein einheitliches, unverwechselbares Erscheinungsbild kann die strategiekonforme Kommunikation mit den eigenen Stärken nach außen tragen.
  - In den Marktangeboten könnten Lösungsansätze in den Vordergrund treten, Kundennutzen und Kundenvorteile stärker hervorgehoben werden.
  - In der Entwicklung kann die Verkürzung des „Time-to-market" entscheidend sein, die etwa das Eingehen von Kooperationen erfordert.
- Es besteht **Potenzial zur internen Optimierung**:
  - In der Organisation können flexible, strategiekonforme Organisationsformen erforderlich werden, ebenso wie schnelle, unkomplizierte Geschäftsprozesse. Oftmals erkennt man, dass nicht wichtige bzw. nicht dringende Aufgaben auch einmal „entrümpelt" werden müssen.
  - In der Führung stellt sich die Frage, ob eine Aufgabe als Coach notwendig ist, ob eine Sicherstellung einer regelmäßigen Qualifizierung der Mitarbeiter notwendig und vorhanden ist und die Entgeltsysteme leistungs- und zielorientiert sind.
  - Im Qualitätsmanagement können Maßnahmen zur qualitativen Verbesserung sowie Umsetzung der Kundenorientierung identifiziert werden.

---

[1] Vgl. Kohlert, 2010b, S. 73.

4 Produktpositionierung im Wettbewerb

4.1 Marktsegmentierung und Zielmarktbestimmung

4.1.1 Aufteilung des Marktes in Teilmärkte

Um einen Markt zu bearbeiten, bestehen grundsätzlich drei Möglichkeiten, die im Folgenden gegenüber gestellt werden:[1]

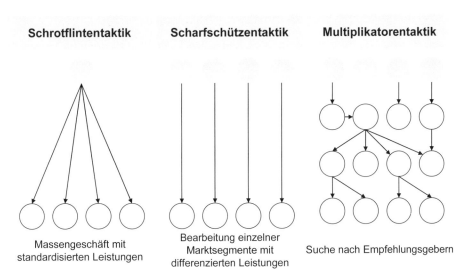

Abb. 4.1: Unterschiedliche Vorgehensweisen bei der Kundenbearbeitung

- Bei der „**Schrotflintentaktik**" wird das Unternehmen einen Markt undifferenziert bearbeiten, jeder Kunde erhält die selbe Leistung, jeder Kunde wird identisch beworben.
- Bei der „**Scharfschützentaktik**" wird der Markt in homogene Kundengruppen mit nahezu identischen Bedürfnissen zerlegt. Diese Zerlegung des Marktes nennt man Marktsegmentierung. Die einzelnen Marktsegmente werden dann einzeln und mit differenzierten Leistungen bearbeitet.
- Bei der „**Multiplikatorentaktik**" werden Empfehlungsgeber gesucht, die dem Unternehmen Kunden zuführen. Kunden, die selbst empfohlen worden sind, können selbst

---

[1] Vgl. Kohlert/Fohrer, S. 53.

auch zu Empfehlungsgebern werden.[1] Diese Vorgehensweise wird auch „Word-of-Mouth Marketing" genannt.

Das Unternehmen wird sich in der Regel auf eine Vorgehensweise konzentrieren, es spricht aber auch nichts dagegen, verschiedene Strategien abhängig von der Kundengruppe parallel zu nutzen. An dieser Stelle sollen die beiden Schwerpunkte bei der Marktbearbeitung gegenübergestellt werden: Die **Massenmarktstrategie** und die **Segmentierungsstrategie**.

	Massenmarktstrategie („Schrotflinten-Konzept")	**Segmentierungsstrategie** („Scharfschützen-Konzept")
Vorteile	• **Kostenvorteile** durch Massenproduktion • Abdeckung des gesamten Grundmarktes: **Ausschöpfung des Marktpotenzials** • Vereinfachtes, durchschnittsorientiertes, **weniger aufwendiger Marketing-Mix** • **Geringerer Aufwand** im Marketing	• **Hohe Bedarfsentsprechung:** Erfüllung der differenzierten Kundenwünsche • Erarbeitung **überdurchschnittlicher Preisspielräume** • Gute „**Lenkungsmöglichkeiten**" der einzelnen Marktsegmente nach spezifischen Faktoren • Möglichkeit, Preiswettbewerb durch **Qualitätswettbewerb** weitgehend zu ersetzen (zu überlagern)
Nachteile	• Je nach Marktgegebenheiten **nicht volle Berücksichtigung von Käuferwünschen** • **Begrenzte Preisspielräume:** „monopolistischer Bereich" relativ klein • **Eingeschränkte Möglichkeiten gezielter Marktentwicklung** • Gefahr des **Preiswettbewerbs** in Massenmärkten	• **Aufwand der Marketing-Instrumente** ist sehr hoch, da viele Dopplungen • Ggf. **Verzicht auf Massenproduktion** und die entsprechenden Kostenvorteile • Teilweise **eingeschränkte Stabilität von Marktsegmenten** • **Hoher Bedarf an Marketing-Know-how** und vorhandene Marketing-Organisation
Beurteilung, gesamt	Rentabilität durch **Preiswettbewerb**, abhängig von günstiger Kostenposition	Hohe Rentabilität aufgrund der spezifischen Zielgruppenentsprechung, primär durch **überdurchschnittliche Preise** möglich

Abb. 4.2: Unterschiede zwischen Massenmarktstrategie und Segmentierungsstrategie

Im B2B-Marketing handelt es sich in der Regel nicht um ein Massengeschäft: Aufgrund der Differenziertheit und Größe der heutigen Märkte und der Unterschiedlichkeit der Kundenbedürfnisse ist es nahezu unmöglich, einen Markt global nach dem Gießkannenprinzip zu bearbeiten. Daher wird der Markt in kleine Einheiten aufgeteilt (segmentiert), um Marketing effizient und zielgerichtet für jedes Marktsegment betreiben zu können. Demnach bleibt nur noch das „**Scharfschützen-Konzept**", bei der einzelne ausgewählte Marktsegmente mit einem jeweils differenzierten Marktangebot bearbeitet werden. Die Marktsegmente sollten dabei eine gewisse Umsatzgröße nicht unterschreiten, häufig gilt die 10 %-Marke (vom Gesamtumsatz) als grobe Richtlinie.

---

[1] Vgl. dazu Kap. 8.4.3.

4.1 Marktsegmentierung und Zielmarktbestimmung

> Als **Marktsegmentierung** bezeichnet man die Aufteilung eines Gesamtmarktes in Untergruppen, autonome und voneinander relativ unabhängig beeinflussbare strategische Geschäftseinheiten. Marktsegmentierung umfasst alle Maßnahmen, die Käufer mit gleichartigen Merkmalen oder Verhaltenseigenschaften zu Gruppen, den Marktsegmenten, zusammenfassen, aus den Marktsegmenten Zielgruppen herausfiltern und Marketing und Vertrieb gezielt auf diese Zielsegmente oder Zielkunden ausrichten.

Es bestehen bestimmte Anforderungen, um eine Marktsegmentierung durchzuführen. Es kommt darauf an, ob es gelingt, sinnvolle **Kriterien für die Marktsegmentierung** auszuwählen, die das Marktsegment beschreiben. Erforderlich ist demnach:

- Die ausgewählten Kriterien sind wirklich für das Kaufverhalten der Kunden relevant.
- Die Kriterien müssen messbar und quantifizierbar sein.
- Die Kriterien der Segmentierung sind erhältlich und es besteht ein Zugang zu den Daten.
- Die einzelnen Marktsegmente sind mit den Instrumenten des Marketing-Mix erreicht.
- Das Segment ist zeitstabil, denn viele Marketingmaßnahmen wirken erst mittelfristig.
- Das Segment ist groß genug, um profitabel zu sein. Die Definition zu kleiner bzw. zu großer Marktsegmente sollte vermieden werden.

Die Marktsegmentierung basiert auf der Erkenntnis, dass der Einsatz des Marketings auf die unterschiedlichen Bedürfnisse verschiedener Kundengruppen abgestimmt sein muss. Daraus ergeben sich die folgenden **Vorteile der Marktsegmentierung** für das Unternehmen:

Stärkere Kundenorientierung	• besseres Eingehen auf Kundenwünsche • Kunden, die das eigene Marktangebot am besten nutzen können, sind bereit höhere Preise zu bezahlen
Effektivere Nutzung von Marketingressourcen	• keine Streuung des Marketingbudgets auf unattraktive Geschäftsfelder • bewusste und zielgerichtete Steuerung der Marketingaktivitäten
Eröffnung der Möglichkeit, starke Positionen in Marktnischen aufzubauen	• starkes Wachstum gerade für mittelständische Unternehmen • leichteres Erkennen von Marktlücken
Bessere Beurteilung der Chancen und Risiken	• Aufteilung der Marktdaten nach Marktsegmenten • Marktsegmente unterscheiden sich nach Risiko, Rentabilität etc. • differenzierte Betrachtung erforderlich

Abb. 4.3: Vorteile der Marktsegmentierung

Es kommt bei den nachfolgenden Schritten sehr stark darauf an, wie sorgfältig die Marktsegmentierung vorgenommen wurde und wie detailliert die **Kenntnisse des Unternehmens von dem jeweiligen Marktsegment** sind:

- Besitzt jedes einzelne Marktsegment ein von anderen Marktsegmenten unabhängiges Marktangebot zur Befriedigung der unterschiedlichen **Bedarfe der Kunden**?
- Liegt jedem Marktsegment eine eindeutig abgrenzbare, in sich homogene **Zielgruppe** zugrunde?
- Ist die **Wertekette** in dem Marktsegment unabhängig von anderen Marktsegmenten?

- Können die **Wettbewerber**, die ein ähnliches Marktangebot offerieren, den Marktsegmenten eindeutig zugeordnet werden?
- Kann für jedes Marktsegment eine relativ unabhängige **Strategie** formuliert werden?
- Kann die Strategie für jedes Marktsegment mit einer eigenen **Organisation** umgesetzt werden?
- Sind die einzelnen Marktsegmente auf einer „Stand-alone"-Basis **überlebensfähig**?
- Ist die **Profitabilität** gegeben und kann sie auch zweifelsohne in jedem Marktsegment ermittelt werden?

Marktsegmentierung bedeutet immer, dass ein Teil des Marktes ausgeschlossen wird, da er durch die Marktsegmentierungskriterien nicht erfasst wird, diese Kunden aber dennoch zum Markt dazugehören. Es ist aber billiger, auf ein paar mögliche Kunden zu verzichten und nur eine Auswahl von Marktangeboten, die dann den Bedarf der Marktsegmente wirklich treffen, zu erstellen, als sich auf allen möglichen Märkten zu engagieren. Das Risiko bei einem Engagement in zu vielen Märkten liegt in der Verwässerung der Kernkompetenzen und Verärgerung bisheriger Kunden.

Der **Prozess der Marktsegmentierung** ist ein strategischer Ansatz, der über das Marketing, basierend auf den Zielen der Organisation, im Markt implementiert wird:

1. Marktsegmentierung:
 a) Ermittlung der Kriterien für die Marktsegmentierung
 b) Identifizierung aller möglichen Marktsegmente
 c) Ermittlung der Makro- und Mikroprofile der möglichen Marktsegmente

2. Zielmarktbestimmung („Targeting"):
 a) Bewertung der einzelnen Marktsegmente durch eigene, für das Unternehmen relevante Kriterien („Quick Check")
 b) Entscheidung über den Marktauftritt: undifferenziert, differenziert, konzentriert
 c) Auswahl und Festlegung der Marktsegmente, in denen man sich vom Wettbewerber differenzieren kann und die als Wachstumsmärkte eingeschätzt werden

3. Differenzierung:
 a) Erkennen der Differenzierungsmerkmale für die jeweiligen Marktsegmente: Kernfrage ist: „Für was steht das Marktangebot?" im Vergleich zum Wettbewerber
 b) Entwicklung der richtigen Produkt/Markt-Kombinationen, d.h. mitunter unterschiedliche Differenzierungskriterien in unterschiedlichen Marktsegmenten
 c) Entwicklung des spezifischen Marketing-Mix für jedes Marktsegment

4. Positionierung

Abb. 4.4: Zusammenhang Marktsegmentierung, Zielmarktbestimmung, Differenzierung und Positionierung

- Bei der **Marktsegmentierung** werden die Segmente nach bestimmten Marktkriterien gebildet, die durch eine vorgeschaltete Marktanalyse identifiziert werden müssen. Dies kann a priori entstehen, d.h. im Voraus werden potenzielle Kunden nach bestimmten Kriterien verschiedenen Marktsegmenten zugeordnet. Als zweite Möglichkeit kann die Marktsegmentierung ex post vorgenommen werden, d.h. Kunden werden entsprechend ihren konkreten Kriterien, die beobachtbar und ermittelbar sind, Marktsegmenten zugeordnet. Es wird nun im nächsten Schritt versucht, für diese Marktsegmente Geschäftsmöglichkeiten aufzuspüren und deren Wert abzuschätzen. Für alle Segmente werden die Makroprofile ermittelt, wie Marktvolumen, Marktwachstum, Ertragslage etc. Dann folgt die Ermittlung der Mikroprofile, wie Kundenpräferenzen, Kundenbedürfnisse, Anwendung, Volumen etc.
- Bei der **Zielmarktbestimmung** werden die letztendlichen Zielmärkte ermittelt. Es erfolgt die Bewertung der einzelnen Marktsegmente („Quick Check"), die Auswahl und Festlegung der einzelnen Marktsegmente, in denen sich das Unternehmen bewegen wird und die Entscheidung über den Marktauftritt. Bei der Auswahl der endgültigen Marktsegmente, also der Zielgruppenbestimmung („Targeting"), lässt man sich sehr stark durch die folgenden zwei Kriterien leiten:
  - Rentabilität, d.h. wie hoch sind die Gewinnmargen oder, einfacher ausgedrückt: Können in diesem Marktsegment gute Gewinne erzielt werden?
  - Wettbewerbsintensität, d.h. Marktsegmente mit einer hohen Wettbewerbsintensität werden gemieden.
- Die **Differenzierung** sorgt dafür, dass das eigene Marktangebot sich von denen der Wettbewerber unterscheidet und für den Kunden erkennbar wird. Dazu werden Alleinstellungsmerkmale identifiziert, die die eigenen Marktangebote unique im Vergleich zum Wettbewerber erscheinen lassen. Das Unternehmen entwickelt Produkt/Markt-Kombinationen und ein spezifisches Marketing-Mix für jedes Marktsegment, in dem es sich mit seinen Marktangeboten differenzieren kann.
- Die **Positionierung** erfolgt, basierend auf dem Wissen durch die Marktsegmentierung und die Differenzierung, als proaktive Maßnahme. Man überlässt die Positionierung nicht dem Zufall, was die Marktöffentlichkeit von dem Marktangebot denkt, sondern man versucht es zu steuern. Das Marketing bedient sich dazu kommunikativer Strategien im jeweiligen Marktsegment zur Beeinflussung der Wahrnehmung der Differenzierung des Marktangebots durch die Kunden. Je nach Marktsegment können sich die Positionierungen in den einzelnen Marktsegmenten drastisch voneinander unterscheiden. Unterschiede können in der Bestimmung des spezifischen Marketing-Mixes für jedes ausgewählte Marktsegment sowie in den Maßnahmen zur Umsetzung der Positionierung bestehen.

Die Marktsegmentierung hat ihren Ursprung im B2C-Marketing. Eine **Marktsegmentierung im B2C-Markt** wird anhand der folgenden Kriterien umgesetzt:

Abb. 4.5: Kriterien für die Segmentierung in B2C-Märkten

Oftmals sind die meist angewandten klassischen sozio-demografischen Segmentierungskriterien jedoch nicht kennzeichnend für das Kaufverhalten. Sie beschreiben, welche Kunden bestimmte Marktangebote kaufen, können jedoch das Verhalten nicht erklären. Das Kaufverhalten lässt Rückschlüsse von früherem und gegenwärtigem Verhalten auf die Zukunft zu. Es kann allerdings nur im Zusammenhang mit anderen Kriterien gesehen werden. Diese Komplexität von vielen verschiedenen Einflussfaktoren auf die Kaufentscheidung macht dann die Marktsegmentierung im B2C-Markt sehr aufwendig.

4.1.2 Marktsegmentierung im B2B-Markt

Bei der **Marktsegmentierung im B2B-Markt** können die unterschiedlichen Kunden, meistens eine limitierte Anzahl, ermittelt werden. Oftmals wird branchenbezogen segmentiert und dann werden in den jeweiligen Marktsegmenten in jeder einzelnen Branche die entsprechenden Kunden mit den Kontaktdaten ermittelt. Die im **B2B-Markt angewandten Kriterien zur Marktsegmentierung** sind:[1]

---

[1] Vgl. Shapiro/Bonoma, S. 105 ff.

4.1 Marktsegmentierung und Zielmarktbestimmung

demografische Merkmale	• Kundentypen nach **Branchenzugehörigkeit**, um deren spezifische Bedürfnisse möglichst exakt zu treffen • **Kundengröße**, gemessen nach Umsatz, Mitarbeiterzahl, Vertriebswegen, Fertigungsstandorten etc. • **Standorte** der Kunden
interne Abläufe	• **Eingesetzte Technologien**, um dann die eigenen Leistungen optimal den Bedürfnissen des Kunden anzupassen • **Kapazitäten/Ausstattung des Kunden**, um den Bedarf zu ermitteln und entsprechende Mengenangebote machen zu können
Einkaufsverhalten	• Verlauf der **Einkaufsprozesse** im Unternehmen, um dann den richtigen Zugang und den richtigen Zeitpunkt zum Unternehmen zu finden • **Machtstrukturen**, denn wer hat im Unternehmen wirklich „das Sagen" und trifft letztendlich die Entscheidungen („**Buying Center**") • Generelle **Einkaufsgrundsätze**, z.B. maximale Bedarfsdeckung bei einem Lieferanten von 30% (= Umsatzgrenzen mit dem Kunden) • **Kriterien des Einkaufs**, z.B. Schnelligkeit, Qualitätsanforderungen, Bedeutung des Service
situative Faktoren	• **Dringlichkeit**, d.h. Rolle der Schnelligkeit bei der Beschaffung • **Spezifische Anwendungen** des Marktangebots beim Kunden • Durchschnittliche Auftragsgrößen
persönliche Eigenschaften des Managements	• Persönlicher Draht zu den Verantwortlichen in den Unternehmen: Aktives Betreiben von „**Relationship Marketing**" • **Einstellung gegenüber Risiken** spiegelt die Experimentierfreudigkeit des Unternehmens wider und gibt Aufschluss für die Offenheit für Neuheiten • Konstanz des Managements beim Kunden kann ein Indiz dafür sein, dass die **Kundenloyalität** sehr hoch ist

Abb. 4.6: Kriterien für die Segmentierung in B2B-Märkten

Bei der Marktsegmentierung im B2B-Markt sind die Kriterien für die Segmentierung nicht ohne weiteres ermittelbar. Sie erfordern oft sehr spezifisches Wissen über das Unternehmen und die Branche. Die persönlichen Kontakte des Verkäufers zu vielen Mitarbeitern im Unternehmen spielen hier eine zentrale Rolle.

Im B2B-Markt entsprechen die **Marktsegmentierungskriterien** einem Trichtermodell mit einzelnen Filtern, die der Reihe nach dazwischen geschaltet werden. Die Segmentierung im B2B-Markt erfolgt oft über den Weg Branche, Marktsegmente und schließlich den Zielkunden:

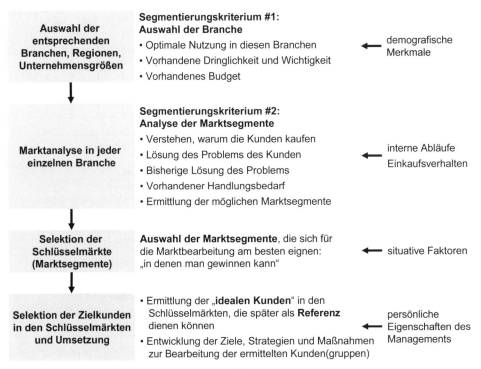

Abb. 4.7: Marktsegmentierung im B2B-Markt im Trichtermodell

4.1.3 Identifikation der relevanten Zielmärkte

Nachdem der Markt in Segmente aufgeteilt wurde, erfolgt die Zielmarktbestimmung. Für ein Unternehmen ergeben sich fünf Muster, nach denen es die Zielmärkte zusammenstellen kann, die hier beispielhaft durch die Kombination von drei Produkten P und drei Marktsegmenten M dargestellt werden:[1]

---

[1] Vgl. Kotler et al., S. 357 ff.

4.1 Marktsegmentierung und Zielmarktbestimmung

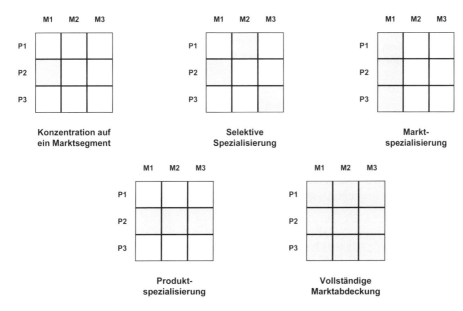

Abb. 4.8: Muster der Zielmarktbestimmung

- **Undifferenziertes Vorgehen** (vollständige Marktabdeckung), d.h. alle möglichen Marktsegmente, identisch mit den ausgewählten Zielsegmenten, bekommen dasselbe Marktangebot präsentiert. Anpassungen der Marktangebote an die jeweiligen Besonderheiten der Marktsegmente finden nicht statt. Dies kann seine Berechtigung haben, wenn die einzelnen Segmente eng zusammenhängen oder sich durch die Beschaffenheit der Marktangebote keine Notwendigkeit zu Anpassungen ergibt. Das könnte auch die Entscheidung in einem sehr frühen Stadium der Einführung einer neuen Technologie sein, wo es noch sehr schwierig ist, Marktsegmente überhaupt zu definieren.
- **Differenziertes Vorgehen** (selektive Spezialisierung, Marktspezialisierung, Produktspezialisierung), d.h. das Marktangebot wird an die jeweiligen Besonderheiten angepasst. Praktisch wird dann für jedes Marktsegment eine eigene Marketingkonzeption entwickelt, die sich an den spezifischen Bedürfnissen ausrichtet. Diese Vorgehensweise ist üblicher als das undifferenzierte Vorgehen, insbesondere bei exklusiveren Marktangeboten.
- **Fokussiert auf eine Nische** (Konzentration auf ein Marktsegment) ist die Entscheidung zu Gunsten eines einzigen Marktsegments. Man wird hier Spezialist und erarbeitet sich einen Markennamen in dieser Nische. Das Ziel kann nur das Erreichen und die Verteidigung der Markt- und/oder Technologieführerschaft in dieser Marktnische sein.

Das Unternehmen entscheidet sich bei der Zielmarktselektion für Marktsegmente mit einem hohen Ertragspotenzial. Das **Ertragspotenzial** beschreibt dabei ein unternehmerisches Aktivitätsfeld, in dem das Unternehmen Chancen sieht, Erfolge zu erzielen und bestimmte Erträge zu erwirtschaften. Es besteht aus einem exakt definierten Markt und einem darauf abgestimmten Marktangebot. Das Unternehmen entscheidet hier sehr genau, in welchen Marktsegmenten es sich bewegen möchte und welche Märkte interessant sind sowie welche, zumindest momentan, vernachlässigt werden können. Dazu ist es notwendig, alle ermittelten möglichen Marktsegmente zu analysieren, um die notwendigen Informationen für die Entscheidung zu erhalten.

Gerade durch die Marktsegmentierung haben **Mittelständler** die Möglichkeit, in Märkten zu dominieren, vor allem, indem man neue Märkte schafft, d.h. neue Marktsegmente entdeckt, definiert und besetzt. Dort muss Aussicht auf eine Dominanz bestehen und die kritische Masse erreicht werden können. Man muss davon ausgehen, dass ausgeprägte Märkte zwei bis drei profitable Spieler unterstützen können. Daher werden Konzeptionen dafür ausgelegt und Ressourcen so bereitgestellt, dass mindestens 30 % eines klar definierten Marktsegments zu erreichen sind! Unternehmen sollten nur auf neue Marktsegmente setzen, wenn diese sich in großen, schnell wachsenden Märkten befinden.

Der Marktführer wird einerseits von den anderen nachfolgenden Wettbewerbern fortlaufend angegriffen, weil sich viele Unternehmen an ihm orientieren, auf der anderen Seite ist er jedoch auch in der komfortablen Position, die höchsten Gewinnmargen zu realisieren, wie eine empirische Untersuchung von Bain & Company bei 185 Unternehmen in 33 Branchen belegt:[1]

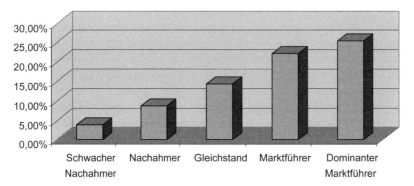

Abb. 4.9: Gesamtkapitalrenditen in Prozent der Unternehmen in unterschiedlichen Wettbewerbspositionen

Nur Marktführer in ihrem Kerngeschäft schaffen wirklich Werte, d.h. eine Rendite, die die Kapitalkosten deutlich übersteigt. Es wurde in der Untersuchung von Bain & Company auch darauf hingewiesen, dass der **Marktführer eindeutige Vorteile hat:**[2]

- Kostenvorteile halten die nachfolgenden Wettbewerber auf Abstand
- Möglichkeit, unprofitable Kunden abzulehnen bzw. auf diese Aufträge zu verzichten
- Erhöhung der Selbstfinanzierungskraft

---

[1] Vgl. Bain & Company: Newsletter, Juni 2003, S. 2.
[2] Vgl. ebenda, Juni 2003, S. 3.

4.1 Marktsegmentierung und Zielmarktbestimmung

> Daher ist es besser, zunächst eine Marktdominanz in einem kleinen Marktsegment zu schaffen und aus dieser Position heraus weitere Marktsegmente zu erobern, als im Markt zu breit aufgestellt zu sein und die Kräfte zu verzetteln. Dabei ist es entscheidend, das Kerngeschäft vollkommen auszuschöpfen. Demnach gilt die Formel: Fokussierung + Dominanz im relevanten Marktsegment + Investition

Nachdem das Unternehmen die relevanten Marktsegmente formuliert hat, erfolgt für die Zielmarktbestimmung oftmals ein sogenannter „**Quick Check**", in dem das Marktsegment anhand einiger weniger Kriterien bewertet wird. Hier entscheidet es sich, ob das Marktsegment in die engere Wahl kommt:[1]

Markt
- Besteht ein Markt und ist er groß genug, um ausreichende Gewinne zu erzielen?
- Ist die Marktgröße ermittelbar?
- Können Kunden eindeutig identifiziert und angesprochen werden?
- Ist die Kundenbasis segmentierbar nach Branchen und nach Geografie?

Wettbewerb
- Wie stark ist der Wettbewerb und wie ähnlich sind seine Marktangebote?

Vertriebswege
- Sind bereits Vertriebswege in dieser Branche vorhanden?
- Wie viel Aufwand ist notwendig, um zu ihnen Zugang zu finden?
- Müssen die Vertriebswege erst entwickelt werden?

Preise
- Wie hoch ist in diesem Markt die Preisspanne? Kann man wirklich Geld verdienen?
- Sind die Profitabilität und der positive Cash-Flow langfristig abgesichert?
- Werden die Preise und die Umsätze ausreichend finanzielle Mittel generieren, um auf weitere Finanzierungen verzichten zu können?

Promotion
- Wie erfolgt in diesem Markt die Vermarktung der Marktangebote?
- Können die Zielgruppen mit der in Frage kommenden Promotion erreicht werden?

Abb. 4.10: „Quick Check" zur Identifikation der relevanten Zielmärkte

> Jedes zu bearbeitende Marktsegment benötigt eine **eigene Marketing-Konzeption**, die Wege aufzeigt, die dortigen Kunden zu bedienen. Für mittelständische Unternehmen heißt dies oft, sich nur auf ein Segment oder wenige Segmente zu konzentrieren und diese dann wirklich optimal zu bedienen. Später können dann weitere Marktsegmente hinzukommen.

---

[1] Vgl. Kohlert, 2002a, S. 59.

4.1.4 Praxisfall: Marktsegmentierung in der Automobilzuliefererindustrie

Unternehmen

Ein Musterunternehmen der Automobilzuliefererindustrie hat sich als Anbieter von innovativen High-Tech-Lösungen im Automobil einen Namen gemacht. Hier wird beschrieben, wie das Unternehmen bei der Marktsegmentierung vorging und welche Handlungsempfehlungen aus der Marktsegmentierung abgeleitet worden sind. Eine Allgemeingültigkeit kann bei den Ergebnissen nicht vorliegen, sondern es ist immer unternehmensspezifisch zu betrachten. Kriterien der Marktsegmentierung werden nicht vom Markt vorgegeben, sondern von den Unternehmen erstellt. In stabilen Branchen können sie über lange Zeit allgemeingültig und konstant sein, in turbulenten Branchen werden immer wieder neue Marktsegmente definiert, dann bearbeitet und ggf. wieder verworfen.

Auswahl der richtigen Kriterien für die Marktsegmentierung

Zu Beginn einer Marktsegmentierung werden die Segmentierungskriterien festgelegt. Das Unternehmen entschied sich hier dafür, drei Gegensatzpaare als Kriterien zu nutzen, um die einzelnen Marken eindeutig voneinander abzugrenzen, nämlich Premium und Masse, unter Masse dann Komfort und Sport sowie Preis und Masse:[1]

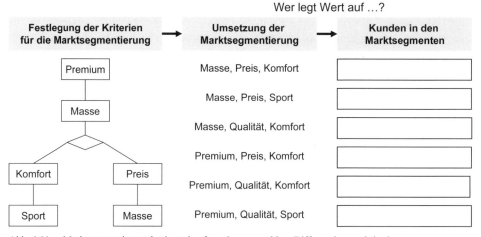

Abb. 4.11: Marktsegmentierung basierend auf vorab ausgewählten Differenzierungskriterien

Daraus wurden dann sechs Marktsegmente definiert, die einzelnen Kunden dann eingeordnet. Beispielsweise würde man Mercedes-Benz in „Premium, Qualität, Komfort" einordnen, BMW in „Premium, Qualität, Sport", Skoda in „Masse, Preis, Komfort".

---

[1] Vgl. Mercer Management Consulting/Fraunhofer Gesellschaft, S. 11.

Strategische Implikationen aus der Marktsegmentierung

Aus der Einschätzung der einzelnen Marktsegmente können Strategien für die Bearbeitung der einzelnen Kunden abgeleitet werden:[1]

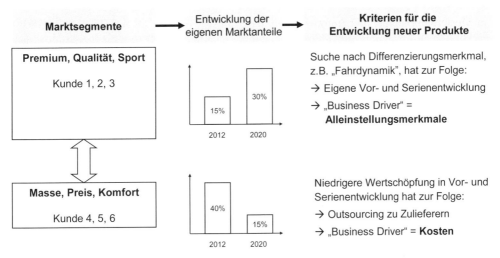

Abb. 4.12: Analyse der Zukunftsentwicklung in unterschiedlichen Marktsegmenten

Als Handlungsempfehlungen können daraus abgeleitet werden, in welchen Marktsegmente sich das Unternehmen mit High-Tech-Lösungen intensiver engagieren soll als in anderen, bis hin zur Aufgabe von bestimmten Marktsegmenten. Kunden mit Fokus auf „Alleinstellungsmerkmale" wertschätzen die Leistungen eines High-Tech-Unternehmens mehr, als Kunden, die auf die Kosten schauen. Daher lohnt es sich auch eher, in die als A-Kunden identifizierten Kunden 1, 2 und 3 zu investieren. Strategieentscheidungen gehen immer auch mit Investitionsentscheidungen einher.

Auch wenn die Empfehlungen bei näherer Betrachtung auf der Hand liegen, ist der Weg dorthin geprägt durch einige Diskussionen, Abwägungen und Verwerfungen, denen man sich stellen muss. Diese Workshops sind ein Hort für neue Ideen!

---

[1] Vgl. Mercer Management Consulting/Fraunhofer Gesellschaft, S. 12.

4.2 Differenzierung durch Alleinstellungsmerkmale

4.2.1 Möglichkeiten der Differenzierung

Differenzierung ist der Akt, in dem ein Unternehmen bedeutungsvolle Unterschiede herausarbeitet, um sich durch das eigene Marktangebot nachdrücklich von dem der Wettbewerber abzugrenzen. Die Differenzierung ist der Schlüssel, durch Kommunikation der Alleinstellungsmerkmale ein Unternehmen unverwechselbar zu machen. Sie zeigt auf, für was das Unternehmen steht!

Es gibt zahlreiche Möglichkeiten, die eigenen Marktangebote von denen der Wettbewerber unterscheidbar zu machen. Als Erstes wird die **Differenzierung ausgehend vom Marketing-Mix** dargestellt. Hier sucht man, wie der Name schon sagt, nach Möglichkeiten, sich angelehnt an den Marketing-Mix von den Marktangeboten der Wettbewerber abzuheben:[1]

Marktangebot	Serviceleistungen	Personal	Vertriebsweg	Image
Zubehör	Einfachheit der	Kompetenz	Abdeckungsgrad	Symbole
Leistungsfähigkeit	Bestellung	Höflichkeit	Erfahrungen	Eingesetzte
Konformität	Lieferung	Zuverlässigkeit	Leistungsfähigkeit	Werbemedien
Haltbarkeit	Installation	Kommunikation		Atmosphäre
Zuverlässigkeit	Kundentraining			Events
Stil	Kundenberatung			
Design	Reparatur			
↓	↓	↓	↓	↓
Marktangebots-differenzierung	Service-differenzierung	Personal-differenzierung	Vertriebswege-differenzierung	Image-differenzierung

Abb. 4.13: Differenzierung des Marktangebots ausgehend vom Marketing-Mix

Über die Anzahl der herausgestellten Differenzierungen bei der Positionierung gibt es unterschiedliche Meinungen. Viele Manager setzen sich z.B. stark dafür ein, nur einen einzigen, unverwechselbaren Produktnutzen im Zielmarkt, den sogenannten USP („**Unique Selling Proposition**") herauszustellen. Dieser sollte dann aber aggressiv vermarktet werden. Jedoch ist auch eine Zweifach- oder sogar Mehrfach-Nutzen-Positionierung möglich, indem man sich auf zwei oder mehrere Produkteigenschaften konzentriert. Eine weitere Möglichkeit ist, sich in einer Eigenschaft des Marktangebots verbal als die Nummer eins zu verkaufen. Hier geht es dann um solche Positionen wie „beste Qualität", „niedrigster Preis", „höchster Wert", „fortschrittlichste Technik" oder „bestes Preis/Leistungs-Verhältnis". Wenn das Unternehmen beständig an einer dieser Positionen arbeitet und sie überzeugend durch Leistungen belegt, wird es in der Regel sehr bekannt dafür werden und im Gedächtnis seiner Kunden haften bleiben.

---

[1] Vgl. Kotler et al., S. 510 ff.

4.2 Differenzierung durch Alleinstellungsmerkmale

Es können aus den verschiedenen Möglichkeiten auch einzelne Faktoren herausgegriffen werden, wie z.B. die Serviceleistungen. Daraus kann eine **Differenzierung ausgehend vom Kunden** detailliert werden:[1]

Abb. 4.14: Differenzierung des Marktangebots ausgehend vom Kunden

In allen Fällen unterhält das Unternehmen eine ausgeprägte Beziehung zum Kunden, die oftmals als „**Relationship Marketing**" bezeichnet wird. Die beziehungsorientierte Marketingdefinition legt den Schwerpunkt auf die Zielsetzung des Marketings, Kundenbeziehungen aufzubauen, zu erhalten und zu stärken, und zwar mithilfe von gegenseitigem Austausch und der Erfüllung von Versprechen und dem Aufbau von Vertrauen.

4.2.2 Macht der Marke im B2B-Marketing

Besonderes Augenmerk soll auf die **Differenzierung durch Marke** gelegt werden. Es kann auch im B2B-Bereich davon ausgegangen werden, dass Marken Kaufentscheidungen wesentlich beeinflussen und Unternehmen mit starker Marke einen Vorteil gegenüber Unternehmen mit keiner oder einer schwachen Marke besitzen. Nach Ergebnissen der Pricewaterhouse Coopers AG (PwC) sind rund 56 % des Wertes eines Unternehmens auf seinen Markenwert zurückzuführen.[2]

---

[1] Vgl. Romano, S. 13 ff.
[2] Vgl. PricewaterhouseCoopers AG/Sattler.

Die **Bedeutung der Marke im B2B-Bereich** ist durch die folgenden Besonderheiten gekennzeichnet:[1]

- Die Kaufentscheidung für ein Marktangebot findet meist in einem „Buying Center" statt. Dabei handelt es sich um einen aggregierten Einfluss der Marke auf Kaufentscheidungen.
- Bei der Kommunikationsfunktion der Marke stehen vor allem die Informationseffizienz und die Risikoreduktion im Vordergrund. Die Risikodimension ist im B2B-Markt weit höher als bei Konsumgüterentscheidungen.
- Die Dachmarke spielt eine größere Rolle, als die Namen der einzelnen Marktangebote eines Unternehmens. Das Unternehmen stellt sein Unternehmen als Marke in den Vordergrund.
- Inkonsistenzen bei Aussagen über das Unternehmen sind sehr weit verbreitet. Es ist immer eine Schwierigkeit, die Vorgaben des Marketings und die Umsetzung im Vertrieb aufeinander abzustimmen („Marketing and Sales Alignment").

> Marken geben dem Kunden eine Orientierung und ein Leistungsversprechen („**Brand Promise**"). Dieses Versprechen wird über die Marke in den Markt kommuniziert. Eine Marke hat einen strategischen Charakter, da sie über einen längeren Zeitraum Bestand hat. Erfolgt die Positionierung eines Marktangebots oder eines Unternehmens über die Marke, basiert das Leistungsversprechen oft nur auf einer Kernaussage, mehr ist in der Umsetzung der Markenstrategien oft nicht kommunizierbar.

Ein wesentlicher Wert einer erfolgreichen Marke ist ihre **Glaubwürdigkeit**: Marken sind Versprechen gegenüber Käufern; die Versprechen von starken Marken sind äußerst glaubhaft angelegt.[2] Wenn BMW behaupten würde, sie entwickeln die besten Reifen, wäre das nicht glaubwürdig. Jeder weiß, bei Reifen hat BMW keine Kompetenz, sondern Bridgestone, Goodyear oder Conti. Die Markenleistung von BMW besteht darin, den besten Reifen auszuwählen und ihn präzise auf das Fahrwerk abzustimmen. Beide Unternehmen gewinnen, BMW und die Reifenmarke. Der Kunde stuft BMW höher ein, wenn die Fahrzeuge nicht mit „No Names", sondern hochwertigen Komponenten ausgestattet sind, eben mit Marken, die dem Endkunden etwas sagen.[3] So hat sich BMW als Unternehmen positioniert, das man mit einem exklusiven Marktangebot in Verbindung bringt und für den Kunden bestimmte Eigenschaften verkörpert, wie z.B. Sportlichkeit, Verlässlichkeit, „Freude am Fahren".

Die Positionierung einer Marke kann für ein Unternehmen im B2B-Markt wie folgt systematisch dargestellt werden:[4]

---

[1] Vgl. Baumgarth, S. 802 ff.
[2] Vgl. Dayal/Landesberger/Zeisser, S. 46 f.
[3] Vgl. Meffert, 1998, S. 849.
[4] Vgl. Meyer/Davidson, S. 511.

4.2 Differenzierung durch Alleinstellungsmerkmale

Marktbeschreibung	Industriegut, Markenname
Zielgruppe	B2B-Kunden der jeweiligen Branche
Markennutzen	• Hochwertige Qualität • Angemessenes Preis/Leistungsverhältnis • Rationaler und emotionaler Kundennutzen: Kompetenz und Ehrlichkeit
Kernangebot für den Kunden	Spezialist im Bereich Industriegut mit hochwertigen und umfangreichen Angeboten zu angemessenen Preisen (rationales und emotionales Kernangebot)
Markendifferenzierung	Stärken, Differenzierung und USP in der Kernleistung oder im Zusatznutzen als Abgrenzung vom Wettbewerb
Markenpersönlichkeit	Slogan (Claim), Image, Assoziation

Abb. 4.15: Positionierungs-Template der Marke für ein Unternehmen im B2B-Markt

Eine Schwierigkeit stellt zweifelsohne die **Namensgebung** dar. Ein aussagekräftiger Markenname sollte zumindest einige, wenn nicht sämtliche der folgenden Eigenschaften besitzen:[1]

- **Unterscheidbarkeit**: Ein guter Name identifiziert den Anbieter des Marktangebots unmittelbar und hebt ihn von seinen Wettbewerbern ab. Die Verwendung eines oder mehrerer Wörter, die in der betreffenden Branche unüblich sind, kann eine Möglichkeit sein, sich abzuheben. Namen wie diese ragen aus dem Wettbewerbsumfeld heraus, wenn sie von charakteristischen Marketingmaßnahmen unterstützt werden. Eine weitere Möglichkeit ist die Erfindung von Kunstworten, was neuerdings häufiger praktiziert wird.
- **Bedeutsamkeit**: Der Name vermittelt etwas von der Art oder dem Nutzen des Marktangebots. Ein Name, der das Wesen eines Marktangebots enthält, trägt dazu bei, dass das Unternehmen in den Köpfen der Kunden gekennzeichnet und verankert wird, ein wichtiger Faktor für Unternehmen, vor allem wenn sie immaterielle Güter verkaufen.
- **Einprägsamkeit**: Es hängt von mehreren Faktoren ab, ob der Markenname einprägsam ist, einer davon ist die Unterscheidbarkeit. Ein Name, den jedoch Komplexität auszeichnet oder der auf schwierigen oder fremdsprachigen Elementen basiert, kann beim Test auf Einprägsamkeit versagen. Ein Name, der sich beim Hören oder Lesen problemlos verstehen oder einfach aussprechen lässt, fördert die Einprägsamkeit, ebenso wie ein kurzer Begriff, der sich auch noch leichter zu einem grafischen Firmensignet gestalten lässt. Außerdem neigen die Kunden dazu, für lange Begriffe Abkürzungen zu erfinden und den Namen von sich aus umzugestalten. Eine ungewöhnliche Rechtschreibung kann, wenn sie nicht zu verrückt ist, ebenfalls der Wiedererkennung dienen, man denke z.B. an „Citibank".
- **Flexibilität**: Die meisten Unternehmen wandeln sich, expandieren im Laufe der Zeit und entwachsen dabei ihrem ursprünglichen Namen. Zur Einschätzung eines Namens empfiehlt es sich deshalb, die Richtung künftiger Veränderungen mitzubedenken, damit der

---

[1] Vgl. Berry/Lefkowith/Clark, S. 28 f.

gewählte Name anpassungsfähig genug ist. Vorsicht daher vor geografischen Bezügen, die so zur Zwangsjacke werden können. Ein ungeeigneter Name kann sogar beim eigenen Management den Wahrnehmungsprozess für weiterreichende geschäftliche Möglichkeiten des Unternehmens unterdrücken.

> Bei der **Definition des Markennamens** sollten sich Übereinstimmungen mit den folgenden Kriterien ergeben: Kompatibilität des Namens mit dem Image des Marktangebots und seinem Marketing, Widerspiegelung des Prestiges/Images des Marktangebots, Nutzenhervorhebung des Marktangebots, leichte Verständlichkeit, hoher Wiedererkennungswert, gute Aussprechbarkeit des Namens, auch sollte der Name in andere Kulturkreise transferierbar sein und für andere, neue Marktangebote in derselben Linie verwendbar sein.

Die Hersteller entdecken erst allmählich die Kraft der Unternehmensmarke. Nach wie vor stehen Unternehmensmarken („**Corporate Brands**") im Schatten der Produktmarken, weil sich viele Unternehmen des Potenzials starker Unternehmensmarken nicht bewusst sind. Das „Corporate Brand" transportiert das Image und das Vertrauen zum Kunden, seine Probleme lösen zu können, auch ohne dass fertige Marktangebote bereitgestellt werden. Im Idealfall verbindet der Kunde mit der Unternehmensmarke Kompetenz, Kundenwert und eine optimale Lösung seines Problems. In Branchen mit hohen technologischen Standards ist ein Wettbewerbsvorteil allein mit technisch-funktionalen Kernleistungen nicht mehr zu erzielen, auch das spricht für das „Corporate Branding". Da Marktangebote mit dem technischen Fortschritt mithalten müssen und einem ständigen Wandel unterliegen, eignet sich vor allem der Unternehmensname als Garant für Stabilität, Zuverlässigkeit und Zukunftssicherheit.[1] Dafür gibt es eine Vielzahl von Beispielen in der deutschen Unternehmenslandschaft, wie die Robert Bosch GmbH.

Zum Wesen der Unternehmensmarke im Investitionsgütergeschäft gehört auch ihre nationale Ungebundenheit, also der wirtschaftlich und kulturell weltweit mögliche Einsatz. Eine wirkliche Unternehmensmarke ist damit ein „International Brand". Voraussetzung für ein erfolgreiches „**International Corporate Branding**" ist, dass die Hauptanforderung der Kernzielgruppe, die Wettbewerbsposition, die Stärken und Schwächen sowie Alleinstellungsmerkmale des eigenen Unternehmens erkannt werden. Bei der Namensgebung müssen soziale und kulturelle Unterschiede berücksichtigt werden. Dies gilt insbesondere dann, wenn das Marktangebot auch exportiert werden soll. Dabei entstehen manchmal sehr lustige Lösungen, aber meist ungewollt: Der Name für ein Haargel eines deutschen Herstellers lautet z.B. „Moon Shine". Man kann nur hoffen, dass dieses Marktangebot nicht in die USA exportiert wird. Es gibt dort nur eine Bedeutung des Wortes „Moon Shine", nämlich ein in den Bergen von Tennessee illegal gebrannter Whisky.[2,3]

Zulieferer, die die Technik „Inside" liefern, sind dem Verbraucher oft unbekannt. Im Automobilzuliefererbereich sind die Zulieferer dem Kunden praktisch fremd, man denke bei-

---

[1] Vgl. Hauser/Groll, S. 39.
[2] Vgl. Kohlert, 2002a, S. 104.
[3] „Mondschein" heißt im amerikanischen Englisch übrigens „moon light".

spielsweise an Denso, einen führenden Automobilzulieferer der Welt. Intel-Prozessoren dagegen werten Notebooks und PCs erheblich auf. PC-Hersteller sind stolz darauf und signalisieren dies mit dem Kürzel „Intel Inside". **„Ingredient Branding"** ist die Aufwertung des Marktangebots durch markierte Komponenten. Der Hersteller eines Marktangebots stellt die Herkunft eines wichtigen Bestandteils des Marktangebots heraus. Sie zeigt eine Wirkung, die sich auch in den Gewinnen niederschlägt. „Ingredient Branding" ist somit eine Win/Win-Strategie für den Prozessor- und den PC-Hersteller. Zulieferer in anderen Branchen, wie etwa in der Automobilindustrie, scheinen dies nicht zu vermögen. Sie sind Riesen, die keiner kennt.[1] In der globalen Ökonomie nimmt auch unter Zulieferern der Wettbewerb zu, d.h. sie müssen ihre Marken aktiv pflegen, um beim Abnehmer und beim Endkunden an Kompetenz zu gewinnen. Die Strategie lautet, die Entwicklungskompetenz und zugleich die Volumenkompetenz zu erhöhen.

Bei der Elektronik und anderen komplexen Marktangeboten wie der Informationstechnologie braucht der Kunde einen **„Verständnisschlüssel"**. Marken beinhalten ein Versprechen an die Zielgruppe, das auch wirklich realisiert werden kann. Ein solcher Schlüssel kann eine starke Marke sein, die dem Kunden sagt, dass das System bestimmte Vorteile hat, die er nicht in jedem Detail verstehen muss, auf die er aber vertrauen kann. Intel hat diesen Übersetzungsschlüssel mit „Intel Inside" gefunden. Im Zeitalter der Systemlieferanten ist es wichtig, einen solchen Schlüssel zu finden und Zulieferer-Marken zu schaffen.[2]

4.3 Positionierung von Marktangeboten

4.3.1 Begriff der Positionierung

Die **Positionierung** ist eine werbliche Zielvorstellung, die besagt, wie ein ausgewähltes Marktsegment ein bestimmtes Angebot innerhalb des Wettbewerbsumfelds wahrnehmen soll. Basierend auf dem Wissen durch die Marktsegmentierung und die Differenzierung erfolgt die Positionierung als proaktive Maßnahme bewusst durch das eigene Unternehmen. Das Unternehmen hat die Chance, seine eigene Positionierung zu gestalten, tut es das nicht, wird es der Markt nach seinem Dafürhalten vornehmen. Unter Positionierung wird etwas Einzigartiges im Unternehmen verstanden, das Unternehmen von den Wettbewerbern unterscheidet.[3]

Ein Unternehmen hat für seine eigene **strategische Positionierung**, d.h. der Definition des eigenen Platzes im Markt, nach Mintzberg vier strategische Optionen:[4]

---

[1] Vgl. o.V., 2000, S. 38.
[2] Vgl. ebenda, S. 39.
[3] Vgl. Kotler et al., S. 361.
[4] Vgl. Mintzberg, S.75 f.

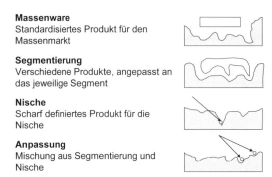

Massenware
Standardisiertes Produkt für den Massenmarkt

Segmentierung
Verschiedene Produkte, angepasst an das jeweilige Segment

Nische
Scharf definiertes Produkt für die Nische

Anpassung
Mischung aus Segmentierung und Nische

Abb. 4.16: Optionen für die strategische Positionierung

Die **strategische Positionierung ist der Ausgangspunkt für die Strategieformulierung**. Umso mehr sollte die Positionierung sehr sorgfältig erfolgen, wie die folgenden Auswirkungen verdeutlichen. Strategische Positionierung setzt eine eindeutige Differenzierung voraus, entweder in Richtung Leistung, oder in Richtung Preis. Die meisten deutschen Unternehmen versuchen sich über die Leistung zu differenzieren und schließlich zu positionieren.

	Leistungsdifferenzierung	**Preisdifferenzierung**
Vertrieb	Orientierung an Marktsegmenten: Vertrieb über Fachgeschäfte	Orientierung an Marktabdeckung: Vertrieb über alle Vertriebswege
Marktangebot	Qualitätsorientiert, zukünftige Bedürfnisse werden erkannt	standardisiert, modularisiert, kein Eingehen auf Kundenbedürfnisse
Kundenstruktur	höhere Budgets, da viele differenzierte Marktangebote	niedrige Budgets, da Standardprodukte, Kunde kauft über Preis
Preiselastizität	relativ gering: Preis ist demnach kein starkes Kaufkriterium	hoch: Preis spielt demnach oft die einzige Rolle für Kaufentscheidung
Differenzierung des Kunden	über Know-how	über Preis, daher vermutlich kapitalintensives Geschäftsfeld
Risiko	gering, allerdings wird Know-how immer wieder herausgefordert	hoch, Gefahr für einen ruinösen Wettbewerb
Kultur im Unternehmen	partnerschaftlich, intensive Kommunikation und Information	zentralistischer Führungsstil, wenig Kommunikation und Information
Personal	hohe Qualifikation, da viele Spezialisten erforderlich	mittlere/niedrige Qualifikation

Abb. 4.17: Strategische Positionierung über eine eindeutige Differenzierung

Eine Positionierungsstrategie kann verschieden aufgebaut sein. Es bestehen drei verschiedene **Grundformen der Positionierung**, in denen immer strategische Wettbewerbsvorteile die Grundlage bilden:

- **Produktpositionierung**, z.B. durch die Leistung eines Antriebsmotors.
- **Werbepositionierung**, z.B. kommt das Marktangebot durch bestimmte Werbeaktionen ins Bewusstsein der potenziellen Kunden.

- **Imagepositionierung**, z.B. durch die Bevorzugung bestimmter Medien, einer gewissen Atmosphäre, Bedeutung von Symbolen bzw. Marken und die Nutzung von „Events", um einen bestimmten Effekt in der Marktöffentlichkeit zu erzielen.

Da es sich bei der Positionierung um eine **strategische Entscheidung** handelt, die naturgemäß nicht mehr oder nur sehr schwer korrigiert werden kann, erfordert sie größte Sorgfalt. Geht das Unternehmen bei der Bestimmung seiner Strategie einen Kompromiss ein, geht dies nur in Wachstumsmärkten oder weil die Wettbewerber auch keine eindeutige Entscheidung getroffen haben. Kommt das Marktangebot jedoch in die Reifephase, wird dies zwangsläufig zu einer Entscheidung führen. Gefährlich kann die Situation für Unternehmen werden, die nur einen Teilmarkt bedienen, also Nischenanbieter, die aber weiter mit ihrer Nische wachsen wollen und damit neue Kundenkreise innerhalb ihrer Nische suchen. Dies kann eine Verwässerung der Nischenstrategie zur Folge haben. Zu empfehlen ist diesen Unternehmen eher, andere Marktsegmente zu wählen, in denen ihre Vorteile auch geschätzt werden und somit eine neue Nische zu definieren.

Beschäftigt sich ein Unternehmen mit der Frage nach seiner angestrebten und wünschenswerten Darstellung in der Marktöffentlichkeit, d.h. in seinen Kundenkreisen, kann es sich durch das folgende „**Positionierungs-Template**" leiten lassen:

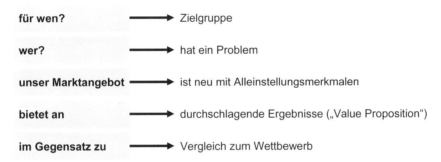

Abb. 4.18: Positionierungs-Template

Zu Beginn eines Positionierungsprozesses empfiehlt es sich, sich zunächst mit dem **bestehenden Status in der Positionierung** zu beschäftigen:
- Welche ist die eigene derzeitige Positionierung im Markt?
- Welche Positionierung möchte das eigene Unternehmen einnehmen?
- Wen muss das eigene Unternehmen „besiegen", um seine angestrebte Positionierung einzunehmen?
- Hat das eigene Unternehmen alle Ressourcen, finanziell und personell, die es benötigt, um die angestrebte Positionierung zu erreichen?
- Kann das eigene Unternehmen durchhalten, bis es sein Ziel erreicht?

Auf diese Grundfragen kann ein **Positionierungsprojekt** aufgesetzt werden:

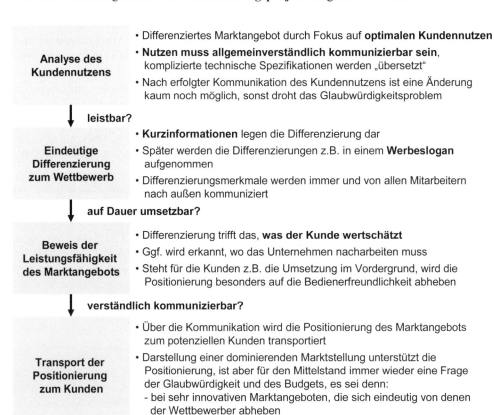

Abb. 4.19: Ablauf eines Positionierungsprojekts

Oftmals ist es für ein Unternehmen riskant, zu behaupten, die eigene Marke sei dem Wettbewerb (in mehrfacher Hinsicht) überlegen. Es läuft damit Gefahr, seine Glaubwürdigkeit zu verlieren. So erfordert die Positionierung nicht nur Worte, sondern auch konkrete Handlungen. Will ein Unternehmen z.B. die Position „hohe Qualität" besetzen, muss es Marktangebote mit hoher Qualität herstellen, hohe Preise fordern, Vertriebswege zu den Käufern hoher Qualität suchen und seine Promotion durch anspruchsvolle Medienprogramme kommunizieren. So lassen sich die Position und das Image konsistent und glaubwürdig besetzen. Es ist zu beachten, dass niedrige Preise ein qualitativ hochwertiges Marktangebot „killen", denn der Kunde nimmt dem Unternehmen die Qualität dann nicht mehr ab: Qualität wird über hohe Preise kommuniziert und hohe Preise werden durch hohe Qualität begründet.

Die Positionierung spielt sich sehr stark im Kopf des potenziellen Käufers ab, ein Marktangebot wird in seiner Gedankenwelt positioniert. Hieraus kann gefolgert werden, dass nicht notwendigerweise die objektive Beschaffenheit eines Marktangebots über den Positionierungserfolg entscheidet, sondern die **subjektive Wahrnehmung des Marktangebots und seiner Eigenschaften durch den Kunden**. Dazu muss die Frage beantwortet werden, welche besonderen Eigenschaften das neue Marktangebot im Vergleich zu den Angeboten des Wettbewerbers so einzigartig machen und welche Zielgruppen am ehesten angesprochen werden können. Oftmals basiert die Differenzierung auf einer einzigen Kernaussage und findet sich in den Slogans der Unternehmen wieder, z.B. „Vorsprung durch Technik", „Freude am Fahren". Wichtig ist, dass diese Kernaussage vom Kunden als exklusiv wahrgenommen wird. Sollte daraufhin ein Wettbewerber dasselbe Merkmal bei seinem Produkt hervorheben, so wird dieser als Nachahmer empfunden.

Die Übersetzung des Nutzenversprechens in einer kreativen „**Selling Idea**" oder „**Slogan**" ist besonders hilfreich, um die Botschaft fest beim Adressaten zu verankern. Mit diesem Slogan muss die Relevanz des Marktangebots deutlich gemacht werden. Mitunter liegt der Schlüssel für einen guten Slogan in der Einfachheit, wie der von Volkswagen „Das Auto", der sogar international eingesetzt werden kann! Das Nutzenversprechen des Unternehmens muss für den Kunden „übersetzt" werden. Es muss eindeutig und verständlich sein, auch in der austauschbaren und stereotypen Umsetzung muss die Relevanz des Marktangebots verdeutlicht werden:

- Der emotionale Gehalt der Botschaft ist hoch.
- Die Botschaft ist klar und einfach.
- Die Botschaft ist differenziert.

Daher stellt sich die Frage, wie der Kunde die Positionierung wahrnimmt. Da sich die Marktangebote der einzelnen Unternehmen in vielen Branchen angleichen, spielen hierbei die Serviceleistungen, die der Kunde empfängt, sowie die Promotion des Unternehmens in der Marktöffentlichkeit eine große Rolle. Dies sollte dann mit dem „Standing" der Wettbewerber verglichen werden.

Bei der Umsetzung der Positionierung wird darauf hingewiesen, dass Positionierung nicht nur über die offiziellen Kommunikationskanäle eines Unternehmens stattfindet, sondern auch über inoffizielle, informelle Wege. Jeder Mitarbeiter eines Unternehmens kommuniziert die Positionierung seines Unternehmens über seine sozialen Kontakte nach außen. Oft vernachlässigt, sollte dieser Einflussnahme auf die Positionierung eines Unternehmens in der unternehmensinternen Diskussion mehr Raum eingeräumt werden.

4.3.2 Praxisfall: Positionierung und Preisgestaltung eines skalierbaren Plattformprodukts bei ADVANTEST[1]

Unternehmen

Das Unternehmen ADVANTEST mit Sitz in Japan entwickelt und produziert Testsysteme und Handlingsysteme für den Halbleiterherstellungsprozess. Mit 4.900 Mitarbeitern in 21 Ländern setzte die ADVANTEST Gruppe ca. 1.7 Mrd. US $ im Geschäftsjahr 2011 um.

Im Jahr 2011 übernahm das Unternehmen die Firma Verigy und deren Hauptprodukt, das V93000 Halbleitertestsystem für SOC[2]-IC[3]s. Die V93000 Produktplattform zeichnet sich durch eine sehr große Skalierbarkeit aus, was insbesondere wichtig ist um mit den ständig wachsenden Testanforderungen bei gleichzeitigem Kostendruck Schritt halten zu können.

Dieser Praxisfall beschreibt einen Lösungsweg, wie durch den Einsatz von hochintegrierten Schaltungen in Kombination mit einem Lizensierungssystem eine skalierbare Plattform geschaffen wird, die sich im Markt gegenüber Speziallösungen durchgesetzt hat.

Beschreibung des Halbleitermarktes und des Markts für Testequipment

Der Umsatz des weltweiten Halbleitermarktes seit 1970 geht stetig nach oben, wenn man von einigen Einbrüchen in den Krisenjahren 2001/02 und 2008/09 einmal absieht. Außerdem muss von 1971 bis 2011 von einem Paradebeispiel von Moore's Law ausgegangen werden: Es erfolgt eine Strukturgrößen-Halbierung alle 2 Jahre. Das Gesetz sagt aus, dass sich die Komplexität integrierter Schaltkreise mit minimalen Komponentenkosten regelmäßig verdoppelt; je nach Quelle werden 12 bis 24 Monate als Zeitraum genannt.[4] In der Praxis bedeutet dies eine Verdopplung der Leistungsfähigkeit, der Geschwindigkeit, der Genauigkeit alle zwei Jahre bei gleichzeitiger Viertelung des Preises!

Das ständige Wachstum des Halbleitermarktes bedingt eine Nachfrage im Markt für Halbleiterfertigungs- und Testequipment. Die Nachfrage begründet sich aus dem Kapazitätswachstum und dem Bedarf an neuer Fertigungstechnologie für jede neue Halbleitergeneration.

Herausforderung für kontinuierliche Technologie-Entwicklung in einem stark zyklischen und kaum wachsenden Markt

Im Gegensatz zum Halbleitermarkt wächst der Testequipment-Markt nur sehr gering und ist bedingt durch die Investitionszyklen der Halbleiterhersteller starken Umsatzschwankungen unterworfen. Gleichzeitig besteht ein hoher Innovationsbedarf. Dadurch erfolgte in den letzten Jahren eine starke Konsolidierung des Markts auf wenige Akteure als Folge des geringen Marktwachstums bei gleichzeitig hohem F&E-Investitionsbedarf. Die Marktgröße liegt über

---

[1] Die Informationen wurden von der ADVANTEST Europe GmbH zur Verfügung gestellt und durch den Autor dieses Buches überarbeitet.
[2] SOC = System On a Chip, Integration aller oder eines großen Teils der Funktionen eines Systems auf einem Chip.
[3] IC = Integrated Circuit (integrierter Schaltkreis), ein elektronisches Bauelement.
[4] Vgl. Hagelauer et al., S. 298 f.

einen langen Zeitraum konstant bei weltweit etwa US$ 2 Mrd. Gleichzeitig erfolgt eine kontinuierliche Effizienzsteigerung durch höhere Integrationsdichte und schnellerem Testdurchsatz (getestete ICs pro Stunde). Daher arbeiten die Unternehmen in diesem Markt daran, die Tester weiter zu standardisieren, um zur weiteren Verbesserung des RoI für die Halbleiterhersteller, d.h. die eigenen Kunden, beizutragen und zur eigenen Verbesserung der Effizienz in Forschung und Entwicklung.

Plattform Strategie als Beitrag für den Kunden und zur besten Entwicklungseffizienz

Dem Zwang zur Standardisierung begegnete ADVANTEST durch weitestgehend universelle Steckkarten, verfügbar in allen Testervarianten:

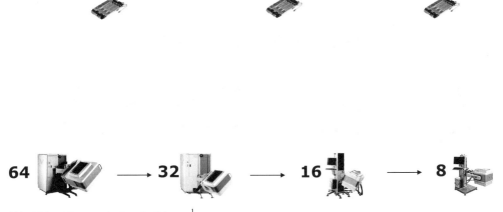

Abb. 4.20: Elemente der Standardisierung[1]

Die Skalierung erfolgt durch variable Anzahl der Steckplätze für Instrumente. Alle Modelle haben die gleichen Testeigenschaften und gleiche Spezifikationen. Dies entspricht exakt der Skalierung moderner SOC-Halbleiter, deren Kosten lediglich durch die Größe der Siliziumfläche und nicht durch die Leistungsfähigkeit bestimmt sind. Die unterschiedlichen Geräte tragen dem Umstand Rechnung, dass die Halbleiter-Preisspanne eine Testkostenskalierung erfordert.

Die Kosten sind in diesem Markt etwas Besonderes:

- Aus Sicht des Marktes, d.h. der Kunden für Test-Geräte, bestimmen den Preis die Siliziumfläche, die Anzahl der Anschlüsse (Pins) und die Art des Packages, nicht aber die Leistungsfähigkeit wie z.B. Datenrate, Rechengeschwindigkeit. Da die Siliziumfläche immer kleiner wird, allerdings bei erweiterter Leistungsfähigkeit, müssen sich ebenfalls die Kosten für die Tests verringern.

---

[1] Grafik von ADVANTEST Europe (mit freundlicher Genehmigung).

- Die Preise der Test-Geräte variieren je nach Anzahl der Instrumente und Testerinfrastruktur. Der Preis kann über Freischaltung von Eigenschaften und Performance erreicht werden.

Konsequenter Einsatz von hochintegrierten Halbleitern im Tester ermöglicht kontinuierliche Kostenreduktion bei gleichzeitiger Leistungssteigerung:

Einführungsjahr:	2000	2004	2006	2011
Unabhängige Instrumente pro Karte	16	32	64	128
Beispiel: digitale Datenrate	800 MHz			1600 MHz

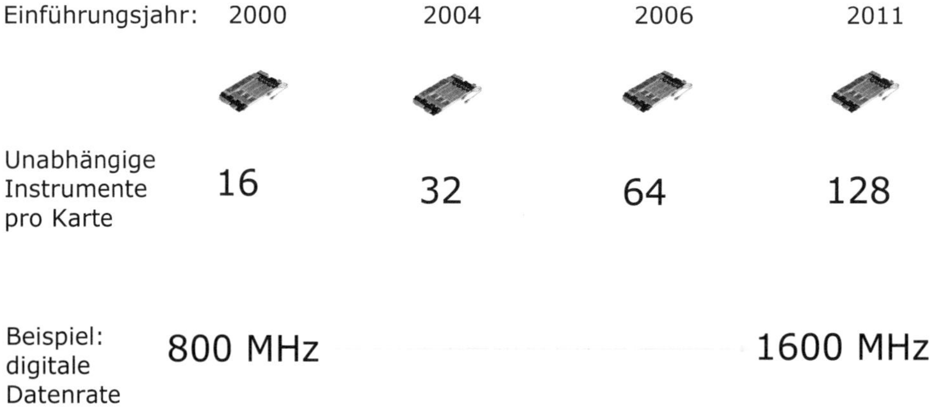

Abb. 4.21: Beispiel für Leistungssteigerungen innerhalb von zehn Jahren[1]

Die Skalierungsmöglichkeiten der hier beschriebenen Standard-Testerplattform sind sehr vielfältig. Lediglich die Anzahl der Instrumente variiert die Gestehungskosten. Alle anderen Eigenschaften sind im Standard IC des Testers integriert und verursachen keine Kosten außer den Entwicklungskosten (NRE[2]). Die Freischaltung durch Lizenzen ermöglicht das Einstellen verschiedener Preispunkte bei gleichem Basisprodukt.

---

[1] Grafik von ADVANTEST Europe (mit freundlicher Genehmigung).
[2] NRE steht für „non-recurring engineering costs", d.h. einmalig anfallende Entwicklungskosten.

4.3 Positionierung von Marktangeboten

	Marktsegment 1		Marktsegment 2	Marktsegment 3		
	Konfiguration1	Konfig 2	Konfig 3	Konfig 4	Konfig 5	Konfig 6
Instrument 1	1000	600	800	200	50	100
Instrument 2	3	4	4	0	8	3
Instrument 3	4	3	8	10	7	6
Lizenz 1	3	0	10	20	5	100
Lizenz 2	3	90	40	0	8	30
Lizenz 3	3	30	89	17	7	67
Infrastruktur 1	X	X		X	X	
Infrastruktur 2			X			
Infrastruktur 3						X

Deckungsbeiträge pro Konfiguration, pro Segment, kompletter Produktlinie

Abb. 4.22: Unterschiedliche Preismodelle für unterschiedliche Marktsegmente[1]

Preisgestaltung und Lizenzmodelle

In der Preisgestaltung werden die Preise aufgefächert:

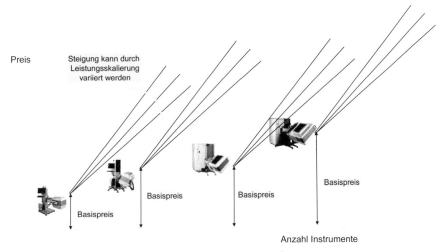

Abb. 4.23: Preisstellgrößen am Beispiel eines digitalen Testers[2]

---

[1] Grafik von ADVANTEST Europe (mit freundlicher Genehmigung).
[2] Grafik von ADVANTEST Europe (mit freundlicher Genehmigung).

ADVANTEST bietet seinen Kunden zwei Preismodelle an:
- „Per-Pin Licenses", d.h. die Kunden bezahlen genau das, was sie benötigen und nutzen.
- „Share Across", d.h. die Kunden kaufen einen Pool von Lizenzen, mit denen sie die Optionen der verschiedenen Tester, die im Unternehmen installiert sind bei Bedarf freischalten. Hierdurch können temporär zusätzlich benötigte Eigenschaften an einem Tester hinzugefügt werden ohne diesen permanent aufrüsten zu müssen.

Das Unternehmen hat in die Einführung der unteren Preispunkte viel Energie gesteckt. Es ist nicht leicht, ausschließlich basierend auf Software-Lizenzen diese neuen Preispunkte zu etablieren. Hier hat die Einführung von Testerklassen sehr geholfen, die sich durch unterschiedliche Infrastrukturen auszeichnen.

Ausblick

Temporäre Lizenzmodelle werden vermehrt angestrebt, um einen konstanten Umsatz zu erzeugen und um die Zyklizität des Marktes auszugleichen. Des Weiteren bestehen Umsatzbeteiligungsmodelle, um in Phasen guter Auslastung bei gleichzeitig kleinem Marktwachstum einen konstanten Deckungsbeitrag zu erzielen.

Es wird eine weitere Integration von Funktionalitäten in integrierten Halbleitern angestrebt. Die ultimative Vision ist ein universelles Instrument für alle Messaufgaben und somit ultimative Skalierbarkeit. Dies ist derzeit technisch noch nicht realisierbar.

Lerneffekte für andere Unternehmen

Aus einem Kernprodukt heraus lassen sich durch Differenzierung verschiedene Marktangebote ableiten, die an verschiedene Zielgruppen, mitunter auf verschiedenen Preisniveaus und mit unterschiedlichen Nutzenerwartungen der Kunden zu verkaufen sind.

4.4 Positionierung der Zulieferer

4.4.1 Optionen für die Positionierung

Der Druck auf die **Zulieferer** hat sich in den letzten Jahren stark erhöht. So hat sich durch die abnehmenden Markenloyalität und die geringer werdende Zahlungsbereitschaft der Endkunden in den klassischen Heimatmärkten der Automobilbranche, der sogenannten „Triade"[1], der Schwerpunkt hin zu den Wachstumsmärkten, den sogenannten BRIC[2]-Staaten, verschoben. Durch die Implementierung von Plattform-, Modularisierungs- und Standardteilekonzepten können die Automobilhersteller den Druck auf die Kosten der Automobilzulieferer erhöhen. Im Zuge der Reduzierung der vertikalen Integration liegt der Fokus der Automobilhersteller auf ihren Kernkompetenzen. Die gleichzeitig steigenden Rohstoffpreise, wie auch hohe Einsparungsprogramme, die durch Konsolidierung getrieben werden, manövrieren

---

[1] Europa, Nordamerika, Japan.
[2] Brasilien, Russland, Indien, China.

4.4 Positionierung der Zulieferer

die Automobilzulieferer in eine **„Sandwich"-Position** zwischen Automobilherstellern und Rohstoffanbietern, was zu einem extremen Druck auf die Margen seitens der Zulieferer führt:[1]

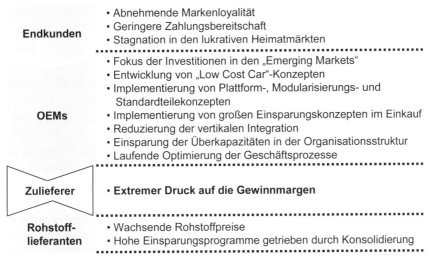

Abb. 4.24: Sandwichposition der Zulieferer

Die Beschäftigung mit Zielen und Strategien stellt sich bei Zulieferern meist anders dar.[2] Sie müssen sich zunächst mit ihrer eigenen Positionierung beschäftigen, aus der sich dann die einzelnen Ziele ableiten: **Welche strategische Positionierung muss ein Zulieferer verfolgen, um erfolgreich zu sein?** In der Automobilzuliefererindustrie gibt es sehr wenige Markenanbieter. Das bedeutet auch, dass die meisten Zulieferer keine „After-Market"-Option besitzen. Zum Verständnis: Zulieferer haben zwei Möglichkeiten der Positionierung, einmal als reiner OEM[3]-Lieferant und einmal als Zulieferer, der auch im AM[4]-Geschäft tätig ist. Die Auswahl der Positionierung hat Folgen:[5]

---

[1] Vgl. Roland Berger/Rothschild, S. 7.
[2] Zur Vertiefung ist dazu das folgende Buch zu empfehlen: Freiling, Jörg: Die Abhängigkeit der Zulieferer. Ein strategisches Problem, Wiesbaden 1995.
[3] Original Equipment Manufacturer.
[4] After Market.
[5] Vgl. o.V., 1998b, S. 18.

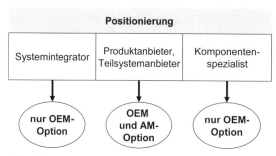

Abb. 4.25: Optionen für die Positionierung der Zulieferer

- Ein Zulieferer mit der ausschließlichen OEM-Option wird sich tendenziell in die Wertekette der wenigen Kunden (= Hersteller), die er hat, integrieren und versuchen, eine wechselseitige Abhängigkeit zu erreichen. Da könnte eine Nischenstrategie als Spezialist gut gelingen, die Risiken einer Nischenposition sind jedoch auch nicht zu vernachlässigen.
- Ein Zulieferer mit beiden Optionen wird versuchen, die AM-Option weiter auszubauen und eine eigene Marke zu entwickeln.

Für den Zulieferer mit ausschließlicher OEM-Option ist es entscheidend, auf welcher Position er sich in der Wertekette befindet: Je weiter vorne sich der Zulieferer in der Wertekette steht, umso näher ist er am Kunden und umso eher hat er die AM-Option. Zu diesem Zweck soll die Wertekette bei Zulieferern dargestellt werden:[1]

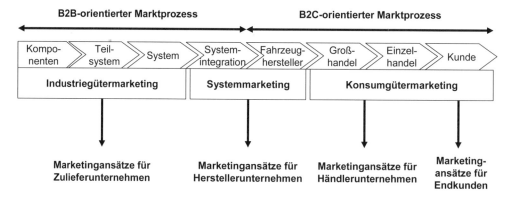

Abb. 4.26: B2B- und B2C-orientierte Marktprozesse in der Automobilindustrie

Ein Zulieferer, der sowohl die OEM, als auch die AM-Option wahrnehmen kann, kann die Vorteile aus beiden nutzen. Er hat auf der einen Seite sichere Abnehmer für seine Marktangebote, die ihm eine bestimmte Auslastung garantieren und seine „Economies of Scale"

---

[1] Vgl. o.V., 1998b, S. 20.

sichern, auf der anderen Seite hat er auch den Kontakt zum Endkunden und kann sich auf Veränderungen in den Vorlieben aufgrund eines zeitlichen Vorteils schneller anpassen.

> Der Zulieferer wird also versuchen, entweder auf der Wertekette nahe an den B2C-orientierten Marktprozess heranzukommen, oder er wird einen Teil der Wertekette überspringen und gleich an den Einzelhandel oder gar den Kunden herantreten. Dies stellt jedoch oft einen Idealfall dar. Meist sind die Zulieferer von einigen wenigen Kunden abhängig und müssen sich damit in besonderem Maße auf deren Bedürfnisse einstellen. Dies hat sich in den letzten Jahren eher noch verschärft.

4.4.2 OEM-Option für die Positionierung des Zulieferers

Hat ein Zulieferer nur die OEM-Option, dann wird er sich sehr intensiv mit dem Verhältnis zum Hersteller auseinandersetzen. Dabei kann es hilfreich sein, eine Perspektive aus der Sicht des Kunden, des Herstellers, einzunehmen. Zur **Bewertung von Zulieferern durch den Hersteller** können die folgenden Kriterien vorgeschlagen werden; man muss hier außerdem beachten, dass die meisten Zulieferer auch gleichzeitig Hersteller sind und eigene Zulieferer haben. Das bedeutet, dass sie sich einmal auf den Hersteller einstellen und seine Kriterien kennen müssen, zum anderen jedoch die eigenen Kriterien an die eigenen Zulieferer weitergeben:[1]

- Ist der eigene Zulieferer wettbewerbsfähig? Welche Position nimmt er im Markt ein, d.h. welche strategischen Positionen hat er durch ausgeprägte und durchhaltbare strategische Wettbewerbsvorteile besetzt?
- Trifft der Zulieferer die Bedürfnisse des Herstellers?
- Ist die angestrebte Partnerschaft ein „Easy Fit" oder prallen unterschiedliche Geschäftsauffassungen und Unternehmenskulturen aufeinander?
- Wie ist der Erfolg des Zulieferers auf dem Markt und welche Qualität hat das Management?
- Besitzt der Zulieferer ein besonderes Know-how „in-house", das der Hersteller verwenden könnte, um seinen Kundenwert zu erhöhen?

Die folgende Abbildung zeigt das **Auswahlproblem zwischen Hersteller und Zulieferer** auf verschiedenen Hierarchiestufen. Auf der ersten Stufe werden die Zielsetzungen des jeweiligen Unternehmens festgelegt. Auf der zweiten Stufe werden die generellen Kriterien aufgezählt, die wichtig für die Erreichung der Zielsetzungen sind. Es folgen auf der dritten Stufe die Konkretisierungen der jeweiligen Attribute in verschiedene Faktoren. Auf der vierten und letzten Stufe werden schließlich die Alternativen der Beschaffung dargelegt:[2]

---

[1] Vgl. Grittner, S. 43.
[2] Vgl. Min/LaTour/Williams, S. 375.

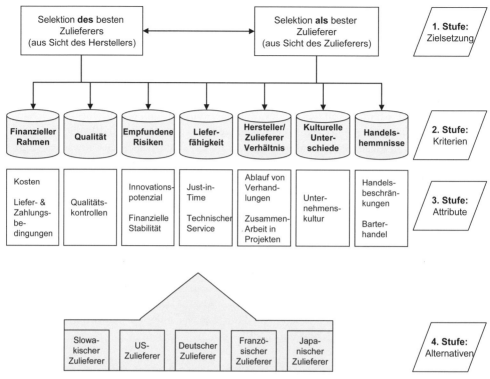

Abb. 4.27: Auswahlsituation zwischen Hersteller und Zulieferer

Obgleich kaum konzeptionelle Arbeiten für die **Auswahl von Zulieferern durch die Hersteller** gefunden werden können, wurden doch einige Methoden dafür in den letzten Jahren erarbeitet. Unabhängig von der eigentlichen Methode werden in der Regel immer die gleichen Schritte durchlaufen:[1]

- Identifizierung der eigenen Zielsetzungen und Hindernisse bei der Auswahl der Lieferanten („Supplier Selection") und Festlegung verschiedener Optionen: Diese beinhalten die Inanspruchnahme einer einzigen oder verschiedener Quellen, Splitting von Aufträgen an unterschiedliche Lieferanten, Bereitschaft zum Lieferantenwechsel oder Kontinuität der eigenen Beziehungen zum Lieferanten, Nutzen von großen oder kleineren Lieferanten.
- Definition eines Sets von Kriterien und Attributen, die das Auswahlproblem betreffen, und Setzen von Prioritäten.
- Ermittlung der eigenen Präferenzen betreffs der Attribute des Käufers und die Bewertung dieser Attribute (Gewichtung).

Da für einen Zulieferer die Vorlaufzeit bis zum Fertigungsstart Jahre betragen kann, achten die Hersteller heute verstärkt darauf, dass der Zulieferer die finanziellen Lasten stemmen

---

[1] Vgl. Min/LaTour/Williams, S. 373 f.

4.4 Positionierung der Zulieferer

kann. Ein Zulieferer, der vor dem Fertigungsstart wegen Konkurs ausfällt, gefährdet den gesamten Produktlebenszyklus. Daher kann davon ausgegangen werden, dass je besser die Bilanz, desto größer die Chance auf einen Auftrag. Somit spielt die Bilanz und die Gewinn- und Verlustrechnung eines Zulieferers eine erhebliche Rolle bei der Auswahlentscheidung des Herstellers.

> Die wesentlichen Ziele und Strategien der Zulieferer müssen sein, die anfangs bestehenden einseitigen Abhängigkeiten zu zweiseitigen auszubauen. Ist das geschafft, dürfen sie jedoch nicht ihre Innovationsdynamik verlieren, denn es ist auf Dauer ein schwaches Argument, wenn der Hersteller nur bei einem Zulieferer kauft, weil er beim Lieferantenwechsel Kostenprobleme fürchtet. Er soll beim Zulieferer kaufen, weil er der Beste ist! Ansonsten wird beim Hersteller die Suche nach Alternativen ausgelöst, die zumindest langfristig zum Erfolg führt. Die Differenzierung gegenüber dem Wettbewerber ist es, die einen guten Zulieferer ausmacht. Dies gelingt jedoch nur, wenn ein Unternehmen bereit ist, die Verantwortung für ein System oder eine Komponente komplett zu übernehmen und auch das betriebswirtschaftliche Risiko zu tragen. Ist dies gelungen, ist der Zulieferer auf dem Weg, als Partner anerkannt zu werden. Für Microsoft etwa sind ostasiatische Monitorhersteller Zulieferer, Intel ist ein Partner.

5 Aufbau von Marketing-Strategien

5.1 Notwendigkeit einer strategischen Neuausrichtung

Woran erkennt man, dass eine strategische Neuausrichtung für das eigene Haus notwendig ist? Grundsätzlich sind Strategien Denkwerkzeuge, mit denen man den Pfad des Unternehmens in die Zukunft gestalten kann. Eine zwingende Voraussetzung dafür ist das Vorhandensein von Zielen. Nur wenn Ziele verfolgt werden, ist Fortschritt oder Rückschritt messbar. „Gute" Strategien werden erst im Nachhinein erkannt, im Vorfeld von strategischen Veränderungen steht aber oft **„über das Konventionelle hinausgehendes Denken"**[1]. Folgende Anzeichen deuten darauf hin, dass sich das Unternehmen in dieser Phase befindet:

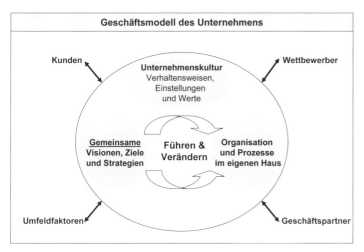

Abb. 5.1: Anzeichen für die Notwendigkeit einer strategischen Neuausrichtung

- **Visionen, Ziele und Strategien** sind im eigenen Unternehmen nicht mehr allgemeingültig und für alle verständlich, sie werden auch von Außen nicht mehr wahrgenommen. Das Besondere, was das Unternehmen einst gegenüber anderen Wettbewerbern auszeichnete, ist verwischt oder gar nicht mehr vorhanden, die einstige Quelle des Wachstums und die Alleinstellungsmerkmale sind nicht mehr erkennbar. Da dieser Prozess in

---

[1] Scheuss, 2008, S. 13.

einem längeren Übergangszeitraum stattfindet, ist dies unter Umständen erst sehr spät ersichtlich.
- Die Stärken des Unternehmens müssen aber auch bekannt und von allen Mitarbeitern getragen werden. Daher spielt die **Unternehmenskultur**, in der das Geschehen stattfindet, eine wichtige Rolle. Diese ist im Laufe der Zeit brüchig geworden, bestehende Werte werden in Zweifel gezogen, das Betriebsklima leidet darunter. Das eigene Gehalt wird eher als „Schmerzensgeld", denn als Belohnung betrachtet.
- Dies wirkt sich auf die **Organisation und die Geschäftsprozesse** im Unternehmen aus. Nicht-Konventionelles wird als Verstoß gegen die Prozesslandschaft im Unternehmen betrachtet und nicht gerne gesehen.
- Die **Kunden** beschweren sich öfters, die Loyalität fällt, in den Kaufverhandlungen geht es immer öfter um Rabatte als um Leistungsmerkmale.
- Die **Wettbewerber** wachsen schneller als das eigene Unternehmen, d.h. sie gewinnen Marktanteile, was sich wiederum spätestens in der nächsten Krise sehr nachteilig auswirkt.
- Aus den **Umfeldfaktoren** kommen größere Veränderungen auf das Unternehmen zu, sei es aus der Gesetzgebung oder aus neuen Technologien.
- Die **Geschäftspartner** rütteln an der Exklusivität und suchen nach Alternativen.

Der Schlüssel zum Wachstum ist immer auch die Antwort auf die Frage, ist unser **Geschäftsmodell auf Wachstum ausgelegt?** Ist das Geschäftsmodell multiplizierbar und ist es an den heutigen Erfordernissen ausgerichtet, dann kann diese Frage bejaht werden. Wenn man die Struktur des Geschäftsmodells von Osterwalder & Pigneur zugrunde legt[1], ergeben sich verschiedene Ansatzpunkte, um Wachstum zu generieren:

- Man wird hier sicherlich zuerst den **Vertriebsweg** betrachten und nach neuen Möglichkeiten suchen. Da Vertriebswege in der Regel multipliziert werden können, sind sie der Schlüssel für außergewöhnliches Wachstum.
- Auch aus den **Kundenbeziehungen** bzw. aus den **Marktsegmenten** kann mehr Wachstum resultieren, z.B. wenn es gelingt, bestehende Kundenbeziehungen als Empfehlungsgeber zu nutzen.
- Ein weiterer Ansatzpunkt liegt beim **Umsatzstrom**, in dem nach weiteren Einkommensquellen gesucht wird.

Es geht darum, sich das Morgen vorzustellen. Veränderungen müssen daher antizipiert werden, um sich auf die Folgen frühzeitig vorzubereiten. Dabei werden in der Vertikalen die jeweiligen Gebiete eingetragen, in denen Veränderungsdruck besteht:

---

[1] Vgl. die Ausführungen dazu in Kap. 3.1.1.

5.1 Notwendigkeit einer strategischen Neuausrichtung

	Heute	**Morgen**
Marktangebote		
Zielgruppen		
Blick auf den Kunden		
Vertriebswege		
Komplementäre Marktangebote		
Neue Ländermärkte		
Alleinstellungsmerkmale		

Abb. 5.2: Planung von Veränderungen

Die Überlegung, warum Innovationen für ein Unternehmen notwendig sind, lassen sich allgemein gültig erläutern: Das Marktvolumen wird, da Märkte im Allgemeinen einem Lebenszyklus unterliegen, im Zeitablauf vermutlich abnehmen, d.h. das Basisgeschäft wird geringer. Als **Basisgeschäft** wird der Umsatz mit bestehenden Marktangeboten auf den vorhandenen Märkten verstanden. Nur durch die Akquisition von neuen Kunden lässt sich diese Entwicklung verlangsamen, jedoch nicht aufhalten. Dabei entsteht im Unternehmen das „**Operative Gap**" aus der Differenz zwischen Basisgeschäft und potenziellem Basisgeschäft (entspricht dem Marktpotenzial). Durch den Einsatz von unterstützenden Maßnahmen, z.B. Rationalisierungen, erhöhte Verkaufsaktivitäten, kann das Basisgeschäft um das potenzielle Basisgeschäft erweitert werden.

Ein Unternehmenswachstum kann sich nur ergeben, wenn das Unternehmen in der Lage ist, neue Geschäftsmöglichkeiten durch innovative Marktangebote zu schaffen und zu besetzen. Schon Schumpeter sagte in den zwanziger Jahren des 20. Jahrhunderts, dass Unternehmen, die neue Märkte schaffen, in diesen auch dominieren werden: Diese Pioniergewinne, die sie dort erzielen, sind der Lohn für ihre innovative Grundhaltung. Jedes Unternehmen hat jedoch auch eine Entwicklungsgrenze. Die Entwicklungsgrenze ist durch seine Limitationen gekennzeichnet, z.B. durch fehlende finanzielle Ressourcen oder durch ein ausgeschöpftes F&E-Potenzial. Es ist essenziell für ein Unternehmen, ob es ihm gelingt, dieses „**Strategische Gap**" durch Innovationen (Neugeschäfte) zu schließen:

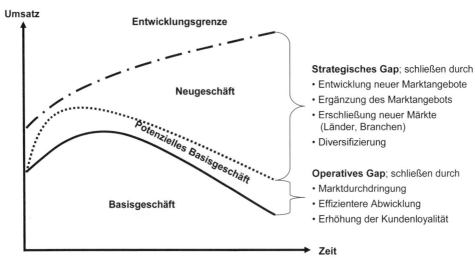

Abb. 5.3: Lücke („Gap") zwischen dem Basisgeschäft und der Entwicklungsgrenze

- **Operative Wettbewerbsvorteile** können etwa durch preispolitische Maßnahmen oder durch Kommunikation, z.B. Werbeaktionen, erzielt werden. Dies sind typische operative Maßnahmen; sie rufen den Wettbewerber im Normalfall gleich postwendend auf den Plan, diesen zu folgen, da diese Maßnahmen problemlos zu kopieren sind. Der Kundennutzen ist dabei unbedeutend, da sich an der Leistungserbringung nichts ändert. Selbstverständlich haben diese operativen Maßnahmen Auswirkungen auf das **kurzfristige Geschäft** des Unternehmens, aber eben nur auf dieses.
- **Strategische Wettbewerbsvorteile** können z.B. durch ein gutes Vertriebssystem oder einen exzellenten Kundenservice entstehen. Sie können im Gegensatz zu den operativen Wettbewerbsvorteilen nicht so schnell nachgeahmt werden; sie sind mitunter ohnehin durch den Wettbewerb nur begrenzt imitierbar. Strategische Maßnahmen führen zu einem echten Kundennutzen, der in dieser Form noch nicht erbracht wurde und erhöhen damit den Kundenwert. Das hat Auswirkungen auf das **langfristige Geschäft**, denn der zufriedene Kunde bleibt beim Unternehmen, er wird ein loyaler Kunde und trägt zu einer Stabilisierung des Unternehmenserfolgs bei. Nur hier wird übrigens von Stärken gesprochen.

5.2 Strategien für Wachstum

5.2.1 Produkt/Markt-Strategien nach Ansoff

Ansoff entwickelte eine Klassifikation von Wachstumschancen, die auf Produkt/Markt-Kombinationen beruht (**Produkt/Markt-Expansionsmatrix nach Ansoff**); sie wird auch **Marktfeldstrategie** genannt:[1]

Produkte / Märkte	Bestehende Produkte	Neue Produkte
Bestehende Märkte	Marktdurchdringungsstrategie	Produktentwicklungsstrategie
Neue Märkte	Marktentwicklungsstrategie	Diversifikationsstrategie

Abb. 5.4: Produkt/Markt-Matrix nach Ansoff

- In der **Marktdurchdringung** strebt das Unternehmen an, in einem bekannten Markt mit bekannten Produkten (Marktangebote) durch eine Durchdringung des Marktes (Marktpenetration) einen höheren Umsatz zu erzielen. Damit erhöht es seinen Marktanteil auf Kosten der Wettbewerber. Dies kann erfolgen anhand der Vergrößerung der Verpackungseinheiten, durch Hinweise auf neue Gebrauchsmöglichkeiten, Gewährung von Preisnachlässen sowie durch die Erhöhung der Nutzungsrate durch den Kunden. Sie kann ferner umgesetzt werden durch Erweiterung der Vertriebswege, Intensivierung der Promotion, Anbieten zusätzlicher Leistungen, Verkaufsanreize an den Vertrieb. Diese Strategie gilt als relativ erfolgversprechend, da sich das Unternehmen auf bekanntem Terrain bewegt, allerdings stößt sie in gesättigten Märkten auch rasch an ihre Grenzen.
- In der **Produktentwicklung** wird durch verbesserte Produkte (Marktangebote) eine Umsatzsteigerung für die gegenwärtigen Märkte angestrebt. Damit erhöht es den Umsatz pro Kunde. Dies kann durch die Entwicklung neuer Eigenschaften der Marktangebote erfolgen, aber auch durch die Vergrößerung der Versionen der Marktangebote aufgrund von Variationen der Qualität, oder aber durch die Entwicklung zusätzlicher Modelle bis hin zu innovativen Marktangeboten.
- In der **Marktentwicklung** wird eine Umsatzsteigerung erstens durch den Gewinn neuer regionaler, nationaler oder internationaler Märkte mit bestehenden Produkten (Marktangeboten) angestrebt. Zweitens kann die Umsatzsteigerung durch den Gewinn neuer

---

[1] Vgl. Ansoff, S. 114.

Marktsegmente, etwa in anderen Branchen, aufgrund einer differenzierten Marktbearbeitung erfolgen. Auch können neue Vertriebswege erschlossen oder neue Verwendungszwecke ermittelt werden.

- In der **Diversifikation** werden Gelegenheiten außerhalb des bisherigen eigenen Produkts (Marktangebots) und des traditionellen Marktes gesucht. Dies ist dann anzuraten, wenn mit den herkömmlichen Produkt/Markt-Kombinationen kein Wachstum mehr möglich ist. Die Misserfolgsquote ist jedoch äußerst hoch, da man sich überall auf völlig neuem Terrain bewegt und Lerneffekte noch nicht realisiert werden konnten. Die Diversifikation kann unterteilt werden in:
    - Konzentrische Diversifikation, d.h. Aufnahme von Marktangeboten, die mit den bestehenden Produkten Ähnlichkeiten in Technologie oder im Marketing aufweisen.
    - Konglomerative Diversifikation, d.h. es bestehen keine Zusammenhänge zwischen dem bestehenden Unternehmen und den neuen Marktangeboten.
    - Horizontale Diversifikation, d.h. Aufnahme von Marktangeboten, die keine Ähnlichkeit in der Technologie haben, jedoch für den bestehenden Markt interessant sein könnten, z.B. komplementäre oder verwandte Marktangebote.
    - Vertikale Diversifikation entlang der eigenen Wertekette.

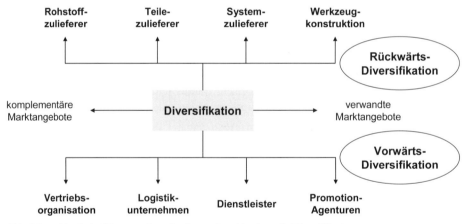

Abb. 5.5:   Vertikale (Vorwärts- bzw. Rückwärts-) und horizontale Diversifikation

5.2.2 Wachstum mit eigenen Ressourcen

Grundsätzlich ist zu bemerken, dass Wachstum aus betriebswirtschaftlicher Sicht nur dann als „gesund" bezeichnet werden kann, wenn sich dadurch die Profitabilität des Unternehmens erhöht. Zu viele Beispiele der vergangenen Jahre zeigen, dass dies keine Berücksichtigung fand oder andere Interessen eine größere Rolle spielten, wie etwa das Verlustgeschäft bei Daimler-Benz mit Chrysler, aber auch BMW mit Rover. Doch **gesundes Wachstum hat einige Grundvoraussetzungen**:[1]

- Ob **Unternehmensgröße** eine erhöhte Profitabilität nach sich zieht, muss ermittelt werden. Dieser Zusammenhang gilt nicht generell. Größe ermöglicht „Economies of Scale", wirkt sich auf die Reputation des Unternehmens aus und lässt die Unternehmensmarke wertvoller werden, aber das Set an Wettbewerbern kann sich ändern und deren Reaktionen auf den erstarkten Wettbewerber ebenfalls.
- Wachstum sollte grundsätzlich nur **in attraktiven Marktsegmenten** mit Potenzialen erfolgen.
- Kann **durch zusätzliche Leistungen** ein bestehendes Marktangebot angereichert werden und dadurch ein erhöhtes Umsatzwachstum realisiert werden?

Wachstumsstrategien setzen am bestehenden Geschäft des Unternehmens an und suchen nach Gelegenheiten in anderen oder auch in bestehenden Märkten, sofern sich dort die Wettbewerbsverhältnisse verändert haben. Sehr oft basiert diese Betrachtung auf den **vorhandenen Ressourcen**. Sie sind die Inputs für den Fertigungs-/Bereitstellungsprozess und Grundeinheit jeder Analyse. Dazu gehören z.B. Anlagevermögen, Kenntnisse der Mitarbeiter, Patente, Marken. Man kann sie in die folgenden Kategorien unterteilen: finanziell, physisch, human, technologisch, Reputation, organisatorisch. Daraus leiten sich dann die Fähigkeiten des Unternehmens ab. **Fähigkeiten** stellen die Kapazitäten dar, die in der Kombination mit verschiedenen Ressourcen Aufgaben erfüllen oder Aktivitäten starten. Sie sind die Hauptquelle für Wettbewerbsvorteile, die das Unternehmen unverwechselbar macht. Diese Hauptquelle mit ihren Kapazitäten wiederum bildet die Grundlage für die Strategie:

---

[1] Vgl. Scheuss, 2008, S. 94 f.

Abb. 5.6:   Ressourcenbasierter Ansatz von Strategien

Viele Führungskräfte achten bei ihrer Strategiefindung auf das „**Strategic Fit**", d.h. sie spüren Geschäftsgelegenheiten auf und achten darauf, dass die eigenen Stärken, Fähigkeiten und Ressourcen dazu passen.[1] Ein strategisches Dehnen („Strategic Stretch") über das Tagesgeschäft hinaus, gelingt selten. So gelingt es nur wenigen Unternehmen, über ihre „Wurzel" hinaus zu expandieren. Viele Wachstumsstrategien zeigen aber, dass der Erfolg einkehrte, wenn man auf das Potenzial im Kerngeschäft, die Expansion entlang des Kerngeschäfts und die Erweiterung des eigenen Geschäftsmodells setzte, diese werden als **Wachstumsoptionen rund um die Wurzel des Unternehmens** bezeichnet:[2]

---

[1] Vgl. Scheuss, 2008, S. 44.
[2] Vgl. ebenda, S. 104 f.

5.2 Strategien für Wachstum

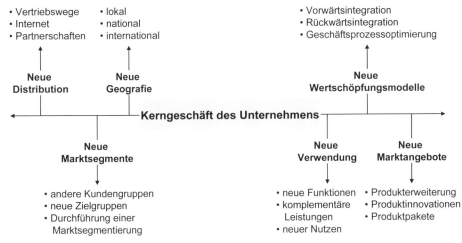

Abb. 5.7:   Wachstum entlang der Wurzel

5.2.3   Wachstum durch Kooperation

Eine Vielzahl von Kooperationswünschen kann jeden Monat den Zeitschriften der Handelskammern entnommen werden. Dies allein zeigt, dass hier ein wirklicher Bedarf vorhanden ist. Unter einer **Kooperation** versteht man die Zusammenarbeit von Unternehmen auf freiwilliger Basis, z.B. die Bildung von vorhabensbezogenen Gesellschaften zur gemeinsamen Durchführung von begrenzten Projekten, zum Austausch eigener Leistungen oder zur Bildung einer Interessengemeinschaft zur Durchführung von verschiedenen Vorhaben, z.B. Forschung und Entwicklung. Die kooperierenden Unternehmen, die wirtschaftlich und rechtlich selbständig sind, vereinbaren eine Arbeitsteilung und stimmen sich bei einem gemeinsamen Kunden entsprechend ab. Man unterscheidet grundsätzlich vier **Formen der Kooperation**:[1]

- Vertikale Kooperationen auf verschiedenen Wertschöpfungsebenen der Zulieferkette, z.B. in den Bereichen Forschung und Entwicklung oder Beschaffung und Fertigung.
- Horizontale Kooperationen, mit denen Unternehmen der gleichen Wertschöpfungsebene zusammenarbeiten, um komplette Systeme oder Module anzubieten.
- Internationale Kooperationen, um der Forderung nach globaler Präsenz nachzukommen.
- Regionale Kooperationen, um eine gemeinsame Infrastruktur zu nutzen, z.B. werden Aufgaben der Qualitätssicherung an ein gemeinsames Zentrum delegiert.

---

[1] Vgl. o.V., 1998a, S. 24.

Die **Zielsetzungen von Kooperationen**, die für Unternehmen genannt werden, können sehr vielfältig sein. Im Wesentlichen lassen sie sich auf vier verschiedene Vorteile zurückführen:[1]

- **Stärkung der Wettbewerbsposition** durch eine Konzentration auf Kernkompetenzen sowie die langfristige Sicherung der Wettbewerbsfähigkeit. Durch das vollständige Marktangebot entstehen Imagegewinne.
- **Vergrößerung des Know-hows** durch gemeinsames Lernen und Transfer von Erfahrungswissen sowie die Integration eigener Marktangebote in komplexe Systeme und damit die Erlangung von Systemkompetenz. Damit können Systemaufträge ohne kapitalintensive Vorarbeiten abgewickelt werden.
- **Reduzierung der Kosten**, insbesondere der Entwicklungskosten durch eine Optimierung der Wertekette. Dazu werden größere Investitionen durch Aufteilung der Lasten ermöglicht und Kostenvorteile durch die gemeinsame Nutzung von Ressourcen erzielt. Die Verbesserung der Kapazitätsauslastung trägt ebenso zur Reduzierung der Kosten bei wie die Ausnutzung von Synergieeffekten in Beschaffung, Fertigung und Vertrieb.
- **Verbesserung des Absatzes** durch bessere Expansionschancen in Märkten aufgrund gemeinsamen Auftretens und Zugang zu neuen Kunden und Märkten, was wiederum die Kundenkontakte intensiviert und Absatzmärkte sichert. Weiterhin ermöglicht es eine internationale Marktpräsenz ohne direkte Auslandsinvestitionen.

Eine besondere Rolle spielt die Kooperation oftmals bei Innovationen, vor allem, wenn es um die Verwertung von Patenten geht. **Patente** sind heute nicht mehr nur die Sicherung der eigenen technischen Schutzrechte, sondern werden als Waffe zur Abwehr von Wettbewerbern benutzt. Daher spricht man in dem Zusammenhang auch von der **IP^2-Strategie** oder vom strategischen Patentmanagement. Denn sind im Zweifel die Kosten durch Patentstreitereien höher als die Erfolgschancen, werden die daraus resultierenden Marktangebote erst gar nicht entwickelt. So können Innovationen durch aggressives Durchsetzen von Patentrechten verhindert werden. Dies wird noch dadurch gefördert, dass heute eine Innovation nicht mehr mit ein paar wenigen Patenten abgesichert ist, sondern von einer Vielzahl und damit zahlreiche Angriffspunkte bietet. Damit steigen auch die Lizenzgebühren, die bei der Entwicklung eines neuen Marktangebots mitunter entrichtet werden müssen. So machen bei GSM-Mobiltelefonen die kumulierten Lizenzgebühren ca. 40% des Verkaufspreises aus.[3]

In derartig komplexen Situationen ist oft die Kooperation die einzige Möglichkeit, innovative Marktangebote zu entwickeln. Welche Lösung, nämlich **isolieren oder kooperieren**, für das einzelne Unternehmen die beste ist, hängt von einer ganzen Reihe von Faktoren ab:[4]

---

[1] Vgl. Hägele/Schön, S. 66.
[2] Intellectual Property.
[3] Vgl. Teichert/von Wartburg, S. 40.
[4] Vgl. ebenda, S. 42.

5.2 Strategien für Wachstum

Spricht eher für Isolation	Spricht eher für Kooperation
Unternehmen ist Technologieführer in seiner Branche	Nachahmung einer existierenden Technologie oder völlig neue Technologie
Auf der Technologie basierende Marktangebote befinden sich im Produktlebenszyklus in der Wachstums- oder in der Degenerationsphase	Auf der Technologie basierende Marktangebote befinden sich in der Einführungsphase
Technologie kann mit einem Patent geschützt werden	Technologie beruht auf zahlreichen Patenten, die voneinander abhängig sind
Technologierisiken sind höher als Marktrisiken	Marktrisiken sind höher als Technologierisiken
Unternehmen ist am Markt etabliert	Unternehmen ist Nischenanbieter oder „Newcomer"
Spielregeln im Markt sind stabil und bekannt	Marktentwicklung für das innovative Marktangebot ist noch unsicher
Netzwerkeffekte sind gering	Existenz von ausgeprägten Netzwerkeffekten

Abb. 5.8: Isolation versus Kooperation

Trotz aller Vorteile ist es jedoch nicht so einfach, funktionierende Kooperationsbeziehungen aufzubauen und zu erhalten. Jede Form der **Kooperation bringt auch Risiken** mit sich:

- Beim Datenaustausch wird von den beteiligten Unternehmen ein hoher Grad an Offenheit verlangt, der missbraucht werden kann.
- Es kommt vor, dass ein starker Partner einen Führungsanspruch erhebt und auch versucht, ihn durchzusetzen.
- Bei verschiedenen strategischen Entscheidungen wird durch die Kooperation die Eigenständigkeit aufgegeben und überhaupt muss die strategische Stoßrichtung gemeinsam definiert werden.
- In der Regel müssen sich die einzelnen Partner auf bestimmte Bereiche spezialisieren, was zu Abhängigkeiten führen kann, die so nicht erwünscht sind und die dem Unternehmen die Flexibilität nehmen.

Daher stellt sich für viele Unternehmen als Alternative zur engen Kooperation die „**Make-or-Buy**"-**Entscheidung**: Soll das Unternehmen diese Leistungen selbst vorhalten oder mit einem anderen Unternehmen kooperieren? Dies hängt in hohem Maße davon ab, ob die neuen Leistungen

- bereits zu den Kernkompetenzen gehören,
- für das Unternehmen von strategischer Bedeutung sein könnten, d.h. die alten Kernkompetenzen unterstreichen, etwa weiter ausbauen oder unangreifbarer machen,
- sich daraus ein neues Geschäftsfeld ergeben könnte und
- keine adäquaten Kooperationspartner vorhanden sind.[1]

---
[1] Vgl. Kohlert, 2002a, S. 148.

In all diesen Fällen geht die Entscheidung wohl in die Richtung „Make", d.h. selber anbieten. Allerdings sollte damit sehr sorgsam umgegangen werden, denn die Gefahr, die eigenen Kernkompetenzen zu verwässern, d.h. die Glaubwürdigkeit darin zu verlieren, ist latent gegeben, sofern man sich zu weit von ihnen wegbewegt. Dies mag in der IT-Industrie, in der auch viele kleine Unternehmen ein immenses Leistungsspektrum anbieten, noch etwas anders sein. „Make-or-Buy" könnte aber auch die Fragestellung beinhalten, ob das **Unternehmenswachstum** intern oder extern erfolgen soll. Die Kooperation spielt dabei eine Mittelrolle:

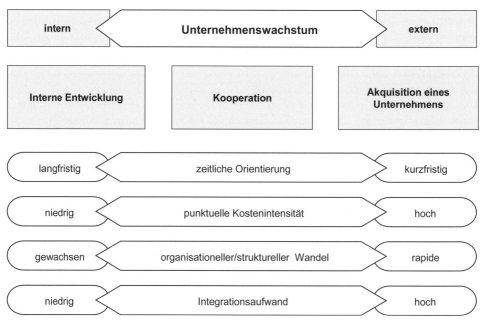

Abb. 5.9: Möglichkeiten des Unternehmenswachstums

Nach dieser Darstellung sprechen die Argumente eher für die interne Entwicklung, die allerdings den großen Nachteil langfristiger Orientierung mit sich bringt, d.h. das Unternehmen muss auch die Zeit dazu haben. Aktionen der Wettbewerber können das Unternehmen daher dazu verleiten, auf eine kurzfristige Lösung, d.h. auf Akquisition, zu setzen.

Eine besondere Form der Kooperation stellt die „**Coopetion**" (Koopkurrenz) dar, eine Zusammensetzung der beiden Worte „Cooperation" und „Competition". Dies entsteht häufig aus der Situation heraus, dass sich in bestimmten Märkten notwendige Komplementärleistungen nur sehr schwer finden lassen. Das Schicksal von Unternehmen hängt von komplementären Marktangeboten ab. In Ergänzungen und Komplementationen zu denken ist eine andere Geisteshaltung als nur über das Geschäft: Es geht dabei darum, Wege zur Vergrößerung des Kuchens zu finden, statt nur mit Wettbewerbern um einen konstanten Markt zu streiten. Ein **Komplementär zu einem Marktangebot** ist jedes andere Marktangebot, welches das Erstere attraktiver macht. **Komplementäre Marktangebote** ergänzen sich stets zu gegenseitigem Nutzen:[1]

- Gemeinsame Gewinne können erzielt werden, indem gegenseitig destruktiver Wettbewerb vermieden wird.
- Ein unbedachtes Angebot fällt oft schädigend auf das eigene Unternehmen zurück.
- Kampagnen zur Bewahrung der Kundentreue können jedem helfen und davor bewahren, in die Preiskriegsfalle zu stürzen.
- Es gibt Situationen, in denen es sich lohnt, es einem Wettbewerber gut gehen zu lassen, selbst wenn dies die Hinnahme geringerer eigener Gewinne bedeutet.

Eine weitere Form der Kooperation stellt das „**Cluster**" dar. Cluster sind kritische Größen an einem Standort, die in einem bestimmten Feld einen ungewöhnlichen Erfolg haben. Die folgenden Faktoren zeichnen ein Cluster aus:[2]

- **Geografische Konzentration** von Unternehmen, die in einem bestimmten Geschäftsfeld zusammenarbeiten und gemeinsame Austauschbeziehungen entlang einer Werteketten haben. Das sind insbesondere Hersteller von Komponenten, Maschinen und Anbieter von Dienstleistungen, die Mitarbeiter mit ähnlichen oder gleichen Fähigkeiten benötigen.
- Die **Infrastruktur von Vertriebswegen** zu den Kunden ist gut ausgeprägt, ebenso wie die Kontakte zu Unternehmen, die komplementäre Marktangebote anbieten.

5.3 Strategische Grundmuster nach Porter

5.3.1 Grundsätzliche strategische Alternativen

Die grundsätzliche Frage, die sich Porter stellt, ist, welche Wettbewerbsvorteile für eine erfolgreiche Unternehmensstrategie relevant sind und in welchen Märkten sie genutzt werden können. Danach bestehen drei grundlegende Alternativen, um Wettbewerbsvorteile zu generieren, nämlich die Kostenführerschaft, die Differenzierung durch die Einzigartigkeit des Marktangebots aus der Sicht der Kunden und die Konzentration auf Nischen als segmentspezifische Strategie. Diese **strategischen Alternativen nach Porter** stellen vollkommen unterschiedliche Wege dar, um Wettbewerbsvorteile zu erlangen:

---

[1] Vgl. Nalebuff/Brandenburger.
[2] Vgl. Porter, 1998a, S. 77 ff.

		Strategischer Wettbewerbsvorteil durch	
		Kostenvorsprung	Einzigartigkeit aus der Sicht des Kunden
Strategischer Zielbereich	branchen- weit	**Kostenführerschaft**: • Preis/Kosten • Standardprodukt	**Differenzierung**: • Leistung/Qualität • Einzigartigkeit
	Segment- spezifisch	**Konzentration auf Nischen**	
		durch Kostenführerschaft: • begrenztes Bedürfnis • preiselastisch	durch Differenzierung: • spezifisches Bedürfnis • preisunelastisch

Abb. 5.10:   Strategische Alternativen nach Porter

Kostenführerschaft zielt darauf ab, der **kostengünstigste Anbieter in der Branche** zu werden. Die Kunden müssen die Qualität der Marktangebote immer noch als zufriedenstellend wahrnehmen, daher dürfen andere Bereiche wie Qualität und Service nicht außer Acht gelassen werden. Diese Strategie bringt einem Unternehmen selbst dann überdurchschnittliche Erträge, wenn in seiner Branche die Wettbewerbskräfte stark sind, denn seine Kostenposition verleiht ihm Schutz gegen die Rivalität der Wettbewerber. Ein Kostenvorsprung schützt das Unternehmen gegen mächtige Kunden, weil diese die Preise nur bis auf das Niveau des zweitgünstigsten Anbieters drücken können. Niedrige Kosten schützen vor mächtigen Lieferanten, indem sie größere Flexibilität im Falle von Kostensteigerungen bei zugelieferten Teilen und bereitgestellten Dienstleistungen ermöglichen.[1] In jedem Marktsegment kann **nur ein Anbieter Kostenführer** werden. Fahren mehrere Unternehmen diese Strategie, ist mit Preiskämpfen und Gewinnmargenverfall zu rechnen, bis sich ein Kostenführer herauskristallisiert hat.

Die Kostenführerschaft verlangt von einem Unternehmen größere Anstrengungen, wenn es seine Position aufrechterhalten will. Die **Voraussetzungen für die Kostenführerschaft** sind:

- Der Produktionspreis ist ein zentraler Wettbewerbsparameter und es bestehen Kostensenkungspotenziale.
- Konsequente Nutzung von Größenvorteilen („Economies of Scale") und Erfahrungskurveneffekten („Experience Curve Effects").
- Investition in moderne Ausrüstungen und Beobachtung von technologischen Neuerungen, die frühzeitig genutzt werden können, sowie Aussonderung alter Anlagen.
- Ständige Investition in die Optimierung der Geschäftsprozesse mit klar gegliederter Organisation und Verantwortlichkeiten.

---

[1] Vgl. Porter, 1985, S. 63 f.

- Intensive Kostenkontrolle, insbesondere der Arbeitskosten, als dem i.d.R. größten Kostenfaktor sowie eine Kostensenkungskultur im Unternehmen.
- Marktangebote müssen für einfache und standardisierte Herstellung für den Massenmarkt geeignet sein („born to be global").
- Anreizsystem für die Mitarbeiter beruht meist auf der Erfüllung quantitativer Ziele.
- Es besteht ein kostengünstiges Vertriebssystem.

Kostensenkungen erfolgen keineswegs automatisch mit kumulierten Mengen und durch das Ausnutzen von Betriebsgrößenersparnissen, sondern sie erfordern erhebliche Aufmerksamkeit, denn es lauern **Gefahren der Kostenführerschaft**:

- Technologische Veränderungen können vergangene Investitionen, Lernprozesse oder einen Kostenvorsprung zunichte machen.
- Imitationen der eigenen Marktangebote durch die Wettbewerber können einen Kostenvorsprung vernichten.
- Da die Aufmerksamkeit ganz auf die Kosten gerichtet ist, werden Marktveränderungen nicht erkannt.
- Kostensteigerungen schmälern die Fähigkeit des Unternehmens, einen ausreichend großen Preisunterschied aufrechtzuerhalten, um den Markenvorteil oder andere Differenzierungsformen der Wettbewerber auszugleichen.
- Forschung und Entwicklung sowie Marketing als Zukunftsinvestitionen werden vernachlässigt.

Bei der **Differenzierungsstrategie** werden Alleinstellungsmerkmale im Markt kommuniziert und dadurch die Präferenzen des Marktes beeinflusst. Idealerweise differenziert sich ein Unternehmen in mehrfacher Hinsicht, um über zunehmende Einzigartigkeit seine Wettbewerbsposition zu verbessern. So ist ein Unternehmen für Baumaschinen nicht nur für sein Händlernetz und seinen hervorragenden Ersatzteilnachschub bekannt, sondern auch für die extrem lange Haltbarkeit seiner Marktangebote, was bei den kostspieligen Ausfallzeiten solch schwerer Maschinen von großer Bedeutung ist.

Eine Differenzierung kann **nur in enger Zusammenarbeit mit den Kunden** erreicht werden; schließlich müssen diese offenbaren, was sie besonders wertschätzen und wo sie auch bereit sind, mehr zu bezahlen: Der vom Unternehmen angebotene Vorteil gegenüber den Marktangeboten der Wettbewerber wird vom Kunden als solcher wahrgenommen. Nur dann kann ein Premiumpreis realisiert werden; allerdings darf die Preisprämie nicht von den Kostennachteilen zur Schaffung und Aufrechterhaltung der einzigartigen Vorteile aufgezehrt werden. Differenzierungen erbringen nur dann Preisprämien bzw. sind wettbewerbsstrategisch sinnvoll, wenn die angebotenen besonderen Leistungen vom Kunden überhaupt wahrgenommen werden und gleichzeitig auch wichtig für ihn sind, der Wettbewerber sie aber in dieser Weise nicht anbieten kann.

Differenzierung schafft, wenn sie erreicht wird, eine gefestigte Position in der Auseinandersetzung mit den Wettbewerbskräften. Sie ist eine Strategie mit dem **Ziel, überdurchschnittliche Gewinne zu realisieren**. Die Differenzierung schirmt gegen den Wettbewerb ab, indem sie Abnehmer an die Marke bindet und die Preissensitivität verringert. Sie realisiert damit höhere Gewinnmargen. Die entstehende Kundenloyalität und der Zwang für die Wettbewerber, die Einzigartigkeit des Marktangebots zu überwinden, schaffen Eintrittsbarrieren. Es ist aber auch zu beobachten, dass gerade hohe Gewinnmargen in einzelnen Marktsegmenten neue Wettbewerber geradezu magisch anziehen.

Die **Voraussetzungen für die Differenzierung** sind:
- Fortlaufende Verbesserungen am Marktangebot setzen eine gute Koordination von Forschung und Entwicklung und Marketing voraus.
- Notwendige Kreativität erfordert Mitarbeiter, die qualifiziert und motiviert sind.
- Vorhandensein einer einmaligen Kombination von Fähigkeiten, die die Entwicklung spezifischer Stärken ermöglichen.
- Enge Kooperation mit Lieferanten und Vertriebswegen, um die Stärken auch durch Zulieferungen zu ermöglichen bzw. auch über die Vertriebswege dem Kunden richtig zu kommunizieren.

Die von Wettbewerbern oft eingeschlagene Strategie „Follow the Leader", von Nattermann „**Herding**" genannt, zerstört in der Regel die Gewinnmargen und verwässert auf Dauer die Möglichkeiten zur Differenzierung.[1] Dies stellt eine **Gefahr der Differenzierung** dar, weitere können folgen:[2]

- Der Kostenunterschied zwischen Billiganbietern und differenzierten Unternehmen kann so groß werden, dass die Differenzierung die Markenloyalität nicht mehr aufrechterhalten kann. Die Abnehmer opfern somit etwas von den Eigenschaften, Diensten oder dem Image des differenzierten Unternehmens zugunsten von großen Kostenersparnissen.
- Die Imitation von Marktangeboten durch Wettbewerber kann die eigene Sonderstellung zerstören, dies ist eine häufige Erscheinung in reifen Branchen.
- Durch eine Änderung im Kundennutzen können die differenzierenden Leistungsmerkmale unwichtig werden.
- Wettbewerber könnten noch segmentspezifischere Leistungen erbringen.

Der letzte Strategietyp besteht in der Konzentration auf bestimmte Marktsegmente, auf einen bestimmten Teil des Marktangebots oder einen geografisch abgegrenzten Markt. Nischenstrategien, die sich nur beschränken, ohne etwas anderes, nach Möglichkeit Besseres zu bieten, sind wertlos. Damit setzt eine **Nischenstrategie** einen segmentierungsfähigen Markt voraus, in dem sie sich auf einen abgrenzbaren Teilbereich konzentrieren kann. Hier kann sich das Unternehmen von den breiter angelegten Wettbewerbern unterscheiden. Es bedient ungewöhnliche Bedürfnisse, die bisher nicht befriedigt worden sind, oder Bedürfnisse, die aufgrund der Spezialisierung des Unternehmens besser als bisher befriedigt werden können. Durch die Konzentration auf ein einziges Marktsegment strebt das Unternehmen an, eine Marktaufgabe optimal zu lösen.

Unternehmen, die eine Nischenstrategie fahren, konzentrieren sich auf:[3]
- Endkunden, deren Bedürfnisse sie dank ihrer Spezialisierung optimal erfüllen können.
- Ein besonderes Feld in der gesamten Integration, z.B. auf einen bestimmten Teil der Wertekette des Herstellers, dem sie diese Leistungen zuliefern.

---

[1] Vgl. Nattermann, S. 25 f.
[2] Vgl. Porter, 1985, S. 76.
[3] Vgl. Kotler et al., S. 326.

- Bestimmte Unternehmensgrößen, die von größeren Unternehmen übergangen worden sind, weil sie für diese nicht profitabel waren.
- Ein bestimmtes Marktangebot, für das es kaum Spezialisten gibt.
- Das „High End" oder das „Low End" der Preislagen eines Marktsegments.
- Einen besonderen Service, den die Wettbewerber nicht bereit sind, anzubieten, den der Kunde aber wertschätzt und für den er auch bereit ist, zu bezahlen.

Vorteile für das Unternehmen des Kunden bestehen im erleichterten Zugriff auf neuestes Know-how von einem spezialisierten Unternehmen und durch die Fähigkeit des Nischenanbieters, sich bei Innovationen auch in mitunter unklare Aufgabenstellungen einzuarbeiten. Für das **Unternehmen mit der Nischenstrategie ergeben sich Vorteile** durch den Aufbau neuer Kundenkontakte anhand der Weiterleitung von Empfehlungen von bestehenden Kunden, der teilweisen Einbindung in größere Projekte des Kunden und der Sicherheit durch solvente Kunden.

Selbstverständlich bestehen auch **Gefahren einer Nischenstrategie**, wenn man in einem sehr begrenzten Markt operiert:

- Die Nische muss von ausreichender Größe sein und über genügend Kaufkraft verfügen. Sie sollte Wachstumspotenzial haben, so dass sich eine langfristige Profilierung in diesem Marktsegment lohnt.
- Die Nische kann unattraktiv werden, wenn neue Wettbewerber in das Marktsegment eindringen und bisherige Unterschiede zu anderen Segmenten verschwinden.
- Die Vorteile eines breiten Angebots steigen oder andere Unternehmen entdecken noch engere Nischen bzw. es werden noch bessere Lösungen für vorhandene Bedürfnisse gefunden.
- Eine technologische Überholung oder eine Substitution der gewählten Nische ist möglich, so dass der Markt das eigene Angebot nicht mehr benötigt.
- Der Kostenunterschied zwischen Nischenanbieter und Wettbewerbern mit breiten Marktangeboten kann sich so stark ausweiten, dass die Vorteile aus der Spezialisierung auf ein begrenztes Marktsegment aufgehoben werden.
- Die eigenen Kunden, die OEMs[1], beginnen, die **Wertekette neu zu konfigurieren**. Der Schwerpunkt der Wertschöpfung verschiebt sich von den unternehmensinternen Teilen, wie der Forschung und Entwicklung (F&E), der Fertigung und dem Marketing, hin zu den mehr marktorientierten Teilen der Wertekette, wie dem Vertrieb, der Finanzierung, dem Merchandising und dem Service. In der Zukunft scheinen die OEMs hier stärker Fuß zu fassen und den direkten Kundenkontakt zu suchen. OEMs versuchen vermehrt, die gesamte Wertekette zu dominieren, sei es durch eigene Gründungen, Käufe von Dienstleistern oder Partnerschaften. Unternehmen, die diese für die OEMs neuen Schwerpunkte bedient haben, stehen plötzlich größeren OEMs gegenüber und müssen ihre Positionierung von neuem rechtfertigen:

---

[1] Original Equipment Manufacturer.

Fokus der OEMs in der Vergangenheit

Fokus der OEMs in der Zukunft

Abb. 5.11: Veränderungen in der Wertekette im Fokus der OEMs

Die eingeschlagene Strategie muss auch zum Unternehmen und seiner Unternehmenskultur passen. Zumindest letztere ist nicht schnell änderbar, so dass drastische Strategiewechsel eher eine Ausnahmeerscheinung darstellen oder aus einer Notlage heraus entstehen, die etwa die Kontinuierung des Unternehmens in Frage stellt.

5.3.2 Nischenstrategie als typische Mittelstandsstrategie

Durch den Fokus auf bestimmte Zielgruppen haben gerade mittelständische Unternehmen die Möglichkeit, in Märkten zu dominieren. Wann immer eine Nischenpolitik betrieben wird, ist eine **stetige Marktbeobachtung unerlässlich**. So empfiehlt es sich, mit der Porter's 5-Forces-Analyse das Wettbewerbsumfeld genau zu beobachten. Dabei sind z.B. die folgenden Fragestellungen interessant:

- Wenn ein **Druck durch Substitutionsprodukte** besteht, stellt sich die Frage, welche Eigenschaften diese haben und wie sich ihre Position in den letzten Jahren verändert hat.
- Wie groß ist die **Verhandlungsstärke der Abnehmer**? Ist es einfach, z.B. Händler zur Aufnahme eines neuen Marktangebots zu bewegen?
- Kennzeichnen **laufende Innovationen des Marktangebots** die Branche? Um dem zu begegnen, muss das Unternehmen in seiner Nische Markt und Wettbewerb sehr intensiv beobachten, um etwaige Veränderungen in der Technologie etc. frühzeitig erkennen und die notwendigen Maßnahmen einleiten zu können.

Desweiteren kann eine identifizierte Marktnische wie folgt bewertet werden:

5.3 Strategische Grundmuster nach Porter

Kundenvolumen in der Marktnische	• Bisheriger und möglicher Umsatz bezogen auf die vorhandene Kaufkraft in den definierten Marktsegmenten • Anwendungsbreite in den jeweiligen Einsatzgebieten • Spezifikation der Kundenanforderungen
Künftige Bedeutung des Marktsegments	• Bisher nicht befriedigte Kundenbedürfnisse • Entwicklungstendenzen für das Marktangebot • Technologische Attraktivität der Marktnische
Wettbewerbssituation	• Anzahl und Stärke bereits vorhandener Wettbewerber • Vorhandenes Interesse anderer Unternehmen (Gefahr neuer Wettbewerber) • Chancen einer erfolgreichen Verteidigung der Marktnische
Kundennähe	• Bereits vorhandene loyale Kunden des Unternehmens • Kunden der Wettbewerber, die mit einem neuen Marktangebot angesprochen werden können • Innovationsbereitschaft der Kunden und damit Möglichkeiten zur Gewinnung von Referenzkunden • Flexibilität bei der Anpassung an die Kundenbedürfnisse
Kundenwert	• Höhe des erzielbaren Kundenwertes • Vorteile des eigenen Marktangebots gegenüber Wettbewerbern
Vorhandenes Potenzial und Know-how	• Stärken/Schwächen des eigenen Unternehmens gegenüber Wettbewerbern • Synergieeffekte, z.B. durch Auslastung vorhandener Kapazitäten
Marktzugänge	• Ausnutzung vorhandener Vertriebswege und Kundenbeziehungen • Anwendung des bekannten Marketing-Mix

Abb. 5.12: Checklist zur Bewertung einer Marktnische

Marktnischen entstehen oft durch die **Analyse der Wertekette** bei potenziellen Kunden. So kann ein neues Geschäftsmodell unangenehme oder zeitraubende Tätigkeiten ersetzen. Diese **Dekonstruktion der Geschäftsmodelle**, bei denen die Wertekette neu ausgerichtet wird, basiert auf dem Konzept der kreativen Zerstörung von Schumpeter aus den dreißiger Jahren.[1] Unternehmen suchen nach „neuen Kombinationen", um daraus Gewinne zu ziehen. Neue Leistungen müssen somit nicht zwangsläufig vom eigenen Unternehmen erbracht werden, es ist auch denkbar, diese an andere Unternehmen, die sich darauf spezialisiert haben, auszulagern. Diese anderen Unternehmen können mit dem „Segen" des bestehenden Unternehmens in Form eines „Spin-offs" ausgegliedert werden, sie können auf Tochtergesellschaften übertragen oder an externe Kooperationspartner ausgelagert werden. Dadurch verändern sich die Werteketten in den Unternehmen; es erfolgt die **Dekonstruktion der Werteketten**. Die Elemente werden zerlegt, neu miteinander kombiniert und es entsteht eine neuartige Arbeitsteilung zwischen den beteiligten Unternehmen. Unternehmen können aktiv eine solche Maßnahme betreiben, sie können sich auf bestimmte Elemente der Wertekette konzentrieren und andere Elemente, die nicht zu ihren Kernkompetenzen gehören, auf Marktteilnehmer verla-

---

[1] Vgl. Schumpeter.

gern. Unternehmen werden dann nicht mehr als Portfolio von Geschäften angesehen, sondern als zentrale Spieler und Gestalter in einer Wertekette:[1]

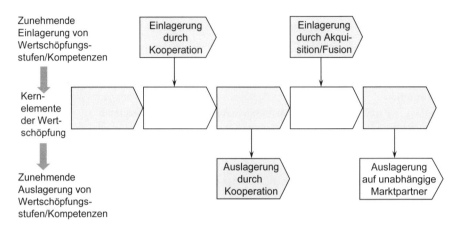

Abb. 5.13: Dekonstruktion der Wertekette

Dadurch, dass das Unternehmen Spezialist für einen Prozess in der Wertekette des Kunden wird, wird es für den Kunden nahezu unersetzbar und kann bald, auch wenn der Kunde ungleich größer ist, aus einer gleichberechtigten Position agieren.

Oftmals wird nicht berücksichtigt, dass Nischen nicht zwangsläufig nur in neuen Märkten zu finden sind! Es besteht auch die Möglichkeit, **mit alten Technologien sich in einer Nische zu positionieren:**[2]

- Welche Aspekte der eigenen Angebote deckt die neue Technologie nicht ab, z.B. Leistung, Art der Leistungserbringung, Angebote im Service?
- Welche der eigenen Kunden werden diese Aspekte zukünftig besonders zu schätzen wissen?
- Wie könnte der Kundenwert noch vergrößert werden, wenn man sich auf die besonders wichtigen Merkmale für den Kunden konzentriert?
- Könnte man nur mit diesen Kunden überleben, in Bezug auf Umsatz, Gewinnmarge und Abgrenzung vom Wettbewerb?
- Welche Veränderungen wird das eigene Unternehmen vornehmen müssen?
- Mit welchen Reaktionen der eigenen Wettbewerber müsste man rechnen?
- Könnten diese Schritte mit dem eigenen Netz an Zulieferern und Partnern aufgebaut werden können?
- Wie attraktiv ist diese Lösung im Vergleich zu den realistischen Alternativen?

---

[1] Vgl. Gerybadze/Kohlert.
[2] Vgl. Adner/Snow, S. 66.

Jetzt gilt es, diese Nischen zu identifizieren, in denen **mit alten Technologien neue Positionierungen definiert** werden können:[1]

- Was wäre an der alten Technologie interessant, wenn sie kostenlos wäre? Wer könnte sie gebrauchen?
- Warum nutzen diese potenziellen Kunden unsere Technologie nicht schon heute?
- Was nutzen sie stattdessen? Wie viel sind sie heute bereit, dafür zu bezahlen?
- Was müsste geändert werden, um künftig zu diesem Preis verkaufen zu können?
- Was hätten die neuen Kunden davon, wenn sie diese Technologie statt ihrer bisherigen nutzen würden?
- Wie attraktiv ist eine Verlagerung in einen neuen Markt im Vergleich zu den übrigen Alternativen?

Das Unternehmen sucht gezielt nach einem sehr spezifischen Marktsegment, das es bedienen möchte. In der Regel ist es ein sehr enges Marktsegment, das andere Unternehmen gar nicht erkannt haben oder aufgrund der zu geringen Größe nicht berücksichtigt haben. Für das eigene Unternehmen ist es aber groß genug und wirtschaftlich sinnvoll, dieses Marktsegment zu bearbeiten. Marktnischenstrategien haben den Vorteil, dass sich das Unternehmen auf einige wenige Stärken konzentrieren und diese konsequent immer weiter ausbauen kann. Es entwickelt sich damit zu einem Spezialisten und wird als solcher in seinem Markt anerkannt und geschätzt. Auf der anderen Seite kann es durch den technologischen Fortschritt auch überrollt werden.[2]

5.4 Wettbewerbsstrategien

5.4.1 Klassische Wettbewerbsstrategien

Wettbewerbsstrategien sind ein integriertes Set von Strategien und Maßnahmen, um einen durchhaltbaren Wettbewerbsvorteil zu schaffen und zu verteidigen.[3] Es gibt drei verschiedene grundlegende Wettbewerbsstrategien: Strategien des Marktführers, Strategien des Herausforderers und Strategien des Verfolgers. Diese werden in der Folge genauer betrachtet.

Es kann grundsätzlich davon ausgegangen werden, dass Wettbewerber reagieren werden, wenn man versucht, ihnen Kunden wegzunehmen. Die Fragen lauten, ob es aller Voraussicht nach zu einer Reaktion des Wettbewerbers führt und mit welchen Reaktionen zu rechnen ist, wenn die Wettbewerber Kunden verlieren? Dies hängt sehr stark vom üblichen **Reaktionsverhalten des Wettbewerbers** ab. Man kann hier zwischen zwei verschiedenen Klassen unterscheiden, die erkennbar sind:

---

[1] Vgl. Adner/Snow, S. 66.
[2] Vgl. Kohlert, 2002a, S. 88.
[3] Vgl. Coyne, S. 33.

- Die **„Fat Cats"**, die sich in alten Erfolgen sonnen und sich nicht vorstellen können, den „Sonnenplatz" einmal zu verlieren. Fortlaufender früherer Erfolg macht viele Unternehmer siegessicher und verfestigt ihre Meinung, dass sie unverwundbar und smarter als alle anderen sind. Aber sie haben vergessen, sich an die wechselnden Umfeldbedingungen anzupassen, ihre Position wird von kleinen flinken Unternehmen herausgefordert und unter Umständen besetzt. Das Unternehmen verliert Marktanteile und glaubt, immer noch an der Spitze zu sein. Am besten stellt man sich dieser Herausforderung, wenn man am Gipfel eines Erfolges steht, bevor die Selbstgefälligkeit auf allen Ebenen des Unternehmens einsetzt.
- Die **„Tiger Competitors"**, die überall Gegner vermuten, die „von ihrer Gewinnmarge essen wollen", und dementsprechend hart reagieren, wenn sie Gefahr wahrnehmen.

Wenn das Unternehmen Wettbewerbsstrategien umsetzt, sucht es sich die Wettbewerber gezielt aus, von deren Marktanteil es sich Anteile erwerben will. Einen Kontakt mit den „Tiger Competitors" versucht man zu vermeiden, denn es ist einfacher, ein Schaf zu attackieren, als einen Tiger.[1] Man sucht **vernachlässigte Marktsegmente**, die entweder gar nicht oder durch „Fat Cats" bedient werden:[2]

- **Schwache Wettbewerber** sind Unternehmen, die auf Angriffe auf das eigene Unternehmen kaum reagieren können. Das kann an der finanziellen Ausstattung liegen oder daran, dass technologische Entwicklungen verschlafen worden sind.
- **Entfernte Wettbewerber** sind Unternehmen, mit denen das eigene Unternehmen nicht in unmittelbarem Kontakt steht. Daher sind von ihnen kaum Reaktionen zu erwarten, dennoch Vorsicht bei den „Tiger Competitors".
- **„Gute Wettbewerber"**, für das eigene Unternehmen gut in den Griff zu bekommen, sind Unternehmen, die die Qualitäten des Wettbewerbers anerkennen und wissen, dass sie im Wettbewerb keine Chancen haben. Gerne überlassen sie dem anderen Unternehmen das Feld.

5.4.2 Strategien des Marktführers

Der **Marktführer** ist üblicherweise das Unternehmen mit dem höchsten Marktanteil. Er hat damit oft die Definitionsmacht über die Preisgestaltung, die Anzahl der Neueinführungen von Marktangeboten, die Vertriebswege und die Werbehäufigkeit und damit die Führungsrolle in diesem Markt. Alle anderen Unternehmen passen sich diesen Vorgaben an. In allen Fällen spielt das Erlangen einer bestimmten **Marktmacht für den Marktführer** eine Rolle, um sich fest zu etablieren und seine Strategie zu unterstützen. Die Marktführer fahren üblicherweise drei **Arten von Strategien**:

- **Erweiterung des bestehenden Marktes** durch die Erschließung neuer Kundengruppen, Entdeckung neuer Anwendungsmöglichkeiten oder eine Erhöhung des Bedarfs der bisherigen Kunden.

---

[1] Diese Ausssage stammt von Kotler.
[2] Vgl. Kotler et al., S. 311 f.

5.4 Wettbewerbsstrategien

- **Verteidigung des bestehenden Marktes**, da er fortlaufend von Rivalen herausgefordert wird. Die beste Antwort darauf ist die fortlaufende Verbesserung der bestehenden Marktangebote. Dadurch, dass kontinuierlich an den eigenen Stärken gearbeitet wird und diese ausgebaut werden, drängt man die Wettbewerber, die oft nur mit geringeren finanziellen Mitteln ausgestattet sind, dazu, diesem Tempo zu folgen. Dabei können die Schwächen der Gegner offen gelegt werden.
- **Erweiterung des eigenen Marktanteils**, denn ein höherer relativer Marktanteil erhöht die eigene Rentabilität.

Der **Marktführer hat die folgenden Alternativen**, um diese Strategien gegenüber Herausforderern zu verteidigen:[1]

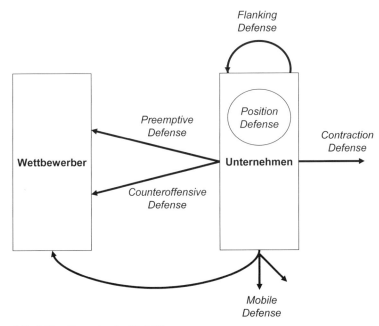

Abb. 5.14: Strategien des Marktführers

- Bei der „**Position Defense**" neigen Unternehmen dazu, um sich herum eine Verteidigungsanlage zu bauen und ihre Position mit allen Mitteln zu verteidigen. Diese „Burg" wird meist durch einen überragenden Markennamen aufgebaut. Eine „Burg" ist naturgemäß nur schwer zu verschieben und so besteht die große Gefahr, dass das Unternehmen an seinem Ort verbleibt, der Markt sich aber weiterbewegt.
- Bei der „**Preemptive Defense**" lautet die Devise „Zerstöre den Wettbewerber, solange er noch klein ist. Danach wird es schwieriger und teurer". Wenn ein Unternehmen in der Auseinandersetzung mit seinem Wettbewerber „eine Flinte hat", sollte es nicht mit einem Schwert kämpfen, um den Gegner aus dem Markt zu werfen („Indiana-Jones-

---

[1] Vgl. Kotler et al., S. 319 ff.

Effekt"). Das Unternehmen muss sich auf die Zukunft vorbereiten, solange die Wettbewerber noch schwach sind. Diese Zeit muss genutzt werden.
- Bei der „**Contraction Defense**" ziehen sich Unternehmen gerne auf ihr Kerngeschäft zurück. Dies gilt insbesondere dann, wenn sie aufgrund einer sinnlosen Diversifikation, wie etwa die Daimler Benz AG in der Mitte der 80iger Jahre durch den Zukauf von AEG, Dornier etc., die eigene Fokussierung verloren hat.
- Mit einer „**Counteroffensive Defense**" reagieren die meisten Marktführer, wenn sie herausgefordert werden. Sie können nicht passiv bleiben, wenn der Herausforderer die Preise senkt, Werbeanstrengungen unternimmt etc. Ein sehr wirkungsvoller Gegenangriff ist dabei, das Marktsegment des Wettbewerbers anzugreifen, in dem er seine Basis hat, und seine Gewinnmarge zu reduzieren, z.B. mit Preisaktionen. Eine andere Möglichkeit wäre zu verlautbaren, dass demnächst eine bessere Version des Marktangebots herauskommt, die dere des Herausforderers überlegen ist.
- Bei der „**Mobile Defense**" expandiert der Marktführer durch Marktentwicklung oder Diversifizierung in Bereiche, in denen später neue Marktsegmente entstehen können. Bei der Marktentwicklung richtet das Unternehmen seinen Blick auf den Markt und dessen Basisbedürfnisse. Anstatt z.B. ausschließlich an den Vertrieb von Maschinen zu denken, erfasst man Problemlösungen und die damit verbundenen umfassenden Marktangebote, bei der die Maschine nur einen Teil des Marktangebots darstellt.
- Bei der „**Flank Defense**" werden schwache Flanken, z.B. Marktsegmente, in denen man nicht gut vertreten ist, ausgebaut. Hier zerstört man mögliche Markteingänge in Marktnischen für den Wettbewerber, indem man selbst der Erste ist.

Dem **Marktführer** können damit die folgenden **Empfehlungen** gegeben werden:
1. Er wird ständig auch auf **Nicht-Wettbewerber** achten, die möglicherweise in das eigene Geschäftsfeld expandieren könnten.
2. **Vertriebswege** verhalten sich mitunter äußerst dynamisch und passen sich an die Kundenbedürfnisse und -erwartungen an. Veränderungen sollten hier antizipiert werden.
3. Wenn möglich, könnten Situationen geschaffen werden, die mögliche Wettbewerber davor abschrecken, in diesen Markt einzutreten, weil das eigene Unternehmen eine ungeheure Verteidigung aufgebaut hat. Wenn dies gelungen ist, dann gehört dem eigenen Unternehmen ohne Zweifel der Markt: „Market Ownership" heißt das oberste Ziel.[1]
4. Die beste Verteidigung ist ein guter Angriff: **Laufende Innovationen** und Verbesserungen des Marktangebots schützen die Marktstellung des eigenen Unternehmens und machen es unüberwindlich für potenzielle Wettbewerber.
5. Suche nach weiteren **Möglichkeiten im Marketing-Mix**, z.B. nach neuen Marktangeboten am unteren Ende der Preisskala, nach einer günstigeren Preisgestaltung, nach Distribution in hohen Stückzahlen durch Filialketten.

---

[1] Vgl. Sherden.

5.4.3 Strategien des Herausforderers und des Verfolgers

Unternehmen, die nicht Marktführer sind, haben zwei Möglichkeiten, sich zu verhalten. Sie können dem Marktführer folgen, ohne seine Nähe bei Kunden, der Technologie etc. zu suchen, d.h. sie erkennen die bessere Qualität etc. des Marktführers an und bedrängen ihn nicht und siedeln sich unterhalb von ihm an. Oder sie können versuchen, dem Marktführer Marktanteile streitig zu machen. Ein **Herausforderer des Marktführers** sollte sich zunächst über seine eigene strategische Zielsetzung im Klaren sein. Er muss zunächst entscheiden, wen er angreifen möchte:[1]

- Er kann den Marktführer angreifen. Dies stellt eine risikoreiche aber profitable Strategie dar, insbesondere dann, wenn der Marktführer einen Markt nicht gut bedient und der Herausforderer das Potenzial hat, die Führung zu übernehmen.
- Er kann Unternehmen angreifen, die genauso groß sind und die entweder ihre Marktsegmente nicht gut bedienen, veraltete Marktangebote oder zu hohe Preise haben oder in finanzielle Schwierigkeiten geraten sind.
- Er kann Unternehmen angreifen, die kleiner und lokal tätig sind.

In allen Fällen erhöht er somit seinen Marktanteil. Der Herausforderer sucht sich Angriffsstrategien heraus und kann diese mit guten Gründen unterfüttern, warum seine Marktangebote besser als die des Wettbewerbers sind. Es kommt darauf an, ob der Herausforderer das Potenzial hat, den Marktführer wirklich herauszufordern. Dazu gehören **eindeutige Stärken des Herausforderers**, die im günstigsten Fall auf eindeutige Schwächen des Marktführers treffen, z.B.:

- durch Produktinnovationen: Eigene, durch Patente abgesicherte Entwicklungen ermöglichen es, Kundenbedürfnissen besser zu begegnen als die Wettbewerber. Als Beispiele dienen hier viele Maschinenbauunternehmen.
- durch Produktlinienerweiterungen: Durch Marktsegmentierung werden neue Nischen erkannt und systematisch besetzt. Als Beispiel dafür dient General Motors mit seinen verschiedenen Divisionen und Volkswagen mit dem Seat.
- durch Markenimage: Starke Marken können auch in anderen Bereichen Fuß fassen. Aus der Konsumgüterindustrie hinlänglich bekannt, wenn man an Boss-Kleidung und Boss-Kosmetika denkt, ist dies auch im B2B-Markt möglich, z.B. gründet ein Hersteller von IT-Hardware eine Unternehmensberatung mit Schwerpunkt Optimierung von Geschäftsprozessen.
- durch Preispolitik: „Economies of Scale" und Erfahrungskurveneffekte werden im Preis an die Kunden weitergegeben. Dies empfiehlt sich nur für Unternehmen, die eine Kostenführerstrategie fahren. Bei hohen Kosten, z.B. in der Entwicklung, ist diese Gelegenheit nicht gegeben, im Oligopol ist sie gefährlich, da mit Reaktionen der Wettbewerber zu rechnen ist.
- durch Softwareleistungen: Neben der Hardware, z.B. Maschinen, werden die Dienstleistungen systematisch ausgebaut und dem Kunden angeboten. Man denke z.B. an einen

---

[1] Vgl. Kotler et al., S. 322.

Maschinenbauer, der seine Kunden berät, wie er die Maschinen optimal einsetzen kann, um seine Prozesse in der Fertigung zu verbessern.
- durch bessere Informationen als der Wettbewerber: Dem Unternehmen ist es gelungen, einen Schlüsselkunden zu akquirieren. Diesen nutzt es als Einstieg in den neuen Markt. Oder es hat gute Kontakte zu Meinungsführern und Innovatoren und kann diese nutzen.
- durch interne Maßnahmen: Change Management, Simulation von Krisen und Korrekturen der eigenen Strategien sowie eine Intensivierung des Kundenkontakts auch für Nicht-Vertriebsmitarbeiter helfen dem Unternehmen, neue Märkte zu erkennen.

Die Herausforderer können fünf verschiedene **Strategien** einschlagen:[1]

- Die „**Frontal Attack**" erfolgt auf der ganzen Breite, d.h. in allen wichtigen Marktsegmenten, in denen der Marktführer tätig ist. Diese Strategie ist höchst risikoreich; man benötigt gute Argumente, um diesen Schritt zu wagen. Sie wird nur dann in Betracht gezogen, wenn die eigenen Stärken auf die Schwächen des Marktführers treffen und ein Erfolg des Herausforderers sehr sicher erscheint. Sie sind sehr oft nicht erfolgreich, denn man kämpft auf dem Boden des Gegners, der sein Revier besser kennt (Kunden, Lieferanten, Service etc.) als der Wettbewerber, der ihn angreift.
- Die „**Flank Attack**" kann eine schwache Flanke des Marktführers attackieren, entweder ein Marktsegment oder einen Bereich, in dem er nicht gut positioniert ist. Oft erkennt der Herausforderer Veränderungen schneller als der Marktführer und nutzt die Gelegenheit, durch angepasste Marktangebote einen zeitlichen Wettbewerbsvorteil herauszuarbeiten.

---

[1] Vgl. Kotler et al., S. 322 ff.

5.4 Wettbewerbsstrategien

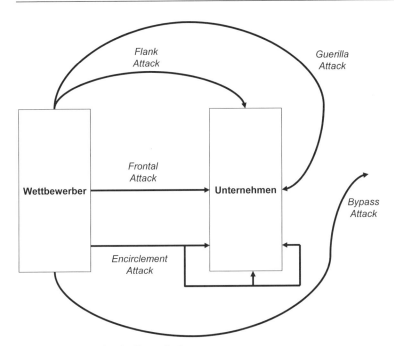

Abb. 5.15: Strategien der Herausforderer

- Die „**Encirclement Attack**" greift den Marktführer in mehreren Marktsegmenten mit voller Kraft an; der Überraschungsmoment spielt hier eine gewisse Rolle. Voraussetzung für den Herausforderer ist aber, dass ihm viele Ressourcen zur Verfügung stehen.
- Die „**Bypass Attack**" auf den Marktführer stellt eher einen indirekten Angriff dar. Insbesondere in von Technologien angetriebenen Branchen wird der Marktführer durch technologische Durchbrüche überflügelt und es werden Marktangebote entwickelt, die diejenigen des Marktführers obsolet werden lassen.
- Die „**Guerrilla Attack**" besteht aus kleinen, aber regelmäßigen Attacken, um auf diese Weise letztendlich den Fuß in Marktsegmente des Marktführers hineinzubekommen. Der Herausforderer testet, in welchen Segmenten der Marktführer Schwächen zeigt.

Die laufende Herausforderung des Marktführers ist nicht die einzige Möglichkeit, um ein erfolgreiches Geschäft aufzubauen. Es besteht auch die Möglichkeit, als **Verfolger des Marktführers** eine friedliche Koexistenz anzustreben. Der Marktführer hat alle Kosten der Neuentwicklung eines Marktangebots, macht Fehler bei der Markteinführung etc. Daraus lernen auch andere Unternehmen und ziehen ihre Konsequenzen. Für Verfolger kommen die folgenden **vier Strategien** in Frage:[1]

- Der **Fälscher** kopiert die Marktangebote des Marktführers und verkauft sie auf dem schwarzen Markt. Selbstverständlich ist diese Strategie illegal.

---

[1] Vgl. Kotler et al., S. 325.

- Der **Kopierer** eifert dem Marktangebot des Marktführers nach und stellt Marktangebote mit leichten Variationen her. Man denke hier nur an die Computer- oder an die Nahrungsmittelindustrie, in denen diese Strategie vielfältig vertreten ist.
- Der **Imitator** kopiert einige Bestandteile des Marktangebots des Marktführers, entwickelt aber verschiedene Bestandteile in eigener Verantwortung. Mit diesem kann der Marktführer leben, solange der Verfolger ihn nicht aggressiv herausfordert.
- Der **Adaptierer** nimmt die Marktangebote des Marktführers als Basis und entwickelt sie weiter.

5.5 Formulierung einer Marketing-Strategie

Die **Formulierung der eigenen Marketing-Strategie** durchläuft verschiedene Schritte, die in der Folge dargestellt werden:[1]

Was sind die Rahmenbedingungen, was die Fakten und Annahmen über den Markt?	**Makroprofil:** • **Branchentrends:** Entwicklungen, Stabilität • **Umfeldveränderungen:** Technologie, Wertesystem, Politik etc. erfasst durch Szenario-Technik mit dem Ziel, die eigene Wettbewerbsposition unter verschiedenen Annahmen über die Branchenentwicklung, zu verbessern **Mikroprofil:** • **Markt und Wettbewerb:** Marktvolumen, Absatzmittler, Wettbewerber und deren Erfolge und Misserfolge im Bedienen der Kundenbedürfnisse, Gründe für Erfolg und Misserfolg • **Kunden:** Marktsegmente, mögliche Zielgruppen, Kundenbedürfnisse	**Klärungsbedarf:** • Bewertung der externen Umfelder und Aufzeigen von Entwicklungen, die für das eigene Geschäft relevant sind

Abb. 5.16: Checklist - Strategieentwicklung ausgehend von den Umfeldfaktoren I

Die Formulierung der Marketing-Strategie beginnt mit einer Bestandsaufnahme der Fakten. Im **Makroprofil der Branchensituation** werden die Faktoren ermittelt, die eine bestimmte Relevanz für das Unternehmen haben (Branchentrends, Umfeldveränderungen). Es folgt die Ermittlung des **Mikroprofils der Branchensituation** mit meist direkten Auswirkungen auf den Erfolg des Unternehmens (Branche, Wettbewerb, Markt und Kunden).

---

[1] In Anlehnung an: Kohlert et al., S. 113 ff.

5.5 Formulierung einer Marketing-Strategie

| Erkenntnisse über den eigenen Markt und Reflexion mit der eigenen Situation | **Treiber des Marktes („Business Driver"):**
• Identifizierung der Wachstumstreiber in den Märkten
• Identifizierung der „Business Driver" der Wettbewerber
• Technologische Durchbrüche und deren Effekt auf die eigene Position im Markt und auf die der Wettbewerber, Aufkommen von Substituten

Situation in den Werteketten:
• Bedeutsame und stark umkämpfte Kernattribute
• Visualisierung der Wertekette mit gegenwärtigen und zukünftigen Wettbewerbern

Annahmen über die zukünftige Entwicklung:
Davon ausgehend werden dann die notwendigen Entscheidungen (Markt und Segmente) getroffen auf Basis der eigenen Ressourcen | **Klärungsbedarf:**
• Erkennen der „Business Driver" der Branche
• Erkennen der eigenen Möglichkeiten und der eigenen Grenzen |

Abb. 5.17: Checklist - Strategieentwicklung ausgehend von den Umfeldfaktoren II

Diese Fakten werden zusammengefasst. Aus ihnen werden **Annahmen über die zukünftige Entwicklung** getroffen. Im Einzelnen können dies sein:

- Aussagen über die Entwicklung in den infrage kommenden Märkten
- Prognosen über das Auftreten neuer Wettbewerber sowie das Verhalten existierender Wettbewerber
- Technologische Durchbrüche und deren Effekt auf die eigene Marktposition und auf die der Wettbewerber

Wie wichtig die Annahmen sind, zeigt sich dann später in der Umsetzung. Um ein sinnvolles Ergebnis bei der Beschäftigung mit der eigenen Strategie zu erzielen, wird empfohlen, bei den **Annahmen über die zukünftige Entwicklung** einen Konsens der beteiligten Führungskräfte anzustreben. Herrscht darüber Uneinigkeit wird die spätere Umsetzung unmöglich. Es empfiehlt sich, diese Annahmen über die Zukunft **mit den eigenen Ressourcen zu reflektieren**, um unrealistische Zielsetzungen auszuschließen und sich am Machbaren zu orientieren.

5 Aufbau von Marketing-Strategien

Wo steht das eigene Unternehmen?

Analyse der internen Faktoren:
- Kernkompetenzen
- Analyse der eigenen Produkte: Stärken, Position im Lebenszyklus etc.
- Anzahl und Erfolg von Neuprodukteinführungen
- Fähigkeit, Markteintrittsbarrieren gegenüber den Wettbewerbern zu schaffen
- Marktkenntnis und Marktabdeckungsgrad
- Marktreife eines neuen Produkts
- Rol für jedes Produkt und jeden Markt

Klärungsbedarf:
- Erkennen und Benennen der eigenen „Value Proposition"

An welche Märkte und an welche Kunden wenden wir uns?

Grundsatzentscheidungen:
- Definition der Märkte
- Definition der in Frage kommenden Marktsegmente
- Definition der möglichen Kunden(gruppen) in den jeweiligen Marktsegmenten

Klärungsbedarf:
- Gesamtmarkt
- Teilmärkte
- Marktsegmente
- Schwerpunkte
- Kunden(gruppen)

Abb. 5.18: Checklist - Strategieentwicklung ausgehend von den Umfeldfaktoren III

Auswahl der Zielgruppen (ausgewählte Marktsegmente)

Zielgruppenbestimmung:
- Entscheidung über die Marktsegmente, die für eine Bearbeitung in Frage kommen

Klärungsbedarf:
- Quick-Check bei allen möglichen Marktsegmenten: Markt, Wettbewerb, Absatzwege, Preis, Promotion

Strategische Analyse der ausgewählten Marktsegmente

Situationsanalyse in den Marktsegmenten:
- SWOT-Analyse zur Entwicklung von Strategien basierend auf den eigenen Stärken
- Porter's 5-Forces Analyse zur Betrachtung des Wettbewerbsumfelds und möglicher Störungen
- Kundenwertanalyse zum besseren Verständnis des Kunden und Abstimmung der eigenen Angebote
- Produktlebenszyklus zum Erkennen der Marktsituation

Klärungsbedarf
- Ermittlung der Stärken des Marktangebots, die die neuen Kunden wertschätzen
- Identifikation von Produkt/Markt-Kombinationen, mit denen eine dominante Position erreicht werden kann

Abb. 5.19: Checklist - Strategieentwicklung ausgehend von den Umfeldfaktoren IV

5.5 Formulierung einer Marketing-Strategie

Geschäftsmodell und Risikobetrachtung	**Realisierungsfähigkeit:** • Darstellung des Geschäftsmodells • Erkennen der Geschäftsrisiken und Aufbau von Gegenmaßnahmen zur Reduzierung bzw. Eliminierung der verschiedenen Risiken	**Klärungsbedarf:** • Feasibility Study, d.h. unter welchen Bedingungen ist das Vorhaben realisierbar • Maßnahmen zur Risikoreduktion
Wie kann die eigene Wertekette optimiert werden? Wie kann sie auf die Kernelemente fokussiert werden?	**Neudefinition der Kernelemente der Wertekette:** • Eliminierung: Welche Elemente entsprechen nicht den Kundenerwartungen und können eliminiert oder outgesourct werden? • Reduzierung: Welche Elemente können radikal gekürzt werden, da für den Erfolg nicht relevant? • Steigerung: Welche Elemente müssen über den Branchenstandard gehoben werden? • Kreierung: Welche Elemente müssen neu erfunden werden?	**Klärungsbedarf:** • Teile der Wertekette, die für das Unternehmen strategisch relevant sind

Abb. 5.20: Checklist - Strategieentwicklung ausgehend von den Umfeldfaktoren V

Was will das Unternehmen strategisch erreichen?	**Zielsetzungen des Unternehmens:** Außerökonomische Ziele • Image, Bekanntheit • Referenzkunden • Qualität • Aufbau von Barrieren • kritischer Marktanteil Ökonomische Ziele: • Umsatz • Deckungsbeitrag • Gewinn • Break-even	**Klärungsbedarf:** • Ziele müssen spezifisch, messbar, ambitiös, realistisch, terminbezogen (SMART) sein • Ermittlung des benötigten Budgets zur Zielerreichung

Abb. 5.21: Checklist - Strategieentwicklung ausgehend von den Umfeldfaktoren VI

Das Ziel der Neudefinition der Kernelemente der Wertekette sind **Nutzeninnovationen für den Kunden**; sie schaffen einen höheren Kundenwert. Wenn man den **„Blue Ocean"-Strategien** von Kim & Mauborgne folgt, ist das Ziel der Strategie nicht, den Wettbewerber zu schlagen, sondern den Wettbewerber irrelevant erscheinen zu lassen. Damit ist diese Wertstrategie eine völlige Abwendung von den bisher verfolgten Strategiekonzepten.[1] Die Empfehlungen, wie dies umgesetzt werden könnte, lassen dann Bekanntes wieder erkennen, z.B. dass es auf Dauer wenig Sinn macht, sich einem intensiver werdenden Wettbewerb auszusetzen. Daher sollen Geschäftsfelder gesucht werden, die noch nicht von den Wettbewerbern bedient werden oder Unternehmen müssten sich nach neuen Marktpotenzialen umschauen. Ein weiterer Grund, die Wertekette zu optimieren ist, dass eine **zu starke Differenzierung** die Kosten für das Unternehmen in die Höhe treibt und die Kunden überfordern kann.

---

[1] Vgl. Kim/Mauborgne.

Was will das Unternehmen strategisch erreichen?	**Zielsetzungen des Unternehmens:** Außerökonomische Ziele • Image, Bekanntheit • Referenzkunden • Qualität • Aufbau von Barrieren • kritischer Marktanteil	Ökonomische Ziele: • Umsatz • Deckungsbeitrag • Gewinn • Break-even	**Klärungsbedarf:** • Ziele müssen spezifisch, messbar, ambitiös, realistisch, terminbezogen (SMART) sein • Ermittlung des benötigten Budgets zur Zielerreichung

Abb. 5.22: Checklist - Strategieentwicklung ausgehend von den Umfeldfaktoren VII

Daraus leiten sich die **Strategien** des Unternehmens ab, um die Ziele zu verwirklichen. Das Unternehmen muss sich intern über die **Basisstrategien** einigen und diese später konsequent umsetzen. Hier erfolgt auch die **Allokation der Budgets** auf die verschiedenen Funktionen und Marktsegmente. Einher geht damit, dass Schwerpunkte gesetzt werden und die Verabschiedung von Finanzgrößen erfolgt, die in den einzelnen Marktsegmenten erreicht werden müssen, wie Umsatzziele und Gewinnziele. Gelegentlich sollte die jetzige **Strategie spielerisch herausgefordert** werden. Sobald sich das Unternehmen nicht mehr bewegt, driftet es von der Marktentwicklung weg, denn der Markt bewegt sich immer. Zwei Fragen sind hierfür sehr beliebt:

- Was sind die Konsequenzen bei einer 50 %igen Verringerung des Budgets?
- Was sind die Konsequenzen bei einer 50 %igen Erhöhung des Budgets?

Entscheidung über die weitere grundsätzliche Vorgehensweise	**Ausarbeitung der Strategien:** • Basisstrategie: Marktführerschaft, Kostenführerschaft, Differenzierung, Besetzen von Nischen, Me-too-Strategie, Markteintrittsstrategie etc. • Marktsegmente / Differenzierung in mehreren Dimensionen / Positionierung • Wahl der Vertriebswege • Suche nach weiteren Gelegenheiten auf dem Markt und Erweiterung des eigenen Marktangebots	**Klärungsbedarf:** • Eingeschlagene Kernstrategie des Unternehmens • Positionierung • Marktangebot und Zielkunden • Erreichen der Kunden
Mit welcher Marktleistung?	**Konkretisierung der Marktleistung:** • Konzept von Marktangebot und Produkt-Mix • Preisgestaltungs-Mix • Ausgestaltung der Vertriebswege, Klärung von Standortfragen • Kommunikation auf dem Markt	**Klärungsbedarf:** • Alleinstellungsmerkmale des Marktangebots • Kundennutzen • Leistungsspektrum • Serviceleistungen • Kommunikation der Stärken bei den neuen Kunden

Abb. 5.23: Checklist - Strategieentwicklung ausgehend von den Umfeldfaktoren VIII

In den **Maßnahmen** werden die Strategien über den Marketing-Mix im Markt umgesetzt. Aus den Erfahrungen im Markt ergeben sich dann Rückschlüsse für die eingeschlagenen Strategien oder sie motivieren zu weiteren, bislang noch nicht geplanten Maßnahmen, wie den Kauf neuer Technologien.

Umsetzung der Strategien im Markt über den Marketing-Mix	**First Line – Umsetzung der Strategien:** • Marktangebote, Preise, Vertriebswege, Standort(e) und Kommunikation • Setzen von Meilensteinen als eine Feedback-Möglichkeit • Konkretisierung aller Maßnahmen mit Barrieren (z.B. Budgets, Termine & Verantwortlichkeiten) • Umsetzung der verschiedenen Maßnahmen	**Klärungsbedarf:** • Umsetzungskompetenz („Terminators")
Budget/ Controlling	**Finanzielle Umsetzung:** • Budgetplanung und Wirtschaftlichkeitsrechnung • Controlling und Frühwarnsystem: Kontinuierliche Überprüfung der eigenen Situation und des Fortschritts anhand weniger relevanter Kennzahlen	**Klärungsbedarf:** • Erwartungen an RoI, Break-even, Pay-off etc.

Abb. 5.24: Checklist - Strategieentwicklung ausgehend von den Umfeldfaktoren IX

> Bei der Aufstellung der Annahmen ist zu beachten, dass man sich eng an die Daten anlehnt: „Lass Fakten sprechen". Zunächst einigt sich das Gremium, das die endgültige Strategie erarbeitet, auf den Trend, den Blick in die Welt. Dies ist dann die Basis für die Zielsetzung. Erst im nächsten Schritt wird die passende Strategie entwickelt. Diese Vorgehensweise hat den großen Vorteil, dass die Formulierung der Ziele und Strategien weniger strittig ist, wenn man sich auf eine gemeinsame Interpretation der zukünftigen Entwicklung geeinigt hat.

5.6 Risikomanagement im strategischen Marketing

5.6.1 Identifikation und Bewertung von Risiken

Die heutzutage bestehenden turbulenten Veränderungen der Markt- und Wettbewerbsbedingungen erhöhen das Risikopotenzial des Unternehmens, insbesondere dann, wenn es sich noch nicht auf dem Markt etabliert hat. **Risiken** sind alle Gefahren eines Vermögensverlusts oder einer Verschlechterung der Liquidität der Gesellschaft und können Unternehmen an der Erreichung ihrer Ziele hindern. Sie beinhalten die Möglichkeit des Eintritts eines Schadens bzw. Nachteils, des Nichteintritts einer positiven Entwicklung und die negative Abweichung vom Erwarteten. Die Bewältigung von versicherbaren Risiken (Brand, Fertigungsausfall etc.) stellt daher nur einen Teilbereich des Risikomanagements dar.

Abb. 5.25: Einflussfaktoren auf Markt und Wettbewerb

Das Ziel eines **Risikomanagement-System** (RMS) ist es, Gefahren, die einen signifikanten, wenn nicht gar bestandsgefährdenden Einfluss auf das Unternehmen haben, rechtzeitig zu identifizieren, falls möglich zu quantifizieren und Gegenmaßnahmen einzuleiten. Um hier zu praktikablen Lösungen zu kommen, empfiehlt sich die folgende **Vorgehensweise beim Aufbau eines Risikomanagement-Systems**:

Abb. 5.26: Vorgehensweise beim Aufbau eines Risikomanagement-Systems

Im ersten Schritt gehört dazu die **Risikoidentifikation**. Sie ist die vollständige und strukturierte Erfassung aller derzeitigen und noch möglichen Risiken, die zu Verlusten führen können. Dies ist der wichtigste Schritt im ganzen Prozess, denn werden Risiken anfangs nicht erfasst, so werden auch in den folgenden Prozessabschnitten keine Maßnahmen zur Steuerung der Risiken erarbeitet:

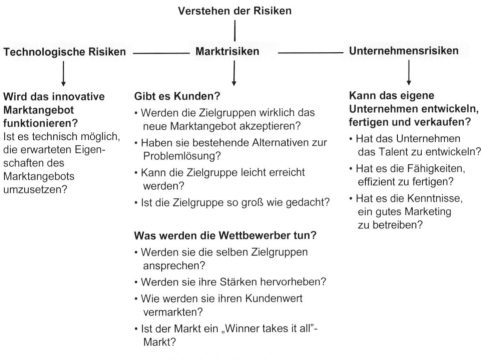

Abb. 5.27: Erkennen der bestehenden Risiken für das Unternehmen

Nach erfolgter Risikoidentifikation gilt es die erfassten Risiken zu analysieren, zu bewerten und zu klassifizieren. Die analysierten Risiken werden dabei in ihrem möglichen Schadensausmaß, in ihrer Eintrittswahrscheinlichkeit und in ihrem Zeitbezug bewertet. Dabei ist eine Darstellung der analysierten Risiken in einer **Risiko-Matrix** von Vorteil. Diese stellt anschaulich dar, wie das Risiko bewertet wurde.

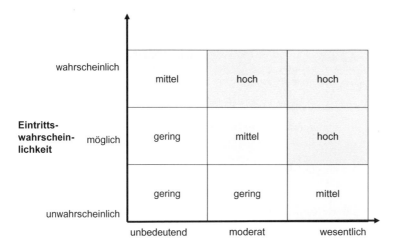

Abb. 5.28: Bewertung von Risiken in einer Risiko-Matrix

Formell werden dann die einzelnen Risiken in ihrer Intensität der Auswirkung erfasst, mit einer Eintrittswahrscheinlichkeit versehen und in die Risikomatrix eingetragen. Die einzelnen identifizierten Risiken können dann in einer Matrix mit den beiden Dimensionen „Eintrittswahrscheinlichkeit" und „Intensität der Auswirkung" eingeordnet werden.

5.6.2 Risikosteuerung

Nachdem die Risikobewertung abgeschlossen wurde, werden die Risiken mit adäquaten Risikostrategien gesteuert, indem die Risiken durch gezielte Maßnahmen beeinflusst werden. Dabei sollen mögliche Gefahren, Verlust- und Schadenspotenziale kontrolliert werden. Es gibt folgende **Strategien zur Risikosteuerung**: Vermeidung, Verminderung, Begrenzung, Abwälzung und Übernahme:[1]

- **Risikovermeidung** wird nur in Fällen angewendet, wenn diese existenzielle Risiken für das Unternehmen bergen. In diesen Fällen werden die Geschäfte vermieden, was zur Folge hat, dass mögliche Chancen nicht wahrgenommen werden können.
- Bei der **Risikoverminderung** ist das Ziel, sowohl die Schadenshöhe als auch die Eintrittswahrscheinlichkeit zu vermindern.[2]
- Bei der **Risikobegrenzung** wird das Gesamtrisiko auf mehrere unabhängige Einzelrisiken aufgeteilt.
- Bei der **Risikoabwälzung** werden Risiken durch Übertragung auf Dritte abgewälzt. Somit werden Risiken an sich in keiner Weise beeinflusst, sondern an andere weitergegeben.

---

[1] Vgl. Reichmann, S. 628 ff.
[2] Vgl. Ehrmann/Olfert, S. 88.

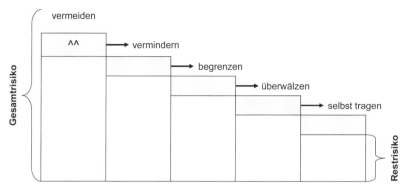

Abb. 5.29: Strategien der Risikosteuerung

- Eine **Risikoübernahme** findet nur statt, wenn der Aufwand für die anderen Risikostrategien und deren Maßnahmen mit einem unverhältnismäßig hohen Aufwand verbunden ist. Dabei wird bewusst auf Steuerungsmaßnahmen verzichtet und die Konsequenzen werden somit bewusst in Kauf genommen und getragen. Dafür werden schon vorher entsprechende Risikoreserven gebildet. Außerdem ist eine realistische Risikoanalyse entscheidend für eine solche Strategie, sonst kann ein Risiko, dessen Ausmaß als schwach bewertet wurde, durch eine Fehleinschätzung das Unternehmen in ernste Gefahr bringen.[1]

Die einzelne Situation S wird entsprechend ihrer Risikoeinschätzung in das Portfolio eingeordnet. Dann werden Maßnahmen definiert, die das Risiko entweder eliminieren oder zumindest reduzieren. Letztendlich verbleibt beim Unternehmen ein Restrisiko RR:

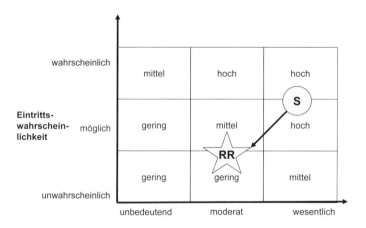

Abb. 5.30: Risikobetrachtung bestehender Strategien

---

[1] Vgl. Reichmann, S. 634 f.

Dabei lohnt sich nicht auf allen Feldern die Beschäftigung mit dem Risiko, denn Maßnahmen zur Reduzierung bzw. Eliminierung kosten Ressourcen. Das Ziel ist dabei nicht, alle Risiken zu minimieren, sondern die Definition einer **Risikoschwelle**:

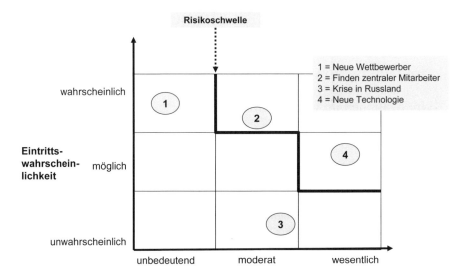

Abb. 5.31:   Darstellung einer Risiko-Map

Auf der linken Seite der Risikoschwelle beschließt das Unternehmen, mit dem Risiko zu leben und keine Maßnahme zu deren Reduzierung einzuleiten. Das kann den Grund haben, dass die Kosten der Risikoreduktion höher sind, als der mögliche Schaden, oder dass die Eintrittswahrscheinlichkeit als nicht sehr hoch eingeschätzt wird. Auf der rechten Seite werden dann umgehend Maßnahmen oder Gegenstrategien entwickelt.

6 Marketing von Innovationen

6.1 Bedeutung von Innovationen

6.1.1 Innovationen im Unternehmen

Innovationen sind grundsätzlich etwas Neues, das Verwendung gefunden hat: Innovation heißt vor allem, die erfolgreiche Umsetzung **neuer Geschäftsideen im Markt**, die von Kunden und Wettbewerbern **als neu empfunden** werden und bei denen in der Regel zwei der Elemente Technologie, Marktangebot oder Marketing/Vertrieb Neuland für das Unternehmen sind. Dabei gibt einen Unterschied zwischen Verbesserungen, die oft auch Innovationen genannt werden und wirklichen Innovationen:

Verbesserungs- (Evolutionäre) Strategien	Innovations- (Revolutionäre) Strategien
= Technologie ist kompatibel zur Technologie des bestehenden Wettbewerbers: **Evolution**	= Technologie ist inkompatibel zur Technologie des bestehenden Wettbewerbers: **Revolution**
Unternehmen fokussieren auf: • Marktangebote und Alleinstellungsmerkmale • **Geschäftsprozesse** und Optimierung • Lieferanten und Einkaufskonditionen • Kunden und Kundennutzen • **Shareholders** und Dividenden	Unternehmen fokussieren auf: • Technologien und mögliche Innovationen • **Wachstumsmärkte** • Partnerschaften mit anderen Unternehmen • Kunden • **Stakeholders** und Vorteile für Alle
→ Evolutionen basieren meist auf **Kostenvorteilen** mit geringst möglichen „Switching Costs" für den Kunden.	→ Revolutionen basieren auf derart eindeutigen **Leistungsunterschieden**, dass die Kunden bereit sind, erhöhte „Switching Costs" für eine neue Technologie in Kauf zu nehmen.
Charakteristiken dieser Strategie sind: • Inkrementelle kontinuierliche Verbesserungen entlang der Wertekette • Rationalisierung der Geschäftsprozesse	**Charakteristiken dieser Strategie** sind: • Diskontinuierliche kreative Dekonstruktion der Wertekette • Restrukturierung der Geschäftsprozesse

Abb. 6.1: Verbesserung versus Innovation

- Bei **kontinuierlichen Verbesserungen** handelt es sich um Weiterentwicklungen, die dem Kunden oft gar nicht auffallen oder keine grundlegende Verhaltensänderung des Kunden nötig machen. Auch wenn es sich um eine Innovation handelt, muss der Käufer keine anderen Bedientechniken erlernen oder andere Peripheriegeräte erwerben.

- Anders gestaltet sich dies bei **diskontinuierlichen Innovationen**. Dies sind Weiterentwicklungen, die vom Kunden ein gewisses Maß an Anpassungswillen erfordern. Ein Beispiel für eine diskontinuierliche Innovation ist das Aufkommen des Internets als für die breite Masse der Menschen nutzbare Technologie seit Mitte der 90iger Jahre. Dies erforderte vom potenziellen Käufer sowohl den Willen, sich in eine neue Technik einzuarbeiten, als auch den Erwerb von neuen Geräten, wie z.B. des Modems. Für die Kunden sind Diskontinuitäten wichtig, da nur durch sie bahnbrechende Verbesserungen möglich sind. Für den Markt sind sie wichtig, weil sie neue Geschäftsgelegenheiten ermöglichen.

Um das Potenzial von eigenen Kernkompetenzen erkennen zu können, braucht ein Unternehmen die **Vorstellungskraft, sich Märkte erträumen zu können**, die noch nicht wirklich existieren und die Fähigkeit, die Märkte vor dem Wettbewerber zu erobern. Dabei tun sich **marktorientierte Unternehmen** deutlich leichter:[1]

- Informationen über alle wichtigen Kaufeinflüsse **sickern in jede Abteilung**, z.B. durch regelmäßige bereichsübergreifende Treffen, um die Kundenbedürfnisse zu analysieren bzw. zu aktualisieren. En Besuch der Schlüsselkunden durch hochrangige Führungskräfte aus allen Abteilungen kann sehr aufschlussreich sein. Die Zielgruppendefinition erfolgt gemeinsam durch alle Abteilungen, denn ist der Kunde erst einmal definiert, stehen auch die Marktangebote bereits implizit fest.
- Strategische und operative Entscheidungen werden **funktions- und abteilungsübergreifend getroffen**. Damit müssen Regeln zur Offenlegung und Behandlung von Differenzen zwischen den Abteilungen, Diskussion über die Differenzen und Finden eines gemeinsamen Standpunkts geschaffen werden.
- Abteilungen fällen **abgestimmte Entscheidungen** und führen sie verantwortungsbewusst aus. Dies setzt einen offenen Dialog über strategische und operative Maßnahmen sowie eine Einheit von Planung und Ausführung durch die Fachabteilungen voraus.

Sind die Unternehmen auf die Kundenbedürfnisse fixiert, so überrascht es nicht, wenn Innovationen auch beim Kunden entstehen können. Bei einer **Kundeninnovation** entwickelt der Kunde selbst durch den Gebrauch entweder verschiedene Modifikationen oder er nutzt Marktangebote in einem vom Hersteller zunächst nicht bedachten Sinne. Diese Informationen müssen jedoch an den Hersteller herangetragen werden. Ein Unternehmen konnte sogar darüber berichten, dass einer ihrer Kunden Produkte als „Accessories" zum erworbenen Produkt entwickelt und sie ihnen dann vorstellt. Nicht selten entstehen daraus in der Folge neue Leistungen des Unternehmens![2]

Die Innovationen beruhen oftmals auf grundsätzlich neuen Funktionen, die nur dann entwickelt werden, wenn sie einen Nutzen für den Kunden erbringen: **Notwendigkeit ist die Mutter der Innovation**. Folgende Abbildung zeigt weitere Entstehungsmöglichkeiten von Innovationen:

---

[1] Vgl. Shapiro, 1988, S. 120 ff.

[2] Aussagen eines Unternehmens bei einer empirischen Studie: Kohlert: Marketing-Leistungs-Test: Was tun technisch-orientierte Unternehmen für ihr Marketing? Unveröffentlichte Studie, Esslingen 2010.

Innerhalb des Unternehmens
• **Das Unerwartete**: vor allem unerwarteter Erfolg und Misserfolg
• **Inkongruenz**: man spürt, dass irgend etwas nicht mehr passt
• **Prozessanforderungen**: Engpässe in klar definierten Geschäftsprozessen
• **Branchen- und Marktstruktur**: schlagartige Veränderungen der Branchen- und Marktstruktur nach Jahren hohen Wachstums
Außerhalb des Unternehmens
• **Demografie**: früh erkennbare Veränderungen und Trends
• **Neue Wahrnehmungen und Stimmungen**
• Gänzlich **neues Wissen**
• die **zündende Idee**

Abb. 6.2: „Window of Opportunity“ außerhalb und innerhalb des Unternehmens

Es besteht eine Vielzahl von **Erfolgskriterien von Innovationen**. Sie lassen sich meist auf die fünf großen Bereiche subsumieren, wie sie auch beim Aufbau einer neuen Geschäftseinheit relevant sind:[1]

• Know-how
• Branchenwissen und Erfahrung
• Kommunikationskompetenz
• Organisationsfähigkeiten
• Führungsqualitäten
Management
• Idee und Konzept
• Technologie
• Geschäftsmodell
• Kundenwert
• Alleinstellungsmerkmal
Marktangebot
Marktzugang/ Netzwerk
• Marketing
• Vertriebswege
• Kooperationen
• Multiplikatoren
• Public Relations
Prozesse
• Geschäftsprozesse
• Organisationsaufbau
• Projektmanagement
• Krisenmanagement
Finanzen
• Cash-Flow-Orientierung
• Liquiditätsplanung
• Controlling & Reporting
• Beteiligungsmanagement
• Investor Relations

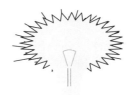

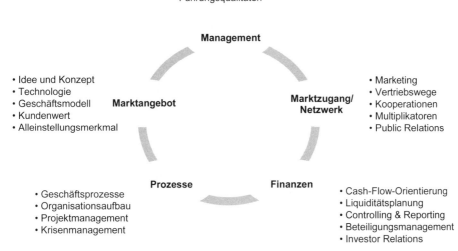

Abb. 6.3: Erfolgsfaktoren beim Aufbau eines innovativen Marktangebots

[1] Vgl. Vahs/Burmester, S. 274 ff.

6.1.2 Innovationen und Marketing

Der Erfolg einer Innovation liegt an Faktoren, die allesamt mit dem Markt konfrontiert werden müssen. Daher sollen unter dem Begriff **Innovationsmarketing** alle Maßnahmen verstanden werden, die das neue Marktangebot auf den Markt und den Markt auf das neue Marktangebot vorbereiten.[1] Das Innovationsmarketing muss ein paar spezifische Umstände ins Kalkül ziehen, die es vom konventionellen Marketing unterscheidet:

Markt & Umfeld	• **Beobachtung technologischer Entwicklungen** und Herausfiltern kritischer Technologiefaktoren • **Marktforschung** zur Ermittlung von Kundenbedürfnissen, Wettbewerbsbeobachtung und Auffinden von Marktnischen mit hohen Ertragspotenzialen • SWOT-Analyse zur Ermittlung der strategischen Stoßrichtung • Im Technologiemarkt kann **Business Intelligence** eine große Rolle spielen
Eigenes Unternehmen	• Management als **Promotor von Innovationen**, der Innovationen als notwendig und wünschenswert darstellt (Machtpromotor) • Anlaufstellen im Unternehmen bei Ideen für Innovationen (**Fachpromotor**)
Umsetzungskompetenz im Unternehmen	• Kommunikation und **Abstimmung zwischen Marketing/Vertrieb** und Forschung/Entwicklung als Grundlage der Umsetzung von Innovationen • Umsetzung des Marketinggedankens auf allen Ebenen und in allen Funktionen im Unternehmen • **Innovationszirkel** und Geschäftsprozesse zur Motivation und Steuerung von Innovationsprojekten • Schaffung eines finanziellen Rahmens

Abb. 6.4: Voraussetzungen für Innovationsmarketing im Unternehmen

Eine wichtige Aufgabe, der sich Unternehmen gegenübersehen, ist, dass alle Mitarbeiter im Unternehmen, die Kundenkontakt haben, motiviert werden sollten, sich Gedanken darüber zu machen, welche **neuen Leistungen** geschaffen werden können. **Nur neues Denken führt zu innovativen Ideen:**[2]

---

[1] Vgl. Vahs/Burmester, S. 260.
[2] Vgl. Prahalad/Hamel.

6.1 Bedeutung von Innovationen

Altes Denken	Neues Denken
Vertraute Märkte bedienen	**Neue Geschäftsmöglichkeiten** suchen
Aktuelle Geschäftsbasis sichern	Platz schaffen für **neue Geschäftsfelder**
Unternehmen als Portfolio von Geschäftsfeldern	Unternehmen als Portfolio von Kernkompetenzen
Eingehen auf Kundenwünsche	Kunden auf neue Wege führen
Ausrichtung auf Produktmärkte	Orientierung auf Anwendungszwecke
Trefferrate maximieren	**Lernanstrengungen maximieren**
Engagement mit Einsatz gleichsetzen	Engagement als hartnäckiges Verbesserungsstreben betreiben

Abb. 6.5: Mit „Neuem Denken" zu Innovationen

Zufriedene Kunden, deren Problem umfassend gelöst worden ist, reklamieren seltener, wodurch weniger Nacharbeit zu leisten ist; hiervon profitieren alle Mitarbeiter im Unternehmen. Doch wie können die **Mitarbeiter angehalten werden, innovative Ideen zu entwickeln?** Bei einem Workshop mit Unternehmen wurden die folgenden Lösungsansätze erarbeitet:[1]

- Über das **betriebliche Vorschlagswesen** kann das innovative Klima im Unternehmen erheblich gefördert werden. Dabei werden alle Arbeitnehmer dazu angeregt, durch Einreichen von Verbesserungsvorschlägen die Arbeitsbedingungen der Beschäftigten zu verbessern und den wirtschaftlichen Umgang mit Kosten zu fördern.
- **Weiterbildung der Mitarbeiter** hilft ihnen, einen Blick für das Ganze zu gewinnen. Es kann ein Verständnis der Mitarbeiter für Veränderungen im eigenen Unternehmen unterstützen, z.B. dass das eigene Leistungsprogramm weiterentwickelt und angepasst werden muss.
- Eine **Offenheit für Sonderlösungen** soll sowohl von den Kunden als auch von den Mitarbeitern als zum Alltag gehörend aufgefasst werden.
- **Informationsfluss in beide Richtungen**, d.h. von der Geschäftsleitung zum Mitarbeiter und anders herum: Dies schafft Vertrauen, Vertrauen ist eine Voraussetzung für Innovationen.
- „**Dem Kunden zuhören**", seine Ängste und Nöte sind die Ideengeber für neue Dienstleistungen.
- Förderung der „**Gier nach Neuem**", dann ist die Neugier nach neuen Geschäftsgelegenheiten bei allen Mitarbeitern vorhanden. Das Ausprobieren neuer Leistungen soll erlaubt sein und im Falle eines Fehlers auch nicht bestraft werden.
- Die **Nutzung neuer Medien** symbolisiert die Aufgeschlossenheit gegenüber Neuem, eine Grundvoraussetzung für die Innovationsbereitschaft der Mitarbeiter.

---

[1] Vgl. Kohlert, 2002b, S. 34.

- Den **Mitarbeiter mit all seinen Fähigkeiten nutzen**, dies ergibt sich eher in mittelständischen Unternehmen als in Großbetrieben, die in der Regel ganz bestimmte, klar definierte Stellen vergeben.
- **Arbeiten mit Zielen**, um Veränderungen festzulegen.

Die **Problematik bei neuen Marktangeboten** ist, dass sie dem Kunden neue Eigenschaften anbieten, allerdings auch erwarten, dass der Kunde von alten, vertrauten und lieb gewonnenen Eigenschaften des Marktangebots Abstand nimmt. Diese Gegenüberstellung macht der Kunde implizit und ist nicht immer bereit, zu verzichten. Dazu einige typische Beispiele:

Beispiel	Was der Kunde bekommt („Get")	Was der Kunden verliert („Give Up")
Hybrid Fahrzeuge	• umweltverträglich • geringer Kraftstoffverbrauch	• mehr Geld, da höherer Preis
Internethandel	• bequemes Einkaufen	• Impulskäufe • persönliche Beziehung
Online-Banking	• kostengünstig	• persönliche Beratung

Abb. 6.6: Innovationen im Balanceakt

Diese Asymmetrie muss man sich bei der Markteinführung eines neuen Marktangebots bewusst machen. Meist sind die psychologischen Verluste bei einer Veränderung relativ hoch. Man muss dann daran arbeiten, das „Get" des neuen Marktangebots für den Kunden zu erhöhen und das „Give-up" zu reduzieren, um mindestens die Balance herzustellen. Daher wird das Unternehmen versuchen, auch **bei innovativen Marktangeboten die Verhaltensänderungen des Kunden zu reduzieren**, d.h. so wenig seiner Werte wie möglich zu zerstören und seine Vorteile, d.h. Schaffung von Werten, zu erhöhen. Allerdings ist gerade das bei den meisten Innovationen ein Problem, denn sie stellen sich häufig anders dar:

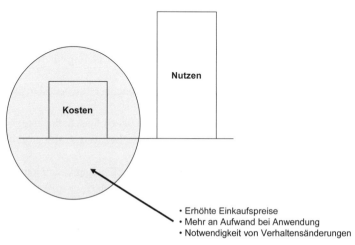

Abb. 6.7: Situation bei den meisten Innovationen

6.1 Bedeutung von Innovationen

Es kann davon ausgegangen werden, dass der Kunde diese Faktoren abwägt und danach beurteilt, ob sich ein Wechsel lohnt:

Wert (Innovation) = Wert (schneller) + Wert (billiger) – Wert (Wechselkosten)

Wert (altes Marktangebot) = Wert (billiger) + Wert (Vertrautheit)

Daraus folgt: Wert (Innovation) ./. Wert (altes Marktangebot) > 0 → Wechsel

Diese Gleichung kann für alle neuen Marktangebote aufgemacht werden. Immer müssen sich die Kunden von verschiedenen Gewohnheiten trennen. Es ist hilfreich zu wissen, um welche es sich dabei handelt. Umso einfacher und gezielter kann dann darauf eingegangen bzw. das neue Marktangebot daraufhin angepasst werden, um die Wechselkosten zu senken. Es liegt auf der Hand, dass insbesondere die **Wechselkosten** einen nicht unbeträchtlichen Anteil an dem Festhalten am Alten haben. Diese Betrachtungen beobachten nicht das rationale Verhalten der Kunden, sondern das Unbewusste.

Nach Kahnemann & Tversky nimmt ein Mensch einen Verlust intensiver wahr, als einen Gewinn:[1]

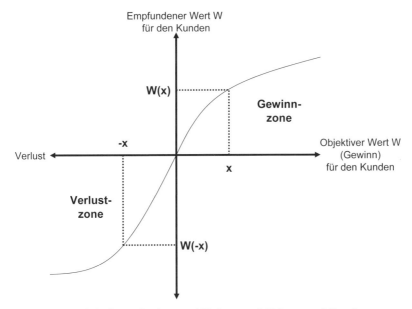

Abb. 6.8: Psychologie von Gewinnen und Verlusten nach Kahnemann & Tversky

---

[1] Vgl. Kahnemann/Tversky, S. 280.

Demach können die folgenden Aussagen getroffen werden, die das **Einkaufsverhalten von Kunden bei neuen Marktangeboten** erklären:[1]

- Das Ergebnis wird von den Kunden zwischen Gewinnen und Verlusten durch den Wechsel zu einem neuen Marktangebot abgewogen.
- Der Referenzpunkt ist oft der Status Quo, d.h. keinerlei Änderungen sind vorgesehen. Grafisch ist es die Schnittstelle der beiden Achsen.
- Für die Gewinne verläuft die Kurve konkav, für Verluste konvex. Verluste wiegen damit schwerer als Gewinne. In diesem Fall ist die Höhe der Verluste W(−x) etwa zweimal höher als die Höhe der Gewinne W(x), aus der subjektiven Sicht des Kunden. Deswegen spricht man in der Literatur oft davon, dass Kunden ihren Lieferanten nur wechseln, wenn das neue Angebot zweimal schneller, zweimal besser und zweimal billiger ist, also signifikante Unterschiede bestehen.[2]

Zusätzlich erschwert wird die Annahme des neuen Marktangebots durch den Umstand, dass bei Innovatoren und Kunden zwei **unterschiedliche Sichtweisen** zusammentreffen:

Sicht des Innovatoren („Insider"):

- Jahrelange Erfahrungen mit der Innovation
- Verstehen der Kundenvorteile im Detail
- Offensichtlicher Nutzen für den Kunden
- Glaubt an die Innovation

Sicht des Kunden („Outsider"):

- Sieht die Innovation zum ersten Mal
- Hat an eine solche Problemlösung noch nicht gedacht
- Kundenvorteile liegen nicht auf der Hand
- Skepsis über die Innovation

Abb. 6.9: Blickwinkel der „Insider" und „Outsider"

Innovationen lassen sich besser vermarkten, wenn sie eine wesentlich bessere Problemlösung anbieten als die Marktangebote der Wettbewerber und wenn sie in der Lage sind, die alten Marktangebote vollständig zu verdrängen oder eine schleichende Veränderung einzuleiten. Dadurch, dass sie rückwärts kompatibel gestaltet werden, senken die Innovatoren die Wechselkosten der Kunden. Die ersten Kunden müssen ideale Kunden für die Innovation sein, die die Vorteile des innovativen Marktangebots maximal nutzen können. Man braucht den offensichtlichen Erfolg für die nachfolgenden Marktsegmente.

---

[1] Vgl. Kahnemann/Tversky, S. 280.
[2] Vgl. Kohlert, 2005a, S. 10.

6.1.3 Besondere Situation bei Innovationen im Technologieumfeld

Warum ist es so schwer, mit neuen Technologien Geld zu verdienen? Die Antworten sind dafür:

- Der Name des Spiels mit neuen Technologien heißt **„Uncertainty is the name of the game"**. Es findet sich kein Markt, wenn das innovative Marktangebot nicht funktioniert. Bei Innovationen besteht hier immer ein bestimmtes Risiko, da man neue Wege beschreitet.
- Wenn es aber funktioniert, werden Wettbewerber, die den Prozess beobachtet haben, schnell mit **Imitationen** auf dem Markt erscheinen.
- Informationen können nicht gesteuert oder gehalten werden. Meist sind die hauptsächlichen Vermögensbestandteile dieser Unternehmen „**Human Resources**" und diese sind mobil und können das Unternehmen auch verlassen, das führt zu Rückschlägen bei der Entwicklung.
- Stärker als in allen anderen Märkten ist in Technologie-Märkten das **Erlangen von Wettbewerbsvorteilen durch einen technologischen Vorsprung** von Bedeutung. Dieses Ziel kann jedoch nur durch einen überproportionalen Einsatz von Forschungs- und Entwicklungskapazitäten erreicht werden. Das hohe Investitionsvolumen und der enorme Zeitdruck aufgrund immer kürzer werdender Produktlebenszyklen bergen ein erheblich höheres Entwicklungsrisiko in sich.[1] Gleichzeitig werden aber für die Entwicklung von technisch ausgereiften und hochwertigen Technologien immer längere Entwicklungszeiten benötigt. Dies beinhaltet die Gefahr, dass das Marktangebot zum Zeitpunkt seines Markteintritts bereits veraltet ist oder von einem Wettbewerber bereits früher angeboten wurde und so ein vorübergehendes Monopol entsteht. Es gilt daher der Leitsatz: **Technologie-Marketing ist High-Speed-Marketing.**

Technologien durchlaufen immer ähnliche Zyklen:

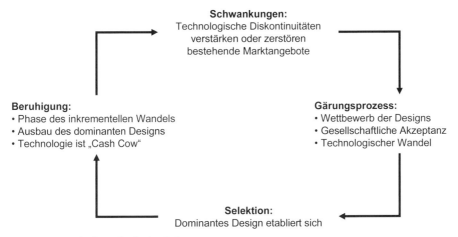

Abb. 6.10: Zyklen in Technologie-Märkten

---

[1] Vgl. Müller, S. 2 ff.

Im Marketing von Technologie-Unternehmen ergeben sich noch weitere Herausforderungen: Erstens bleibt dem Unternehmen nicht die benötigte Zeit, sich auf die konsequente **Erschließung eines Marktes** zu konzentrieren. Für den Markteintritt ist nur ein bestimmter Zeitraum gegeben, später setzt die kapitalintensive Massenproduktion ein. Der Markt muss in unterschiedliche Bereiche aufgeteilt werden, die sich in dem Grad ihrer Aufgeschlossenheit gegenüber Neuem unterscheiden. Allerdings ist hierzu eine intensive Planung notwendig, um die Vorgehensweise bei der Erschließung der einzelnen Nischen erfolgreich durchzuführen.

Zweitens erwartet das Management von seinen Mitarbeitern so rasch wie möglich einen **hohen Umsatz mit dem innovativen Marktangebot**. Führt man sich jedoch die Entwicklung vor Augen, die eine Innovation durchläuft, so wird schnell deutlich, dass hohe Umsätze erst dann erreicht werden können, wenn die Startphase überstanden ist und aus dem innovativen Marktangebot für einzelne Kunden eine breitere Schicht angesprochen werden kann. Bis dahin bewegt sich das Unternehmen jedoch in einem sehr unruhigen Fahrwasser mit sehr eingeschränkten Reaktionsmöglichkeiten in einem verkürzten Lebenszyklus der technologischen Marktangebote:

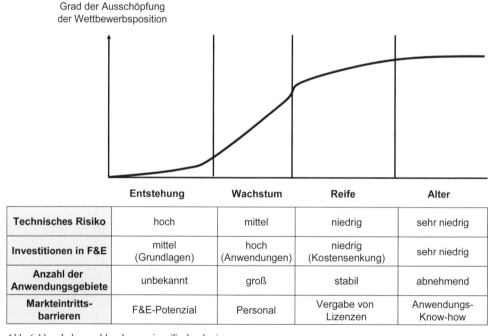

	Entstehung	Wachstum	Reife	Alter
Technisches Risiko	hoch	mittel	niedrig	sehr niedrig
Investitionen in F&E	mittel (Grundlagen)	hoch (Anwendungen)	niedrig (Kostensenkung)	sehr niedrig
Anzahl der Anwendungsgebiete	unbekannt	groß	stabil	abnehmend
Markteintrittsbarrieren	F&E-Potenzial	Personal	Vergabe von Lizenzen	Anwendungs-Know-how

Abb. 6.11: Lebenszyklusphasen einer Technologie

Um die Umsatzziele erfüllen zu können, brauchen die Mitarbeiter „Big Deals", mit deren Hilfe sie eine ausreichende Menge an Marktangeboten absetzen können. Unter Umständen kann dies dazu führen, dass die angestrebte Positionierung des Marktangebotes erschwert wird. So ist es denkbar, dass ein hoher Rabatt auf ein innovatives Marktangebot gewährt wird, wenn der Kunde eine große Stückzahl abnimmt. Damit kann das angestrebte Preisni-

6.1 Bedeutung von Innovationen

veau nicht mehr beibehalten werden. Zwar sind die Argumente für einen hohen Preis nach wie vor glaubwürdig, aber die Tatsache, dass das Marktangebot zu einem niedrigeren Preis verkauft werden kann, bleibt auch anderen Käufern nicht verborgen. So droht ein innovatives Marktangebot aufgrund einer fehlenden Entwicklungsstrategie im Mittelmaß zu versinken.

In dieser Zeit kommt es sehr darauf an, inwieweit sich das technologische Umfeld, in dem ein Unternehmen tätig ist, entwickelt. Die Frage ist, welche Entwicklungen die Akzeptanz neuer Technologien fördern bzw. einen **guten Nährboden für ein innovatives Umfeld** abgeben:

- Die **Geschwindigkeit des Wandels** in der Gesellschaft ist relevant für die Akzeptanz neuer Technologien. Ist die Gesellschaft ohnehin auf Veränderung programmiert, trifft eine neue Technologie auf das entsprechende Verhaltensmuster der Menschen.
- Ergibt sich eine hohe **Anzahl von Gelegenheiten** für Innovationen, die für alle sichtbar sind oder an denen sogar alle teilhaben können, wirkt sich dies auf die Einstellungen der Menschen aus. Man denke hier einmal an den Höhenflug des „Neuen Marktes", in den viele oftmals unbedachte Privatleute investierten und mitfieberten. Wird erkannt, dass sich durch Innovationen viele neue Einsatzfelder ergeben, ist dies für das Umfeld eine günstige Situation.[1]
- Die **Entwicklung der F&E-Budgets** der Unternehmen ist ein Indikator dafür, ob größere Veränderungen, die in der Regel viel Geld kosten, geplant sind, etwa aufgrund von erkannten Gelegenheiten auf dem Markt oder einer Änderung der Unternehmensstrategie.
- Die **Entwicklung der Regelungsdichte**, die den Menschen zugemutet wird, fördert oder hemmt einen Lernprozess. Grundsätzlich ist die Regelungswut der Juristen und der Politiker in der Bürokratie nicht förderlich.
- Stehen einzelne **Branchen vor größeren Veränderungen**, ist das Umfeld ohnehin auf Wandel eingestellt.

Grundsätzlich kann in Anlehnung an eine Studie von Roland Berger aus dem Jahr 2001 konstatiert werden, dass Technologien erfolgversprechend sein können, wenn einer oder mehrere der folgenden Faktoren vorliegen:
1. Aus neuen Technologien lassen sich eine Vielzahl von Anwendungen ableiten, die relativ schnell auf dem Markt umsetzbar sind.
2. Durch den Einsatz von neuen Technologien kann der Fokus auf die eigenen Kernkompetenzen stärker ausgebaut werden.
3. Die neuen Technologien unterstützen die Position des Marktführers des Unternehmens und helfen beim weiteren Ausbau dieser Position.
4. Durch die neuen Technologien werden Innovationen innerhalb des eigenen Unternehmens erst ermöglicht.

---

[1] Sofern dies nicht pervertiert wird, wie bei vielen Unternehmen im „Neuen Markt" der Jahrtausendwende geschehen.

6.2 Strategische Bedeutung für das Unternehmen

6.2.1 Bedeutung von Pioniervorteilen

Unternehmen im „Neuen Markt" lebten Ende des 20. Jahrhunderts davon, dass sie mit ihrer Geschäftsidee die Ersten waren und erzielten aus dieser „Pole Position" Vorteile, wenn in der Regel auch nur für eine sehr begrenzte Zeit. Das soll jetzt nicht bedeuten, dass die Vorteile des Pioniers nie durchhaltbar und somit letztlich nicht wirkungsvoll waren, so dass sich eine Beschäftigung damit nicht lohnt, sondern man sollte hier in die Details gehen und abwägen: Unter welchen Umständen sind die Pioniervorteile für ein Unternehmen von Vorteil?

Unter „**Pioniervorteilen**", auch „**First-Mover Advantages**" genannt, werden Vorteile verstanden, die einem Unternehmen, aufgrund der Tatsache, dass es das Erste in einer bestimmten Produktkategorie ist, Vorteile gegenüber seinen Wettbewerbern bescheren.[1] Es ist hilfreich, zwischen kurzfristigen und andauernden Vorteilen zu unterscheiden. Letztere sind kein Garant für die Ewigkeit, sondern nur für einen bestimmten signifikanten Zeitraum. Pioniervorteile können auf drei unterschiedliche Weisen geschaffen werden:[2]

- Das erste Unternehmen, das eine **neue Technologie** entwickelt und Marktangebote daraus umsetzt, hat einen zeitlichen Vorteil gegenüber den Wettbewerbern, die erst später in diesen Markt eintreten.
- Das Unternehmen, das zuerst **knappe Ressourcen** besetzt, z.B. einen guten Standort, spezialisierte Mitarbeiter anwirbt oder Vereinbarungen mit den Lieferanten treffen kann, hält diese von den Wettbewerbern fern und erschwert somit ihren Marktzugang.
- Das Unternehmen ist in der Lage, frühzeitig einen **Kundenstamm** aufzubauen, der loyal ist oder dessen Wechselkosten zu einem Wettbewerber zu hoch erscheinen („Lock-in"-Effekt). Der Kundenstamm wird das Unternehmen schon aus dem Grund immer wieder aufkommenden Wettbewerbern vorziehen, weil er von ihm weiß, dass alles funktioniert. Dabei hat der Pionier auch die Möglichkeit, die Kunden hinsichtlich der zu erwartenden Eigenschaften des Marktangebots zu beeinflussen und möglicherweise Standards aufzubauen.

Hier werden jedoch noch keine Aussagen darüber getroffen, unter welchen Bedingungen diese Vorteile zum Erfolg oder zum Misserfolg führen. Es liegt nahe, dass die Geschwindigkeit der technologischen Entwicklung und die Marktentwicklung nicht von dem Unternehmen kontrolliert werden können. Beide sind ursächlich für die Durchhaltbarkeit von „First-Mover Advantages". Dabei ist in der heutigen Zeit die Marktdurchdringung um ein Vielfaches schneller erreicht, als bei Entwicklungen vergangener Jahrhunderte. Man vergleiche nur einmal die Marktdurchdringung mit Telefonen in früherer Zeit mit der von Computern heute. Suarez & Lanzolla unterscheiden hier zwischen vier verschiedenen Typen von Unternehmen:[3]

---

[1] Vgl. Suarez/Lanzolla, S. 122.

[2] Vgl. ebenda.

[3] Vgl. ebenda, S. 124 ff.

6.2 Strategische Bedeutung für das Unternehmen

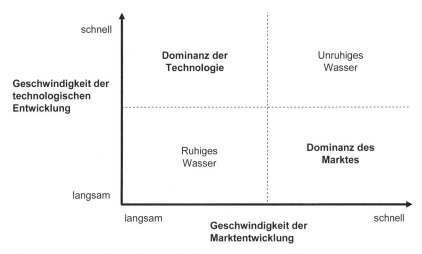

Abb. 6.12: Geschwindigkeit der Technologie- und der Marktentwicklung

- Im „**ruhigen Wasser**" liegt eine graduelle Entwicklung sowohl der Technologie als auch des Marktes vor. Sie bietet die Möglichkeit, langanhaltende Innovationen zu schaffen, wenn das Unternehmen das erste im Markt mit der Technologie ist. Später in den Markt eintretende Unternehmen haben Schwierigkeiten damit, ihre Marktangebote gegenüber denen des „Ersten" zu differenzieren, der „First Mover" genießt lange Zeit seinen Vorsprung, wenn es ihm gelingt, eine Marke um seine Marktangebote aufzubauen.
- Bei der „**Dominanz des Marktes**" wird durch bestehende Technologien ein neues Marktangebot kreiert und vermarktet. Dies setzt ausgeprägte Ressourcen, z.B. Vertriebswege, Finanzen und Markennamen voraus, um die rasche Marktdurchdringung zu gewährleisten.
- Bei der „**Dominanz der Technologie**" wird in bestehenden Märkten eine neue Technologie eingeführt. Diese ist oftmals sehr kurzlebig, denn eine Vielzahl von Wettbewerbern bringen alternative Technologien, leichte Abwandlungen vom Original, heraus und der Markt hat es schwer, herauszufinden, welche Technologie sich durchsetzt. Nur Unternehmen mit einem großen finanziellen Polster haben hier die Chance, die Wirren der Markteinführung zu überstehen und zu warten, bis die Geschwindigkeit der technologischen Entwicklung sich verlangsamt und sich ein dominantes Design herausbildet, am besten durch das eigene Unternehmen.
- Im „**unruhigen Wasser**" ist die technologische Entwicklung sehr schnell vom Markt akzeptiert. Neue Versionen von anderen Unternehmen, die auf dem Markt auftreten, ohne dabei auf alte Versionen Rücksicht nehmen zu müssen, beschleunigen die Entwicklung noch.

Für diese vier Formen von Branchensituationen bieten sich für Unternehmen unterschiedliche **Ansätze, den „First-Mover Advantage" zu nutzen**:[1]

---

[1] Vgl. Suarez/Lanzolla, S. 126.

Bestehende Situation für das eigene Unternehmen	„First-Mover Advantages"		Erforderliche Schlüsselressourcen
	kurzlebig	durchhaltbar	
Ruhiges Wasser	Unwahrscheinlich: Vorteile sind meist nicht groß.	Sehr wahrscheinlich: Der „Erste" gewinnt meist.	• Markenbewusstsein
Dominanz des Marktes	Sehr wahrscheinlich: Auch wenn das Unternehmen nicht alle Produktkategorien dominieren kann, so bleibt ihm oft eine bestimmte Kundenbasis erhalten.	Sehr wahrscheinlich: Es muss jedoch sichergestellt sein, dass die notwendigen Ressourcen vorhanden sind, alle Marktsegmente zu bedienen.	• Intensive Promotion • Vertriebswege • Hohe Fertigungskapazitäten
Dominanz der Technologie	Sehr unwahrscheinlich: Sich schnell entwickelnde Technologien in sich langsam entwickelnden Märkten sind der Feind von Gewinnen.	Unwahrscheinlich: Schnelle Entwicklungen geben den Wettbewerbern eine Vielzahl von Möglichkeiten, den „First-Mover" zu attackieren.	• Starkes F&E • Starke Neuproduktentwicklung • Finanzkraft
Unruhiges Wasser	Wahrscheinlich: Eine „Quick-in/Quick-out"-Strategie ist hier zu empfehlen, so lange man nicht sehr finanzkräftig ist.	Sehr unwahrscheinlich: Es gibt nur geringe Chancen für einen langfristigen Erfolg.	• Intensive Promotion • Vertriebswege • Hohe Fertigungskapazitäten • Starkes F&E

Abb. 6.13: „First-Mover Advantages" in Abhängigkeit von der Branchensituation

Hier wägt das Unternehmen in der Tat sorgfältig ab. Zwar werden Unternehmen, die Märkte schaffen, auch hohe „Pioniergewinne" in Aussicht gestellt, die Risiken sind allerdings auch beachtlich. Daher benötigt das „Pionierunternehmen" eindeutige Vorteile auf den Gebieten Lieferanten, Kostenstrukturen, Informationen über den Markt, Qualität des Marktangebots, sowie über die Vertriebswege, wenn es von Beginn an erfolgreich sein will. Es empfiehlt sich, anhand von Gegenüberstellungen die Vor- und Nachteile nüchtern abzuwägen:

Aspekte	Pro „First-Mover Advantage"	Pro „Late-Mover Advantage"
Potenzial des Unternehmens	• Pionier schafft sich hohe Reputation • Bindung von frühen Lieferanten und Vertriebspartnern	• Kosten der „Marktöffnung" sind hoch und werden von Nachfolgern eingespart • Technologischer Fortschritt macht erste Lösung obsolet
Beziehung zum Kunden	• Hohe erwartete Kundenbeziehung, die in der Branche eine große Rolle spielt	• Frühe Marktsituation völlig anders als in der weiteren Entwicklung • Hohe Anpassungskosten an sich verändernde Kundenbedürfnisse
Beziehung zum Wettbewerber	• Schwierig zu imitierende Marktangebote	• Relativ kostenintensiver Wettbewerb • Geschwächte Pioniere werden durch Nachfolger verdrängt
Regulierungsbedingungen	• Keine Regulierungswiderstände	• Regulierungswiderstände werden durch Pioniere ausgeräumt

Abb. 6.14: Entscheidung „First-Mover" oder „Late-Mover"-Advantage

6.2 Strategische Bedeutung für das Unternehmen

Im Prozess der Positionierung eines innovativen Marktangebots lernen die Kunden mehr über die Verbesserungen und betrachten ihren Neuerwerb zunehmend als einen Prototyp in dieser noch unbekannten Kategorie. Nachfolgende Marktangebote der Wettbewerber erscheinen meist weniger unterscheidbar zum Pionier, da sie mit ihrer „Me-too"-Version versuchen, einen Anteil am Markt zu bekommen. Je ähnlicher sie am Pionier sind, umso stärker werden die Vorteile des Pioniers wahrgenommen. Daher liegt das Heil der „Later-Comer" eher in der Differenzierung und der Schaffung und Besetzung eines neuen Marktsegments.

6.2.2 „Lock-in" als Option bei Innovationen

Die **Internet-Ökonomie** beschreibt und analysiert ökonomische Mechanismen auf Märkten, in denen Netzwerkeffekte auftreten. Die Existenz dieser Effekte verändert die Marktmechanismen, so dass neue Marktmodelle entwickelt werden müssen. Diese Effekte werden auch als Netzwerk-Externalitäten bezeichnet. Sie liegen dann vor, wenn sich das Verhalten eines Marktteilnehmers auf das Wohlergehen einer oder mehrerer anderer Marktteilnehmer auswirkt.[1] Man spricht hierbei auch von **Netzwerkeffekten**, die eine Umkehrung des mikroökonomischen Zusammenhangs „je mehr Käufer umso geringer der Preis" darstellen. Man unterscheidet zwischen zwei unterschiedlichen Netzeffekten, den indirekten und den direkten Netzeffekten:

- **Indirekte Netzwerkeffekte** entstehen bei Systemprodukten. Als Beispiel dafür kann Microsoft Windows genannt werden: Je mehr Nutzer dieses Betriebssystem verwenden, umso mehr Komplementärgüter (Anwendungssoftware) gibt es. Die Nutzungsmöglichkeit des einen Produkts hängt von der Existenz von Komplementärleistungen ab. Die Größe des Netzwerks hat Auswirkungen auf das Angebot von komplementären Marktangeboten.[2]
- Bei den **direkten Netzwerkeffekten** steigt der Wert einer Netzleistung mit der Zahl ihrer Nutzer. Diesen Zusammenhang, dass Masse Knappheit als Wertquelle verdrängt, bezeichnet man als **„Metcalfe's Law"**. Dieses Gesetz besagt, dass die Größenvorteile eines Unternehmens oder einer Branche exponentiell steigen, je mehr Kunden miteinander interagieren, z.B. im Mobilfunk und im Internet. Erst mit der Erhöhung der Anwender wird der Netzeffekt möglich und erfährt eine starke Wertsteigerung für die beteiligten Unternehmen, die sich mit einem dominanten Design durchsetzen konnten. Für Unternehmen ist in diesen Märkten die Marktführerschaft praktisch Pflicht.

Der Wettbewerb basiert oft auf der **Verfügbarkeit komplementärer Marktangebote**, die damit oft einhergehen:

- Größe der Netzwerke („Many to Many") stellt einen Kundenwert dar, der mit der Anzahl der Nutzer bei einem Anbieter ansteigt, z.B. der selbe Mobilfunkanbieter
- Komplementäre Dienstleistungen („One to Many") steigern den Kundenwert mit der Anzahl der komplementären Produkte, die verfügbar sind, z.B. Software

---

[1] Vgl. Zerdick et al., S. 157.
[2] Vgl. ebenda, S. 158.

- Lerneffekte durch Nutzung („Customer Groove-in") bedeutet, dass Kunden nur einmal eine neue Technologie und ihre Nutzung erlernen, die Nachfolgeversionen bauen darauf auf
- „Economies of Scale" können eine große Rolle spielen, d.h. wie schnell gelingt es, mit der neuen Technologie eine kritische Menge an Kunden zu erreichen
- Modulare Innovationen wie „Plug and Play" erleichtern die Inbetriebnahme

In der klassischen Mikroökonomie führt die zunehmende Verbreitung eines Gutes zu einem sinkenden Wert des einzelnen Gutes (negatives Feedback). Massenprodukte verlieren hier an Wert, d.h. der Wert eines Gutes basiert auf seiner Knappheit. Eine der neuen Mechanismen, die in der Internet-Ökonomie im Gegensatz zur klassischen Mikroökonomie auftreten, ist die Bedeutung des positiven Feedbacks der bereits bestehenden Teilnehmer am Netzwerk:

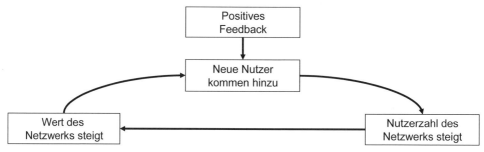

Abb. 6.15: Kreislauf des positiven Feedbacks

Durch ein **positives Feedback**, z.B. durch die Fachpresse, kommen neue Nutzer dazu, die Nutzerzahl und damit der Wert des Netzwerks steigt. Mit wachsender Verbreitung der Technologie kommen immer mehr Nutzer hinzu, da das Vertrauen der Kunden ansteigt. Je größer das Netzwerk, umso höher ist der Wert für den Einzelnen, zu diesem Netzwerk zu gehören. Damit ist die Einführung eines neuen Netzwerks ein **Problem der „kritischen Masse"**, die vorhanden sein muss, um eine erste Attraktivität zu erlangen. Dieser Verlauf kann auch in die andere Richtung gehen, daher werden Wettbewerbsverhältnisse unterschiedlicher Netzwerkanbieter schnell polarisiert: Die Starken werden stärker, die Schwachen schwächer.

Damit wird die klassische Mikroökonomie auf den Kopf gestellt, die immer von einem sinkenden Wert des einzelnen Gutes bei zunehmender Verbreitung ausgeht (negatives Feedback, Gesetz des sinkenden Grenznutzens). Unikate gelten dort als exklusiv, Massenprodukte als geringere Werte. Das kritische Problem bei Netzwerkgütern ist demnach die Markteinführung, denn es muss schnell eine kritische Masse an Kunden erreicht werden. Erst dann ist der ansteigende Nutzen aufgrund positiven Feedbacks möglich. Dabei spielen die Erwartungen auch eine gewisse Rolle; dies kann in beschränktem Umfang durch Vorankündigungen der Unternehmen selbst gesteuert werden.

Somit sind die Grundvoraussetzungen für einen **„Lock-in" des Kunden** geschaffen. Diese besagen, dass ein Teilnehmer, der einmal Teil des Netzwerks ist, aufgrund hoher Wechselkosten einen Wechsel fast nicht mehr in Erwägung zieht. Die Kosten für den Wechsel von einem zum anderen Anbieter sind höher als der durch den Wechsel entstehende Nutzen, so dass der Wechsel praktisch keine Option mehr darstellt. Ein „**Lock-in**"-**Effekt** kann aus verschiedenen **Quellen** resultieren:

- Bestehen in diesem Markt **Netzwerkeffekte**, erhöht sich der Kundenwert und motiviert mehr Kunden. Demnach kann ein „Lock-in" aus der Größe des Netzwerks resultieren.
- Das Vorhandensein von zur Technologie **komplementären Marktangeboten** bewirkt einen „Lock-in", das wiederum den Kundenwert erhöht. Kunden können dann nur den Standard kaufen, weil alle Marktangebote darauf ausgelegt sind.
- Ein Merkmal der Standards ist die **Reduktion der Unsicherheit**, diese kann durch Standards drastisch reduziert werden und neue Kundenkreise, die eben nur Standards kaufen, können angesprochen werden.
- Unternehmen dehnen den Standard weiter aus und versuchen, die herausragende Position durch „Versionizing" zu erhalten. Unter „**Versionizing**" versteht man die Herstellung und das Anbieten eines Marktangebots in unterschiedlichen Versionen für unterschiedliche Marktsegmente oder Kunden. Um dies vornehmen zu können, müssen zunächst zwei Analysen vorgenommen werden.
  - Marktanalyse: Kann der Markt natürlicherweise in verschiedene Segmente zergliedert werden? Sind die Verhaltensweisen der Kunden in den jeweiligen Marktsegmenten unterschiedlich?
  - Analyse des Marktangebots: Bestehen sinnvolle Dimensionen, um unterschiedliche Versionen eines gleichen Basis-Marktangebots herzustellen? Bestehen für jede Dimension niedrige und hohe Ausprägungen?
- Die **Macht der Gewohnheit** bewirkt beim Kunden einen emotionalen „Lock-in", vor allem, wenn sie dem Kunden einen realen Kundenwert erbringt. Kunden haben nur einmal den Aufwand, eine bestimmte Technologie zu erlernen und können darauf auch bei neueren Versionen aufbauen, sofern sie den Standard nicht verlassen.

Von besonderer Bedeutung scheint hier die Überlegung zu sein, inwieweit es dem First-Mover gelingt, den Kunden für sich einzuschließen und den sogenannten „Lock-in Effekt" zu erzeugen. Bei Marktangeboten, die auf neuen Technologien basieren, wird man immer versuchen, die eigenen Normierungen als **Standard in einem Markt** von inkompatiblen konkurrierenden Technologien zu etablieren, d.h. ein interoperativer Nutzen ist der Kaufgrund, wenn Kunden ihre Kaufentscheidung auf der Anzahl installierter Systeme treffen. Gelingt dies, werden die Kunden quasi gefangen und können nur sehr schwer wieder den Standard wechseln. Standards bewirken einen „Lock-in", denn es ist für den Kunden sehr schwer, einen einmal etablierten Standard wieder zu verlassen. In Märkten, in denen Standards sehr wichtig sind, mag es schwer sein, sich als Nischenanbieter durchzusetzen. Der Weg zum Monopolisten führt über die **Kontrolle eines Standards des Netzwerks**. Die Kontrolle über Standards gewinnen meist jene Unternehmen, die das bessere „Pricing", Marketing und Branding betreiben und beim Kunden höhere Erwartungen auslösen, aber selten die mit den besseren technischen Lösungen, z.B. Apple MacOS vs. Windows.

Die absolute **Transparenz der Preise** führt zu einem Preiskampf der Anbieter zu Gunsten des Kunden. Kundenloyalitätsstrategien jenseits des Preises rücken bei den Anbietern ins Zentrum des Interesses. Dabei wird versucht, den Kunden in die Wertekette einzubinden.

> Die Möglichkeit, einen **Kampf um Standards** für sich zu gewinnen, hängt von verschiedenen Faktoren ab:[1]
> 1. Besteht bereits eine Kundenbasis, die sehr loyal oder „locked in" ist, d.h. bereits jetzt schon nicht mehr ohne höheren „Switching Cost" auf einen alternativen Anbieter ausweichen kann? Dadurch können auch Wettbewerber genötigt werden, auf die risikoreichere Strategie der Revolution zu wechseln.
> 2. Ist das Unternehmen in der Lage, seine Innovation über eine geeignete „Property Rights"-Strategie zu schützen und fortlaufend Innovationen zu generieren?
> 3. Können „First-Mover Advantages" realisiert werden, weil man den zeitlichen Vorsprung gegenüber den Wettbewerbern nutzen kann?
> 4. Bestehen besondere Fähigkeiten in der Fertigung, entweder durch die Erzielung von „Economies of Scale" oder durch bestimmte Kompetenzen? Kostenvorteile helfen immer, einen Kampf um Standards für sich zu gewinnen.
> 5. Wird die neue Technologie die Verkäufe anderer komplementärer und eigener Marktangebote fördern? Dies bringt das Unternehmen in eine Position, in der es den Markt einfacher dominieren kann.
> 6. Besteht ein Markenname? Ein Markenname ist ein Vermögensgegenstand, der dem Kunden einen Vertrauensvorschuss liefert und von daher eine enorme Wichtigkeit hat.

---

[1] Vgl. Shapiro/Varian, S. 17 f.

6.3 Management von neuen Geschäftsgelegenheiten

6.3.1 Erkennen neuer Geschäftsgelegenheiten

Innovationen durchlaufen bestimmte Stufen im Unternehmen:

Von der Ideengenerierung bis zur Umsetzung der Innovation

Vorphase: Ideengenerierung durch:	Entscheidung 1: Priorisierung	Entscheidung 2: Projektumsetzung	Realisierung:
• Kunden • eigenes Unternehmen • neue Technologien	• Ideensteckbrief • Elimination von unrealistischen Ideen	• Innovationsauftrag • Prototyp, Kosten/Nutzen-Relation • Test-Marketing	• Umsetzungs-Controlling im Markt
• Brainstorming • Innovationsworkshop • Szenariotechnik • Experteninterviews • Wettbewerbsstudie • Marktbeobachtung • Trend Scouting • Substitutionsanalyse	• Grober Abgleich mit Markt und Wettbewerb • Ideenart: neues Marktangebot, Imitation, Prozessoptimierung • Beschreibung von Problem, Lösung und Kundenwert	• Vorliegen einer Geschäftsgelegenheit • Wirtschaftlichkeit • Zeitplan • Verantwortlichkeiten • Organisation & Budget • Reporting & Dokumentation	• Implementierung im Unternehmen: Vertrieb etc. • Einführung im Markt • Laufende Erfolgskontrolle

Abb. 6.16: Von der Ideengenerierung bis zur Umsetzung der Innovation

In der Vorphase hat das Unternehmen das alte Problem: Wie erkennt man aus der Vielzahl von neuen Ideen die eine Richtige?

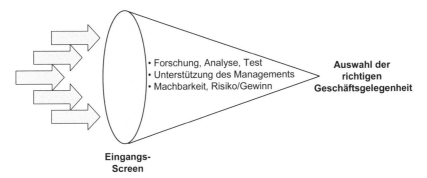

Abb. 6.17: Ideenfilter

Zur Bewertung dieser Situationen stellen Unternehmen eine Vorgehensweise zusammen, die sich an den folgenden **Fragestellungen zur Bewertung von Geschäftsgelegenheiten** orientieren kann:

Geschäfts-gelegenheit („Business Opportunity")	• Besteht ein **Bedarf** für dieses neue Marktangebot? • Wie kann der **typische Kunde** beschrieben werden? Wie viele typische Kunden gibt es? Welches Marktvolumen ergibt sich daraus? • Wo befindet sich der Markt im **Lebenszyklus der Marktangebote**? • Besteht **Gefahr der Kannibalisierung** mit bestehenden Marktangeboten des eigenen Unternehmens?
Wettbewerb	• Was bieten die derzeitigen **Wettbewerber** an, zu welchen Preisen? • Hat das eigene Marktangebot **eindeutige Stärken** gegenüber den Angeboten der Wettbewerber und der **Substitute**? • Ist das eigene, neue Marktangebot zwei Mal besser, zwei Mal schneller und zwei Mal billiger als die Angebote des Wettbewerbers? Kein Kunde wechselt wegen marginalen Vorteilen den Lieferanten!
Vertriebswege	• Kann das neue Marktangebot über **bestehende Vertriebswege** vertrieben werden oder müssen alternative Vertriebswege aufgebaut werden? • Werden **neue Mitarbeiter** mit neuen Fähigkeiten benötigt? • Welche Promotionmaßnahmen werden für die Einführung benötigt?
€	• Wie viel **Kapital** muss investiert werden? • Wie schnell kann der **Break-even** erreicht werden? • Wie hoch ist das **Gewinnpotenzial**?

Abb. 6.18: Fragestellungen für die Bewertung einer Geschäftsgelegenheit

Zur **Grobbewertung von Geschäftsgelegenheiten** können verschiedene Entscheidungskriterien herangezogen werden:

6.3 Management von neuen Geschäftsgelegenheiten

	Ausprägungen	Punktwert 10 = sehr gut ... 1 = schlecht	Risiko 10 = niedrig ... 1 = hoch	Ergebnis (Punktwert * Risiko) 100 = sehr gut ... 1 = schlecht
Erfolgsaussichten	sehr schlecht			
	nicht abzusehen			
	gut			
Entwicklungszeit	über 3 Jahre			
	1 – 3 Jahre			
	unter 1 Jahr			
Langfristiger Bedarf	Kein „Mainstream Market"			
	Neuer Markt			
	Komplementäres Angebot			
	Neues Angebot			
Umsatzpotenzial	über € 1 M p.a.			
	bis € 1 M p.a.			
	unter € 0,5 M p.a.			
			Summe	

Abb. 6.19: Grobbewertungsverfahren von neuen Geschäftsgelegenheiten I

Produktidee / Produktkonzept Nr. ___

Beurteilungskriterien	Gewichtung (100%)	Punkte (von 1 bis 10)	Ergebnis (Gewichtung * Punkte)
Unternehmen • technisch realisierbar • Investitionsvolumen • ...			
Markt • Kundennutzen klar erkennbar • Erschließung neuer Zielgruppen • Verbesserung der Marktposition • ...			
Vertriebswege • Kooperationsbereitschaft der Vertriebswege • Einsatz des eigenen Vertriebs • ...			
Wettbewerb • Eindeutige Stärken gegenüber Wettbewerbern • Eindeutige Stärken gegenüber Substituten • Prüfung der Nachhaltigkeit • Reaktionen der Wettbewerber • ...			
Umfeld • rechtliche Beschränkungen • Umweltaspekte • Wettbewerbssituation • ...			
		Summe	

Abb. 6.20: Grobbewertungsverfahren von neuen Geschäftsgelegenheiten II

> Das Erkennen von Geschäftsgelegenheiten unterliegt einer gewissen Systematik, um aus der Vielzahl sich abzeichnender Gelegenheiten diejenigen zu ermitteln, bei denen es sich wirklich lohnt. Es lässt sich nicht vermeiden, dass aus der Vielzahl von sich ergebenden Möglichkeiten auch welche „durch das Raster" fallen, etwa weil sie zu unkonventionell sind, nicht richtig verstanden werden etc. Umso mehr ist es die Aufgabe des Innovationsmanagers, auch solche Ideen vorbei am normalen Weg zu erkennen und einzuschätzen.

6.3.2 Suche nach attraktiven Märkten

Ein sehr früher Gedanke bei Innovationen sollte sein, **woher die ersten zwanzig Kunden kommen**! Nur Marktnähe ermöglicht den Erfolg. Daher ist eine typische Frage für jedes Unternehmen die Auswahl des richtigen Marktes, in dem das Marktangebot platziert werden soll. Diese Entscheidung wird in vielen Fällen unbewusst getroffen oder mit „attraktive Märkte" beantwortet. Mit der Frage, wann Märkte attraktiv sind, wird man sich später ebenso beschäftigen wie mit dem Versuch, die richtige Marktauswahlentscheidung zu treffen. Zusammenfassend kann die **Attraktivität von Märkten** auf die folgenden drei Kriterien reduziert werden:[1]

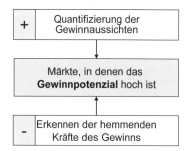

Abb. 6.21: Kriterium #1 für attraktive Märkte – Gewinnpotenzial

Das **Gewinnpotenzial** hängt davon ab, wie ernsthaft die Kunden an dem Marktangebot interessiert sind und was es schließlich kostet, die Kundenbedürfnisse zu befriedigen. Wichtig ist auch, wie viele Kunden es in dem Marktsegment gibt. Dieses Gewinnpotenzial kann quantifiziert werden. Gewinnpotenziale können limitiert werden, wenn die „Qual des Kunden" nicht groß genug ist oder wenn eine geringe Differenzierung zwischen den Wettbewerbern besteht. Damit liegt es auf der Hand, dass sich Unternehmen auf Kundensegmente mit dem höchsten Gewinnpotenzial fokussieren. Das machen jedoch die Wettbewerber mitunter auch! Daher empfiehlt es sich für Unternehmen oft, auf Nischenstrategien auszuweichen, zumindest solange keine Position aufgebaut wurde, von der man zu weiteren „Eroberungen" aufbrechen kann.

---

[1] Vgl. Kohlert, 2005b, S. 149 ff.

6.3 Management von neuen Geschäftsgelegenheiten

Abb. 6.22: Kriterium #2 für attraktive Märkte – Macht für das Unternehmen

Die Chance auf Macht setzt voraus, dass sich das Unternehmen von den Wettbewerbern differenzieren kann. Die **Quelle der Differenzierung** ist gemeinhin der Besitz oder die Kontrolle einer wertvollen Ressource. Differenzierung ist wichtiger als die Zerstörung der Wettbewerber. Die Kontrolle über Märkte ergibt sich durch den Fokus auf Märkte, in denen das eigene Unternehmen Vorteile erkennt. Die Vorteile sind dauerhaft, wenn sie sich nicht schnell abnutzen, verfügbar, nicht substituierbar und nicht imitierbar sind. Nur dann können diese Wettbewerbsvorteile in der Tat zur Differenzierung herangezogen werden.

Macht zu haben ist die eine Seite, Macht zu erhalten die andere. Daher ist es ratsam, sich nur auf Märkten zu bewegen, die zum Unternehmen passen und glaubhaft vermittelbar sind. Es gibt Unternehmen, die Märkte auf der Suche nach Geschäftsgelegenheiten nach den beiden Parametern Gewinnaussichten und Wettbewerb „scannen". Es ist daher zu empfehlen, die eigene Profitabilität so weit wie möglich nicht nach außen zu kommunizieren und schwache Wettbewerber am Leben zu erhalten. Dies mag potenzielle neue, stärkere Unternehmen abhalten, in diesem Markt zu investieren.

Abb. 6.23: Kriterium #3 für attraktive Märkte – Keine Macht für Lieferanten und Distributoren

Drittens wird das Unternehmen Märkte auswählen, in denen **Lieferanten und Distributoren keine Marktmacht** haben. Das sind Märkte, in denen ein Wettbewerb zwischen den Lieferanten und zwischen den Distributoren herrscht. Dieser Wettbewerb kann durch das eigene Unternehmen sogar noch forciert werden, indem neue Lieferanten und Distributoren unterstützt werden, in diesen Markt zu investieren. Ein schöner Effekt bei einem gesunden Wettbewerb der Lieferanten und Distributoren ist, dass es die Preise des eigenen Unternehmens positiv beeinflusst. Beide teilen sich die Gewinne auf der Stufe der Wertekette und reduzieren im Kampf um höhere Marktanteile die Preise. Man spricht dabei vom „**Compare Effect**" von Preisen, denn das eigene Unternehmen kommt dadurch immer näher an den Monopolpreis heran.

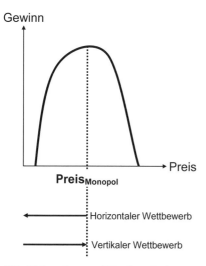

Abb. 6.24: „Compare Effect" von Preisen

In einem **horizontalen Wettbewerb** zwischen verschiedenen Herstellern bzw. Anbietern von Dienstleistungen fallen die Preise für die beteiligten Unternehmen durch den erhöhten Wettbewerb. In einem **vertikalen Wettbewerb** werden durch Absprachen zwischen Herstellern und Lieferanten bzw. Distributoren die Preise bzw. Gewinnmargen des Unternehmens steigen, da der Hersteller in der Lage ist, den Wettbewerb auf dieser Stufe der Wertekette für sich zu nutzen, etwa durch die Nutzung einer besseren Ausgangsposition bei Preisverhandlungen.

6.3.3 Referenzkunden als kritischer Erfolgsfaktor

Um Innovationen erfolgreich auf dem Markt zu platzieren, werden diese zunächst einmal geteset, bevor sie in aller Breite in den Markt eingeführt werden. Für B2B-Güter gibt es die folgenden Methoden für einen **Markttest**:

Im **Alpha-Test** werden Prototypen wichtigen bestehenden Kunden vorgestellt. Dazu gewinnt das Unternehmen z.B. einen ersten Kunden, der das neue Marktangebot mit einer neuen Technologie wertschätzt und auch bereit ist, für ein noch nicht erprobtes Angebot ein bestimmtes Risiko einzugehen:

Abb. 6.25: Finden der richtigen Schlüsselkunden

Diese Schlüsselkunden werden üblicherweise Referenzkunden genannt. **Referenzkunden** sind in der Regel Unternehmen mit dringenden technischen Bedürfnissen, die nach der „Latest Technology" suchen. Sie akzeptieren dabei Kompromisse im Marktangebot, z.B. noch fehlende Softwarefunktionen und kleinere Fehler. Der Vorteil für den Kunden liegt darin, dass er Zugriff auf die neueste Testtechnologie bekommt, die noch nicht breit am Markt vorhanden ist. So kann der Kunde neue, besonders leistungsfähige Produkte früher und schneller entwickeln als sein Mitbewerber, der noch mit einer älteren Technologie arbeitet.

Referenzkunden sind mindestens in einem Marktsegment bekannt und werden als Referenz von anderen potenziellen Kunden anerkannt. Für den Anbieter des Marktangebots stellt das Auffinden und der Zugang zu diesen Unternehmen einen entscheidenden Erfolgsfaktor dar, denn mit diesem Kunden können sie das Marktangebot perfektionieren. Da sie in der Branche bekannt sind, wird ihre Meinung anerkannt und gesucht, um die Innovation richtig einschätzen zu können. Für den Anbieter ist es wichtig, dass das „Testimonial" dieses Referenzkunden gut ist und publiziert werden kann. Unter einem „**Testimonial**" soll das „öffentliche Bekenntnis" eines Kunden zu einer neuen Innovation verstanden werden. Das kann zum Beispiel eine gemeinsame Presseveröffentlichung oder ein Fachvortrag sein, in dem die erfolgreiche Anwendung des neuen Produktes in einem komplizierten Testfall vom Kunden beschrieben wird.

Auch sollte der Referenzkunde für den Anbieter eine **Volumenaussage** treffen können, z.B. dass die Abnahme von mindestens drei Geräten geplant ist. Dies ist auch für den Kunden sinnvoll, um erste Erfahrungen mit der neuen Technologie im Fertigungsbereich machen zu können. Für den Hersteller wird hierbei die Bewährung seiner neuen Technologien in der Praxis reflektiert, es beginnt ein wichtiger Lernprozess und Anpassung der Technologie an die Realität. Dieser Referenzkunde bekommt eine besondere individuelle Unterstützung; idealerweise hat der Referenzkunde nur einige wenige Anwendungen, d.h. es muss nur für einige wenige Anwendungen ein Testprogramm aufgesetzt werden. Der Kunde lernt durch Applikationsexperten, wie das neue Marktangebot (das Testsystem) bestmöglich eingesetzt und messbarer Nutzen für ihn generiert wird.

Im **Beta-Test** ist die Innovation schon kurz vor ihrer eigentlichen Markteinführung. Die Marktangebote werden den „frühen Kunden" bereitgestellt, um sie im Einsatz zu erproben und die letzten Feinheiten zu verbessern. Die „frühen Kunden" unterscheiden sich zu den „Referenzkunden" fundamental:

Anforderungen:	Referenzkunden	Frühe Kunden
Strategisches Fit	muss	muss
Dringende technische Bedürfnisse	muss	soll
Akzeptanz von Kompromissen	muss	muss
Wenige Anwendungen	muss	soll
Volumengeschäft möglich	muss	muss
Anerkanntes Unternehmen	muss	muss
Unterstützt den Hersteller	muss	muss
Zusammenarbeit mit „Application Engineers"	muss	muss

Abb. 6.26: Prioritäten bei Referenzkunden und frühen Kunden[1]

Die Unterschiede liegen im Wesentlichen darin, dass die Bedürfnisse des „Referenzkunden" dringend sind und er das Gerät nur für wenige Anwendungen (meist eine), zumindest im ersten Schritt, einsetzen möchte. Während bei „Referenzkunden" noch die Entwickler vom Hersteller zum Kunden gehen, sollte das beim „frühen Kunden" vermieden werden. Hier müssen die Applikationsexperten der Vertriebsorganisation soweit ausgebildet sein, dass sie die Geräte beim Kunden betreuen können.[2]

---

[1] Darstellung von Agilent Technologies Deutschland GmbH (mit freundlicher Genehmigung).
[2] Vgl. dazu die Ausführungen in Kap. 3.4.

7 Umsetzung von Marketing-Strategien

7.1 Formelle Umsetzung von Strategien

7.1.1 Ziele, Strategien und Maßnahmen

Bei der **Umsetzung der Strategien** kommt der Geschäftsleitung eine erhebliche Rolle zu. Sie stellt sicher, dass die richtigen Mitarbeiter für die Umsetzung ausgewählt werden und auch harte Maßnahmen, wenn notwendig, umgesetzt werden. Unternehmen müssen **klar umrissene Zielvorstellungen** haben, die im Unternehmen allgemein bekannt und akzeptiert sind.

Das folgende Gliederungsschema folgt fundamental den „**Management-by-Objectives**", bei der die Führung sich weitgehend auf Zielvorgaben bzw. Zielvereinbarungen und deren Überprüfung beschränkt. Es besteht aus:

- den Zielsetzungen
- der Entwicklung geeigneter Strategien (geeignet um die Zielsetzungen zu erreichen)
- der Entwicklung geeigneter Maßnahmen (geeignet um die Strategien zu realisieren)

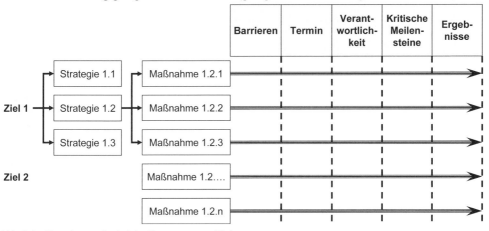

Abb. 7.1: Vorgehensweise bei der Umsetzung von Zielen

Für die Umsetzung in der betrieblichen Praxis empfiehlt sich die Festlegung weiterer Faktoren:

- **Barrieren** sind die Grenzen der Handlungsfreiheit für die Mitarbeiter, die für die einzelnen Maßnahmen verantwortlich sind. Dies könnten z.B. Budgets sein, Vorgaben des Vorgesetzten formeller oder informeller Art und Unternehmensgrundsätze. Diese müssen

bekannt sein und beachtet werden. Sie können nicht umgangen werden und stellen den Rahmen dar, in dem die Maßnahmen umgesetzt werden dürfen.
- **Termine** sind verbindlich und müssen unter allen Umständen eingehalten werden. Da die einzelnen Maßnahmen zum Teil aufeinander aufbauen, ist die Termintreue in einer Planung eine zentrale Größe und muss dementsprechend überwacht werden und/oder verinnerlicht sein.
- **Verantwortlichkeit** kennzeichnet denjenigen, der die Autorität besitzt, diese Maßnahme verantwortlich umzusetzen. Es ist immer eine Person, niemals ein Team oder eine Abteilung. So kann man jederzeit zurückverfolgen, wer der Verantwortliche ist.
- **Kritische Meilensteine** sind die kritischen Hürden, die überwunden werden müssen, um eine bestimmte Maßnahme umzusetzen. Es könnte auch die Hilfe einer dritten Partei sein, die benötigt wird, um eine bestimmte Maßnahme weiterzuverfolgen.
- **Ergebnisse**, besondere Vorkommnisse etc. können zum Schluss der Übersicht eine eigene Spalte bilden. In dem Zusammenhang wird oft der Begriff des „**Key Performance Indicator**" (**KPI**) verwendet. Diese Indikatoren bzw. Leistungskennzahlen bezeichnen Kennzahlen, anhand derer der Fortschritt oder der Erfüllungsgrad hinsichtlich wichtiger Zielsetzungen oder kritischer Erfolgsfaktoren innerhalb einer Organisation gemessen und/oder ermittelt werden kann.

Eine Schwierigkeit ist dabei, die Zielsetzungen zu operationalisieren. Dies kann zum Beispiel für die **Realisierung des Ziels „Gewinne erhöhen"** wie folgt konzipiert werden:

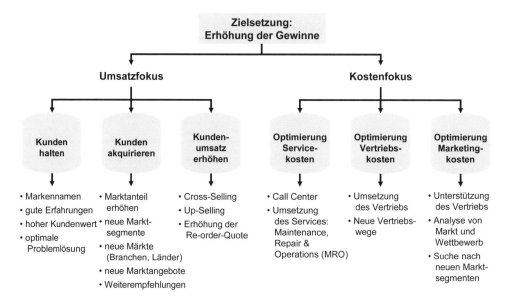

Abb. 7.2: Umsetzung des Ziels „Gewinne erhöhen"

Es ist immer notwendig, **Ziele auf umsetzbare Größen herunterzubrechen**, so dass sie jeder versteht und sie umsetzbar sind. Die Ableitung der Maßnahmen zur Realisierung der

7.1 Formelle Umsetzung von Strategien

Strategien ist meist weniger strittig. Danach erfolgt die Anwendung der **Regel von der Notwendigkeit bzw. Geeignetheit**: Alle Strategien und gesondert die Maßnahmen werden überprüft und zwei wichtigen Fragen unterworfen:

- Ist diese Strategie notwendig bzw. geeignet, die Zielsetzung zu erreichen? Ist dieser Maßnahmenplan notwendig bzw. geeignet, diese Strategie zu realisieren? Ist die Antwort „Ja", kann weiter fortgefahren werden. Ist sie „Nein", wird die Strategie bzw. die Maßnahme eliminiert, die nicht notwendig bzw. nicht geeignet ist und gegebenenfalls durch eine notwendige bzw. geeignete Maßnahme ersetzt.
- Wenn diese Strategien und Maßnahmen vollzogen werden, gibt es zumindest eine 80 %ige Wahrscheinlichkeit, dass die Ziele erreicht bzw. die Strategien realisiert werden? Ist die Antwort „Ja", kann weiter fortgefahren werden. Ist sie „Nein", wird die Strategie bzw. die Maßnahme überarbeitet werden und durch notwendige bzw. geeignete Strategie bzw. Maßnahme ergänzt. Dieser Prozess geht so lange, bis die Antwort „Ja" lautet.

> Es ist die klare Zielsetzung, die jede Art von ungeeigneten und nicht notwendigen Bemühungen und Kosten eliminiert und sicherstellt, dass alles getan wird, was notwendig und geeignet ist. Normalerweise hat man dazu ein primäres Ziel und zwei bis fünf Strategien für jede Zielsetzung sowie Maßnahmen, um die Strategien zu realisieren.

Unternehmen erstellen ihre eigenen Formblätter, die die Eigenheiten in ihrem Unternehmen und seinem Umfeld berücksichtigen. Ein solches könnte z.B. wie folgt gestaltet sein:

Problemstellung	Zielsetzung	Kernaufgaben (Strategien)	Aktivitäten zur Realisierung (Maßnahmenplan, „Action Plan")
Ein Unternehmen ist in einem Geschäftsfeld seit zwei Jahren tätig, aber die Marktposition bleibt sehr instabil, die Umsätze schwanken stark und es gelang bislang nicht, eine stabile Kundenbasis aufzubauen	1. Festigung der Marktposition 2. Abwehr von Wettbewerbern 3. Steigerung des Bekanntheitsgrads	1.1. Analyse eigener Stärken und Schwächen 1.2. Verbesserung der Marktpräsenz in der Zielgruppe	1.1.1. SWOT-Analyse zur Feststellung der strategischen Ausrichtung 1.2.1. Fokussierung auf nur zwei Marktsegmente anstatt auf fünf (Priorisierung) 1.2.2. Erstellung von konkreten Lösungen für die beiden Marktsegmente 1.2.3. Erweiterung der Vertriebswege
		2.1. Aufbau von Barrieren zur Abwehr von Wettbewerbern	2.1.1. Porters 5-Forces zur Analyse des Wettbewerbsumfelds 2.1.2. Ausbau des Angebots an eigenen Dienstleistungen 2.1.3. Start gemeinsamer Projekte mit dem Kunden
		3.1. „Guter Ruf" bei der Zielgruppe	3.1.1. Sammlung des Feedbacks der Kunden mit Nutzungsrecht für Promotion 3.1.2. Aufbau von Referenzkunden, die genannt werden dürfen

Abb. 7.3: Von der Problemstellung zum Maßnahmenplan (Auszug aus einem praktischen Fall)

Der Prozess startet mit der eindeutigen Definition der Problemstellung, über die im Management Einigkeit herrschen muss. Hier liegt ein „Top-Down"-Ansatz vor. Daraus werden dann Zielsetzungen für das Unternehmen abgeleitet. Es folgt der **„Bottom-Up"-Prozess**, der Beteiligung, Konsensfähigkeit und Kreativität verlangt, um Strategien und Maßnahmen zu entwickeln. Die operativen Einheiten bzw. Mitarbeiter erarbeiten in einem „Bottom-Up"-Prozess einen Vorschlag für die Vorgesetzten. Sie stimmen diese mit den anderen Strategien und Maßnahmenbündeln ab. Die Vorteile dieses Prozesses liegen auf der Hand: Der „Top-Down"- und „Bottom-Up"-Ansatz ermöglicht es, weite Teile der Belegschaft an der Erstellung der Planung zu beteiligen. Damit kann man ein breites Verständnis im Unternehmen und Einigkeit in den wichtigsten Zielsetzungen, Strategien und Maßnahmen erreichen. Außerdem erfolgt die effektive Nutzung aller Ressourcen und der professionellen Fähigkeiten, Erfahrungen etc. im Unternehmen. Durch die logische Abfolge und die Transparenz wird auch die Qualität der Planung stärker betont als die Quantität bezüglich der Ziele, Strategien und Maßnahmen.

Zur Umsetzung verwenden Unternehmen oftmals eine **„Ampelsteuerung"**, die die einzelnen Maßnahmen entsprechend ihrem Status einordnet. Diese kann z.B. wie folgt gestaltet werden:

Rot	**Ziel wird nicht erreicht**	1	Ziel nicht erreichbar, Auswirkungen auf das Gesamtprojekt.
		2	Ziel wird nicht erreicht, Auswirkungen auf Teile des Projekts.
		3	Ziel wird nicht erreicht, durch große Zusatzmaßnahmen möglicherweise noch erreichbar.
Gelb	**Ziel wird mit Zusatzmaßnahmen erreicht**	4	Ziel kann durch Zusatzmaßnahmen erreicht werden, Risiken vorhanden.
		5	Ziel wird durch Zusatzmaßnahmen erreichbar, Absicherung notwendig.
		6	Ziel wird mit abgesicherten Zusatzmaßnahmen erreicht.
Grün	**Ziel wird erreicht**	7	Ziel wird erreicht, Zusatzmaßnahmen sind nicht notwendig.
		8	Ziel ist erreicht.
		9	Ziel wird übertroffen.

Abb. 7.4: Ampelsteuerung der Umsetzung

> Umsetzung bedeutet im Marketing immer, dass am Ende neue Kunden gewonnen wurden, der Eintritt in neue Ländermärkte gelang, etwas funktionierte, was den Umsatz und die Gewinne erhöht. Daran wird der Umsetzungserfolg einer Marketing-Strategie letztendlich gemessen.

7.1.2 Mitnehmen der Mitarbeiter bei Veränderungen

Veränderungen können eine Vielzahl von Widerständen mit sich bringen, auch wenn über die Ziele und Strategien im Vorfeld bereits scheinbar Einigkeit bestand. Die **Perspektiven des Managements** unterscheiden sich oft fundamental von den **Fragen der betroffenen Mitarbeiter**, diese setzen aber die Strategien und Maßnahmen im Tagesgeschäft um:

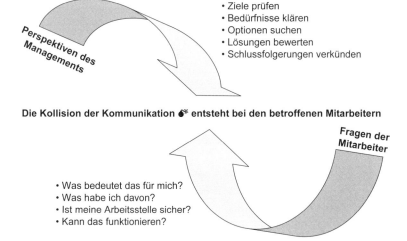

Abb. 7.5: Kommunikations-Kollision bei Veränderungsprozessen

Es empfiehlt sich, diese Situation bereits im Vorfeld zu ermitteln und sich darauf vorzubereiten. Dazu eignet sich das Instrument der **Kraftfeldanalyse**. Unter der Kraftfeldanalyse, die auf den Psychologen Kurt Lewin[1] zurückgeht, versteht man eine Methode, die die ausgewählte Lösung hinsichtlich ihrer Umsetzbarkeit prüft und entsprechende Maßnahmen ableitet, sowie die unterstützenden und die hemmenden Kräfte für eine Veränderung erkundet. Es entsteht im Ergebnis eine Liste der fördernden/hemmenden Hauptfaktoren und mögliche Maßnahmen zu deren Verstärkung/Abschwächung:

---

[1] Vgl. Lewin.

- **Fördernde Kräfte** sind diejenigen, die das geplante Vorhaben unterstützen und fördern. Diese werden dann in ein Formblatt eingetragen und die Verstärkungsmaßnahmen für diese Zielgruppe(n) formuliert.
- **Hemmende Kräfte** sind diejenigen, die das geplante Vorhaben behindern und hemmen. Auch sie werden in ein Formblatt eingetragen und Abbaumaßnahmen für diese Zielgruppe(n) formuliert.

Die **Vorgehensweise in der Kraftfeldanalyse** ist wie folgt:

1. Beschreibung der aktuellen Situation und der erwünschten Situation
2. Darlegung der Konsequenzen, falls diese Situation nicht gelöst wird
3. Auflistung aller „fördernden Kräfte" im Hinblick auf das erwünschte Ziel
4. Auflistung aller „hemmenden Kräfte" im Hinblick auf das erwünschte Ziel
5. Analyse aller Kräfte im Hinblick darauf, ob sie verändert werden können, wie stichhaltig sie sind, ob sie als kritisch für den Erfolg der Veränderung angesehen werden
6. Bewertung der einzelnen Kräfte bezüglich ihrer Einflussstärke und der Wirksamkeit

Kräfte	Einflussstärke				Mögliche Maßnahmen	Wirksamkeit			
Fördernde Kräfte	1	2	3	4	Zur Verstärkung	1	2	3	4
Hemmende Kräfte	1	2	3	4	Zum Abbau	1	2	3	4

Abb. 7.6: Analyse der fördernden und der hemmenden Kräfte in der Kraftfeldanalyse

7. Frage nach der Durchführbarkeit und Auftreten von tatsächlichen Verbesserungen
8. Diskussion, wie die Veränderung beeinflusst werden kann, indem die „fördernden Faktoren" verstärkt, die „hemmenden Faktoren" abgebaut werden können
9. Vorsicht ist geboten: Im Laufe des andauernden Prozesses können neue Kräfte in beide Richtungen entstehen

Daran schließen sich Maßnahmen zur Verstärkung der fördernden Kräfte bzw. zum Abbau der hemmenden Kräfte:

7.1 Formelle Umsetzung von Strategien

Verstärkungsmaßnahmen				
Welche?	Wie?	Bis wann?	Wer?	Okay?

Abbaumaßnahmen				
Welche?	Wie?	Bis wann?	Wer?	Okay?

Abb. 7.7: Maßnahmen zur Verstärkung oder zum Abbau in der Kraftfeldanalyse

Die relevanten Personen werden identifiziert, die für die geplante Veränderung wichtig sind. Diese können wie folgt gruppiert werden:

Abb. 7.8: Identifizierung der relevanten Personen in der Kraftfeldanalyse

Anschließend werden Maßnahmen entwickelt, wie diesen Gruppen begegnet werden kann:

Abb. 7.9: Maßnahmen zur Verstärkung oder zum Abbau in der Kraftfeldanalyse

Das Ergebnis einer Kraftfeldanalyse ist, wie bei jeder Analyse, ein Maßnahmenplan. Oftmals reicht es aus, sich auf die „hemmenden Faktoren" zu konzentrieren.

> In Veränderungsprojekten empfiehlt es sich immer, die folgenden Schritte zu beachten:
> 1. **Leidensdruck erhöhen**: Die Leute sagen „Auf geht's, wir müssen etwas ändern!"
> 2. **Führungsteam aufstellen**: Eine Gruppe, die mächtig genug ist, eine große Veränderung anzuführen, wird zusammengestellt und beginnt als Team zu funktionieren.
> 3. Die **richtige Vision** aufstellen: Das Führungsteam entwickelt die richtige Vision und Strategie, um den Wandel umzusetzen.
> 4. **Positiv kommunizieren**: Menschen nehmen den Wandel nach und nach an; sie verändern ihr Verhalten.
> 5. **Aktivität ermöglichen**: Mehr und mehr Menschen vollziehen den Wandel für sich und leben die Vision.
> 6. Für „**schnelle Siege**" („Quick Wins") sorgen: Durch das Engagement von immer mehr Unterstützern gewinnt die Veränderung an Schwung und der Widerstand bröckelt.
> 7. **Nicht aufgeben**: Die Leute arbeiten ständig am Wandel, bis die Vision schließlich zur Realität wird.
> 8. **Wandel verankern**: Neues und erfolgreiches Verhalten setzt sich gegen das Verharren in alten Mustern durch und etabliert sich.

7.2 Ausgestaltung der Vertriebsprozesse

7.2.1 Vertriebsprozesse in der Kundenakquisition

Es passiert im Unternehmen nichts, bis jemand etwas verkauft und der Kunde bezahlt hat. Allerdings ist Verkauf nicht gleich Geschäftsentwicklung; der **Vertriebsaufbau ist eine Grundvoraussetzung für die erfolgreiche Geschäftsentwicklung**. Geschäftsentwicklung muss durch den Vertrieb „bewaffnet" werden, um einen dauerhaften Markterfolg zu erzielen.

Vertrieb und Verkauf unterscheiden sich grundsätzlich: Verkauf bezeichnet die Übereignung bzw. Übertragung eines Marktangebots gegen Entgelt. Vertrieb bezeichnet alle Entscheidungen und Systeme, die notwendig sind, um ein Marktangebot für den Kunden verfügbar zu machen. Ob es gelingt, den Vertrieb zu multiplizieren, entscheidet darüber, ob das Unternehmen mehr als nur 5 % p.a. wachsen kann.

Hier zeigt sich die Komplexität sowie die dringend notwendige Klärung von Funktionen im Unternehmen: Welche Aufgaben werden in der Strategie, welche im Marketing und welche im Verkauf des Unternehmens bewältigt bzw. wer ist für was zuständig? Ohne Zweifel hängen diese drei Funktionen zusammen, ihre Harmonie wird zum großen Teil den Markterfolg des Unternehmens beeinflussen. Die Zusammenhänge stellen sich wie folgt dar:[1]

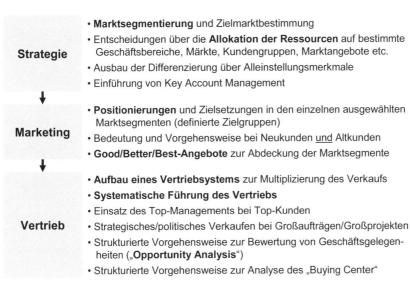

Abb. 7.10: Aufgabenteilung im Zusammenwirken von Plan und Ausführung

Die Konfusion, wer macht was, ist in der Regel sehr hoch. Die folgende Darstellung zeigt daher die unterschiedlichen Aufgaben der **marktnahen Funktionen des Unternehmens** im Überblick:

---

[1] Vgl. Kohlert, 2010b.

	Vertriebsprozess		
	Marketing	**Verkauf**	**Service**
Kunden-identifizierung	• Marktanalyse • Call Center • Internetrecherche	• Neukundenvertriebs-programm • Wettbewerbsanalyse	• Empfehlungs-management
Kunden-qualifizierung	• Kundenbefragung • Käuferprofile	• Qualifizierungs-Workshop	
Kundengewinnung	• Direct Marketing • Internet-Ansprache	• Personnel Selling	• Vertriebs-unterstützung durch Promotion
Angebots-verfolgung		• Vertriebsinnendienst	• eventuell über Wartungsverträge
Kunden-nachbetreuung	• Call Center & Hotline • After Sales Programme	• Altkundenvertrieb gem. ABC-Analyse	• Wartung & Service • technische Hotline
Spezielle Kunden-beziehungen	• Kundenzeitung • Kundenevents • Messeeinladungen	• Aufbau intensiver persönlicher Beziehungen	• Wartungsverträge • Umsetzung von Kunden-Feedback

Abb. 7.11: Einbettung des Verkaufs zwischen Marketing und Service

In der Praxis können Markeitng und Vertrieb nur dann effizient funktionieren, wenn alle Funktionen an einem Strang ziehen:

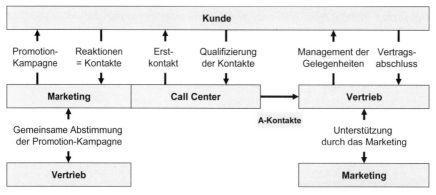

Abb. 7.12: Zusammenwirken von Marketing und Vertrieb

Die **Aufgabe des Marketings im Vertriebsprozess** besteht darin, aus der Vielzahl von Adressen die erfolgversprechenden potenziellen Kunden herauszufiltern, die „Targets". Mit diesen „Targets" (A-Kontakten) erfolgt die „Stabübergabe" an den Vertrieb.

Der **Vertriebsprozess** kann nach vielen verschiedenen Regeln ablaufen und ist stark abhängig vom Marktangebot. Jeder Verkäufer und jedes Unternehmen stellt im Laufe der Zeit seine eigene persönliche Vorgehensweise im Vertrieb zusammen. Diese ist teilweise auch abhängig davon, was in der Branche üblich ist und erwartet wird, andererseits kann aber gerade durch eine Andersartigkeit der Kundenwert erhöht werden. Es ist jedoch für den Erfolg des Vertriebsprozesses entscheidend, wie zielstrebig dieser Prozess stattfindet. Da sich gerade im B2B-Markt der Verkaufsvorgang über eine lange Zeit hinziehen kann, mitunter mit einem Wechsel der Vertriebsmitarbeiter verbunden, ist Transparenz dringend geboten. Diese Transparenz, d.h. die **Strukturierung von Vertriebsprozessen**, bietet für das Unternehmen eine ganze Reihe von Vorteilen:

- Sind Prozesse erst einmal transparent gemacht, können sie auch optimiert werden. Auf diese Weise kann das Unternehmen gezielt nach **Optimierungen im gesamten Vertriebsprozess** suchen. So könnten etwa Unternehmenspräsentationen, Telefonleitfäden etc. entwickelt werden.
- **Neue Mitarbeiter im Vertrieb** tun sich bei der Einarbeitung leichter und sind auf dem schnellsten Weg sattelfest. Sie können rasch eingearbeitet werden, da sie auf Erfahrungswissen der Vertriebsorganisation zurückgreifen können.
- **Unterschwelliges Wissen** („Tacit Knowledge") der Mitarbeiter wird sichtbar gemacht. Im Falle von Versetzungen oder Ausscheiden einzelner Mitarbeiter kann das Vertriebs-Know-how weitergegeben werden, da es transparent gemacht und nicht nur in den Köpfen der Vertriebsmitarbeiter bevorratet wurde.
- Beim **Gang in neue Märkte** (Länder-, Branchen-) können mitunter Teile des bestehenden Vertriebsprozesses übertragen werden.
- Bei der Akquisition von jedem potenziellen Kunden erkennt man sehr schnell, in welcher Phase bzw. an welchem Punkt man sich befindet. Man erhält einen guten **Überblick über den derzeitigen Stand in der Kundenakquisition**.
- Da der Neukundenvertrieb besser abgeschätzt werden kann, kann damit auch die **eigene Umsatzplanung zielgenauer** erfolgen. Das optimiert gleichzeitig die Allokation der Ressourcen im Vertrieb.
- **Meilensteine** werden durch „Acquisition Reviews" klar definiert; wichtige Entscheidungen werden dadurch bewusst getroffen.

Die Akquisition von Neukunden geht in jedem Unternehmen anders vonstatten. Ein **Ablauf eines Vertriebsprozesses** könnte wie folgt aussehen:

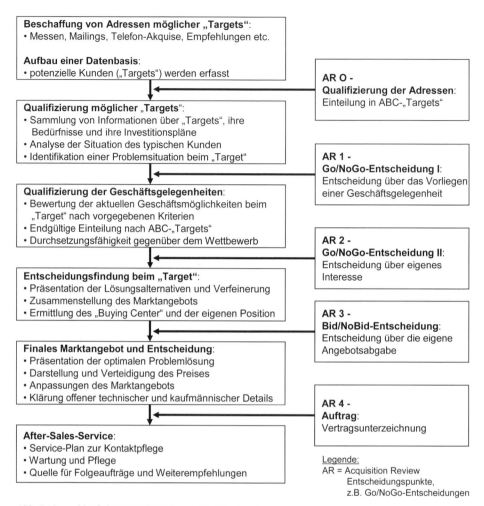

Abb. 7.13: Ablauf eines Vertriebsprozesses bei Neukunden

Zu diesen fest definierten Meilensteinen treffen die Vertriebsmitarbeiter („Account Manager") und die jeweilige Geschäftseinheit gemeinsame Entscheidungen: Sie beurteilen die Erfolgswahrscheinlichkeit bei jedem einzelnen „Target" und legen Prioritäten für den Ressourceneinsatz fest. In den sogenannten „Acquisition Reviews" (AR O – AR 4) werden die grundsätzlichen Entscheidungen getroffen. Die „Acquisition Reviews" qualifizieren die Geschäftsmöglichkeiten und machen Akquisitionsfortschritte transparent. Steht am Ende der Prozesskette des Vertriebs ein zufriedener Kunde, dann schließt sich der Kreis: Aus Kundenzufriedenheit entstehen Erweiterungsaufträge und Folgegeschäfte, schließlich eine vertrauensvolle, partnerschaftliche Kunden/Lieferanten-Beziehung und Weiterempfehlungen.

Beim **„Key Account Management"** erfolgt die Organisation der Mitarbeiter im Verkauf nach großen Kunden bzw. Schlüsselkunden, denen besondere Aufmerksamkeit gewidmet werden muss. Das setzt voraus, dass der „Key Account Manager" breite und tiefe branchenspezifische Fach-, Produkt- und Markenkenntnisse besitzt. Er weiß über die Marktangebote und Marketing-Strategien seiner Wettbewerber Bescheid wie über seine eigenen. Ihm ist die Struktur, die Einkaufspolitik und das Einkaufsverhalten seiner Kunden ebenso vertraut wie dem Einkäufer des Kunden. Er wird mit einem Höchstmaß an Seriosität der angestrebten Vertrauensbeziehung gerecht.

> Vertrieb lebt durch Systematik. Vertriebsprozesse sind der Schlüssel für die Vervielfältigung von Geschäftsmodellen, was sie so erfolgreich macht. Das funktioniert nur, wenn die Vertriebsprozesse standardisiert sind. Starkes Wachstum von Unternehmen geht nur über Einfachheit!

7.2.2 Praxisfall: Vom passiven zum aktiven Vertrieb bei WOLFF & MÜLLER Regionalbau[1]

Vorstellung des Unternehmens

WOLFF & MÜLLER Regionalbau GmbH & Co. KG ist auf technische Lösungen in allen Phasen des wirtschaftlich effizienten Bauprozesses spezialisiert. Seit über sieben Jahrzehnten und an neun Standorten bieten sie ihren Kunden aus Industrie, Handel und dem öffentlichen Sektor Bauleistungen aus einer Hand. Ihre Geschäftsfelder sind Industrie- und Gewerbebau, medizinische Einrichtungen, Büro- und Verwaltungsgebäude, Einkaufszentren etc.[2]

Problemstellung

Die meisten Branchen sind heute Käufermärkte. Die Kunden werden immer anspruchsvoller und sie sind so gut informiert, wie noch nie. Verbessern wird sich nicht die Marktsituation, sondern verbessern muss sich das Unternehmen.[3] Damit werden die Kundenkontakte gezielt aufgebaut und gepflegt. Wie in vielen anderen Branchen, so durchläuft auch die Baubranche einen Wandel vom **passiven zum aktiven Vertrieb**, dann vom **aktiven zum strategischen Vertrieb**:[4]

---

[1] Die Informationen wurden von der Wolf & Müller Regionalbau GmbH zur Verfügung gestellt und durch den Autor dieses Buches überarbeitet.
[2] Vgl. Wolff & Müller Regionalbau, S. 11.
[3] Vgl. ebenda, S. 12.
[4] Vgl. ebenda, S. 13 f.

Passiver Vertrieb heißt	Aktiver Vertrieb heißt	Strategischer Vertrieb heißt
• zu warten	• handeln	• Planung, Entwicklung und **Erwerb von vertiefenden Kenntnissen** über das Geschäft des Kunden, und seine Markt- und Wettbewerbssituation
• zu warten, bis Kundenanfragen kommen	• auf Kunden zugehen • Marktgeräusche wahrnehmen und nachgehen • Beziehungsgeflecht aufbauen und pflegen	
• ein Angebot „im stillen Kämmerlein" ohne Kundenkontakt ausarbeiten	• Kundenwünsche im persönlichen Gespräch erfragen; darauf aufbauend ein individuelles Angebot ausarbeiten	• Aufbau eines **persönlichen Netzwerkes** beim Kunden und um ihn herum
• Angebot verschicken und abwarten, bis sich der Kunde meldet	• Angebot (wenn möglich) persönlich abgeben, erläutern und spätestens nach einer Woche „nachfassen"	• Aufbau und **Pflege des Kontakts** zur Entscheidungsebene des Kunden • Erkennen und Nutzen des **zukünftigen Potenzials des Kunden**
• Nach Abschluss des Auftrags Kontakt zum Kunden abbrechen, da kein neuer Auftrag in Sicht	• Aktiven Kontakt mit dem Kunden während der Auftragsabwicklung und darüber hinaus, um bei Problemen für rasche Abhilfe zu sorgen	• In der Krise: Erhalten einer Präsenz ohne Verkaufsdruck

Abb. 7.14: Vom passiven zum aktiven und schließlich zum strategischen Vertrieb

Lösungsansatz

Der Vertriebsprozess wird bei WOLFF & MÜLLER Regionalbau (W&M) als ein zeitlich unbegrenzter Prozess angesehen. Der Vertriebsprozess endet nicht mit dem Erhalt des Auftrags, sondern geht bis zum Folgeauftrag. Im gesamten Vertriebsprozess werden beide Sichten, die des Unternehmens sowie die des Kunden, gegenübergestellt:

7.2 Ausgestaltung der Vertriebsprozesse

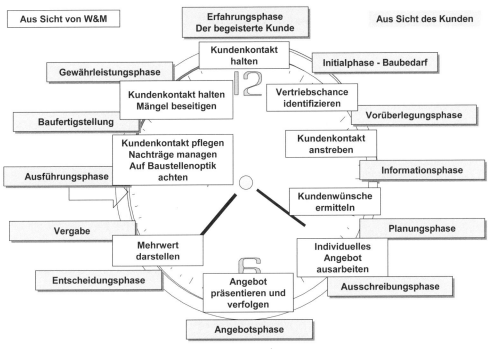

Abb. 7.15: Kundensicht und Unternehmenssicht im Überblick[1]

Lerneffekte für das Unternehmen

Vertriebsaufbau hängt untrennbar mit der Kundenorientierung zusammen. Ein erfolgreicher Vertrieb stellt den Kunden in den Mittelpunkt und richtet das Unternehmen darauf aus. Es ist eine Einstellungsfrage, ob „dem Kunden dienen" als Erfolgsfaktor oder als lästiges Übel angesehen wird.

Aktiver Vertrieb ist ein fortlaufender Prozess mit dem Ziel, gewinnbringende Aufträge zu erhalten. Die einzelnen Prozessschritte sind dabei aufeinander abgestimmt und erlauben keine Brüche.

Dazu wird der Vertrieb entsprechend organisiert und systematisiert. Der Markt wird aktiv bearbeitet und nicht als Bereitstellung in einer passiven Rolle angesehen.

---

[1] Darstellung durch Dr. Rüdiger Weng im Auftrag von WOLFF & MÜLLER Regionalbau (mit freundlicher Genehmigung).

7.3 Vorgehensweise im Neukundenvertrieb

7.3.1 „Business Initiatives" als Ausgangspunkt

Aus der Verkäufersicht muss immer davon ausgegangen werden, dass die Probleme im Unternehmen des Kunden bekannt sind. Der Verkäufer ist nicht der Erste, der ein wichtiges Problem beim Kunden erkennt. Im Gegenteil: Man kann davon ausgehen, dass die Probleme, die ein Unternehmen hat, diesem oftmals auch bekannt sind und dass etwas unternommen wurde, diese Probleme zu lösen, es aber nicht gelungen ist. Es ist für den Verkäufer wesentlich einfacher, **vorhandene Problemlösungsprojekte zu unterstützen**, diese werden „Business Initiatives" genannt, als dem Kunden etwas völlig Neues zu verkaufen.

> **„Business Initiatives"** sind Projekte, Programme, Pläne etc. die ein Unternehmen umsetzt, um damit die Probleme zu lösen, die es identifiziert hat.

Das Gegenteil wäre das „**Missionary Selling**". Dies bedeutet, dass das eigene Marktangebot die Geschäftsprozesse des Kunden verändert. Dies ist wesentlich schwieriger als ein klar definiertes Kundenbedürfnis zu befriedigen.

„Business Initiatives" sind sehr oft untrennbar mit den „Business Drivers" einer Branche oder eines Unternehmens verbunden. „**Business Driver**" sind bestehende Herausforderungen des Kunden, denen der Verkäufer sich sehr bewusst ist und aus denen meist die „Business Initiatives" resultieren:

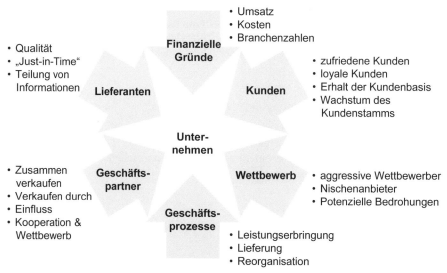

Abb. 7.16: Mögliche „Business Driver", denen Unternehmen ausgesetzt sind

7.3 Vorgehensweise im Neukundenvertrieb

Der Verkäufer muss erkennen, ob und wann **„Business Initiatives" beim Kunden vorliegen**, um den jeweiligen „Business Driver" zu begegnen. Nur beim Vorliegen von „Business Initiatives", die erfolglos verlaufen sind, ist der Kunde bereit, etwas Neues zu probieren:

- Welches sind die Geschäftstreiber in dem Markt des Kunden?
- Welches sind die „Business Initiatives", die der Kunde bereits eingeschlagen hat, um den aktuellen Herausforderungen zu begegnen?

Es stellt sich jetzt die Frage, wie „Business Initiatives" von außen, eben aus der Perspektive des Verkäufers, erkannt werden können. Was bringt die Verantwortlichen im Unternehmen des Kunden dazu, Projekte zu initiieren, um ein Problem zu lösen? Dazu bestehen vier Ansatzpunkte zum **Erkennen von „Business Initiatives" beim potenziellen Kunden:**[1]

Kosten und Preise sinken fast immer	• Wie verhält sich die **Steigung der Kostenkurve** des Unternehmens im Vergleich zu jener seiner Wettbewerber? • Welche Steigung weist die **Branchenpreiskurve** auf und wie verhält sich im Vergleich dazu die Kostenkurve des Unternehmens? • Welcher **Wettbewerber** agiert in wichtigen Bereichen am effizientesten und welcher am effektivsten? • In welchen Bereichen kann das Unternehmen im Vergleich zu seinen Mitbewerbern die stärksten Verbesserungen erzielen? • Mit welchen Marktangeboten erzielt das Unternehmen **Gewinne bzw. Verluste** und was sind jeweils die Gründe dafür?

Abb. 7.17:   Checklist – Erkennen von „Business Initiatives" beim Kunden I

Wettbewerbsposition des Kunden bestimmen die Handlungsmöglichkeiten	• Welche **Positionen** besetzt das Unternehmen und welche seine Wettbewerber, gemessen an der Kapitalrendite und dem relativen Marktanteil? • Auf welche Weise machen die **Marktführer Gewinne**, und warum? • Welches **Potenzial** bringt die Position des Unternehmens oder des Geschäftsbereichs? • Wo gewinnt das Unternehmen Marktanteile hinzu, wo verliert es? • Welche **Fähigkeiten** verschaffen dem Unternehmen einen Wettbewerbsvorteil und welche müssen noch aufgebaut werden?

Abb. 7.18:   Checklist – Erkennen von „Business Initiatives" beim Kunden II

---

[1] Vgl. Gottfredon/Schaubert/Saenz, S. 51.

Kundenbedürfnisse und Gewinnpotenziale verändern sich laufend

- Welche sind die größten, am schnellsten wachsenden und einträglichsten **Kundensegmente**?
- Wie gut erfüllt das Unternehmen mit **alternativen Marktangeboten** die Kundenwünsche?
- Wie hoch ist der Anteil der Kunden, die das Unternehmen an sich bindet?
- Welchen **Anteil am Branchengewinn** hat das Unternehmen derzeit?
- Welche künftigen **Veränderungen des Gewinnpotenzials** erwartet es?
- Welche **Chancen** bieten sich dem Unternehmen, welchen Bedrohungen steht es gegenüber?

Abb. 7.19: Checklist – Erkennen von „Business Initiatives" beim Kunden III

Weniger Komplexität bringt bessere Ergebnisse

- Wie komplex ist das **Marktangebot** des Unternehmens und was kostet der ermittelte **Komplexitätsgrad**?
- Wo liegt der **Innovationsdrehpunkt** des Unternehmens?
- Welche sind die wenigen entscheidenden Merkmale, durch die seine Marktangebote aus Kundensicht aus den Alternativen herausragen?
- Wie komplex sind die **Entscheidungsprozesse** und die Organisation in dem Unternehmen verglichen mit der seiner Wettbewerber?
- An welchen Stellen der **Geschäftsprozesse** des Unternehmens herrscht Komplexität?

Abb. 7.20: Checklist – Erkennen von „Business Initiatives" beim Kunden IV

Gehen Sie immer davon aus, dass die Probleme im Unternehmen bekannt sind. Sie sind nicht der Erste, der ein wichtiges Problem erkannt hat. Nur beim Vorliegen von „Business Initiatives", die erfolglos verlaufen sind, ist der Kunde bereit, etwas Neues zu probieren! Ein Kauf ist oftmals auch mit einer Verhaltensänderung verbunden. Es gilt zu bedenken, dass es in Unternehmen immer Kräfte gibt, die sehr hart gegen Innovationen kämpfen. Daher müssen Problemlösungsangebote 2 × schneller, 2 × besser und 2 × billiger sein als die bekannten Alternativen.

7.3.2 Qualifizierung möglicher „Targets"

Bei der Qualifizierung möglicher „Targets" wird zunächst das **Umfeld des potenziellen Kunden** ermittelt:

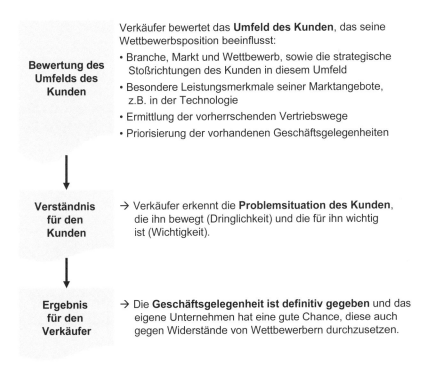

Abb. 7.21: Qualifizierung möglicher „Targets"

Wie bei den „Business Initiatives" bereits dargestellt, kann davon ausgegangen werden, dass ohne einen Zwang, ohne eine Problemsituation, die mit herkömmlichen Mitteln nicht gelöst werden kann, Veränderungen gar nicht oder nur sehr zögerlich stattfinden. Deshalb werden die **Kaufmotive des Kunden** ermittelt. Ein Faktor, der die **Dringlichkeit des Kunden** erhöht, sind die Qualen, die der Kunde aufgrund eines ungelösten Problems erleidet:

- Warum muss der Kunde handeln? Welche Bedeutung hat dies für den Kunden? Warum legt er darauf einen besonderen Wert? (**Dringlichkeit und Wichtigkeit**)
- Bis zu welchem Zeitpunkt muss der Kunde eine Entscheidung getroffen haben?
- Welche Konsequenzen ergeben sich aus einer Verzögerung des Projektes? Was passiert, wenn der Kunde nichts unternimmt?
- Worin besteht der Kundenwert, wenn dieses Projekt termingerecht abgeschlossen wird?
- Welche messbaren Auswirkungen wird dieses Projekt auf das Geschäft des Kunden haben?

Die **Qual des Kunden** kann dabei ein Problem, eine kritische, d.h. entscheidende Situation im Unternehmen sein oder eine potenzielle Geschäftsgelegenheit, die ausgelassen wurde.

Doch unter welchen Bedingungen würden Einkäufer ihre Zwangssituation gegenüber einem externen Dritten offenbaren? Die Gründe dafür schafft der Verkäufer:

- Es ist dem Verkäufer gelungen, über die Zeit ein **harmonisches Verhältnis** zu den Verantwortlichen im Unternehmen des Kunden aufzubauen. Damit gelingt es ihm, die Bedürfnisse des Unternehmens besser zu erfassen und die Zielsetzungen des Kunden in das eigene Marktangebot aufzunehmen. Auf Verkäuferfloskeln kann verzichtet werden.
- Die **Glaubwürdigkeit** seiner Ausführungen ist sehr hoch, da er spezifische Kenntnisse über das Unternehmen und die Branche hat und weiß, wie Projekte in diesem Bereich ablaufen. Er kann den Kunden bei der Lösung seiner Probleme effektiv unterstützen.
- Das **Risiko** für das Unternehmen des Kunden, mit dem Verkäufer zusammenzuarbeiten, ist sehr gering. Die Referenzen des Verkäufers sprechen für sich, die Projekte werden Schritt für Schritt umgesetzt, um Veränderungen zu ermöglichen, und die Garantien des Verkäufers begrenzen das Risiko ebenfalls.

Zusätzlich zur Qual der Verantwortlichen im Unternehmen wird berücksichtigt, dass nur an diejenigen im Unternehmen verkauft werden kann, die auch kaufen können, d.h. ein Budget haben. Diese „**Budgethoheit**" gilt es herauszufinden:

- Wer hat Budget?
- Bis zu welcher Höhe darf er darüber frei verfügen?
- Welche Abteilungen muss er bei Entscheidungen ab welcher Höhe heranziehen?

Über den jeweiligen Stand und die weitere Vorgehensweise sollte Buch geführt werden:

Unternehmen	Ansprechpartner und Position	Letztes Gespräch		Nächsten Schritte	Auftragsvolumen in 1.000 EURO
		Datum	Inhalt		

Abb. 7.22: Transparenz über die Vorgehensweise in der Akquisition

Am Ende der Betrachtung steht in diesem Schritt „Acquisition Review 1" (AR 1) als Filter, bei welchen der „Targets" ein weiteres Engagement lohnend erscheint.

7.3.3 „Value Proposition" – Unternehmenswerte treffen Kundenbedürfnisse

Die Kernfrage lautet hier: Welchen Vorteil kann der Kunde aus dem Unternehmen des Lieferanten ziehen? Die „**Value Proposition**" wägt die Vor- und Nachteile eines Marktangebots ab. Dabei wird der einzigartige Kundennutzen herausgestellt und trifft auf den „**Compelling Event**" des Kunden, d.h. auf ein zentrales Ereignis, das ihn zum Handeln zwingt. Die „Value Proposition", der **einzigartige Kundennutzen**, verbindet das Unternehmen des Kunden mit dem Unternehmen des Verkäufers:

7.3 Vorgehensweise im Neukundenvertrieb

Abb. 7.23: „Einzigartiger Kundennutzen" als die Brücke vom Verkäufer zum Kunden

Um die **„Value Proposition" zu erfassen**, können die folgenden Fragestellungen herangezogen werden:

- Welche spezifischen bzw. messbaren Ergebnisse liefert dieses Projekt, um den „Compelling Event" zu entschärfen?
- Wie definiert der Kunde den Begriff „Nutzen" und „Kundenwert"? Wie wird dieser gemessen?
- Wurden diese Werte in der Sprache des Kunden definiert?
- Hat sich der Kunde mit dem Nutzen, der geliefert wird, einverstanden erklärt?
- Inwiefern hebt sich dieser Nutzen von denen der Wettbewerber ab?

Die „Value Proposition" kann liegen in:

- Marktangeboten: **Was wird verkauft**, z.B. Funktionalitäten, Qualität, Innovation, Investitionssicherheit
- Geschäftsprozessen: **Wie werden Kundenwerte geliefert**, z.B. Best Practices, Methoden, Beispiele über Erfolg und Misserfolg
- Mitarbeitern: **Wer liefert die Kundenwerte**, z.B. Erfahrungen der Verkäufer, Knowhow, Pre- und After-Sales Service, Kooperationspartner

Die „Value Proposition" muss in **Nutzenargumente** „übersetzt" werden, die den Kundenwert in einer verständlichen Form kommunizieren. Dazu ein Beispiel eines US-amerikanischen Maschinenbauers:[1]

---

[1] Vgl. Kohlert, 2005c, S. 171.

Merkmale	Nutzenargument für den Kunden (Kundenwert)
Patentierte Technologie	• Gebrauchsmaterial reduziert sich um 20 % bis 30 % • Umrüstzeiten reduzieren sich um 50 % • Durchlaufzeit 50 % geringer als bei Maschinen der Wettbewerber
Niedrige Höhe der Maschine	• Erleichtert das Ein- und Ausräumen und erhöht die Sicherheit • Stufen sind nicht erforderlich, senkt die Unfallgefahr
Modulare Konstruktion	• Größe der Beschichtungskammer kann je nach Bedarf (Größe, Menge) ausgewechselt werden
Scharniertüren erlauben Zugang zu allen Komponenten ohne Werkzeuge	• Service ist einfacher und billiger • Laufende Kosten sind geringer
Fusselfreie Kammer	• Reduziert die Reinigungszeit und –kosten • Reduziert die Menge des Gebrauchsmaterials • Erhöht Einsatzzeit der Maschine

Abb. 7.24: Kundenwerte als Nutzenargumente für den Vertrieb

Hier wird ersichtlich, dass starke Argumente, meist mit Zahlen belegbar, am Anfang stehen. Die Merkmale der Maschine werden konsequent in Nutzenargumente in der Sprache des Kunden überführt, damit es für ihn verständlich und die Notwendigkeit dieser Maschine offensichtlich wird.

> Die „Value Proposition" stellt immer einen außergewöhnlichen Wert eines Marktangebots für den Kunden dar. Daher wird das Unternehmen den Kundenwert spezifizieren und dem Kunden seinen konkreten Nutzen bieten. Trifft die „Value Proposition" die Erwartungen des Kunden mit messbaren Verbesserungen, dann wird das Unternehmen des Verkäufers nur noch die Leistungsbereitschaft bzw. die Lieferung sicherstellen. Die „Value Proposition" stellt dar, warum Ihr Unternehmen das Richtige ist, dieses Projekt umzusetzen.

In jeder Phase im Vertriebsprozess des Unternehmens kann Kundenwert angeboten werden, um die **Kaufentscheidung des Kunden zu unterstützen**. Mit anderen Worten: Wie kann man es dem Kunden so einfach wie möglich machen, sich für das eigene Unternehmen zu entscheiden:

Phasen im Einkaufsprozess des Kunden	Kundenwert vom Unternehmen durch ...
Feststellen eines Bedarfs	• Unterstützung bei der **Diagnose seiner Probleme**
Informationssuche des Kunden: • Suche und Bewertung von Informationen • Identifikation von Problem und Lösungen • Ermittlung der relevanten Kaufkriterien • Ermittlung der Konfigurationsmöglichkeiten	• Gezielte Ansprache von Kunden, die das Marktangebot optimal einsetzen können („**idealer Kunde**") • Bereitstellung von **kaufrelevanten Informationen** zum eigenen Marktangebot für den Kunden • Verbesserung des Kunden-Know-hows („**to teach the customer**") durch Leitfäden, Schulungen etc. • Bereitstellung von Details zum eigenen Marktangebot
Bewertung der alternativen Lösungen: • Gewichtung der identifizierten Kaufkriterien • Vergleich der Marktangebote unterschiedlicher Anbieter bezogen auf eigene Kaufkriterien • Überprüfung der Glaubwürdigkeit und Vertrauenswürdigkeit der Anbieter	• Beteiligung an **unabhängigen Qualitätstests** • Bereitstellung von **Bewertungen durch Experten** und bestehende Kunden • Möglichkeiten zur **Besichtigung der eingesetzten Marktangebote** bei eigenen Kunden • Bekanntheit durch **Markenbildung**
Kaufentscheidung: • Leistungskonfiguration • Verhandlung und Entscheidung • Vertragsabschluss • Zahlung und Lieferung	• Unterstützung bei **Konfiguration des Marktangebots** • **Information zum Preissystem** und Auswahl des Marktangebots mit dem besten Verhältnis von Preis/Leistung • Verständlichkeit der **Vertragsbedingungen** • Angaben zum Bearbeitungsstatus
Nutzung der Problemlösung beim Kunden: • Überprüfung der Erwartungserfüllung • Unterstützung bei Bedienung bzw. Nutzung • Informationen zu Verbrauch, Betriebskosten • Erfahrungsaustausch	• Maßnahmen zur Reduzierung kognitiver Dissonanzen • **Anbieten von Erfahrungsaustausch**, Ansprechpartner bei Problemen • Bereitstellung benötigter Informationen • Informationen zu weiteren Leistungen

Abb. 7.25: Kundenwerte im Vertriebsprozess

Ein weiteres Beispiel, wie Kundenwerte bewusst im Verkauf eingesetzt werden können, stellt das folgende **Umsatzfokus/Kostenfokus-Modell** dar. Sofern man dem Kunden darlegen kann, dass das anvisierte Projekt seinen Gewinn erhöht, ist das ein sehr kräftiges Verkaufsargument. Unternehmen können durch zwei Ausrichtungen ihre Gewinne erhöhen: Entweder sie erhöhen ihren Umsatz oder sie reduzieren ihre Kosten. Meist tendieren Unternehmen mehr zur einen oder zur anderen Seite, das hängt von ihrer Unternehmensstrategie ab. Aus dieser Betrachtung ergeben sich mit dem **Kostenfokus** und dem **Umsatzfokus** die beiden grundlegenden Faktoren der strategischen Ausrichtung von Unternehmen. Bewertet man sie jeweils mit „hoch" und „niedrig", ergibt sich daraus eine Vier-Felder-Matrix mit den folgenden Quadranten:

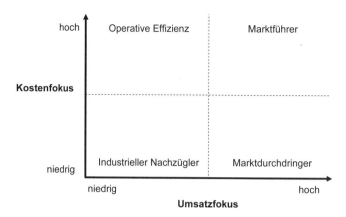

Abb. 7.26: Grundmodell Umsatzfokus und Kostenfokus eines Unternehmens

- **Operative Effizienz**: Bei einem niedrigen Umsatzfokus und hohem Kostenfokus wird das Unternehmen sich sehr stark auf die Kosten konzentrieren und nach Möglichkeiten suchen, diese zu reduzieren. Die Geschäftsprozesse werden unter dem Gesichtspunkt Kostenminimierung begutachtet, nach extern ausgelagert oder intern optimiert. Umsatzentwicklungen basieren auf Kostenvorteilen. Das bedeutet jedoch nicht, dass man auf den Umsatzfokus vollkommen verzichten kann, sondern es sagt nur aus, dass dieser eben nicht im Vordergrund stehen.
- **Marktdurchdringer**: Bei einem niedrigen Kosten- und einem hohen Umsatzfokus spielen der Vertrieb und die Erhöhung des Marktanteils in diesem Unternehmen eine erhebliche Rolle. Auch das bedeutet nicht, dass man die Kostensituation völlig außer Acht lassen kann, sondern nur, dass der Fokus auf der Marktdurchdringung liegt.
- **Industrieller Nachzügler**: Sowohl der Kosten- als auch der Umsatzfokus sind sehr niedrig. Dem Unternehmen fehlt vermutlich die strategische Ausrichtung im Markt. Es setzt sich keine Schwerpunkte und agiert ohne klare Zielsetzung nach dem Motto „Der Weg ist das Ziel" auf dem Markt. Das Unternehmen liegt unterhalb dessen, was in der Branche als Standard angesehen wird.
- **Marktführer**: Es liegt auf der Hand, dass ein Unternehmen dann wirklich erfolgreich ist, wenn es einen hohen Umsatzfokus besitzt, vielleicht in Form einer exzellenten Vertriebsmannschaft, und gleichwohl sehr stark auf die Kosten achtet. Dies ist die Position, die Unternehmen anstreben.

Sodann stellt sich die Frage, wo sich das Unternehmen des Kunden befindet, dem der Verkäufer gegenübersteht. Der Verkäufer hilft dem Kunden, seinen eigenen Standort in der Matrix und seine Entwicklung in den nächsten Jahren darzustellen. Die strategische Ausrichtung des Unternehmens beschreibt, wo sich das Unternehmen in den nächsten ein bis drei Jahren positionieren möchte. Im nächsten Schritt werden Verkäufer und Kunde gemeinsam erarbeiten, wie er dieses Ziel erreichen kann. Der Verkäufer legt dar, wie eine Entwicklung mit seiner Unterstützung, kurz: durch den Kauf seiner Marktangebote, erfolgen kann, z.B. durch den Einsatz von Technologien, Produkten, Dienstleistungen, die er anbietet:

7.3 Vorgehensweise im Neukundenvertrieb

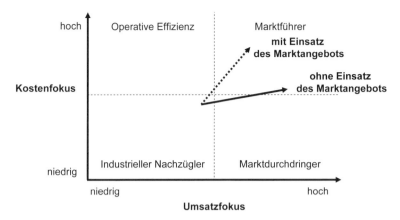

Abb. 7.27:   Entwicklung des Unternehmens im Umsatzfokus/Kostenfokus-Modell

Jetzt wird es konkret: Die Resultierende des Verkäufers ergibt sich aus einer horizontalen (Maßnahmen zum Umsatzfokus) und einer vertikalen Verschiebung (Maßnahmen zum Kostenfokus). Das zeigt auch, dass ein Unternehmen i.d.R. nicht nur einen Kostenfokus oder nur einen Umsatzfokus hat, um den Gewinn zu erhöhen, sondern an beiden Stellschrauben drehen muss.

Gemeinsam werden konkrete Maßnahmen erarbeitet, wie die Fortentwicklung im Unternehmen aussehen könnte. Jetzt ist es nur noch eine Frage der Reihenfolge, welche Maßnahmen abgearbeitet werden, d.h. welche Projekte der Kunde mit dem Verkäufer vereinbart. Der Verkäufer moderiert den Prozess und unterstützt den Kunden auf der Suche nach den geeigneten Maßnahmen zum Umsatz- bzw. Kostenfokus. Ein guter Verkäufer achtet darauf, dass der Kunde nur Maßnahmen erarbeitet, die der Verkäufer auch durch entsprechende Marktangebote abdecken kann! Das Folgende zeigt ein Beispiel, wie eine solche Darstellung in praxi aussehen könnte:

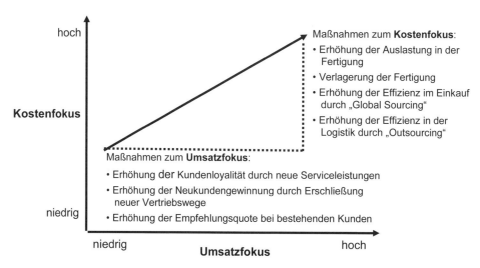

Abb. 7.28: Maßnahmenbündel im Umsatzfokus/Kostenfokus-Modell

Diese möglichen Maßnahmen werden dem Kunden dann als Dienstleistungsprojekte verkauft. Der Ansatz ist daher auch im **Verkauf von Projekten** zu finden.

7.3.4 Analyse von Geschäftsgelegenheiten

Im Interesse des Vertriebsmitarbeiters, nämlich um seine kostbare Zeit nicht bei nichterfolgversprechenden „Targets" zu investieren, wird ermittelt, inwieweit tatsächlich eine Geschäftsgelegenheit vorliegt. Bei der **Qualifizierung der Geschäftsgelegenheit („Opportunity Analysis")** können die folgenden vier Kernfragen herangezogen werden:

- **Liegt wirklich eine Geschäftsgelegenheit vor?** Ist der Kunde überhaupt für Veränderungen bereit? Hier wird verstärkt auf einen „Compelling Event" geschaut, der dem Kunden gar keine andere Wahl lässt. Ist dieser Missstand quantitativ erfassbar, z.B. durch eine Kostendarstellung, trägt dies zur Überzeugung des Kunden bei, etwas zu ändern. Man tut sich im Verkauf immer einfacher, wenn ein „**Compelling Event**" vorliegt, d.h. Zwänge bzw. Qualen, denen ein Kunde ausgesetzt ist. Diese Dringlichkeit und Wichtigkeit gilt es herauszufinden.
- Kann der Verkäufer mit seinem Marktangebot wirklich **in den Wettbewerb eintreten?** Hat das eigene Unternehmen wirklich die optimale Problemlösung für den Kunden oder bestehen Wettbewerber mit besseren Lösungen, zu denen der Kunde ebenfalls Zugang hat?
- Hat der Verkäufer eine **Chance, diesen Auftrag zu gewinnen**? Ist das eigene Unternehmen mit den richtigen Mitarbeitern beim „Target" und hat es „Verbündete"?
- Ist es **für das eigene Unternehmen überhaupt rentabel**, diesen Auftrag zu gewinnen? Sind der Umsatz und der Gewinn für das eigene Unternehmen lukrativ?

Es empfiehlt sich, diese vier Fragen noch mit weiteren Abfragen zu untermauern, um sie im Unternehmen umsetzen und weiterhin einsetzen zu können. Manche Unternehmen arbeiten

7.3 Vorgehensweise im Neukundenvertrieb

mit einem Fragebogen mit insgesamt 20 Fragen, unterteilt nach obiger Struktur, um neue Verkaufsfälle zu bewerten. Als Beispiel sei das Folgende dargestellt, es muss allerdings immer auf die Bedürfnisse des einzelnen Unternehmens angepasst werden:

	Kriterium	Bewertung	
1	Projektdefinition des Kunden	definiert	+
		undefiniert	-
2	Geschäftsprofil des Kunden	stark	+
		schwach	-
3	Finanzielle Situation des Kunden	stark	+
		schwach	-
4	Zugang zu Finanzmitteln des Kunden	Ja	+
		Nein	-
5	„Compelling Event" beim Kunden	vorhanden	+
		Nicht vorhanden	-

Abb. 7.29: Frage #1 – Besteht für das eigene Unternehmen eine Geschäftsgelegenheit?

	Kriterium	Bewertung	
6	Formelle Kaufkriterien des Kunden	vorhanden	+
		nicht vorhanden	-
7	Lösung der Probleme des Kunden	gut	+
		schlecht	-
8	Anforderungen an den eigenen Vertrieb	hoch	-
		niedrig	+
9	Kundenbeziehung	ausgeprägt	+
		nicht ausgeprägt	-
10	Außergewöhnlicher Kundenwert	hoch	+
		niedrig	-

Abb. 7.30: Frage #2 – Kann das eigene Unternehmen diese Gelegenheit erfolgreich nutzen?

	Kriterium	Bewertung			
11	Interne Unterstützung beim Kundne	vorhanden	+		
		nicht vorhanden	-		
12	Glaubwürdigkeit des eigenen Managements	hoch	+		
		niedrig	-		
13	Unternehmenskulturelle Vereinbarkeit	gut	+		
		schwach	-		
14	Informelle Entscheidungskriterien beim Kunden	definiert	+		
		undefiniert	-		
15	Unternehmenspolitische Ausrichtung des Kunden	stark	+		
		schwach	-		

Abb. 7.31: Frage #3 – Kann das eigene Unternehmen den Kunden gewinnen?

	Kriterium	Bewertung			
16	Kurzfristiger Umsatz mit dem Kunden	hoch	+		
		niedrig	-		
17	Zukünftiger Umsatz mit dem Kunden	hoch	+		
		niedrig	-		
18	Profitabilität mit dem Kunden	hoch	+		
		niedrig	-		
19	Risikograd beim Kunden	hoch	-		
		niedrig	+		
20	Strategischer Wert des Kunden	ja	+		
		nein	-		

Abb. 7.32: Frage #4 – Will das eigene Unternehmen überhaupt den Kunden gewinnen?

Die Erstellung dieser „Checklist" empfiehlt sich für Unternehmen, deren zahlreiche Vertriebsmitarbeiter jeden Monat neue Kontakte generieren. Um diese zu klassifizieren, müssen die einzelnen „Fälle" transparent gemacht werden, damit sie objektiv beurteilt werden können. Je mehr der obigen Fragen mit Unterpunkten mit „Ja" beantwortet werden können, umso mehr spricht für das Vorliegen einer interessanten Geschäftsgelegenheit. Danach könnte das Unternehmen definieren, unter welchen Bedingungen ein A-, B- oder C-Kunde vorliegt:

- A-Kontakte erfüllen alle fünf Kriterien bei jeder Frage
- B-Kontakte erfüllen mindestens drei Kriterien bei jeder Frage
- C-Kontakte müssen zumindest zwei Kriterien bei jeder Frage erfüllen

- Erfüllt ein Kontakt keines der Kriterien, wird es als „Waste"[1], als unbrauchbar, qualifiziert

Die vom Marketing durch den Vertrieb geforderte Unterstützung könnte für die A-Kontakte etwa wie folgt aussehen. Das **Marketing stellt bereit** bzw. führt aus:
- Branchenbezogene Marktinformation, Ergebnisse der Marktforschung
- Erstellung von Argumentationshilfen für den Vertrieb
- Herausarbeiten des Kundenwertes für den jeweiligen Kundenkontakt
- Erstellung von Verkaufsunterlagen

Für die B-Kontakte könnte man weitere Maßnahmen entwerfen, mit dem Ziel, sie zu A-Kontakten werden zu lassen bzw. C-Kontakte zu B-Kontakten. Die Verantwortlichkeit für Letztere würde jedoch im Marketing bzw. im „Call Center" verbleiben. Die Leistungsfähigkeit wird an der „Response Rate" sowie an dem Erfolg des Vertriebs durch die Unterstützung des Marketing gemessen. Werden diese in konkrete Geschäftsprozesse eingebettet, kann dies zu konkreteren Zielen und anderen Messmarken im Marketing führen.

Bei dieser Gelegenheit wird auch die **eigene Strategie auf die Wettbewerbsfähigkeit** überprüft. Dabei erfolgt die intensive Auseinandersetzung mit den eigenen Stärken und Schwächen, die sich im Zeitablauf durch Weiterentwicklungen der Wettbewerber oder Bedarfsänderungen der Kunden auch verändern können. Die Frage stellt sich, inwieweit das eigene Unternehmen mit seinen eigenen Stärken dem „Target" helfen kann, seine Ziele besser zu verwirklichen, als seine Wettbewerber.

Es folgt die Festlegung der eigenen strategischen Stoßrichtung, z.B. Fokus auf eine Nische, Verteidigungsstrategie gegenüber einem Wettbewerber, Angriff eines Wettbewerbers in einem bestimmten Marktsegment. Das Resultat dieser Betrachtung ist auch eine Einschätzung, ob diese Geschäftsgelegenheit gegen den Wettbewerb genutzt werden kann. An dieser Stelle ist wieder eine **Go/NoGo-Entscheidung** zu treffen. Dieses Mal geht es darum, ob das eigene Unternehmen in die Angebotsphase gehen soll, oder ob es sinnvoller ist, auf die Geschäftsgelegenheit zu verzichten. Die folgenden Umstände sprechen für einen **Verzicht auf die Geschäftsgelegenheit**:
- Der Wettbewerber hat sehr ausgeprägte Stärken, die das Unternehmen selbst nicht kompensieren kann.
- Es handelt sich bei dem Kunden nicht um das Kerngeschäftsfeld des Unternehmens.
- Das Unternehmen ist für den Verkaufsfall nicht gut vorbereitet, da es sich um eigene Randaktivitäten handelt oder gar um einen völlig neuen Verkaufsfall.
- Es handelt sich um einen völlig neuen Markt bzw. Marktsegment oder ein neues Marktangebot, das für diesen Zweck noch konzipiert werden muss.
- Die zu erwartenden Aufwendungen lassen ein Engagement nicht als sehr vorteilhaft erscheinen.

---

[1] Abfall.

> Der Verkäufer bewertet das Umfeld des Kunden, das seine Wettbewerbsposition beeinflusst. Er stellt fest, dass die Geschäftsgelegenheit definitiv gegeben ist und das eigene Unternehmen eine gute Chance hat, diese auch gegen Widerstände von Wettbewerbern durchzusetzen.

Es soll hier noch auf einen Aspekt bei der **Behandlung von C-Kunden** eingegangen werden. Die erste Frage, die sich stellt, lautet: Warum und wie werden Kunden zu C-Kunden? Sind es im Unternehmen verlorene oder „schlafende" Kunden? Bei ehemaligen, unzufriedenen Kunden gilt es, die genaue Analyse der Verlustursachen durch „Loss-Analysen" vorzunehmen und Umsatzgrößen zuzuordnen. Ehemalige, vergessene Kunden und bestehende, nicht aktive Kunden müssen durch Gesprächsprotokolle, Auswertung der Opportunity Analysis (im B2B-Markt), sowie der Potenzialbetrachtung erfasst werden. Damit müssen die C-Kunden zunächst einmal identifiziert werden. Ist geklärt, warum Kunden verloren gingen, geht es im nächsten Schritt darum, die „schlummernden Perlen" herauszufinden: Die C-Kunden werden nach Kundenattraktivität, z.B. wegen hohen Gewinnmargen und Erfolgswahrscheinlichkeit für die Wiederaufnahme einer Geschäftsbeziehung, segmentiert. Der Aufwand für die Aktivierung muss sich schließlich auch lohnen. Grundsätzlich bestehen drei Möglichkeiten, **Kunden zurückzugewinnen** bzw. C-Kunden zu aktivieren:

- Mit emotionalen Angeboten wird dem C-Kunden z.B. das Gefühl gegeben, etwas Besonderes zu sein und dargelegt, wie wichtig die Zusammenarbeit ist und welche gemeinsamen Projekte man beginnen könnte.
- Mit materiellen Angeboten, z.B. Behebung des Schadens durch Nachbesserung, wird der Kunde versöhnt.
- Mit finanziellen Angeboten, z.B. Preisnachlässen, Rückkehrprämien, Wechselprämien, werden C-Kunden belohnt. Besteht in diesem Markt jedoch nicht ein Preiswettbewerb, sondern ein Wettbewerb um die besseren Marktangebote, verfehlen diese Angebote ihr Ziel. Es geht also nicht in jedem Fall!

7.3.5 Finales Marktangebot, Entscheidung und After-Sales Service

In dieser Phase wird das **eigene Marktangebot** dargelegt, wie es funktionieren könnte und inwieweit es das „Compelling Event" adressiert. Dabei wird auf die Bedürfnisse und Anregungen des Kunden eingegangen. Gegebenenfalls muss noch einmal telefonisch Rücksprache gehalten werden. Das schriftlich eingereichte Angebot muss dann jedoch stehen, denn es ist unumkehrbar; dort gemachte Fehler können nur schwer wieder ausgeräumt werden und führen meist zur Ablehnung des Angebots: **Etwas Schriftliches ist wie eine steinerne Mauer – sie steht ewig.** Solange das Angebot noch nicht angenommen worden ist, ist es offen und muss weiter bearbeitet werden. Es muss nachgefasst werden. Regelmäßige Nachfragen sind bis zu dem Zeitpunkt legitim, zu dem der Kunde eine Entscheidung getroffen und sie eindeutig mitgeteilt hat, wie immer diese auch aussehen mag. Alle Faktoren, die notwendig sind, um das Projekt zum Erfolg zu führen, werden dargelegt, z.B. etwa Beziehungen zu Lieferanten, Partnern.

Bewertung der Optionen des Marktangebots	Käufer geht die verschiedenen Optionen des Marktangebots des Verkäufers durch und stellt die beste Lösung zusammen: • Optimale Problemlösung mit optimaler Preis/Leistung • Klärung offener Fragen und eventuelle erforderliche Veränderungen im Marktangebot
Endgültiges Marktangebot & Entscheidung	→ Käufer stellt mit dem Verkäufer das endgültige Paket für die Problemlösung zusammen und trifft die finale Kaufentscheidung

Abb. 7.33: Finales Marktangebot und Entscheidung

Bei der **Präsentation** wird im Rahmen der Lösungsfindung und der Vertragsverhandlung die Problemlösung dargestellt und der Nutzen für den Kunden herausgestellt. Für eine wirkungsvolle Präsentation gibt es keine „goldenen Regeln", sondern die Präsentation muss auf das Marktangebot und die Person abgestimmt sein. Von einer Präsentation auf einem weißen Blatt Papier, auf dem handschriftlich das Unternehmen und seine Dienstleistungen im IT-Bereich vorgestellt werden, bis hin zur PowerPoint-Präsentation findet man alle Möglichkeiten. Zu beachten ist allerdings bei Letzterer, dass Präsentationsmittel kein Ersatz, sondern nur Hilfsmittel für den Verkäufer sind. Immer noch steht der Mensch beim Verkaufsgespräch an erster Stelle! Das Ziel einer Verkaufspräsentation ist es, den Kunden zu erreichen. Daher einige **Vorschläge für erfolgreiche Präsentationen:**

- Nicht das Marktangebot steht im Vordergrund, sondern die **Problemlösung**, die sie dem Kunden bietet.
- Es sollte auf alles verzichtet werden, was keine Sympathie schafft, z.B. **keine negativ belegten Worte**, keine Übertreibungen, kein Eigenlob.
- **Darstellungen müssen verständlich**, der Bestellvorgang einfach und die Preisgestaltung klar sein.
- Bei einer Präsentation muss **ein guter Einstieg** gewählt werden; dieser weckt das Interesse des Zuhörers und gibt dem Verkäufer die entsprechende Sicherheit.
- **Emotionale Appelle** werden rationalen vorgezogen; Art und Umfang sind abhängig vom Marktangebot. Natürlich kann z.B. eine Maschine nicht nur mit emotionalen Appellen verkauft werden, aber ganz ohne geht es auch hier nicht.
- Werden emotionale Appelle angewandt, sollte man ihnen einen **positiven Sinn** geben. Menschen mögen die „heile Welt". Dieses positive Image überträgt sich dann auf das eigene Marktangebot.

Eine Schwierigkeit bei Präsentationen stellt immer wieder dar, dass man **Stärken darstellen** möchte, ohne arrogant zu wirken. Um diese Herausforderung zu lösen, sollte man zunächst sicher sein, welche der eigenen Stärken kommuniziert werden soll. Dann gibt es zwei Möglichkeiten, diese Stärken elegant zu präsentieren, so dass sie mehr wertgeschätzt werden:

- Die Worte werden anderen in den Mund gelegt z.B. „Meine Kunden bestätigen mir immer wieder …"
- Prägnante Schilderung, wie die Stärke aufgebaut werden konnte, z.B. „Während des Aufbaus unserer Niederlassung in Russland hatte ich die Gelegenheit, …"

In der **Vertragsverhandlung** werden aufgekommene Fragen behandelt. Der Verkäufer prüft die Einwände, d.h. beruht ein bestimmtes Urteil nur auf einen Mangel an Information, wurde das Preis/Leistungs-Verhältnis nicht deutlich genug dargestellt, ist Kritik vielleicht nur ein grundloser Einwand und der Kunde hat eigentlich gar kein Interesse oder ist sie begründet. Sofern der Einwand berechtigt ist, handelt es sich dann um eine Mehrheitsmeinung oder um eine Einzelmeinung, ist diese jeweils sachlich oder psychologisch begründet? Der Verkäufer überlegt sich, wie er diesen Einwänden beggnen kann. Ist der Einwand nachvollziehbar und handelt es sich dabei um eine Mehrheitsmeinung, so muss das Unternehmen umgehend reagieren und die offensichtlich vorhandenen Mängel auf geeignete, dem Kunden entgegenkommende Weise, schnell beseitigen. Mitunter wirkt das Marktangebot für die gebotene Leistung vermeintlich oder tatsächlich zu teuer. Wenn dies die allgemeine Kundenmeinung ist, wird hier Abhilfe geschaffen, z.B. durch eine angemessene Preissenkung, eine bessere Kundeninformation oder eine bessere Herausstellung des Nutzens.

Ist die **Entscheidung zu Ungunsten des Verkäufers erfolgt**, kann geprüft werden, warum die Entscheidung nicht auf das eigene Unternehmen fiel. Es ist davon auszugehen, dass sich Entscheidungen über einen Lieferantenwechsel beim Kunden über die Zeit ankündigen. Diese schwachen Signale sind frühzeitig aufzunehmen. Es müssen auch nicht immer „harte" Fakten wie Reklamationen sein, die zum Abwandern führen. Oftmals sorgen auch emotionale, zwischenmenschliche Gründe zu Verärgerung! Jedenfalls sollten die Gründe für die Veränderungen des Kunden in der „**Loss Analyse**" geklärt werden, um daraus eigene Rückschlüsse, z.B. auf Verbesserungspotenzial, zu ziehen:

- Besteht ein Anlass für die Veränderung und was waren die Gründe für den Wechsel?
- Was kann das eigene Unternehmen beim nächsten Mal besser machen?
- Wie kann der Kunde zurückgewonnen werden?
- Bei welchen Kaufkriterien des Kunden ist der Wettbewerber besser als das eigene Unternehmen?

Folgende Maßnahmen können ergriffen werden, das „verlorene" Unternehmen **in Zukunft als Kunden zu gewinnen**:

- Aufbau neuer Marktangebote, die möglicherweise in Zukunft für den Kunden interessant werden könnten.
- Das Bild des Unternehmens wird stärker in der Marktöffentlichkeit kommuniziert.
- Es wird der richtige Zeitpunkt abgepasst, um mit einem Marktangebot, möglicherweise in einem Randbereich, den der Wettbewerber nicht abdeckt, in dem Unternehmen Fuß zu fassen und sich zu bewähren.

Nach dem Verkaufsabschluss beginnt mit der **Auftragsrealisierung**. Zweifelsohne ein wichtiger Vorgang, der die Basis für die meisten Probleme darstellt, z.B. ob aus einem einmaligen Kunden ein wiederholter Kunde wird. Daher sind **Anforderungen an die Auftragsrealisie-**

rung in der Folge aufgelistet. Um die Einhaltung dieser Anforderungen zu messen, können Kennzahlen angeführt werden. Dies kann wie folgt ausgestaltet werden:

- Qualität („Zero Defects"):
  - % von vollständig realisierten Aufträgen
  - % von noch nicht vollständig abgewickelten Aufträgen, d.h. Fehler sind aufgetreten
  - % der Rückgaben des Kunden
  - % der Preiszugeständnisse durch Schlechtleistungen
- Termintreue („Zero Delay"):
  - % der Aufträge, die rechtzeitig abgeschlossen werden
  - Durchlaufdauer der Aufträge
  - % der Aufträge mit „dringend" gekennzeichnet
- Service („Zero Hassle"):
  - Zeit für Präsentationen von Lösungen beim neuen Kunden
  - Anzahl der Kundenrückfragen
  - Zeitdauer bei Beantwortung von Kundenanfragen
  - % der Aufträge, die durch den Kunden direkt kommen
- Kosten („Zero Cost"):
  - Zusätzliche Kosten pro Auftrag
  - Vertriebskosten pro neuem Kunden (Neukundenvertrieb) und pro altem Kunden (Altkundenvertrieb)
  - Kosten für die Abwicklung liegengebliebener Aufträge und Lösung der Probleme
  - Kosten für die Abwicklung von Aufträgen

Nach der Auftragsabwicklung werden Überlegungen dahingehend betrieben, wie man mit den Kunden einen regelmäßigen Kontakt herstellt. Mit dem **„Post-Sale"-Service** werden Dienstleistungen ermittelt, die nach dem erfolgten Verkauf erbracht werden, um mit dem Kunden in Kontakt zu bleiben. Dieser Service hat eine hohe Bedeutung, um die Geschäftsbeziehungen zu den alten Kunden aufrechtzuerhalten. Denn der Altkundenvertrieb erweist sich als weit weniger aufwendig als die Gewinnung neuer Kunden.

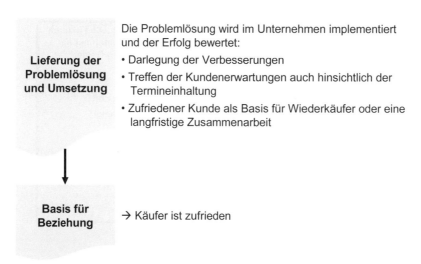

Abb. 7.34: After-Sales-Service als Basis für eine Beziehung

7.4 Entscheidungsfindung im „Buying Center"

7.4.1 „Buying Center" im B2B-Markt

Organisationelles Beschaffungsverhalten befasst sich mit dem Käuferverhalten für alle Vermarktungsobjekte (Leistungen), die von Organisationen (Nicht-Konsumenten) beschafft werden. Der Einsatz dient zur Erstellung von Gütern für die Fremdbedarfsdeckung, die selbst vorgenommen wird oder durch externe Dritte geleistet wird. In der Regel besteht eine überschaubare Anzahl von Anbietern und eine eher begrenzte Zahl von Nachfragern. Dadurch ist die Frage, welcher Anbieter befähigt ist, leichter zu beantworten als im B2C-Markt. Es bestehen stabile Marktpartnerbeziehungen, auch wegen den geringen Ausweichmöglichkeiten oder aber auch wegen guter Erfahrung mit dem aktuellen Anbieter. Es bestehen fast nur harte Entscheidungsprozesse im Vorfeld des Kaufs. Aufgrund der großen Verkaufsvolumina ist ein einzelner Geschäftsabschluss für den Verkäufer sehr wichtig. Hersteller von Investitionsgütern sollten sich deshalb ausgiebig mit dem gesamten „Buying Center" des Nachfragers, also allen einkaufsentscheidenden Personen auseinandersetzen. In Anlehung an Webster & Wind versteht man unter **„Buying Center"** alle Aktivitäten von Angehörigen der Organisation, insofern sie eine Einkaufssituation auslösen, die Alternativen bewerten und unter den Angeboten eine Auswahl treffen, d.h. an dem Einkaufsprozess beteiligt sind.[1]

Auf die im Einkauf beteiligten Personen im Unternehmen wirken eine ganze Reihe von Faktoren ein, die unter „Hard Facts" und „Soft Facts" differenziert werden können:

---

[1] Vgl. Webster/Wind, S. 14.

7.4 Entscheidungsfindung im „Buying Center"

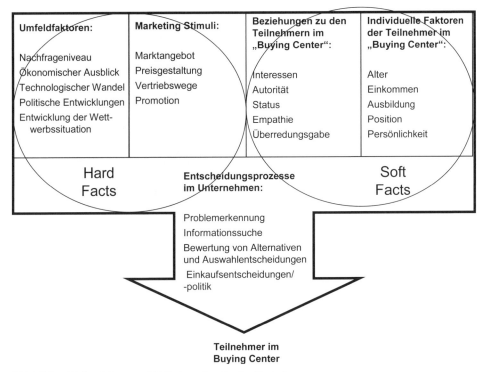

Abb. 7.35: Einflussfaktoren auf Teilnehmer im „Buying Center"

- Die **Umfeldfaktoren** ergeben sich aus der aktuellen wirtschaftlichen Situation, aus dem Stand der Technologie, etwa ob drastische technologische Veränderungen zu erwarten sind, aus der politischen Situation, z.B. scheinen Unternehmen vor Bundestagswahlen eine gewisse Scheu vor größeren Investitionen zu haben, und aus dem gegenwärtigen Wertesystem einer Gesellschaft, oft einfach als „Kultur" bezeichnet. Es werden nur Stimuli betrachtet, die sich auf das Unternehmen auswirken.
- Die **Marketing-Stimuli** ergeben sich aus der operativen Umsetzung des Marketing-Mix des Unternehmens. Dies sind die Einflüsse, die der Kunde wahrnimmt. Interne Entscheidungsprozesse des Unternehmens, die die Grundlage für den Marketing-Mix bilden, werden von ihm in der Regel nicht erkannt.
- Die **Charakteristiken der Teilnehmer im „Byuing Center" und deren individuelle Faktoren** hängen sehr stark von den genannten Faktoren ab. Die Persönlichkeit der Teilnehmer hat zunächst einmal einen großen Einfluss auf das Verhalten und deren Bedürfnisstruktur, z.B. auf die Einstellung zu neuen Technologien, zur Effizienz, zu Fortschritt überhaupt. Die soziale Schicht, aus der die jeweiligen Personen des Einkaufsprozesses stammen, beeinflusst ihre Wertorientierung und Wertbildung.
- Die **Entscheidungsprozesse im Einkauf** spielen sich weitgehend im „Buying Center" des Unternehmens ab, das je nach Entscheidungsgegenstand neu definiert wird. Allerdings sind auch einige Einkaufsprozesse sowie Einkaufsgrundsätze gegeben, die es zu ermitteln gilt.

Die einzelnen Mitglieder des „Buying Center" werden bezüglich ihres Informationsverhalten, ihres Entscheidungsverhalten, ihrer Auswahlentscheidung und der Stärke ihres Einflusses analysiert. Übergreifend konzentriert sich die Erwartung der Kunden auf Eckpfeiler wie das Preis/Leistungs-Verhältnis, auf Kompetenz, Ehrlichkeit und Qualität oder „After Sales"-Service sowie auf Produktfaktoren wie Anschaffungskosten und „Life Cycle Costs". Unter „**Life Cycle Costs**" versteht man alle Kosten eines neuen Marktangebots von der Entwicklung, der Markteinführung bis hin zur Herausnahme, also für die gesamte Lebensdauer eines Marktangebots. Diese Vorteile gilt es, so effektiv wie möglich an die Zielgruppe zu vermitteln. Um die Erwartungen erfüllen zu können, benötigt jedes Unternehmen eine Strategie, welche wiederum durch eine ausführliche Analyse des Unternehmens selbst, des Unternehmensumfelds, einer Wettbewerbs- und Kundenanalyse, der Identifikation von Schlüsselfaktoren und einer daraus resultierenden SWOT-Analyse erarbeitet werden sollte.[1]

Diese Situation und die vielen „**Insights**", die man über einen Kunden und die am Einkaufsprozess beteiligten Personen kennen muss, machen es für den Verkäufer schwierig, zum Erfolg zu kommen und daher kostet es viel Zeit, neue Kunden zu akquirieren. Im gesamten Prozess empfiehlt es sich daher, dem „Buying Center" des Einkaufs ein eigenes „**Selling Center**" des Verkaufs gegenüberzustellen, da ein Einzelner die Fülle verschiedener Fragen nicht bewältigen kann. Dies zeigt sich auch sehr deutlich bei Verkaufspräsentationen!

Da sich der Markt vom Verkäufermarkt zum Käufermarkt entwickelt, verändert sich auch die Argumentation. Beim **Verkäufermarkt** standen die „**Hard Facts**" im Vordergrund: Qualität der Marktangebote, Leistung des Unternehmens, Serviceleistungen, Innovation, Preis/ Leistungs-Verhältnis, Konditionen, Bedarf des Kunden sowie das Angebot des Verkäufers. Diese spielen selbstverständlich immer noch eine gewichtige Rolle, jedoch kommen im **Käufermarkt** die „**Soft Facts**" dazu: Markt des Kunden, Aktivitäten des Kunden in seinem Markt, Pläne des Kunden, Projekte des Kunden, Erwartungen des Kunden, Probleme des Kunden, Nutzenerwartungen, Spezifikation des Bedarfs, das problemlösende Leistungsangebot.

Für den Verkäufer ist es der erste Schritt, alle **Beteiligten im „Buying Center"** zu identifizieren. Er stellt ihre unterschiedlichen, teilweise gegenläufigen Interessen zufrieden. Der Verkäufer sollte auch berücksichtigen, dass im „Buying Center" sehr viele persönliche Aspekte eingebracht werden, die mit dem Marktangebot nichts zu tun haben, z.B. der Aufbau von Machtpositionen, die Sicherung der eigenen Position und des sozialen Status. Diese können Verhandlungen in andere Richtungen lenken und von der angestrebten Problemlösung entfernen. So empfiehlt es sich, dem „Buying Center", vor allem wenn es personell stark und sehr spezialisiert ist, ein „Selling Center" vom Unternehmen des Verkäufers gegenüberzustellen, um hier einigermaßen eine Parität der Gesprächspartner herzustellen.

---

[1] Vgl. Hauser/Groll, S. 39.

7.4.2 Rollen im „Buying Center"

Wer wird beim Erstgespräch anwesend sein? Ist es der Käufer der Maschinen, d.h. derjenige, der letztendlich die Kaufentscheidung trifft, oder ist es der technische Leiter, der nur beratende Funktion hat oder gar nur der Nutzer oder alle drei, vielleicht zusammen mit dem Buchhalter, der die Finanzen verwaltet? Diese Kette zeigt bereits die mögliche Komplexität, auf die man als Verkäufer trifft. Hochtechnische Details interessieren den Geschäftsführer mitunter nicht, er möchte vielmehr wissen, welche Probleme er mit den angebotenen Geräten lösen kann und welchen konkreten Nutzen er davon hat. Den technischen Leiter interessieren natürlich die technischen Details, wohingegen das Interesse des für die Finanzierung Verantwortlichen mehr beim Preis liegt. Es ist wichtig zu wissen, wie das „Buying Center"' in diesem Unternehmen zusammengesetzt ist, d.h. wer in welcher Reihenfolge und in welchem Maße an einer Kaufentscheidung mitwirkt. Die **Rollen in einem Unternehmen**, die an einer Kaufentscheidung beteiligt sein können, sind sehr vielfältig:

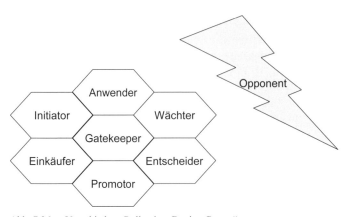

Abb. 7.36: Verschiedene Rollen im „Buying Center"

Der **Umfang des „Buying Center"** ist u.a. abhängig von der Unternehmensgröße des Kunden, dem Wert der Problemlösung, dem Einfluss der Problemlösung auf die Aufbau- und Ablauforganisation sowie dem Informationsbedarf, z.B. hinsichtlich der Funktionalität und der verwendeten Technologie über das Investitionsobjekt. Normalerweise kann man die **folgenden Rollen im „Buying Center"** erkennen:[1]

- Der **Anwender** beurteilt den Nutzen des Marktangebots, denn er wendet es unmittelbar an und ist davon persönlich betroffen. Sein persönlicher Erfolg ist das Resultat nutzbringender Anwendung des Marktangebots. Er ist sehr stark auf die Aufgabenstellung fokussiert und seine kritische Frage lautet: „Was bringt es mir für die Erledigung meiner Aufgaben?" Seine Kaufkriterien sind Zuverlässigkeit, erfüllte Leistungsanforderungen, beste Problemlösung, vielseitige Einsetzbarkeit, hervorragender Service sowie leichte Anwendung.

---

[1] Vgl. Kohlert, 2002a, S. 126.

- Der **Entscheider** fällt die Kaufentscheidung. Dies kann sowohl eine Person, als auch ein Gremium von Personen sein. Er entscheidet über das Budget, kann Finanzmittel freigeben und hat eine Vetomöglichkeit. Er betrachtet die Auswirkungen der Kaufentscheidung auf das Unternehmen insgesamt. Die zentrale Frage lautet hier: „Verbessert sich durch die Kaufentscheidung die Ertrags- bzw. Kostensituation?" Seine Kaufkriterien sind die Höhe der Anschaffungskosten, Fragen der Finanzierung, der Einfluss auf die Ertragssteigerung, Auswirkungen auf die Flexibilität des Unternehmens, der Grad des „Return on Investment" (RoI).
- Der **Einkäufer** prüft und filtert aus. Er beurteilt das Marktangebot nach messbaren, quantitativen Ergebnissen, spricht Empfehlungen aus und kann den Kauf verhindern. Seine kritische Frage ist, „ob die Anforderungen des Unternehmens auch wirklich erfüllt werden". Seine Kaufkriterien richten sich danach, ob das Produkt die Leistungsforderungen des Pflichtenheftes erfüllt, ob es die beste technische Lösung darstellt, ob es zuverlässig ist und ob es ein günstiges Preis/Leistungs-Verhältnis offeriert. Der Einkäufer ist derjenige, der die Konditionen verhandelt, der Empfehlungen für Lieferanten abgibt und strategische Entscheidungen z.B. bezüglich der langfristigen Zusammenarbeit mit dem entsprechenden Lieferanten vorbereitet.
- Der **Promotor** ist eine Person, die innovative Kaufentscheidungen gegen technologische, ökonomische und umfeldbezogene Widerstände unterstützt. Er initiiert den Beschaffungsprozess und fördert ihn aktiv und intensiv bis zum Abschluss. Nicht selten führt er den Verkäufer durch den Kaufprozess, denn er kennt sich in den abwicklungstechnischen Prozessen des Unternehmens bestens aus und nutzt diese Kenntnis zielgerichtet, um die Entscheidung verstärkt voranzutreiben. Er wird in der Regel der Organisation angehören und liefert Informationen über den aktuellen Stand sowie über die Kaufbeeinflusser und wird von allen Beteiligten als Problemlöser angesehen. Der Verkäufer braucht einen Promotor im Unternehmen, um nicht vom Informationsfluss ausgeschlossen zu sein. Wenn „Relationship Marketing" aktiv betrieben wird, ist dies kein großes Problem, da dann die Kontakte bereits aufgebaut sind und gepflegt werden. Ansonsten muss versucht werden, die richtigen Leute kennenzulernen, die als Promotor fungieren können. Dies erfordert unter Umständen eine jahrelange Aufbauarbeit.
- Der **Wächter** oder der Fachpromotor zeichnet sich durch sein spezifisches Sachwissen aus. Diese Eigenschaft ist unabhängig von seiner Stellung im Unternehmen. Die Fachkompetenz ermöglicht ihm seine Entscheidungsgewalt. Er findet sich üblicherweise in mittleren Positionen.
- Der **Opponent** will Einkaufsentscheidungen blockieren, wegen Willensbarrieren oder aus weltanschaulichen, sachlichen oder persönlichen Gründen. Der Opponent muss die Entscheidung nicht völlig ablehnen. Er verzögert diese auch gerne oder spaltet die Entscheidung in kleine Teile, von denen er einzelne streicht.
- Des Weiteren müssen auch die **Initiatoren** beachtet werden. Die Initiatoren sind Personen, die den Bedarf erkannt haben und den Einkaufsprozess ausgelöst haben. Oft fällt diese Rolle mit der des Anwenders zusammen.
- Der „**Gatekeeper**" hat eine Entscheidungsmacht darüber, welche Informationen an den Vorgesetzten weitergeleitet, welche Termine gemacht werden, wer wann zurückgerufen wird etc. Es handelt sich demnach um eine wichtige Person, die den Verkaufsprozess be-

einflussen kann. Diese Personen finden sich im Unternehmen oft als Sekretärin oder als Assistent bzw. Assistentin und sind ein Bestandteil des „Buying Center".

> Vorbereitende Überlegungen bezüglich des „Buying Centers" sind bei größeren Unternehmen, die funktional sehr verzweigt gegliedert sind, anzuraten. Eine Investitionsentscheidung ist in den meisten Fällen eine langfristige Entscheidung und damit sind sehr viele Personen aus verschiedenen Funktionen im Unternehmen involviert.

7.4.3 Vertriebsarbeit mit dem „Buying Center"-Konzept

Abhängig von der Form der Akquisition können unterschiedliche Vertriebsstrategien eingeschlagen werden, um das Ziel zu erreichen, wie das folgende Beispiel zeigt:

Ziele (Beispiele)	Strategien (Beispiele)	Typische Maßnahmen (Beispiele)
Der Kunde X wird innerhalb der nächsten 6 Monate akquiriert.	**Breitenstrategie:** Mehrere Personen, die mit dem Marktangebot direkt oder indirekt zu tun haben, werden aktiv angesprochen	• Mailing • Call Center • Ansprache an „alle"
	Stufenstrategie: Die Personen im „Buying Center" werden stufenweise beeinflusst	• erst Mitarbeiter • dann Vorgesetzte • dann Geschäftsführer
	Konzentrationsstrategie: Fokus auf einige wenige Personen, die einen entsprechenden Einfluss auf die Kaufentscheidung ausüben	• z.B. gezielt auf den Anwendungsentwickler
	Kooperationsstrategie: Bestehende Kontakte, die andere Personen zu unseren Kunden haben, werden für die eigene Zielerreichung genutzt	
Mit A-Kunden wird ein Jahresgespräch durchgeführt	Jahresgespräch	• Termin frühzeitig suchen • Personen einladen • Präsentation vorbereiten

Abb. 7.37: Unterschiedliche Vertriebsstrategien zur Zielerreichung

Die Vertriebsziele sind selbstverständlich konkret. Sie beinhalten das konkrete eigene Marktangebot, das voraussichtliche Abschlussdatum und den Auftragswert insgesamt. Es können kritische Erfolgsfaktoren definiert werden, die den erfolgreichen Verkaufsfall beeinflussen.

Im Folgenden werden alle Personen ermittelt und bewertet, die für die **Entscheidungsfindung** beim „Target" relevant sind („Buying Center"). Den relevanten Personen im Entscheidungsprozess werden in einer Tabelle die verschiedenen Faktoren zugeordnet:

- Rolle bei der Kaufentscheidung, z.B. Entscheider, Nutzer, Einkäufer
- Anpassungsfähigkeit der einzelnen Personen, z.B. Innovator, Visionär, Pragmatiker, Konservativer, Nachzügler

- Status der Personen, z.B. Mentor des eigenen Marktangebots, Unterstützer oder eher neutral, Nicht-Unterstützer oder Gegner.
- Jede Person wird mit einem Betreuungsgrad gekennzeichnet. Dieser liegt zwischen „intensiver Kontakt" und „kein Kontakt".

Bei der **Ermittlung des „Buying Center"** werden die einzelnen vorhandenen Personen mit der Organisationsstruktur des Unternehmens abgeglichen und gekennzeichnet:

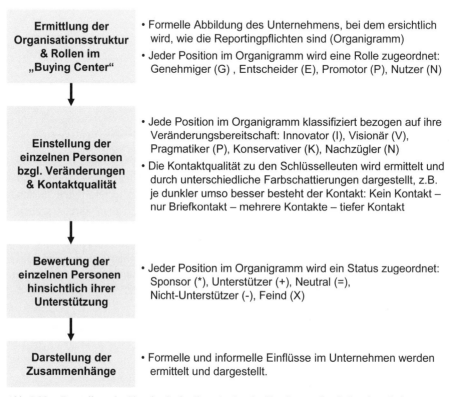

Abb. 7.38: Darstellung der Situation in der Organisation des Kunden zur Geschäftsgelegenheit

Jede einzelne Position im Organigramm kann dann wie folgt dargestellt werden:

Abb. 7.39: Positionsdarstellung zur Beurteilung der Geschäftsgelegenheit

In diesem Fall dreht es sich beim Geschäftsführer Technik um eine Person, die den Auftrag genehmigen muss; der Geschäftsführer Technik ist Visionär, es bestehen mehrere Kontakte zu ihm und er steht dem Verkäufer bzw. dessen Unternehmen neutral gegenüber.

> Wird dies für alle erkennbaren Rollen im jeweiligen „Buying Center" erstellt und deren Beziehungen zueinander dargestellt, erhält man ein Gesamtbild über die Verkaufssituation und ist in der Lage, die Geschäftsgelegenheit effektiver einzuschätzen. Idealerweise wird sie auf einer Seite dargestellt.

7.5 Kundenmanagement

7.5.1 „Customer Relationship Management" als Brücke vom Marketing zum Verkauf

„Customer Relationship Management" ist eine kundenorientierte Unternehmensphilosophie, die versucht, mit Hilfe moderner Informations- und Kommunikationstechnologien auf lange Sicht profitable Kundenbeziehungen aufzubauen und zu festigen, und zwar durch ganzheitliche und individuelle Marketing-, Vertriebs- und Servicekonzepte. Hinter der CRM-Idee verbirgt sich allerdings weitaus mehr als nur eine reine Softwarelösung, sondern sie steht auch für eine neue Unternehmensstrategie: Um erfolgreiches „Customer Relationship Management" zu betreiben, muss eine Neuausrichtung sämtlicher Geschäftsprozesse und Verantwortlichkeiten erfolgen.[1] Das „Customer Relationship Management" (CRM) lässt sich am besten anhand seiner drei Schlüsselbegriffe charakterisieren:

- **Customer**: Der Aufbau einer engen Beziehung zu bestehenden und potenziellen neuen Kunden steht im Fokus aller Unternehmensaktivitäten.
- **Relationship**: Die individuelle Behandlung von bestehenden und potenziellen Kunden ist der Schlüssel zum zukünftigen Erfolg.
- **Management**: Die Fähigkeit, alle Interaktionen mit bestehenden und potenziellen Kunden über alle organisatorischen Grenzen hinweg kontinuierlich zu koordinieren, muss entwickelt werden.

„Customer Relationship Management" unterstützt Unternehmen, die proaktives Marketing betreiben oder eine Partnerschaft mit ihren Kunden haben bzw. anstreben. Unter **proaktivem Marketing** versteht man Unternehmen, die ihre Kunden von Zeit zu Zeit mit neuen Anwendungsmöglichkeiten oder verbesserten Versionen des Marktangebots kontaktieren und somit den Kontakt zum Kunden halten. Bei einer Partnerschaft arbeitet das Unternehmen kontinuierlich mit dem Kunden, um das eigene Marktangebot im Sinne des Kunden weiterzuentwickeln. Im Prinzip ist dies nichts Neues. Schon bevor es den Namen „CRM" gab, wurde es durch den legendären Henry Ford praktiziert. Er umschrieb dies bereits zu Beginn des

---
[1] Vgl. Hettich/Hippner/Wilde, S. 1346.

20. Jahrhunderts folgendermaßen: „Der Verkauf eines Autos ist nicht der Abschluss eines Geschäftsvorgangs, sondern der Beginn einer Beziehung." Betrachtet man die **Zielsetzungen von „Customer Relationship Management"**, wird schnell klar, welche Probleme im eigenen Vertrieb dieses adressiert und so Abhilfe schafft:

- Erhöhung der Verkaufsquote in bestehenden und neuen Marktsegmenten
- Erhöhung der Kundenloyalität durch verbesserte Kundenzufriedenheit
- Erweiterung des Wissens über Märkte, Marktangebote, Wettbewerber und Kunden
- Steigerung der Effizienz und Effektivität im Hinblick auf die Geschäftsprozesse und Vertriebskosten
- Verbesserung des Markenimages nach innen und außen

Das „Customer Relationship Management" kann dabei die klassische Vorgehensweise unterstützen:[1]

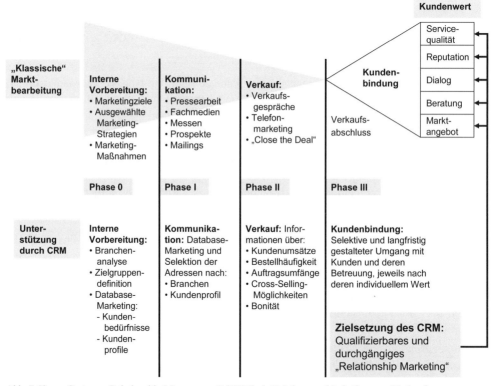

Abb. 7.40: „Customer Relationship Management" (CRM) als Brücke vom Marketing zum Verkauf

---

[1] In Anlehnung an eine Darstellung von CRM im Unternehmen Sander GmbH & Co. KG, Wuppertal 2002.

7.5 Kundenmanagement

Der Erfolg aller Maßnahmen, Erstkontakt zum potenziellen Kunden („Target") und Kundenbindung, lassen sich in dem „**Customer-Lifetime Value**" ausdrücken:

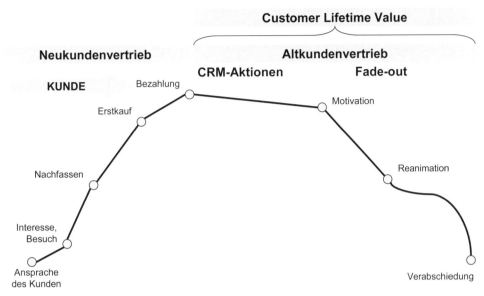

Abb. 7.41:   Von der Ansprache des Kunden zum Dialog

Die Schwerpunkte der Phasen können wie folgt festgehalten werden:
- Im **Neukundenvertrieb** steht die Gewinnung des Erstkunden im Vordergrund. Erst mit der finalen Bezahlung des Marktangebots wird der „Prospect" (Interessent) zum Kunden.
- Der **Altkundenvertrieb** gliedert sich in zwei Bereiche. Die Phase unmittelbar nach der Kundengewinnung ist durch Aktionen von Marketing und CRM gekennzeichnet, in dem man die neue Kundenbeziehung bewertet und das weitere Verkaufspotenzial ermittelt. Danach erfolgt aber der „Fade-out", in der das Potenzial des Kunden schwindet, in absoluten Zahlen oder relativ zu den anderen Kundenbeziehungen.

Aussagen über die Zeitdauer der einzelnen Phasen können nicht getroffen werden. Analog zum Produktlebenszyklus[1] wird der Kundenzyklus ebenfalls, aus ähnlichen Gründen, endlich sein.

> Ein Unternehmen läutet seinen Untergang ein, sobald es aufgegeben hat, neue Kunden zu akquirieren. Alles was nicht wächst, stirbt. Damit ist die Kennzahl, die den Neukundenvertrieb (Erstkunden) eines Unternehmens darlegt, wichtig für die Vitalität des Unternehmens.

---

[1] Vgl. Kap. 3.3.2.

7.5.2 Kunde im Fokus

In der Literatur gibt es unzählige verschiedene Ausführungen zur Bedeutung der Kundenzufriedenheit. Im Allgemeinen kann man **Kundenzufriedenheit** als eine individuelle positive Empfindung beschreiben oder als „ein Konstrukt, dass die Fähigkeit eines Anbieters beschreibt, Wünsche von Kunden optimal zu erfüllen"[1]. Fragt man Unternehmen, wie man aus ihrer Sicht die Kundenzufriedenheit erhöhen kann, ergibt sich das Folgende:[2]

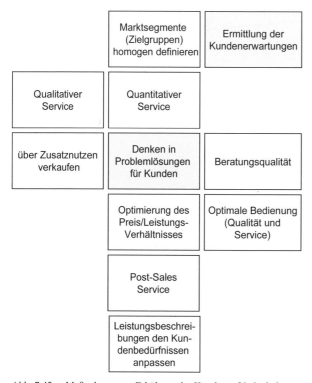

Abb. 7.42: Maßnahmen zur Erhöhung der Kundenzufriedenheit

Die **Kundenzufriedenheit ist ein individuelles Empfinden**, das von den unterschiedlichen Erwartungen der Kunden beeinflusst wird. Kunden mit einer sehr hohen Erwartungshaltung sind viel schwerer zufriedenzustellen, als Kunden mit einer geringeren Erwartung.

Kundenzufriedenheit hat meist etwas mit den angebotenen Serviceleistungen zu tun. Serviceleistungen werden selektiv eingesetzt, um den unterschiedlichen Kundenbedürfnissen gerecht zu werden. Es kommt im Wesentlichen auf die Strategie des Unternehmens an. Der Lebensmittelhändler Aldi ist nicht für seinen guten Service bekannt und dennoch schon seit Jahr-

---

[1] Hillebrecht, S. 989.
[2] Die unterlegten Kästchen werden signifikant öfter von den Befragten genannt. Dieses Ergebnis basiert auf den Befragungen der Teilnehmer aus Seminaren zum Thema Service-Management.

7.5 Kundenmanagement

zehnten äußerst erfolgreich. Die **Serviceleistungen** können in folgende **fünf Stufen** unterteilt werden; das Unternehmen muss entscheiden, in welcher Stufe es sich positioniert:

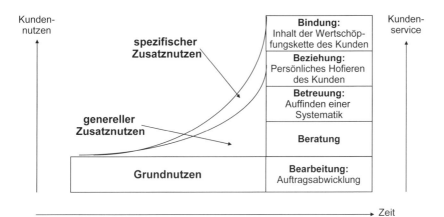

Abb. 7.43: Stufen der Serviceleistungen

- **Bearbeitung**: Auf dieser Stufe ist der Kunde relativ anonym. Sein Wunsch wird abgearbeitet und der Kunde erkennt keinen Kundennutzen aus der Zusammenarbeit, die über das eigentliche physische Produkt hinausgeht. Für das Unternehmen erfordert dies eine geringe Personalqualität im operativen Bereich. Der Kunde hat keine Austrittsbarrieren, d.h. die Gefahr der Abwanderung zum Wettbewerber ist sehr hoch.
- **Beratung**: Auf dieser Stufe erfährt der Kunde eine standardisierte Unterstützungsleistung des Unternehmens, die sich am Üblichen orientiert. Der Kundennutzen ist durchschnittlich, die Personalqualität innerhalb des Unternehmens unterscheidet sich nicht von der der Wettbewerber. Der Kunde hat damit auch kaum Austrittsbarrieren, d.h. die Gefahr der Abwanderung zum Wettbewerber ist immer noch relativ hoch.
- **Betreuung**: Auf dieser Stufe erhält der Kunde eine individuelle Beratung. Damit hat die Betreuung des Kunden einen individuellen Charakter; der Kunde erkennt den Mehrwert. Das Personal ist überdurchschnittlich im Vergleich mit dem Wettbewerber. Auf dieser Stufe würde der Kunde eine Trennung wohl sorgfältig überlegen.
- **Beziehung**: Auf dieser Stufe wird der Kunde zum Partner. Es entstehen persönliche Beziehungen, der Kundennutzen wird verdeutlicht und er liegt auch real vor. Das Personal hat sowohl eine hohe fachliche als auch soziale Qualifikation. Der Kunde hat hohe Austrittsbarrieren.
- **Bindung**: Auf dieser Stufe basieren die Kundenbeziehungen auf einer langfristigen Partnerschaft. Der Austausch der Leistungen wird auf Win/Win-Ebene abgewickelt. Das Personal hat eine sehr hohe sowohl fachliche als auch soziale Qualifikation. Das partnerschaftliche Element in dieser Beziehung schafft für den Kunden sehr hohe Austrittsbarrieren.

> Es gibt unterschiedliche Stufen von Serviceleistungen. Es wird die Stufe ausgewählt, die für das Unternehmen als sinnvoll erscheint, weil sich daraus nachweisbar mehr Weiterempfehlungen ergeben, sich höhere Preise rechtfertigen lassen, weil es der Wettbewerb erzwingt oder weil es der Kunde erwartet und das Unternehmen eine quasi Monopolposition nicht ausschöpfen sollte. In allen Fällen muss sich ein Mehraufwand auf die Rentabilität des Unternehmens positiv auswirken.

In den letzten Stufen wird der Service gezielt zur Betonung der eigenen Stärken eingesetzt. In dieser Innensicht des Unternehmens sind die internen Ressourcen von größerer Bedeutung als Fragen der Positionierung im Markt. Dadurch ergibt sich die folgende Matrix mit der **Gegenüberstellung von Kundenzufriedenheit und relativen Stärken** des eigenen Unternehmens:[1]

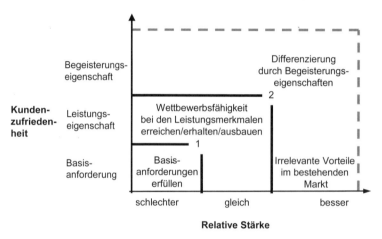

Abb. 7.44:   Kundenzufriedenheits-Kompetenz-Matrix

- Am Punkt 1 besteht eine Markteintrittsbarriere, die das Unternehmen überwinden muss. Erst wenn es diese Hürde genommen hat, ist es ein ernsthafter Bestandteil des Marktes.
- Am Punkt 2 besteht eine Differenzierungsschwelle. Kann es diese überspringen, dann ist es ihm gelungen, von der Marktöffentlichkeit als etwas Besonderes wahrgenommen zu werden.

Aus der **Kundenzufriedenheits-Kompetenz-Matrix** lassen sich Anhaltspunkte für Vertriebsstrategien herausarbeiten:[2]

- Reichen die vorhandenen Kompetenzen nicht aus, um die Basisanforderungen zu erfüllen, werden alle Kundenloyalitätsbemühungen mit hoher Wahrscheinlichkeit bereits an der Eintrittsbarriere scheitern.

---

[1] Vgl. Hinterhuber/Handbauer/Matzler, S. 114.
[2] Vgl. Stahl/Matzler, S. 61.

7.5 Kundenmanagement

- Relative Schwächen bei den Leistungs- oder Begeisterungsfaktoren stellen ein Warnsignal gegen eine vorschnelle Verwendung knapper Vertriebsressourcen dar.
- Wo eigene Kompetenzstärken auf Leistungs- und Begeisterungsfaktoren treffen, sollte dieser Wettbewerbsvorteil für den Neukundenvertrieb genutzt werden.

Die für eine Vertriebsstrategie attraktivsten Kunden bzw. Kundengruppen sind somit jene, bei denen die Unternehmung über Stärken verfügt, welche die Basisanforderungen erfüllen, die bei den Leistungsanforderungen mit dem Wettbewerb zumindest ebenbürtig sind und die bei den Begeisterungsfaktoren ein Differenzierungspotenzial erwarten lassen.[1]

> Die Serviceleistung gilt als strategische Erfolgsposition par excellence, durch die sich Unternehmen positiv abheben können. Es kommt auf die Qualität und die Investitionen in die Mitarbeiter an, zu denen das Unternehmen bereit sein muss.

Werden Mitarbeiter in Unternehmen gefragt, wann nach ihren subjektiven Einschätzungen Kunden illoyal werden, d.h. zum Wettbewerber wechseln, werden dabei die aufgeführten **Gründe für die Illoyalität des Kunden** genannt:[2]

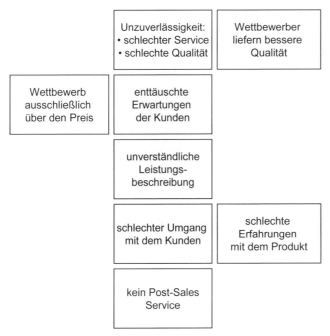

Abb. 7.45: Faktoren, die die Kunden zur Illoyalität führen

---

[1] Vgl. Stahl/Matzler, S. 61.

[2] Die unterlegten Kästchen werden signifikant öfters von den Befragten genannt. Dieses Ergebnis basiert auf den Befragungen der Teilnehmer von Seminaren zum Thema Service-Management.

Auch Studien bestätigen, dass die Hauptgründe in einem Lieferantenwechsel zu fast zwei Dritteln in der Unzufriedenheit mit dem Service liegen, weniger an den technisch besseren Marktangeboten des Wettbewerbs oder am Preis.[1] Dies zeigt ebenfalls die hohe Bedeutung der „Soft Facts" bei der Kundenbeziehung, auf die bereits mehrfach hingewiesen wurde.

Kundenzufriedenheit ist eine Grundvoraussetzung für eine andauernde Kundenloyalität. Mit **Kundenloyalität** ist die Schaffung einer Art Treue zum Unternehmen sowie seinen Marktangeboten gemeint. Die Kundenzufriedenheit schafft die Grundlage für die Loyalität und Treue des Kunden gegenüber dem Marktangebot, Hersteller oder Händler. Unter **Kundenloyalität** soll das Einengen der Handlungs- bzw. Beschaffungsalternativen des Kunden verstanden werden. Dafür bestehen verschiedene **Formen der Kundenloyalität**:

- **Weiche Kundenloyalität** durch Präferenzbindung des Kunden aufgrund seiner Markentreue, durch die persönlichen Beziehungen zum Unternehmen, durch Gewohnheiten, spezifische Dienstleistungen und das Know-how über das Unternehmen, was der Verkäufer aufgebaut hat und womit er Kundenbelange besser erfüllen kann.
- **Harte Kundenloyalität** durch Vertrag kann erfolgen durch:
  - Institutionelle Bindung in Form von einer Kapitalbeteiligung, Joint Ventures, Mandate in Aufsichtsgremien
  - Technologische Bindung durch Alleinstellungsmerkmale des Lieferanten, „Lock-in"-Effekt
  - Vertragliche Bindung durch langfristige Lieferverträge, Exklusivverträge, Kooperation in der Forschung und Entwicklung, Lizenzverträge sowie Wartungsverträge
  - Bindungen durch das Marketing in Form von Bonusregelungen bei wiederholtem Kauf des Kunden, „Clubbing" sowie Kundenkarten

Die Kundenloyalität im B2B-Markt spielt eine herausragende Rolle, da sie über den Kunden, der eben wieder kauft, weit hinausgeht. Der **loyale Kunde im B2B-Markt** zeichnet sich durch die folgenden Verhaltensweisen aus:[2]

- Diese Geschäftsbeziehungen können noch weiter ausgebaut werden, etwa durch weitere Marktangebote oder **komplementäre Dienstleistungen**. Da die Vertriebskosten vernachlässigbar sind, ist der Aufwand minimal.
- **Loyale Kunden geben Empfehlungen** und berichten von ihren positiven Erfahrungen anderen. Dadurch hat das Unternehmen beim Neukundenvertrieb geringere Vertriebskosten.
- Loyale Kunde wechseln selbst dann nicht zum Wettbewerber, wenn seine Marktangebote besser sind. Sie gehen davon aus, dass ihr Lieferant baldmöglichst nachziehen wird.
- Loyale Kunden sind bereit, höhere Preise zu bezahlen.
- Sie kooperieren bei der Entwicklung neuer Marktangebote und tragen dazu bei, diese aus Kundensicht zu verbessern.

Je länger ein Unternehmen die Beziehung zu seinen Kunden aufrechterhalten kann, umso profitabler wirkt sich diese **Kundenloyalität auf den Geschäftserfolg** aus. Die Anteile zum

---

[1] Vgl. Schlei, S. 40.
[2] Vgl. Narayandas, S. 47 f.

7.5 Kundenmanagement

Unternehmensgewinn setzen sich aus den folgenden Beiträgen zusammen, die mit zunehmender Dauer der Kundenbeziehung zunehmen:[1]

- Loyale Kunden decken ihren Ersatz- und Folgebedarf beim selben Unternehmen und sind offen für „Cross Selling". Beides erhöht sowohl die **Umsätze** als auch die Rentabilität. Empirische Untersuchungen, wie die von Reichheld & Sasser, fanden heraus, dass bei einer Senkung der Kundenabwanderungsrate um 5 % die Kapitalwerte der Gewinnzuflüsse um 25 % bis 85 % steigen können. Sie führten dies auf die Zusatzgewinne aus erhöhter Kauffrequenz, Realisierung von „Cross Selling", niedrigere Transaktionskosten, Weiterempfehlungen sowie eine geringere Preisempfindlichkeit zurück.[2]
- Die **Sicherheit** für das Unternehmen wird erhöht. Ein loyaler Stammkunde wird seinem bevorzugten Anbieter eine nicht zufriedenstellende Leistung eher verzeihen als ein neuer Kunde. Dadurch, dass die Unternehmen ihre Stammkunden und deren Bedürfnisse besser kennen, verringern sich auch die Risiken bei Neuprodukteinführungen. Darüber hinaus erhöhen enge Geschäftsbeziehungen die Eintrittsbarrieren gegenüber neuen potenziellen Wettbewerbern.
- Eine höhere Kundenzufriedenheit bietet die Möglichkeit zur **Differenzierung vom Wettbewerb**. Ein Wettbewerbsvorteil, wie z. B. ein günstiger Preis, ist nur ein relativer Wettbewerbsvorteil und kann innerhalb kürzester Zeit aufgeholt werden, die Zufriedenheit und das damit verbundene Image kann dagegen nicht so schnell ausgeglichen werden.[3]
- Die Unternehmen haben die Chance auf **Wachstum**. Stammkunden haben oft eine höhere Kauffrequenz und ein größeres Kaufvolumen. Eine positive Mund-zu-Mund-Propaganda erhöht die Chance auf die Gewinnung von Neukunden. Dazu Mark Foucher, ehemaliger Cadillacs-Manager für Kundenbeziehungen: „Zufriedene Kunden informieren acht bis zehn andere davon. Enttäuschte Kunden erzählen es an 16 bis 20 Personen, 25 % sogar an bis zu 40 andere weiter." Der zufriedene Kunde verschafft einem Unternehmen, durch Weitergabe von positiven Erfahrungen, sozusagen eine kostenlose Werbung, die jedoch umso wirksamer ist.[4]
- Auch auf die **Rentabilität** kann sich die Kundenloyalität positiv auswirken. Marketingmaßnahmen können gezielter eingesetzt werden und somit die Streuverluste verringert werden. Auch machen sich reduzierte Kosten für Marketing und Vertrieb bemerkbar. Mark Foucher legte seine Erfahrungen dar: „Es kostet fünfmal so viel, einen Kunden zu erobern, als einen vorhandenen Kunden zu behalten."
- Das **Risiko bei der Entwicklung neuer Marktangebote**, nämlich ein neues Marktangebot am Kunden vorbei zu entwickeln, verringert sich. Die Erlöse erhöhen sich gegebenenfalls durch eine höhere Kauffrequenz, ein höheres Kaufvolumen und mögliche Neukunden.
- Gewinne resultieren bei loyalen Kunden auch aus ihrer verminderten **Preissensibilität**. Kunden, die auf lange Sicht mit dem Unternehmen und seinen Marktangeboten zufrie-

---

[1] Vgl. Töpfer, S. 4; vgl. Fuchs, S. 27 f.
[2] Vgl. Reichheld/Sasser.
[3] Vgl. Fuchs, S. 34.
[4] Vgl. Hinterhuber/Handlbauer/Matzler, S. 22.

den sind, verhalten sich weniger preisempfindlich als diejenigen, die unzufrieden sind oder erst vor kurzem Kunde geworden sind. Loyale Kunden reagieren auf Preiserhöhungen nicht mit Abwanderung, da die Zufriedenheit und Identifikation mit dem Marktangebot, dem Image und der Performance des Unternehmens so hoch ist, dass die Preiserhöhung als gerechtfertigt angesehen wird.

7.5.3 Effiziente Prozesse durch „Blueprinting"

Sind die eigenen Marktangebote vergleichbar mit denen der Wettbewerber, da sie kaum Alleinstellungsmerkmale aufweisen, oder haben die Marktangebote einen **hohen Dienstleistungsanteil** und sind eng am Kunden angelegt, dann spielt die Kommunikation mit dem Kunden eine herausragende Rolle. Das hat zur Folge, dass dem einzelnen Mitarbeiter mit Kundenkontakt eine erhöhte Bedeutung zukommt. Für die Mitarbeiter bedeutet dies, dass sie sich auf andere Anforderungen einstellen müssen. Persönlichkeit und soziale Kompetenz treten in den Vordergrund, Fähigkeiten, die man im Laufe der Ausbildung leider immer noch zu wenig oder gar nicht lernt, sondern die erst in der „Schule des Lebens" dem Mitarbeiter beigebracht werden. Die **Anforderungen an Mitarbeiter mit Kundenkontakt** sind die Folgenden:[1]

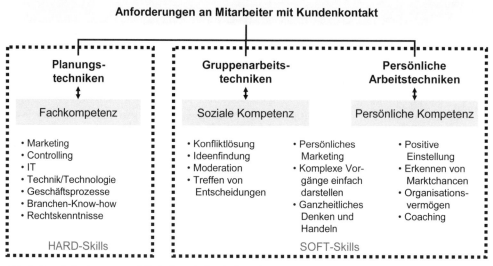

Abb. 7.46: Anforderungen an Mitarbeiter mit Kundenkontakt

Die Überlegung, mit wie vielen Personen im Unternehmen der Kunde Kontakt hat, die alle sein Bild vom Unternehmen prägen, lässt sich mit einem „Blueprinting" sehr schön darstellen. Unter **„Blueprinting"** versteht man die visuelle Verdeutlichung der Kundenintegration sowie der Interaktion zwischen dem Kunden und dem Kundenkontaktpersonal. Dann erfolgt

---

[1] Vgl. Kohlert/Schinkel, S. 13 f.

7.5 Kundenmanagement

die Abbildung von für die Leistungsanbahnung notwendigen Aktivitäten in einem Ablaufschema, d.h. die **systematische Analyse der Kundenkontaktpunkte** anhand eines grafischen Ablaufdiagramms:

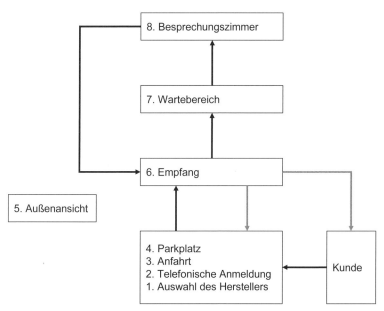

Abb. 7.47: Beispiel für einen „Blueprint" eines Kundenkontaktprozesses

Ein „Blueprint" wird konkretisiert, um die **Abläufe eines Kundenkontaktprozesses** zu optimieren, dazu ein Beispiel: Ein Kunde besucht die Ausstellung eines Maschinenbauers, da er Interesse am Kauf einer neuen Maschine hat. Dazu könnte ein „Blueprint" wie folgt aussehen, jeweils unterteilt in die verschiedenen Phasen des Besuchs im Unternehmen. Jeder Phase ist eom Ziel („Promise") zugeordnet, sowie die dazugehörigen Maßnahmen, die eingeleitet werden, bzw. Bedingungen, die vorherrschen müssen:

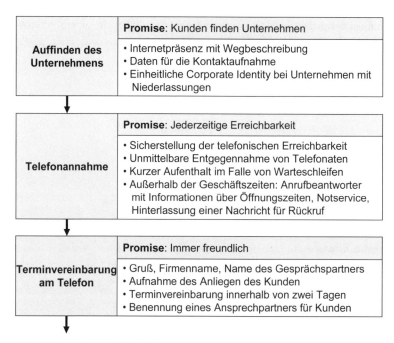

Abb. 7.48: Besuch des Kunden im Unternehmen, nur Kundenkontaktpunkte, Teil 1

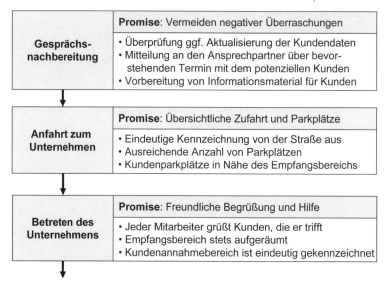

Abb. 7.49: Besuch des Kunden im Unternehmen, nur Kundenkontaktpunkte, Teil 2

7.5 Kundenmanagement

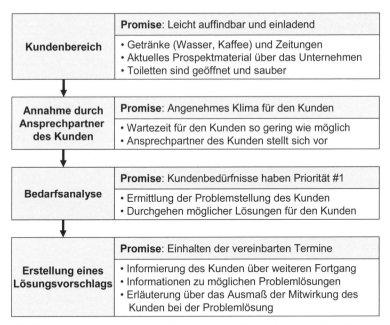

Abb. 7.50: Besuch des Kunden im Unternehmen, nur Kundenkontaktpunkte, Teil 3

8 Einsatz der Marketing-Instrumente

8.1 Interdependenzen auf Maßnahmenebene

Ein Unternehmen setzt sich Ziele und entwickelt geeignete Strategien, um die Zielsetzung zu erreichen. Aus den Strategien werden dann die Maßnahmenpläne abgeleitet und im Markt umgesetzt. Dabei steht hier der Marketing-Mix im Vordergrund. Der Marketing-Mix setzt sich mit dem Marktangebot, seiner Bepreisung, dem Vertriebsweg und der Kommunikation nach Außen auseinander. In der Umsetzung der Strategien kommen im Marketing-Mix alle Komponenten zusammen. Je nachdem, wie gut die Vorarbeiten geleistet worden sind, ergeben sich jetzt mehr oder weniger Probleme.

Wichtig ist, die „Big Picture"-Perspektive beizubehalten und nicht an Details, die für den Erfolg nicht wirklich entscheidend sind, hängenzubleiben. Das **strategische Dreieck des Marketings** und seine Auswirkungen können zusammenfassend dargestellt werden:

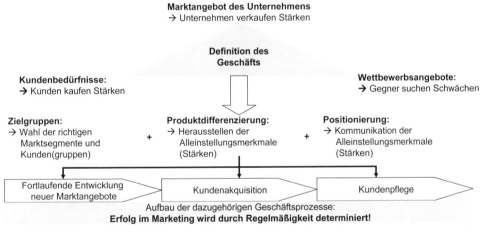

Abb. 8.1: Strategisches Dreieck des Marketings

Um die Marketingstrategie umzusetzen, wägt das Unternehmen jedes Marketing-Instrument und dessen Einzelmaßnahmen sorgfältig ab, entwirft einen sinnvollen Marketing-Mix und ist sich bewusst, dass Maßnahmen im einen Bereich immer eine Auswirkung auf die Maßnahmen in einem anderen Bereich haben, wie die folgende Darstellung zeigt:[1]

Abb. 8.2: Zusammenspiel der Ebenen im Marketing-Mix

- Zuerst wird das **Marketing-Budget** verteilt. Meist gibt es Schwerpunkte, die das Unternehmen setzt oder aber der Markt zwingt einen Entschluss auf. Sind die Vertriebswege sehr komplex, werden die Investitionen primär dorthin fließen, ist der Preis sehr sensibel, wird über Finanzierungsmodelle für den Kunden nachgedacht, die aber wiederum Geld kosten.
- Durch die Investitionen werden **Vermögensgegenstände des Unternehmens**, die „Market-based Assets", aufgebaut. So kann z.B. ein Fokus des Marketing-Budgets auf die Promotion zu einem besonderen Markenimage führen.
- Diese „Assets" wirken sich auf die **Leistungsfähigkeit des Unternehmens**, die „Market Performance", aus. Dies wird u.a. sichtbar durch eine erhöhte Empfehlungsbereitschaft der Kunden und durch Erzielung von höheren Preisen als der Wettbewerber. Sollten die erhofften Effekte nicht eintreten, müssten die vorangegangenen Stufen erneut analysiert und Veränderungen vorgenommen werden.
- Zum Schluss findet der Markting-Mix seinen Niederschlag in den **Zahlen des Unternehmens**: „Everything goes down to finance".

---

[1] Vgl. Raithel/Scharf, S. 56.

> In diesem Modell werden durch die Analyse der „Market Performance Chain" diejenigen wertrelevanten „Market-based Assets" und die damit verknüpften Messgrößen aufgedeckt, die für die Unternehmenskommunikation entscheidend sein können. Die **„Market-based Assets"** sind nichts anderes als die Ergebnisse der erzielten Effekte wie z.B. Kundenzufriedenheit in dem spezifischen Markt und bei den Zielgruppen eines Unternehmens durch die Maßnahmen im Marketing-Mix, die dann ihren weiteren Niederschlag finden. Dieses Modell ist gleichzeitig der Ausgangspunkt von Veränderungen, eben wenn die „Market Performance Chain" nicht wie gewünscht verläuft.

8.2 Marktangebote für den Kunden

8.2.1 Bestandteile des Marktangebots

Ein **Marktangebot** ist alles, was angeboten werden kann, um ein Bedürfnis des Kunden zu befriedigen. Der Begriff umfasst das physische Produkt, die dazugehörigen Dienstleistungen, die notwendigen Personen, Standorte, eine gewisse Organisation etc. Der **Produkt-Mix** ist das Programm aller Produkte, die ein Verkäufer Kunden zum Verkauf anbietet. Der Produkt-Mix eines Unternehmens hat eine bestimmte Breite, Länge, Tiefe und Konsistenz.

Die **Analyse der Struktur der Marktangebote** erfolgt regelmäßig, um möglichen aufkommenden Herausforderungen antizipativ zu begegnen. Dazu gehören etwa die folgenden Analysen:

- **Altersstrukturanalyse** zeigt das Alter der einzelnen Marktangebote auf
- **Kundenstrukturanalyse** lässt Rückschlüsse darauf zu, welche Kunden welche Marktangebote bevorzugen
- **Umsatzstrukturanalyse** erklärt den Umsatz, die **Deckungsbeitragsstrukturanalyse** den Deckungsbeitrag je Marktangebot

Das **Marktangebot muss attraktiv sein**. Eine Forderung, die auf der Hand liegt, jedoch erst bei näherer Betrachtung einen Inhalt bekommt. Es stellt sich die Frage, nach welchen Kriterien der Kunde entscheidet, ob ein bestehendes Angebot für ihn attraktiv ist und weiter begutachtet werden soll oder nicht. Es wird auf die folgenden drei Komponenten ankommen:

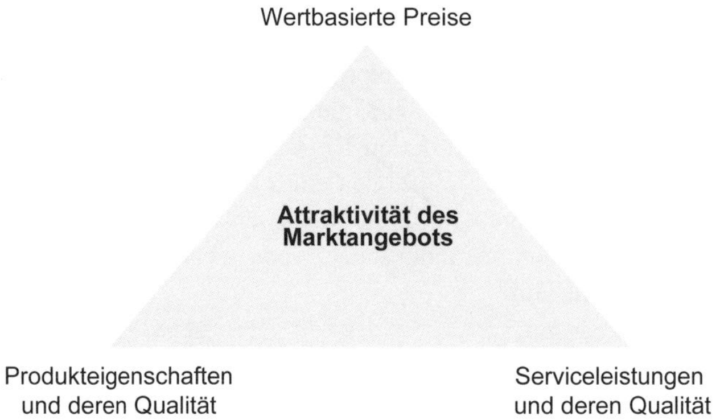

```
                    Wertbasierte Preise

                    ╱╲
                   ╱  ╲
                  ╱    ╲
                 ╱Attraktivität des╲
                 ╲ Marktangebots  ╱
                  ╲              ╱
                   ╲            ╱
                    ╲_____╱

Produkteigenschaften              Serviceleistungen
und deren Qualität                und deren Qualität
```

Abb. 8.3:   Attraktivität des Marktangebots

- **Wertbasierte Preise** werden vom Kunden in Bezug auf den Kundenwert als gerechtfertigt empfunden. Eine Veränderung, Erhöhung oder Senkung des Preises ändert nichts am Wert, den ein solches Marktangebot einem Kunden verschafft, es ändert sich dadurch nur der Anreiz für den Kunden, das Marktangebot zu kaufen. Selbst wenn kein vergleichbares Marktangebot existiert, gibt es immer eine Substitutionsmöglichkeit, und sei es nur, das Marktangebot selbst herzustellen, anstatt es zu kaufen.
- Die **Produkteigenschaften** müssen die Aufgabenstellung des Kunden lösen und eine bestimmte Qualität aufweisen. Es gilt, diese Vorgaben sehr genau zu treffen; höhere Leistungen als die geforderten werden preislich nicht honoriert, schlechtere Leistungen führen sofort zu Sanktionen!
- Dasselbe gilt für **Serviceleistungen**, die fast immer ein Teil des Marktangebots sind.

Da viele Unternehmen in reifen Märkten operieren, müssen alle Möglichkeiten zur Expansion in Betracht gezogen werden. Ein Ansatzpunkt ist dabei das Marktangebot, so kann es mit verschiedenen anderen Leistungen angereichert oder auf das Unverwechselbare abgehoben werden:

8.2 Marktangebote für den Kunden

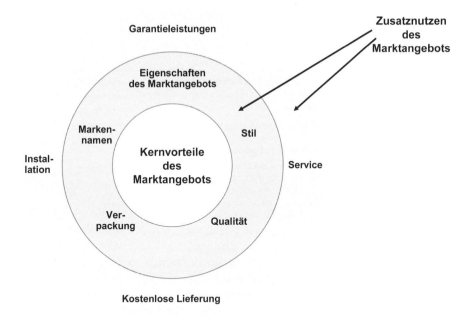

Abb. 8.4: Drei Ebenen des Begriffs „Marktangebot"

Die **Kernvorteile** (Grundnutzen, Kernnutzen, Basisnutzen) stellen die Minimalanforderungen des Kunden an ein Marktangebot dar. Die einzelnen Ebenen des Marktangebots können genutzt werden, je nachdem in welcher Situation sich das Marktangebot befindet.

> Was als Kernvorteil vom Kunden angesehen wird, verändert sich über die Zeit. Auch Innovationen unterliegen einem Lebenszyklus und enden in der letzten Phase als Kernvorteil, als Selbstverständlichkeit. Die Frage, was der Kunde als „Standard" betrachtet, wird in regelmäßigen Abständen überprüft. Gleichzeitig ist das Unternehmen gezwungen, fortlaufend neue Eigenschaften des Marktangebots für die zweite und dritte Ebene, eben den **Zusatznutzen**, zu entwickeln.

Der **Zusatznutzen** für den Kunden ist die **Quelle der Differenzierung** zum Wettbewerber:

- Das Unternehmen stellt in erster Linie fest, welcher Zusatznutzen vom Kunden gewünscht wird, um seine Bedürfnisse zu treffen. Der Kunde wiederum nimmt die Unterschiede zwischen dem Zusatznutzen zu dem von anderen Anbietern wahr.
- Das Unternehmen wird versuchen, das Marktangebot so zu gestalten, dass der Kunde alle Unterscheidungsmerkmale wahrnimmt. Es wird versuchen, bei den Entscheidungskriterien der Kunden klar besser zu sein als der Wettbewerber.

Das Marktangebot ist auch **Ausgangspunkt für Wachstumsstrategien** des Unternehmens:[1]

Ausgangspunkt	Strategie	Maßnahmen
Kunde	Neue Nutzungs-möglichkeiten für den Kunden	• Schaffung **neuer Einsatzmöglichkeiten** für den Kunden • Ermittlung bislang noch nicht genutzten **Potenzials** in den Eigenschaften des Marktangebots für den Kunden
Markt-angebot	Optimierung der eigenen Marktangebote	• Vergleich der Eigenschaften der eigenen Marktangebote mit denen der Wettbewerber und Suche nach **Alleinstellungsmerkmalen** • Möglichkeit zur **Rechtfertigung höherer Preise** aufgrund von Veränderungen der Eigenschaften und der Schaffung erkennbarer Wettbewerbsvorteile • Erzielung höherer Gewinnmargen durch vollständige und komplementäre Leistungen
Branchen-dynamik	Frühzeitiges Erkennen und Nutzen von Veränderungen in der Branche	Steht die Branche vor einem Wandel, dann: • Auslösung von Umwälzungen • Suche nach „**First-Mover Advantages**" • Besseres Erkennen der Auswirkungen von „**großen**" **Veränderungen** auf das eigene Geschäft
Marktchancen durch radikale Konzepte	Entwicklung eines radikal neuen Marktangebots	• Beobachtung anderer dynamischer Unternehmen • Überholung oder Aufkauf von Wettbewerbern • **Radikale Abkehr von bestehenden Strategien**

Abb. 8.5:   Wege zum Wachstum durch Variation des Marktangebots

Des Weiteren kann das eigene **Produkt auch Ausgangspunkt für neue Serviceleistungen** sein, die das Marktangebot besonders zur Geltung bringen, ohne die es mitunter aber auch erst gar nicht verkauft werden könnte.

8.2.2   Einsatz von neuen Serviceleistungen

Serviceleistungen werden in den Lehrbüchern als eine Nebenleistung in Verbindung mit der gebotenen übergeordneten Hauptleistung definiert. Jedes Angebot umfasst eine Servicekomponente, die ein bedeutender oder relativ unbedeutender Bestandteil des Marktangebots sein kann. Eine **Serviceleistung** ist eine Tätigkeit, die für den Käufer von Wert ist. Sie ist kein physikalischer Gegenstand sondern ein Energieaufwand. Bei den Gütern kann hier unterschieden werden nach:

- Reinen Gütern ohne Serviceleistungen
- Kerngütern mit unterstützenden Serviceleistungen
- Kernservice mit begleitenden Gütern oder Serviceleistungen
- Reinen Serviceleistungen

Unternehmen können durch die Beschaffenheit ihrer Marktangebote einfach, aber eindeutig beschrieben werden. Reine Dienstleistungsunternehmen lassen sich viel schwerer beschrei-

---

[1] Vgl. McGrath/MacMillan, S. 72.

ben, weil **Dienstleistungen** abstrakter sind als greifbare physische Produkte, man versuche z.B. einmal, die Tätigkeit eines technischen Beraters zu beschreiben. Eine Möglichkeit, die Schwierigkeit der Beschreibung von Dienstleistungen zu überwinden, bestand bisher darin, so über sie zu sprechen, als handelte es sich um physische Produkte. Dienstleistungen werden oft in einen Topf geworfen, und deshalb häufig missverstanden. Des Weiteren ist die herkömmliche Ansicht, dass Dienstleistungen immer persönlich zu erbringen sind, da sie von Personen für andere Personen erbracht werden. Diese Anschauung ist unzutreffend und antiquiert, wenn man nur einmal an die automatisierten Dienstleistungen von Banken und den Online-Support von Herstellern denkt. Außerdem erbringen viele Dienstleister mehr als nur eine Art von Dienstleistungen, die teils automatisiert, teils personalintensiv sind.[1]

Die Überprüfbarkeit von Dienstleistungen ist nur begrenzt vor der Verwendung gegeben, das Erfahrungswissen ist erst nach der Verwendung bewertbar und die Vertrauenswürdigkeit selbst nach der Verwendung nicht bewertbar. Das Problem bei Dienstleistungen ist, dass sie oft nur schwer fassbar sind, das **Unternehmen vermarktet Leistungsversprechen**. Wer eine Dienstleistung kauft, hat eine Ausgabe, die seiner Ansammlung von Gütern nichts hinzufügt, am Ende des Vorgangs ist der Warenkorb leer. Erwerber von Sachgütern kaufen Besitz und Nutzen; Käufer von Dienstleistungen kaufen allein Nutzen. Der Kunde kann bei einer neuen Geschäftsbeziehung nicht überprüfen, ob das Versprechen gehalten werden kann. Es überrascht nicht, dass dies seine Unsicherheit erhöht, die folgende Abbildung stellt dies bildlich im Vergleich zu einem Eisberg dar:

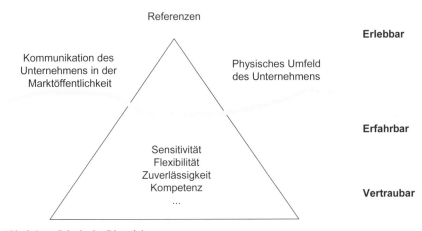

Abb. 8.6: Prinzip der Dienstleistung

Alles oberhalb der Wasseroberfläche ist sichtbar, die meisten Bestandteile des Marktangebots liegen jedoch unterhalb und sind für den Kunden spontan nicht erfahrbar. Von einer Dienstleistung sind für den Kunden die Kommunikation des Unternehmens in der Marktöffentlichkeit, die Referenzen, die es vorlegt, und das physische Umfeld des Unternehmens sichtbar. Diese sind vor dem Kauf überprüfbar und auch nach dem erfolgten Kauf bewertbar, sofern

---
[1] Vgl. Thomas, S. 161.

man daraus Leistungskriterien ableiten kann. Die Erfahrungen ergeben sich erst nach der Leistungsausübung und können damit nur nach dem Kauf evaluiert werden. Das Vertrauen kann mit letzter Sicherheit vor dem Kauf nicht aufgebaut werden, denn ob das Vertrauen gerechtfertigt war, wird sich unter Umständen erst viel später erweisen. Allerdings sollte das Grundvertrauen bereits im Vorfeld aufgebaut werden, es ist für viele Geschäfte und gerade für Dienstleistungen eine Voraussetzung dafür, dass sie überhaupt zustande kommen.

Man versucht, den mit den Dienstleistungen verbundenen Problemen entgegenzuwirken, indem die folgenden Lösungen angestrebt werden:

- Dienstleistungen werden **strukturiert** und der Ablauf wird transparent gemacht, um dem Kunden die Unsicherheit darüber, was er erwirbt, zu nehmen. Bei größeren Dienstleistungen muss der Nutzen, den der Kunde eigentlich kauft, haarscharf formuliert werden. Es empfiehlt sich ferner, Möglichkeiten für den Kunden zu schaffen, in den Prozess der Dienstleistungserbringung einzugreifen.
- Dienstleistungen werden **standardisiert**, um sie personenunabhängig zu machen. Nichts ist schlimmer, als wenn Dienstleistungen an einzelne Personen des Unternehmens gebunden sind, die diese erbringen. Das erschwert eine Multiplizierbarkeit und bringt oft beträchtliche Probleme mit sich, wenn der Mitarbeiter das Unternehmen verlässt.
- Dienstleistungen werden immer mit dem Unternehmen verbunden, es optimiert sie, um **zielgerichtet und effektiv** Lösungen für den Kunden herbeizuführen.
- Dem alten Problem der Diskontinuitäten bei der Kapazitätsplanung kann nur näherungsweise beigekommen werden. Durch Marketingmaßnahmen wird gezielt versucht, diese Leistungen in umsatzschwachen Monaten zu verkaufen.

Oft werden die Dienstleistungen undifferenziert um das Produkt herum allen Kunden gleichmäßig angeboten. Diese undifferenzierten Marktangebote werden gebildet, ohne den Kunden zu fragen, ob diese Leistungen den Kundenwünschen entsprechen, und ohne zu wissen, wie viel die Kunden für diese Dienstleistung zu zahlen bereit sind. Dies erhöht die Unsicherheit beim Kunden zusätzlich. Daher ist die folgende **Vorgehensweise beim Aufbau von Dienstleistungen** zu empfehlen:

- Der Aufbau von Dienstleistungen hat seinen Ursprung bei den Anforderungen der Kunden.
- Dienstleistungen orientieren sich an den Bedürfnissen der Kunden.
- Dienstleistungen sind ein gutes Werkzeug, Kundenbeziehungen aufrechtzuerhalten und noch weiter auszubauen.
- Bei der Erbringung von Dienstleistungen sind sich alle Mitarbeiter bewusst, dass sie nicht ein technisches Problem lösen, sondern dem Kunden helfen, eine Herausforderung zu bewältigen.

Als Beispiel soll die Softwareschmiede SAP herangezogen werden. SAP stellt Dienstleistungen rund um Software-Produkte bereit. Diese umfassen die Beratung des Kunden bei der Einführung des Systems und dessen Abstimmung auf die Bedürfnisse des Unternehmens. Des Weiteren die Schulung der künftigen Systemanwender und eine 24-Stunden-Verfügbarkeit von Dienstleistungen, außerdem Supportangebote während des laufenden Systembetriebs sowie alle Informations- und Kommunikationsdienste zwischen dem Kunden und dem Hersteller und die Bereitstellung von „Support Services" oder auch den „Support"

8.2 Marktangebote für den Kunden

beim Einspielen neuer Software-Updates in das aktuelle System. SAP bietet seinen Kunden Dienstleistungspakete an, mit denen sie externe Beraterkosten und interne Kosten einsparen können. Dies entspricht ganz der Forderung der Kunden nach Gesamtlösungen und nach einer umfassenden Unterstützung bei der Einführung und während des laufenden Betriebs. Der Kunde hat dabei in der Regel bei SAP einen Ansprechpartner, der alles andere, zum Teil mit Partnern der SAP, organisiert. Es gilt der Grundsatz „One Face to the Customer".[1]

> Jedes Unternehmen entwickelt neue Dienstleistungen, wenn es überleben will. Diese Aufgabe ist anders geartet als die Entwicklung neuer Marktangebote. Sie ist höchst abstrakt, und die entwickelten Dienstleistungen erfordern mühsame und kostspielige Tests am Markt. Daher gibt es im Dienstleistungsbereich kaum wirkliche Innovationen, aber viele Imitationen.

8.2.3 Praxisfall: Erklärungsbedürftiges Marktangebot bei der Robert Bosch GmbH[2]

Unternehmen

Die Robert Bosch GmbH ist ein weltweit führender Anbieter von Kraftfahrzeugtechnik, Industrietechnik sowie von Gebrauchsgütern und Gebäudetechnik. Aus der kleinen, von Robert Bosch im Jahre 1886 in Stuttgart gegründeten „Werkstätte für Feinmechanik und Elektrotechnik", ist die mittlerweile weltweit tätige Robert Bosch GmbH hervorgegangen. Mehr als 280 Tochtergesellschaften, davon knapp 250 außerhalb Deutschlands, unterstreichen die Internationalität des Unternehmens. Die Bosch-Gruppe erzielte 2011 weltweit einen Umsatz von € 51,5 Milliarden und beschäftigte Anfang 2011 insgesamt rund 302.000 Mitarbeiter, davon rund die Hälfte im Ausland. Um technologisch führend zu bleiben und weiter zu wachsen, wendet Bosch für Forschung und Entwicklung jährlich hohe Beträge auf, 8,1 % des Umsatzes im Jahr 2011.[3]

Ausgangssituation von ESP im Jahr 1999

Aufgrund des „Elchtests" (Fahrdynamik-Test) vom 21. Oktober 1997 zeigte sich in der A-Klasse von Mercedes-Benz ein erster Schub für die Nachfrage nach ESP[4]. Nach dem Debakel korrigierten viele Kunden von Bosch die Absatzplanung des ESP deutlich nach oben. Vor dem „Elchtest" ging man bei der Markteinschätzung von ESP davon aus, dass dieses System, wie zuvor das ABS, die nächsten Jahre Schritt für Schritt den Markt durchdringen würde,

---

[1] Vgl. o.V., 1998b, S. 5 ff.
[2] Die Informationen wurden von der Robert Bosch GmbH zur Verfügung gestellt und durch den Autor dieses Buches überarbeitet.
[3] Vgl. Bosch heute, Ausgabe 2012.
[4] Elektronisches Stabilitätsprogramm.

beginnend mit der Oberklasse über die Mittelklasse zur Kompaktklasse bis hin zur Kleinwagenklasse. Durch den gegenüber dem ABS nochmals deutlichen Sicherheitsgewinn von ESP für das Auto erwartete man ein dynamisches Marktwachstum. Durch den serienmäßigen Einbau von ESP in einem Fahrzeug der Kompaktklasse entstand Anfang 1998 jedoch plötzlich eine Sogwirkung auf dem Markt, die die anderen Fahrzeugsegmente in einem sehr frühen Stadium der Marktdurchdringung unter Druck setzte. Einige Fahrzeughersteller planten daher die schnelle (gegebenenfalls serienmäßige) Einführung von ESP in der Kompaktklasse. Andere Kunden starteten weitere Applikationsprojekte in der Mittelklasse.

Problemstellung und Zielsetzung

Jedoch führte diese Marktplanung nicht zu einem konstanten Anstieg der Nachfrage, sondern flachte schnell wieder ab. Bereits 1998 blieben die ESP-Absatzzahlen hinter der Planung zurück. Viele Kunden begannen, die ESP-Prognosen für 1999 deutlich zu reduzieren. Die Medien präsentierten ESP ohne Enthusiasmus und informierten die Öffentlichkeit nicht präzise genug. In Europa wurde ESP von Technikern empfohlen, vom Marketing nicht verstanden und vom Kunden nicht gekauft. Manche Fahrzeughändler erläuterten in Unkenntnis über Funktion und Nutzen von ESP ihren Kunden, dass ihre Fahrzeuge nicht umfallen könnten und daher ESP nicht brauchten.

ESP drohte so in den Augen der Öffentlichkeit zu einem Instrument für die Behebung von Fehlern im Fahrwerk zu werden. In den USA bekam ESP das Image des „Umfallverhinderers", das Fahrzeuge vor dem Überschlagen bewahrt. Durch sogenannte „Roll-over"-Unfälle sterben auch heutzutage jährlich rund 4.500 Personen in den USA.

Die einzelnen Fahrzeughersteller in Europa ergänzten Schritt für Schritt das Angebot von ESP in ihren Fahrzeugbaureihen; dies geschah jedoch deutlich verhaltener als noch Monate vorher geplant. In der Oberklasse wurde ESP zwar zunehmend zur Serienausstattung, in der Mittelklasse war ESP in vielen Fahrzeugprospekten jedoch nicht entsprechend positioniert (obwohl als Sonderausstattung verfügbar). Die Markt-(Serien-)einführung in der Kompaktklasse wurde teilweise auf die Folgejahre verschoben. In den USA und Japan entwickelte sich der Markt sehr verhalten, der „Elchtest" hatte zunächst keine Auswirkung.

Die Meinung des Kunden war also unklar. ESP rückte nach dem „Elchtest" in das Bewusstsein der Kunden und wurde eher als ein Überschlagschutz bei schwierigen Fahrzeugen angesehen. Die Autokäufer nahmen, wenn überhaupt, ESP als „Umkippverhinderer" wahr. Im Grunde genommen blieb ESP jedoch weitgehend unbekannt, seine Wirkungsweise und seine Vorteile unklar. In der Presse wurde ESP in zahlreichen Veröffentlichungen, insbesondere in der Motorpresse, vorgestellt und ausführlich beschrieben. Der Schwerpunkt lag aber auf der technischen Beschreibung und der Beschreibung der Regelabläufe von Fahrtests mit verschiedenen Modellen. Es gab keine Berichte über die konkrete Fahrsituation, bei denen ESP eine zusätzliche Sicherheitskomponente darstellte. Der allgemein vermittelte Eindruck für die Leser war, dass es sich bei ESP um eine Sonderausstattung für Fahrer großer Modelle, Vielfahrer und sportliche Fahrer handelte.

In der Verkaufsargumentation der Verkäufer war ESP ein äußerst komplexes Produkt, welches sie ihren Autokäufern bei der Auswahl von Sonderausstattungen mit ungewöhnlich hohem Aufwand erklären mussten:

8.2 Marktangebote für den Kunden

- Die Investitionsbereitschaft von Neuwagen-Kunden ist jedoch begrenzt. Der Spielraum für Sonderausstattungen liegt bei rund 10 % des Fahrzeug-Grundpreises.
- Der Verkäufer geht ein hohes Risiko ein, die „preisliche Schmerzgrenze" der Kunden mit Sonderausstattungen, die spontan nicht gefragt sind, zu überschreiten.
- Es gibt für den Verkäufer bestimmte Ausstattungsangebote, die leichter verkäuflich sind, da sie in der optisch erlebbaren Attraktivität über dem ESP liegen.
- Es besteht damit ein hoher Aufwand für die Verkäufer, die Vorteile, den Nutzen, die Wirkungsweise und die Preis/Leistungs-Relation zu erläutern.

Eine im Jahre 1999 bei Händlern in Deutschland durchgeführte Befragungsaktion über ESP brachte die folgenden Ergebnisse:

- Nur 47 % der Händler konnten ESP korrekt erklären.
- 35 % gaben zu, sich bei der Erklärung von ESP unsicher zu fühlen.
- Weniger als 40 % der Autokäufer haben aus Sicht der Händler eine präzise Vorstellung über ESP.
- ESP hat im Vergleich zur Komfort-Sonderausstattung einen nachrangigen Stellenwert.
- Über die Hälfte der Autokäufer sind nach Meinung der Händler nicht bereit, mehr als DM 1.000 für ESP als Sonderausstattung zu bezahlen.
- Die Kosten/Nutzen-Relation ist dem Autokäufer nicht verständlich und führt zur Kaufablehnung.
- ESP erhält im Rahmen von Herstellerschulungen im Umfeld anderer Themen und Sonderausstattungen keine adäquate Beachtung.

Diese Untersuchung der Händlereinstellung zu ESP zeigte, dass die Mehrheit der Händler ESP nicht erklären konnte und eine erschreckende Anzahl von ihnen Defizite zugab. Dies hatte insgesamt zur Folge, dass das Produkt ESP überhaupt nicht oder nicht richtig erklärt und als Option meist nicht empfohlen wurde, teilweise wurde sogar davon abgeraten.

Die Zielsetzungen einer Marketing-Strategie konnten in zwei Zeitdimensionen gegliedert werden:

- Kurzfristig war im Jahr 1999 eine Mengensteigerung und damit Sicherstellung des prognostizierten Hochlaufszenarios geplant.
- Mittelfristig bis langfristig:
  – Forcierung des Hochlaufs von ESP, um die Auslastung der eingeplanten Kapazitäten sicherzustellen
  – Steigerung der ESP-Optionsrate je Fahrzeug-Modell mit dem Ziel, ESP als Standard durchzusetzen
  – Beschleunigung des Substitutionseffekts von ABS und ASR hin zu dem höherwertigen System ESP
  – Erhöhung des Bekanntheitsgrads von ESP, Kommunikation des Produktnutzens, Schaffung eines positiven Images und Wecken von Bedarf

Lösungsansatz: ESP als erklärungsbedürftiges Marktangebot für den Handel

Die Fahrzeughersteller und die Händler sind darauf fixiert das „Produkt Auto" zu verkaufen, nicht einzelne Funktionen. Das Image, das Design, der Komfort und die Qualität sind hierbei Verkaufsargumente. ESP hat darüber hinaus die folgenden Nachteile:

- dass es am Auto nicht gezeigt werden kann, wie z.B. die Alufelgen, die Metalliclackierung und die Navigation
- dass es nicht einfach „erlebbar/erfahrbar" ist, wie z.B. Klimaanlage, Schiebedach, elektrische Fensterheber
- dass der Nutzen noch nicht „gelernt" wurde, wie z.B. beim Airbag
- dass die meisten Autofahrer sich nicht mit „Grenzsituationen" beschäftigen möchten und sich zudem selbst als „gute Autofahrer" einschätzen

Versäumnisse beim ABS, etwa die Fehlbedienung des Systems, führten insbesondere in den USA zu einer anhaltenden Nutzendiskussion und einem langsameren Marktwachstum. Bei ESP ist das Risikopotenzial einer falschen Markterschließung weit größer. Es ist daher die Aufgabe, für die richtige Positionierung des Produktes am Markt zu sorgen und den Kunden beim Verkauf zu unterstützen. Dadurch sichert die Robert Bosch GmbH den Markt ab, stellt ein langfristiges stetiges Nachfragewachstum sicher und bereitet den Markt für neue innovative Sicherheitssysteme vor.

Da dem Händler hierbei die Vorteilsargumentation für dieses Produkt bisher ausgesprochen schwer fiel, wurden andere Merkmale herausgestellt und im Verkaufsgespräch betont, z.B. elektrische Fensterheber. Bei serienmäßiger Ausstattung mit ESP verzichtete der Händler aufgrund der oben erwähnten Probleme gänzlich darauf, dieses erklärungsbedürftige und sicherheitsrelevante Produkt zu erläutern. Das **Verkaufshindernis im Handel** war, dass ESP kein Produkt ist, das sich selbst verkauft oder sich leicht verkaufen lässt. Der Vermarktungsaufwand war im Handel überproportional höher als der Nutzen. Deshalb hatte ESP im Handel einen relativ geringen Stellenwert im Sonderausstattungsgeschäft:

8.2 Marktangebote für den Kunden

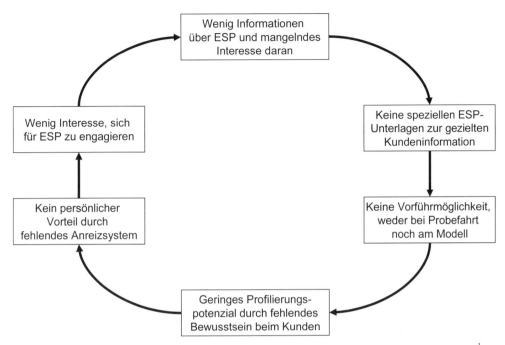

Abb. 8.7: Probleme des Verkäufers in der Vermarktung erklärungsbedürftiger Produkte am Beispiel des ESP[1]

Der Nutzen von ESP, das 1998/1999 zu einem Mehrpreis von DM 1.000–DM 1.800 angeboten wurde, war nicht bekannt; das Produkt wurde daher nicht gekauft sondern abgelehnt. Das Verkaufshindernis beim Kunden war nicht der Preis, sondern das schwer nachvollziehbare „**Value for Money**". Daher musste der Aspekt „Value" emotional dramatisiert werden.

---

[1] Darstellung der Robert Bosch GmbH (mit freundlicher Genehmigung).

Problemlösung: Erklärungsbedürftige Produkte erlebbar machen

Kundenorientierte Argumentation ist wirkungsvoller als eine rein technische Argumentation:

Abb. 8.8: Argumentationsalternativen im Handel[1]

Die Robert Bosch GmbH benötigt bei der Bewältigung dieser Hindernisse ein Maßnahmenbündel, das es ermöglicht, ESP als Sonder- oder Serienausstattungsmerkmal dem Handel (und damit dem Verkäufer) sowie den Autokäufern verständlich zu machen. Dazu ist das Sicherheitsbewusstsein zu wecken und ESP als selbstverständliche Ausstattungskomponente zu kommunizieren. Die Händler müssen die Produktvorteile von ESP kennen und den Käufern die Produktleistung für das Fahrzeug erläutern können. Der Handel muss sich von seiner technischen Argumentation verabschieden und hin zu einer Nutzenargumentation aus Sicht des Käufers kommen.

Der Schwerpunkt der Kommunikationsarbeit muss offensichtlich auf der ergebnisorientierten Seite liegen, nämlich dem Kunden eine Antwort auf seine Frage zu geben, „Was ist mein Kundennutzen?" Die **Positionierung** von ESP sollte nicht in einer rationalen, technischen Erläuterung bestehen, sondern in Form einer emotionalen Sicherheits- bzw. Nutzenargumentation erfolgen. Abhängig vom Einsatz von ESP als Serienausstattung oder Sonderausstattung muss das Kommunikationskonzept entsprechend abgestimmt sein. Die eigentliche Leistung von ESP ist für den Kunden von Interesse:

- ein Höchstmaß an Sicherheit
- eine starke Eingrenzung der Unfallhäufigkeit
- das Verhindern von Ausbrüchen und Schleudern
- das Abbremsmanöver und der kontinuierliche Bremseingriff
- die technische Beschreibung

---

[1] Darstellung der Robert Bosch GmbH (mit freundlicher Genehmigung).

8.2 Marktangebote für den Kunden

In der Kommunikationskette bieten sich dabei verschiedene Möglichkeiten an:
- Verkaufsgespräche: Motivation der Verkäufer, über ESP zu reden, und Unterstützung anhand von Informations- und Demonstrationsmaterial
- Testberichte: Hohe Distribution der Testberichte mit „Opinion Leaders"
- Interesse: Steigerung des Interesses durch Dramatisierung des Produktnutzens in der Kommunikation
- Prospekte: Darstellung eines hohen Stellenwerts von ESP, insbesondere dann, wenn die Ausstattung optional wählbar ist

---

Zusammenfassend könnte die jeweilige Positionierung folgendermaßen lauten:
1. **Technisch**: Die Elektronik von ESP steuert, sobald das Fahrzeug auszubrechen droht, zu über- oder untersteuern neigt, in Sekundenbruchteilen Bremsen und Motormanagement. Dazu werden diagonal versetzt jeweils die Räder einzeln abgebremst und der Motor wird heruntergeregelt, so dass das Fahrzeug durch bremstechnische „Lenkeingriffe" stabilisiert wird.
2. **Ergebnisorientiert**: ESP erhöht besonders in kritischen und unvorhersehbaren Verkehrssituationen die Sicherheit vom Fahrer und den Insassen, indem es zügig ins Brems- und Motorenmanagement eingreift. So wird das Fahrzeug, wenn es einmal außer Kontrolle gerät, durch exakte und richtige Reaktionen stabilisiert und in der Spur gehalten. Dadurch können viele Unfälle vermieden werden.

Lerneffekte für das Unternehmen

Es zeigt sich hier sehr deutlich, dass der **Grundfehler darin bestand, eine Technik sachlich zu beschreiben**, durch die sich aber die Masse der Kunden nicht angesprochen fühlte. Die Kunden wurden dadurch nicht an „ihrem vorherrschenden Kenntnisstand abgeholt" und konnten mit den Argumenten nichts anfangen. Dies änderte sich dann, als den Kunden die Vorteile greifbar gemacht wurden und sie sich durch Darstellungen in der Kommunikation nach Außen vorstellen konnten, dass sie in ähnliche Situationen kommen könnten. Es ist notwendig, „close to the customer" zu sein und es mit seinen Worten zu beschreiben. Visuelle Darstellungen oder das Ausprobieren machen den Verkauf dann viel einfacher.

Die Kunden der Robert Bosch GmbH, d.h. der Handel, konzentrieren sich darauf, Autos zu verkaufen und nicht Funktionsmerkmale. Daher ist es die Aufgabe des Zulieferers, dafür zu sorgen, dass sein Produkt richtig angeboten und nachgefragt wird. Der Zulieferer darf den Handel mit seinem Produkt nicht alleine lassen, sondern muss Mitverantwortung an der Vermarktung der besonderen „Features" übernehmen.

8.3 Preisbildung

8.3.1 Preispolitische Strategien

Die äußerst enge Beziehung zwischen Preis und Marktangebot hat nachhaltige Auswirkungen auf die gesamte Planung des Marktangebots und die Preisbildung. Wird bei der Preisfestsetzung die grundsätzliche Bedeutung der Kundenperspektive und das Konzept akzeptiert, dass der Kunde Nutzen gegen Kosten abwägt, wird auch klar, dass Marktangebot und Preisbildung zu einem gemeinsamen Prozess werden. Früher hätte man Qualität anstatt Kundenwert gesagt, ausgehend von der Annahme, dass die Qualität von allen Kunden geschätzt und bezahlt wird. Das Bild ist heute bekanntlich differenzierter, der **Kundenwert** hängt ab von dem Nutzen, den ein Kunde durch ein **Marktangebot subjektiv wahrnimmt**, und nicht davon, welchen Nutzen das Marktangebot objektiv hat:

- Da der Kundenwert den letztendlichen Preis bestimmt, muss der Kunde gefragt werden, welchen Preis er dem Marktangebot zuordnet: Dadurch wird die **Preisbereitschaft** des potenziellen Kunden festgestellt.
- Bestehen **Randprodukte**, die das eigentliche Marktangebot nur abrunden, kann hier genutzt werden, dass der Kunde diese beim Preisvergleich nicht berücksichtigt. Er kauft sie mit dem Marktangebot einfach mit.
- Preise benötigen eine **Preissystematik** und sollten nicht dem Geschick des jeweiligen Kunden überlassen werden, sondern nachvollziehbar gestaltet werden. Abstufungen sollten immer mit Leistungen verbunden werden.
- In bestimmten **Marktsegmenten** herrscht in der Regel eine höhere Wertschätzung des Marktangebots als in anderen. Damit unterscheidet sich der Kundenwert zwischen den einzelnen Marktsegmenten und kann damit auch den jeweils empfundenen Kundenwerten entsprechend angesetzt werden.

Ein weiterer strategischer Aspekt ist, dass sich die Preise, die der Kunde bereit ist zu bezahlen, inzwischen sehr weit von der Hardware, über die Software zur Brainware weiterentwickelt haben. Damit spielen die Dienstleistungen, oder das „Um das Kernprodukt herum", eine immer größer werdende Rolle. Monetär stellt das eigentliche physische Produkt nur noch einen geringen Anteil am Marktangebot dar, wie Studien zum „Total Cost of Ownership" belegen (TCO-Studien). Die Ermittlung der **„Total Cost of Ownership"** (TCO) dient dazu, den Kundenwert bei der Anschaffung von Investitionsgütern abzuschätzen. Die Grundidee dabei ist, eine Kostenübersicht zu erhalten, die nicht nur die Anschaffungskosten enthält, sondern alle Aspekte der späteren Nutzung (Energiekosten, Reparatur, Wartung etc.) der betreffenden Komponenten. Der Anschaffung eines Computers könnte beispielsweise folgende TCO-Analyse vorausgehen: Es könnte überprüft werden, ob der höhere Anschaffungspreis für einen High-End-Computer ausgeglichen wird durch wahrscheinlich niedrigere Reparaturkosten und geringeren Energieverbrauch bei größerer Rechenleistung. So fand man in diesem Beispiel heraus, dass die laufenden Kosten in der Informationstechnologie oftmals mehr als zwei Drittel der Gesamtkosten beinhalten.

Die Preise sollten den Kundenwert widerspiegeln, damit sind Preis und Kundenwert auch die beiden zentralen Komponenten bei der Entwicklung von Strategien und bei der Entscheidung, wo sich ein Unternehmen mit dem entsprechenden Marktangebot positioniert. In Betracht kommen die **internen Faktoren**, wie Ziele und Kostenstrukturen des Unternehmens sowie **externe Faktoren**, wie Markttyp und die Preiselastizität des Kunden, die wiederum ebenfalls von verschiedenen Faktoren abhängen. Grundsätzlich kann zwischen verschiedenen **preispolitischen Strategien** unterschieden werden.

Zunächst werden zwei **Festpreisstrategien** dargestellt:

- Mit einer „**Hochpreisstrategie**" („Premium Pricing Strategy") soll langfristig ein hoher Preis erzielt werden, wenn die Voraussetzungen der Alleinstellung des Produktes am Markt, wie auch eine sehr geringe bzw. keine Preiselastizität der Nachfrage erfüllt sind. Das Unternehmen positioniert sich ganz bewusst als Premiummarke, meist in einem bestimmten Marktsegment, wenn nicht sogar einer Marktnische und kann dort aufgrund seiner Premiumposition hohe Preise erzielen. Diese Premiumposition wird durch Marke, Innovationen, neue Technologie etc. untermauert. Oftmals ist hier das Unternehmen führend auf einem bestimmten Gebiet, mit einer bestimmten Technologie und kann hieraus marktreife Marktangebote umsetzen. Mitunter wird das Unternehmen von den Kunden als Technologieführer wahrgenommen.
- Bei der „**Niedrigpreisstrategie**" („Promotional Pricing") wird ein niedriger Preis längerfristig beibehalten, wobei der niedrige Preis zu einer geringen Einschätzung der Produktqualität führen kann: Preis kommuniziert Kundenwert! In diesen Märkten herrscht meist ein sehr intensiver Wettbewerb, denn die Kunden wechseln schnell auf andere Anbieter, sobald diese preisgünstiger werden.

Als nächstes werden die **Preisabfolgestrategien** dargestellt:

- Wird eine „**Abschöpfungsstrategie**" („Skimming Pricing Strategy") umgesetzt, ist diese mit einem hohen Einführungspreis und mit großem Werbeaufwand verbunden. Diese ist dann empfehlenswert, wenn das Produkt eine echte Neuheit ist und kurzfristig keine großen Herstellungskapazitäten möglich sind. Auch bei dieser Preisstrategie gehen die Gewinnmargen in einem fortschreitenden Produktlebenszyklus zurück. Darauf geht diese Strategie ein und passt ihre Preise fortlaufend an.
- Eine „**Marktdurchdringungsstrategie**" („Market Penetration Pricing") wird dann umgesetzt, wenn über einen niedrigen Preis für ein neues Marktangebot schnell ein hohes Absatzvolumen erzielt werden soll, in Märkten, in denen der Marktanteil einen kritischen Erfolgsfaktor darstellt. Die Realisierung von „Economies of Scale" spielt hier eine herausragende Rolle. Mit zunehmendem Marktanteil werden die Preise erhöht, wenn sich die Möglichkeit dazu ergibt. Dies spielt vor allem in Märkten eine Rolle, in denen die Kunden vom Marktanteil bzw. der Marktführerschaft auf die Qualität des Marktangebots schließen oder grundsätzlich nur beim Marktführer kaufen, oder in denen umfangreiche „Network Effects" bestehen.

Als drittes werden **Preiswettbewerbsstrategien** dargestellt:

- Der „**Preisführer**" verlangt den höchsten Preis. Diesen rechtfertigt er durch bessere Qualität und eine Markenpolitik. Meist handelt es sich bei ihm um das größte Unternehmen in dem entsprechenden Marktsegment.

- Der „**Preisfolger**" orientiert sich am Markt und richtet danach den Preis des eigenen Marktangebots aus. Dies muss nicht zwangsläufig der Marktpreis sein, denn dieser wird nur zur Orientierung genutzt.
- Der „**Preiskämpfer**" unterbietet seine Wettbewerber, um die Kostenführerschaft zu erreichen. Es ist vermutlich das Unternehmen mit der günstigsten Kostenstruktur.
- Beim „**Survival Pricing**" werden die Preise so festgesetzt, dass der Preis in der Regel unterhalb des bestehenden Marktpreises liegt. Das Unternehmen geht davon aus, dass der Markt sehr preissensitiv ist und sich alle Marktangebote angeglichen haben, so dass der Preis als einziger Wettbewerbsparameter übriggeblieben ist. Nur unter dieser Voraussetzung ist diese Strategie allerdings sinnvoll, in allen anderen Fällen ist sie zum Scheitern verurteilt, wenn nämlich andere Wettbewerbsparameter das Kaufverhalten der Kunden beeinflussen. Dann symbolisiert ein niedriger Preis eine schlechte Leistung.

> Die Entscheidung für eine Richtung stellt eine erste Entscheidung dar. Oftmals ist sie jedoch durch die bestimmte Unternehmenspolitik bereits determiniert. Nach dieser Vorentscheidung über die Preisbildung wird das Unternehmen die Faktoren ermitteln und bewerten, die die eigene Preisbildung beeinflussen.

8.3.2 Einflussfaktoren auf den Preis

Die **Preisbildung** beinhaltet eine ganze Reihe von Faktoren:

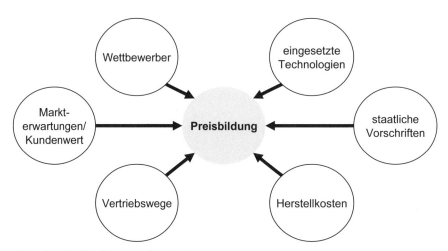

Abb. 8.9: Einflussfaktoren auf den Preis

- **Herstellkosten** stellen die Preisuntergrenze des Marktangebots dar: Was kostet die Herstellung bzw. Bereitstellung des eigenen Marktangebots? Welcher Preis muss auf dem Markt mindestens erzielt werden können?

8.3 Preisbildung

- Die **Wahl der Vertriebswege** beeinflusst über die damit verbundenen Kosten den Preis.
- Die Markterwartungen schlagen sich durch den **Kundenwert** im Preis nieder: Welche Kunden(gruppen) oder Marktsegmente werden durch diesen Preis angesprochen? Welche Kundenwerte rechtfertigen einen anderen (höheren) Preis?
- Das Unternehmen orientiert sich normalerweise an der Preislage in der Branche. Es vergleicht seine eigene Kostenstruktur mit der der **Wettbewerber**, um festzustellen, ob es wirtschaftlich arbeitet. Sobald das Unternehmen diese Informationen über die Wettbewerber hat, kann es sie als Orientierungspunkte für die eigene Preisgestaltung nehmen, mit der unterschiedlich umgegangen werden kann: Nicht teurer als der Wettbewerb, wenn keine Stärken des eigenen Marktangebots vorhanden sind, oder z.B. 10 % teurer als der Wettbewerb, wenn dies durch nachhaltige Stärken begründbar ist.
- Die **eingesetzte Technologie** beeinflusst den Preis insbesondere über die Erwartungen, in naher Zukunft wieder in teuere neue Technologien investieren zu müssen.
- Des Weiteren wirkt sich auch das externe Umfeld auf den Kunden aus. **Staatliche Vorschriften** verteuern ein Marktangebot durch z.B. hohe Umweltschutzauflagen.

Die **Betrachtung der Kostenseite** erstreckt sich zunächst auf die fixen und die variablen Kostenbestandteile, daraus werden dann die Gesamtkosten errechnet. Basiert die eigene Preisbildung strikt auf den Kosten, schenkt man dem Marktpreis keine Bedeutung, so kann sich dies in beide Richtungen negativ auswirken: Wird der Preis zu hoch angesetzt, etwa weil die Leistungserbringung nicht effizient ist, dann ist das Marktangebot nicht verkäuflich. Wird der Preis zu niedrig angesetzt, bedeutet dies, dass die Kunden bereit gewesen wären mehr zu bezahlen und das Marktangebot unter seinem subjektiven Wert erwerben konnten.

Bei der **externen Preisbildung** wird dagegen der Markttyp (purer, monopolistischer, oligopolistischer Wettbewerb) und das externe Umfeld ins Visier genommen. Der **vorherrschende Markttyp** wirkt sich auf die Art und Weise aus, wie der Kunde die Preise wahrnimmt und ob sie ihm gerechtfertigt erscheinen, also ob sie dem Kundenwert entsprechen, den er dafür subjektiv empfindet. Dies hängt auch von der Preiselastizität des Kunden ab, d.h. wie stark er auf Veränderungen der Preise reagiert. Selbstverständlich kommt es zudem auf die Marktangebote der Wettbewerber und auf mögliche Substitutionsmöglichkeiten an. Unter **Preiselastizität der Nachfrage ϵ** versteht man das Verhältnis der relativen Änderung der nachgefragten Menge eines Gutes in Bezug auf die sie verursachende Preisänderung dieses Gutes. Eine unelastische Nachfrage liegt vor, wenn die Käufer einen höheren Preis akzeptieren, die Preiserhöhung also nicht bemerken oder den höheren Preis subjektiv als gerechtfertigt empfinden. Sie reagieren also nicht mit einer geringeren Nachfrage auf Preiserhöhungen bzw. die relative Nachfrageverminderung fällt hier schwächer aus als die sie bewirkende Preiserhöhung. Dies bedeutet, dass bei preisunelastischer Nachfrage eine kleine Preiserhöhung die Ausgaben für dieses Gut erhöht und der Hersteller eines solchen Gutes einigen Spielraum für Preiserhöhungen hat. Eine elastische Nachfrage liegt dann vor, wenn der Wettbewerb sehr stark über den Preis stattfindet. Kleine Preiserhöhungen führen dann zu einem Wechsel der Kunden zum Wettbewerber:

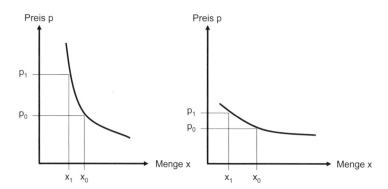

Abb. 8.10:   Grafische Darstellung einer unelastischen und einer elastischen Nachfragekurve

Bei der steilen Nachfragekurve bewirken große Preisveränderungen (von p_0 auf p_1) nur einen relativ geringen Rückgang der nachgefragten Menge (von x_0 nach x_1). Die Nachfrager sind sehr preisunelastisch. Bei der flachen Nachfragekurve dagegen bewirken bereits relativ kleine Preisveränderungen (von p_0 auf p_1) starke Auswirkungen auf die nachgefragte Menge (von x_0 nach x_1), d.h. die Kunden reagieren bei Preiserhöhungen mit Verzicht oder sie weichen auf andere Möglichkeiten aus. Mathematisch stellt die Preiselastizität der Nachfrage den Quotienten zwischen prozentueller Veränderung in der Menge und prozentueller Veränderung im Preis dar. Verändert sich z.B. der Preis von € 2,00 auf € 2,20 und wirkt sich dies auf die nachgefragte Menge mit einer Reduktion von 10 auf 8 Mengeneinheiten aus, wird die Elastizität der Nachfrage folgendermaßen berechnet:[1]

Veränderung des Preises = $(2{,}20 - 2{,}00)/2{,}00 \times 100 = 10\,\%$

Veränderung der nachgefragten Menge = $(8 - 10)/10 \times 100 = -20\,\%$

Preiselastizität der Nachfrage $\mathcal{E} = -20\,\%/10\,\% = -2$

Die „–2" besagt, dass die Mengenveränderung zweimal höher ist, als die Preisveränderung. Die nachgefragte Menge steht normalerweise in negativer Beziehung zur Preiserhöhung, sie wird daher in der Literatur oft mit einer Minuszahl dargestellt.

> Jedes Unternehmen hat in der Realität eine mehr oder weniger breite Stelle auf der Nachfragekurve, in der es die Preise durchaus erhöhen kann, ohne dass sich dies auf die Bereitschaft der Kunden auswirkt, dieses Marktangebot zu kaufen. Ist das Marktangebot zu teuer, fallen Kunden aufgrund der überhöhten Preise weg; sind die Preise zu gering, fallen die Kunden ebenfalls weg, da für die meisten Kunden Preise die Qualität widerspiegeln, oder wie es die US-Amerikaner ausdrücken „You get what you pay for".

---

[1] Vgl. Mankiw, S. 101 ff.

8.3 Preisbildung

Die **Preiselastizität** und damit die Preisgestaltung wird durch folgende Faktoren direkt beeinflusst:[1]

- Durch die **wirtschaftlichen Verhältnisse der Kunden**: Muss der Entscheider das Marktangebot selbst bezahlen? Stellen die Kosten der Investitionen einen substanziellen Anteil der Gesamtausgaben dar? Ist der Käufer der Nutzer? Wenn nicht, wird der Käufer mit den Einkaufspreisen auf seinem eigenen Markt konkurrieren können? Bedeutet in diesem Markt ein höherer Preis gleichzeitig eine höhere Qualität? Das hängt davon ab, welche Kommunikationswirkung der Preis für das entsprechende Marktangebot hat:
  - Welche Wirkung hat ein anderer Preis auf die Zielgruppe?
  - Gewinnt das eigene Marktangebot an Attraktivität, wenn a) der Preis erhöht wird, b) der Preis gesenkt wird, c) Rabatte eingeräumt werden und d) niemals Rabatte eingeräumt werden?
- Durch die **Flexibilität der Kunden**: Ist es für den Käufer kostspielig, ungezielt einzukaufen? Ist der Zeitpunkt der Kaufentscheidung oder die Lieferzeit für den Käufer bedeutend? Ist der Käufer in der Lage, Alternativangebote zu beschaffen und die Leistungen zu vergleichen? Ist der Käufer in der Lage, ohne größere Kosten auf einen anderen Anbieter auszuweichen?
- Durch den **Wettbewerb**: Worin hebt sich dieses Marktangebot von dem der Wettbewerber ab? Ist das Ansehen des Unternehmens ein Gesichtspunkt bei der Kaufentscheidung? Gibt es andere Einflussfaktoren, die die Kaufentscheidung beeinflussen können? Um an diese Informationen zu kommen, werden Marktangebote der Wettbewerber gekauft und analysiert, Kundenbefragungen zu Preis und Qualität der Wettbewerbsprodukte durchgeführt.

Bei der Preisgestaltung können Unternehmen Unterschiede in den Marktsegmenten, Kundenbedürfnissen, Standorten etc. ausnutzen, um dasselbe oder ein leicht angepasstes Marktangebot zu unterschiedlichen Preisen zu verkaufen. **Preisdifferenzierung** bedeutet, dass ein Marktangebot zu unterschiedlichen Preisen verkauft wird, die nicht durch Kostenunterschiede zu begründen sind. Um **Preisdifferenzierung wirklich nutzen zu können**, müssen verschiedene Gegebenheiten auf dem Markt existieren:[2]

- Märkte müssen segmentierbar sein und die einzelnen Marktsegmente zeigen signifikante Unterschiede auf, z.B. in der Intensität der Nutzung, im Mengenbedarf.
- Die einzelnen Marktsegmente müssen relativ unabhängig voneinander bestehen, d.h. ein Verkauf vom einen zum anderen Marktsegment desselben Marktangebots ist nicht gegeben.
- Wettbewerber dürfen keine Möglichkeit haben, die Preise in den Hochpreissegmenten zu unterbieten.
- Die Kosten der Preisdifferenzierung dürfen die erhöhten Erlöse nicht übersteigen.
- Die Kunden in den verschiedenen Marktsegmenten dürfen nicht verärgert werden. Daher wird man versuchen, die differenzierten Marktangebote unterscheidbar zu gestalten.

---

[1] Vgl. Dolan, S. 178.
[2] Vgl. Kotler et al., S. 601 f.

Nach den Erkenntnissen der „**Prospect Theory**" sind Preiserhöhungen meist gar nicht möglich. Danach werden nachträgliche Preiserhöhungen stärker vom Kunden wahrgenommen als eine Reduzierung des Preises um den selben Betrag. Dieses erschwert eine Preiserhöhung nach erfolgter Markteinführung erheblich.[1] Daher muss schon bei Markteinführung der richtige Preis festgelegt werden.

Der **Prozess der Preisbildung** durchläuft verschiedene Stufen:[2]

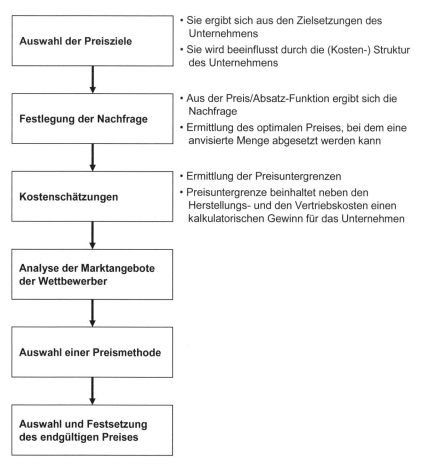

Abb. 8.11: Prozess der Preisbildung

Bisher wurde bei den Betrachtungen der Kunde in den Mittelpunkt des Geschehens gestellt. Natürlich spielt aber auch die **Struktur des herstellenden Unternehmens** eine große Rolle

---

[1] Vgl. Kahnemann/Tversky.
[2] Vgl. Kotler et al., S. 582 ff.

bei der Preisbildung: Wenn ein Unternehmen zum Beispiel über einen weitgehend automatisierten Herstellungsbetrieb verfügt und mit einer kostenaufwendigen Außendienstmannschaft arbeitet, ist das Ziel gegeben, große Aufträge zu tätigen und diese durch Gewährung hoher Mengenrabatte zu fördern. Große Aufträge, die die Fertigungsanlagen wegen der Wirtschaftlichkeit großer Serien besser ausnutzen, rechtfertigen die hohen Kosten des Kundenbesuchs. Demgegenüber dürfte ein anderes Unternehmen mit breit gefächertem Fertigungsprogramm, einer arbeitsintensiveren Fertigung, einem weitverzweigten Vertriebsnetz und den damit verbundenen hohen Gemeinkosten erheblich geringere Rabatte gewähren können. Ein Unternehmen, das sich eher als Dienstleister versteht, wird oftmals einen hohen Preis für ein besonderes Marktangebot anstreben, da es ohne diese Ausrichtung gar nicht wettbewerbsfähig wäre. Vielfach ist ein kleineres Unternehmen auch in der Lage, durch große Aufträge und konstante Abnahmen über eine bestimmte Zeitperiode hinweg, eine Marktnische für sich zu erobern. Andererseits besitzt auch der große Hersteller die Möglichkeit, mit einem breit gefächerten Fertigungsprogramm und ausgeklügeltem Vertriebssystem alle Marktsegmente abzudecken und dabei die kleineren Kunden ebenso zu bedienen wie die großen.[1]

Eine wirklich **effektive Kostenanalyse** setzt die Einbeziehung auch weniger auffälliger Kostenfaktoren voraus. Wenn eine Panne, ein Produktversagen oder eine Unterbrechung im Fertigungsablauf für den Kunden beispielsweise ein großes Risiko ist, wird dieser Kunde mit weitaus größerer Wahrscheinlichkeit einen hohen Preis für Zuverlässigkeitsgarantien zahlen als ein anderer Kunde, aus dessen Sicht diese Risikolage nicht gegeben ist. Einige Unternehmen kaufen z.B. qualitativ hochwertige Bauteile ein, weil sie wissen, dass ihre Kundschaft auf Leistungsmängel besonders empfindlich reagiert. Wenn das Marktangebot versagt, kann das eine Kundenbeziehung in den Grundfesten erschüttern.[2]

---

[1] Vgl. Shapiro/Jackson, S. 126 f.
[2] Vgl. ebenda, S. 123.

8.3.3 Unterschiedliche Methoden der Preisbildung

Der Preisbildung kommt eine herausragende Bedeutung zu: Während an der Schraube Kosten selten noch viel bewirkt werden kann, können Preise oftmals noch professionell optimiert werden. Dazu gibt es verschiedene **Methoden der Preisbildung**:[1]

Abb. 8.12: Methoden der Preisbildung

Es gibt eine Preispolitik, bei der das Management sich sehr stark intern orientiert, die Preise also an den eigenen Kosten festmacht, wobei auf die ermittelten Durchschnittskosten im Allgemeinen ein branchenüblicher kalkulatorischer Gewinn aufgeschlagen wird. Dieses „**Cost-plus Pricing**" („Markup Pricing", Zuschlagskalkulation) ist die einfachste Methode, einen Preis zu definieren. Auf die variablen Kosten wird ein Zuschlag addiert, der sich aus den fixen Kosten dividiert durch die Absatzmenge ergibt. Diese Summe stellt dann die Kosten pro Fertigungseinheit (Stückkosten auf Vollkostenbasis) dar. Bei dem Zuschlag handelt es sich in der Regel um den angestrebten kalkulatorischen Gewinn, in % angegeben. Das System „Cost Plus" ist einfach, billig, garantiert eine Zielmarge und die notwendigen Daten sind in der Regel vorhanden. Allerdings werden Faktoren wie Wettbewerb, Kunden, Umsatzvolumen und das Verhältnis Kosten/Gewinn außer Acht gelassen. Es besteht die Gefahr, Preisbereitschaften zu überschätzen oder zu unterschätzen. Auch ein Kostenanstieg geht direkt zu Lasten der Gewinnmarge, da Preiserhöhungen meist nicht schnell durchzusetzen sind. Bei einer reinen Kosten-plus-Preisbildung würden Gewinnmargen insbesondere dann verschenkt, wenn die Preisbereitschaft deutlich höher als die Herstellungskosten liegt.

Das „**Target Return Pricing**" entspricht den eigenen Zielsetzungen im „Return on Investment" (RoI). Ein bestimmter RoI wird angenommen, der erreicht werden muss. Auf dieser Basis wird der „Target Return Price" ermittelt.

Das „**Perceived Value Pricing**" geht vom Kundenwert und nicht von den Kosten des Herstellers aus. Eine wichtige Rolle spielt diese Methode bei der Erstellung eines Premiumange-

---
[1] Vgl. Kotler et al., S. 590 ff.

bots. Sie fordert vom verkaufenden Unternehmen eine sorgfältige Beurteilung der Werte, die die Kunden in dem Marktangebot erkennen. Unternehmen, die diese Preismethode nutzen, führen eine Nutzenanalyse durch, bei der dem Grundnutzen (Standardangebot der Wettbewerber) das eigene Marktangebot (Premiumangebot) gegenübergestellt wird:

Attribute	Standardangebot	Premiumangebot	Zusatznutzen
Qualität	Unreinheiten weniger als 10 Teile pro Million Teile	Unreinheiten weniger als 1 Teil pro Million Teile	€ 1,40
Lieferzeit	in zwei Wochen	in einer Woche	€ 0,15
System	nur Lieferung der Chemikalien	Full-Service	€ 0,80
Innovation	wenig F&E-Unterstützung	viel F&E-Unterstützung	€ 2,00
Schulungen	Einführungsschulungen	weiterführende Schulungen bei Bedarf	€ 0,40
Service	standardisierte Beratung	individuelle Beratung	€ 0,25
PREIS	€ 100,00	€ 105,00	€ 5,00

Abb. 8.13: Gegenüberstellung Standardangebot und Premiumangebot

Das Ergebnis besagt, dass das Unternehmen einen um 5 % höheren Preis verlangen kann als seine Wettbewerber. Dieser Preisunterschied kann durch den Zusatznutzen im Premiumangebot begründet werden.

Das „**Value Pricing**" fokussiert auf einen geringeren Preis für relativ gute Qualität, d.h. niedrigen Preis für hohen Kundenwert.

Beim „**Going-Rate Pricing**" beachtet das Unternehmen nicht so stark die eigenen Kosten oder die Nachfrage, sondern orientiert sich an der Preisgestaltung der Wettbewerber. Ein Preis wird so festgelegt, dass das Marktangebot unter den Wettbewerbsprodukten optimal positioniert ist. Diese Methode ist einfach, billig und die Daten sind in der Regel vorhanden. Probleme können auftreten, da die Fehler des Wettbewerbs kopiert werden. Das Wettbewerbsgeschehen ist in der Regel dynamisch, Veränderungen demnach vorprogrammiert und innovative Marktangebote haben nur selten eine Entsprechung im Wettbewerb. Man spricht dabei auch von der „**Follow the Leader**"-Preisstrategie. Diese Methode besteht einfach darin, die Preise durch den Wettbewerber festsetzen zu lassen, um sich diesen zu stellen. Diese Strategie geht von der Annahme aus, dass das eigene Unternehmen, seine Marktangebote, sein Image, seine Marktposition und seine Kostenstruktur der des Wettbewerbs gleichen. Bei einer gewissen Verfeinerung dieser Methode wird für die Aufrechterhaltung eines prozentualen oder absoluten Unterschiedes zu den Preisen des Wettbewerbs gesorgt. So könnte es beispielsweise die Politik eines Unternehmens sein, seine Preise 5 % unter denen des Marktführers zu halten, um somit dessen stärkere Reputation aufzufangen. Dieses doch sehr mechanische Vorgehen berücksichtigt weder die Stärken des eigenen Unternehmens noch seine Schwächen und ist insbesondere in oligopolistisch strukturierten Märkten üblich.

Es sollte jedoch nicht vergessen werden, dass der Wettbewerber dieses Verhalten sehr genau beobachtet und sofort zu Gegenreaktionen bereit ist, sofern er darin eine Gefahr erkennt oder sich diese Strategie ändert, z.B. provozierende Preissenkungen. Daher wird oft indirekten Preisveränderungen der Vorzug gegeben, es wird also die Packungsgröße variiert, die Qualität des Marktangebots verändert, oder der Serviceleistung Vorzug gegeben, um sich weniger auffällig vom Wettbewerber zu unterscheiden.

Unternehmen in einer kritischen Phase der Unternehmensentwicklung werden nicht den Marktführer herausfordern, sondern eher die Position des „**Underdog**" einnehmen, zumindest so lange, bis sie sich auf dem Markt etabliert haben. In dieser Positionierung erkennt man die „Vormachtstellung" des Marktführers an und wird nicht versuchen, seine lukrativen Kunden zu akquirieren, sondern auf für den Marktführer oft nicht lukrative Marktsegmente oder einzelne Kunden ausweichen.

Das „Sealed-Bid Pricing" ist üblich bei Ausschreibungen für öffentliche Aufträge. Die Preisgestaltung basiert auf den Erwartungen über das Angebot des Wettbewerbers. Der Wettbewerb findet nahezu ausschließlich über den Preis statt.

> **Ausprobieren** ist neben der Kosten-plus-Methode und der Wettbewerbsorientierung sicher eine der häufigsten Methoden. Vorteile bestehen an sich keine, dafür aber einige Nachteile: Ein zu niedriger Preis verschenkt Gewinnmarge, Preiserhöhungen sind kaum vermittelbar. Ein zu hoher Preis verschenkt Absatzvolumen und Marktanteile.

Preisfestlegungen bringen zweifelsohne auch **Preisverhandlungen mit dem Kunden** mit sich. In Preisverhandlungen müssen die Preise vor dem Kunden vertreten werden. Dabei sollte der Verkäufer für technische Marktangebote einige Grundregeln beherzigen:

- Meistens wird eine Geschäftsbeziehung nicht allein von den Preisen bestimmt, sondern auch durch eine exzellente Qualität, durch die Einhaltung von Lieferzeiten (Zuverlässigkeit), durch die Möglichkeit, kurzfristig weitere Marktangebote abzurufen, oder ganz einfach durch die räumliche Nähe. Wenn ein Kunde sagt, „**Der Preis ist entscheidend**", dann heißt das, dass der Kunde keine anderen Unterschiede in den Marktangeboten der einzelnen Unternehmen erkennt als den Preis. Der Preis ist das einzige Unterscheidungskriterium zwischen den Anbietern! Für das eigene Unternehmen bedeutet dies, dass neue Kundenwerte eingearbeitet werden müssen, z.B. durch Hinzufügen von neuem Nutzen, Ansprache von Marktsegmenten, die diesen neuen Nutzen besonders wertschätzen, Senkung der Produktlebenszykluskosten, Veränderung der Wichtigkeit der verschiedenen Nutzenarten.
- Die Preise müssen immer mit dem **Nutzen, den der Kunde hat**, begründet werden. Wenn der Kunde sagt, das Marktangebot sei ihm zu teuer, meint er, dass die Relation von Preis und Leistung nicht stimmt. Je mehr Vorteile man bei einem Marktangebot aufzeigen kann, umso günstiger erscheint dem Kunden das Preis/Leistungs-Verhältnis: Man muss herausfinden, was der Kunde wirklich will.
- Sollte sich der Verkäufer auf Zusagen beim Preis einlassen, so muss er diese immer an Zugeständnisse des Einkäufers binden, damit die Preispolitik glaubwürdig bleibt. An-

sonsten vermutet der Einkäufer noch reichlich Luft in den Angeboten. Daher gilt: **Niemals Preiskonzessionen ohne Gegenleistung.**
- Auch eine nüchterne Klärung, ob man sich als Verkäufer diesen Kunden überhaupt leisten kann, ist erlaubt und notwendig. Man darf dem Kunden ohnehin nicht das Gefühl vermitteln, dass man ihn unter allen Umständen halten möchte, ansonsten wird man erpressbar.

> Der Kunde muss das Gefühl haben, dass dem Preis eine faire Leistung gegenübersteht. Nur dann wird der Kunde zufrieden sein und weitere Leistungen in Anspruch nehmen sowie das Unternehmen weiterempfehlen. Davon lebt letztendlich jedes Unternehmen. Stellt ein Unternehmen fest, dass die Preise tatsächlich immer zu hoch sind, sollte eine Eliminierung dieses Geschäftsfelds geprüft werden. Unternehmen sollten nur Dinge machen, mit denen man wirklich Geld verdient. Wenn das Unternehmen in einem Bereich Geld verdient, ist die Wahrscheinlichkeit sehr hoch, dass es dort gute Qualität liefert!

8.3.4 Ausgewählte Vorgehensweisen zur Bestimmung des optimalen Preises

Methoden zur Preisbildung basieren auf Beobachtungen oder Befragungen von Kunden. Das **van Westendorp-Preismodell** („Price-Sensitivity-Meter") geht auf den holländischen Wirtschaftswissenschaftler und Marktforscher Peter van Westendorp zurück. Es kann als Methode zur Messung der Preissensitivität von Konsumenten angesehen werden. Das Modell unterstellt einen Preisspielraum bei den Marktangeboten, der lediglich nicht unter- oder überschritten werden sollte: Ein zu hoher Preis verringert das Preis/Leistungsverhältnis erheblich, während ein zu niedriger Preis als ein Indikator für schlechte Qualität wahrgenommen wird.[1] Ziel der Methode von Westendorp ist es, anhand von vier Fragen letztendlich den optimalen Preis zu bestimmen:[2]

1. Bei welchem Preis würden Sie das Produkt für zu teuer halten, d.h. Sie würden den Kauf überhaupt nicht in Erwägung ziehen?
2. Bei welchem Preis würden Sie das Produkt für zu billig halten, d.h. Sie hätten Zweifel an der Qualität des Produkts?
3. Bei welchem Preis würden Sie das Produkt für teuer halten, d.h. ein Kauf wäre zwar grundsätzlich möglich, käme aber erst nach reiflicher Überlegung in Frage?
4. Bei welchem Preis würden Sie das Produkt für billig (akzeptabel) halten, d.h. ein Kauf wäre ein tolles Angebot, ein regelrechtes Schnäppchen?

Als Teilnehmerzahl wird nicht unter 300 angegeben, die benötigt werden, um wirklich Aussagen zu treffen. Die Antworten der Befragten werden aggregiert und grafisch in ein Diagramm eingetragen. Man erhält somit die zu den vier Preisnennungen gehörenden Kurven:

---
[1] Vgl. Diller, 2008, S. 404.
[2] Vgl. Westendorp.

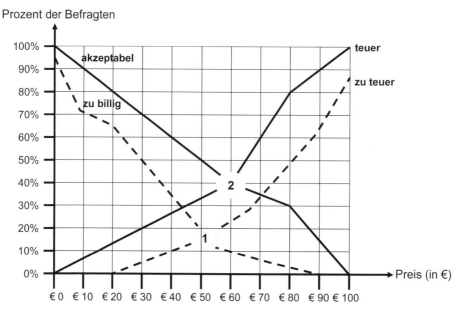

Abb. 8.14: Ermittlung des akzeptablen Preisbereiches, Teil 1

- Im **optimalen Preispunkt** (1) gibt es ebenso viele Befragte, die den Preis „zu teuer" finden wie Befragte, die den Preis „zu günstig" finden. Hier sollten die Barrieren für einen Kauf am geringsten sein und die größte Marktpenetration möglich sein.
- Im **indifferenten Preispunkt** (2) gibt es ebenso viele Befragte, die den Preis „teuer" finden wie Befragte, die den Preis „akzeptabel" (billig) finden. Dieser Preis wird sich häufig als der mittlere Preis darstellen, oder als jener Preis, den der Marktführer erreichen kann.

Optimaler und indifferenter Preispunkt liegen sehr häufig nahe beieinander. Ergibt sich eine deutliche Abweichung zwischen diesen beiden Preisen, spricht man vom „**Price Stress**":

- Ein negativer Preisstress (optimaler Preispunkt < indifferenter Preispunkt) ist beim Produkt eines Anbieters zu erwarten, der ein schlechtes Image hat oder als potentiell minderwertig angesehen wird.
- Ein positiver Preisstress (optimaler Preispunkt > indifferenter Preispunkt) ist insbesondere bei sehr innovativen Produkten zu erwarten, die einen Preisbonus gegenüber den am Markt etablierten Produkten bekommen. Allerdings hat sich dieser Bonus in der Regel bald aufgebraucht.

8.3 Preisbildung

Die beiden inversen Kurven zu „akzeptabel" und „teuer" werden für die Bestimmung des akzeptablen Preisbereichs, d.h. der Preisober- und der Preisuntergrenze benötigt:

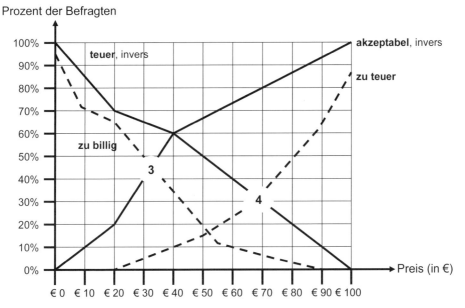

Abb. 8.15: Ermittlung des akzeptablen Preisbereiches, Teil 2

- Bei der **Preisuntergrenze** (3) („Point of Marginal Cheapness") gibt es ebenso viele Befragte, die das Produkt „nicht akzeptabel" finden wie Befragte, die das Produkt „zu billig" finden. Ein Preis unterhalb dieser Grenze könnte zu einer Beschädigung des Markenimages und zum Verlust der Glaubwürdigkeit führen.
- Bei der **Preisobergrenze** (4) („Point of Marginal Expensiveness") gibt es ebenso viele Befragte, die das Produkt „nicht teuer" finden wie Befragte, die das Produkt „zu teuer" finden. Ein Preis oberhalb dieser Grenze würde weithin als unakzeptabel gelten.

Diese Analyse führt jetzt zu den folgenden Ergebnissen: Der akzeptable Preisbereich liegt zwischen € 30 und € 70,–. Der optimale Preispunkt wäre € 50,–, als Marktführer könnte man sich auf € 60,– festlegen.

Es bestehen eine Vielzahl von empfohlenen Vorgehensweisen zur Ermittlung des eigenen Preises:[1]

---

[1] Vgl. Dolan, S. 174 ff.

1.	Schätzung des Wertes des Marktangebots für einen Kunden	• **Herstellkosten + Preisaufschlag** = Preis • Preisaufschlag = Subjektiver Wert für den Kunden • „Follow the Leader"-Preisstrategie? • Sorgfältige Marktforschung als Basis für alle Entscheidungen
2.	Suche nach Abweichungen, wie die Kunden ein Produkt beurteilen	• **Preisdifferenzierung** für verschiedene Kundengruppen, sowie für kundenspezifische Produkte • Produkt hat für den idealen Kunden einen höheren Wert als für einen Durchschnittskunden • Targeting von Kunden, die auf das neue Produkt kaum noch warten können, die Intensität der Verwendung ist abhängig von der Wertschätzung
3.	Abschätzung der Preiselastizität	Preiselastizität ist die relative Änderung der nachgefragten Menge bei einer 1%-Preiserhöhung (Nachfrageelastizität)
4.	Schaffung einer optimalen Preisstruktur	• Was soll in Rechnung gestellt werden, die individuellen **Komponenten oder ein Bündel von Leistungen**? • Strukturierung der Preise in Abhängigkeit der abgesetzten Menge bei einem einzelnen Kunden • „**Bundle-Pricing**" für Hersteller, die Komplementärgüter herstellen, z.B. Kamera und Film • „Bundle Pricing" bei nicht-komplementären Gütern erhöht die Gewinnspanne, z.B. aktuelles und ein altes Video

Abb. 8.16: Ermittlung der eigenen Preise I

5.	Betrachtung des Verhaltens der Wettbewerber	• Preisveränderungen können harte **Reaktionen der Wettbewerber** auslösen, Preissenkungen provozieren immer zu Reaktionen im Marketing-Mix der Wettbewerber • Indirekte Preisveränderungen durch Variation von Packungsgröße und Produktqualität
6.	Überwachung der realisierten Verkaufspreise	Preisgestaltung kann verwirrend sein: • Rabatte für Vorschüsse • Abzüge für Mengenabnahmen • zusätzlich verhandelte Rabatte etc. • Reklamationen und Rückgaben • Schadensersatzforderungen • spezielle Behandlung verschiedener Kunden → Ermittlung des „**Real Price**" unter Berücksichtigung aller Konditionen und Gegebenheiten
7.	Abschätzung der emotionalen Reaktion der Kunden	• Beachtung der kurzfristigen und der langfristigen Reaktionen des Kunden • „Gerechte" Einstiegspreise bereiten das Feld für weitere Produkteinführungen • **Wahrnehmung des Kunden** als der kritische Faktor
8.	Analyse, ob die finanziellen Rückflüsse die Kosten des Service decken	• Vermeidung von solchen „Strategic Accounts": = Servicekosten: hoch, erzielter Preis: gering • Diese Accounts verlangen schnelle Lieferung, guten Service etc., während sie auf der anderen Seite sehr aggressive Preisverhandlungen führen. Kunden dieser Art bekommen nicht das, wofür sie bezahlt haben, sondern weit mehr.

Abb. 8.17: Ermittlung der eigenen Preise II

Liegen keine historischen Informationen vor, oder handelt es sich um eine echte Innovation oder um eine neue Situation, z.B. den Eintritt eines Wettbewerbers, kann die **Expertenschätzung für den optimalen Preis** den einzig gangbaren Weg darstellen:

Diskussion der Rahmendaten	Durchführung der Schätzungen	Diskussion der Schätzungen	Ergebnis
• Definition der Marktangebote • Kannibalisierungseffekte vergleichbarer eigener Marktangebote • Preisniveau vergleichbarer Marktangebote der Wettbewerber • Identifizierung der Marktsegmente • Erfassung des Marktpotenzials • Vorentscheidung über die Preislage • Kostenstruktur des eigenen Marktangebots	• Schätzung des Marktanteils, den das Unternehmen am Gesamtmarkt erreichen kann • Abschätzung realistischer Wachstumsgrößen • Zielsetzung: erwarteter Marktanteil • Aktionen der Wettbewerber • Preiselastizität der Kunden	• Plausibilitätscheck • Diskussion von Ausreißern bzw. Extremschätzungen • Diskussion der verschiedenen "Gedankengänge" • ggf. Anpassung einzelner Schätzungen	• Preis/Absatz-Funktion • Umsatzfunktion • Deckungsbeitragsfunktion • umsatzoptimaler Preis • gewinnoptimaler Preis

Abb. 8.18: Mehrstufiger Prozess der Expertenschätzung für den optimalen Preis

8.4 Vertriebswege zum Kunden

8.4.1 Formen von Vertriebswegen

Unter dem Begriff „**Vertriebsweg**" (Absatzkanal, Vertriebskanal, Distributionskanal, „Marketing Channel", „Sales Channel") können alle Entscheidungen und Handlungen zusammengefasst werden, die im Zusammenhang mit dem Weg eines Marktangebots zum Käufer stehen. Dies können indirekte Wege (z. B. Händler) oder direkte Wege (z. B. Internet, eigener Außendienst oder eigene Filialen) sein. Es gibt unterschiedliche **Formen von Vertriebswegen**:

Vertreter	• vermittelt Verkäufe oder schließt Aufträge ab • nicht Eigentümer der gehandelten Ware • erhält Provision, z.B. Makler, Kommissionär, Handelsvertreter
Makler	• keine direkte physische Kontrolle über die Güter, d.h. weder Besitzer noch Eigentümer • Vertreter des Käufers oder des Verkäufers in Kauf- oder Verkaufsverhandlungen • Auftraggeber schränkt seinen Verhandlungsspielraum ein
Kommissionär	• meist direkte physische Kontrolle über die Güter • wird Besitzer der Güter und handelt Preis aus • größerer Handlungsspielraum als der Makler, muss aber Anweisungen des Auftraggebers beachten • organisiert Lieferung, notwendige Finanzierung, Rechnungslegung, zieht seine Provision ab und gibt Restbetrag an seinen Auftraggeber
Händler	• Unternehmen kauft und verkauft Waren im Groß- oder im Einzelhandel
Generalvertreter	• Vertreter auf Dienstvertragsbasis • oft exklusive Verkaufsrechte für ein bestimmtes Gebiet • handelt oft auch mit nicht-konkurrierenden, aber verwandten Produkten • gewisser Spielraum mit Preisen und Verkaufsbedingungen
Verkaufsvertreter	• Vertreter auf Dienstvertragsbasis • verkauft Produktlinie oder gesamtes Programm seines Auftraggebers • kann völlig frei über Preise und Konditionen des Verkaufs bestimmen
Großhändler	• kauft Waren ein und verkauft sie vorwiegend an andere (Einzel-)Händler • viele verschiedene Formen: Cash-and-Carry, Importeure, Mail-order

Abb. 8.19: Formen von Vertriebswegen

Unter einem **Distributionssystem** versteht man eine Kombination mehrerer Vertriebswege, um Leistungen an gleiche oder verschiedene Marktsegmente zu distribuieren. Während der Vertriebsweg einen bestimmten Distributionstyp beschreibt, wie z. B. der Außendienst oder der Handel, beschreibt der **Distributionsgrad** die Anzahl Einheiten in diesem spezifischen Vertriebsweg, z. B. Anzahl Mitarbeiter im Außendienst, Anzahl Filialen im Handel.

> Die für die Marktangebote eines Unternehmens gewählten Vertriebswege sind von wesentlicher Bedeutung für alle anderen Marketingentscheidungen: So hängt etwa die Preispolitik von der Qualität des Außendienstes und der Servicebereitschaft des Unternehmens ab. Daher gehen **Vertriebswegentscheidungen anderen Entscheidungen im Marketing voraus**; sie haben auf die anderen Bestandteile des Marketing einen starken Einfluss. Zur Entscheidungsfindung ist es ratsam, die Vor- und Nachteile eines jeden Vertriebswegs aufzulisten und zu untersuchen. Nur so können falsche Entscheidungen, die kaum mehr rückgängig gemacht werden können, weitgehend verhindert werden.

8.4.2 Auswahl der richtigen Vertriebswege

Die **Auswahl der Vertriebswege** gehört zu den zentralen strategischen Entscheidungen eines Unternehmens:
- Über welche Vertriebswege kann die **eigene Zielgruppe** am besten erreicht werden?
- Welche Vertriebswege werden **derzeit genutzt**?
- Welche Vertriebswege wären **zusätzlich interessant** und wurden bislang nicht in Betracht gezogen und warum?
- Soll direkt an den Kunden oder indirekt über **Zwischenhändler** verkauft werden?
- Welche Vertriebswege nutzt der **Wettbewerb** mit welchem Erfolg? Soll gegen den Wettbewerber dort angetreten werden oder bewusst nach anderen Vertriebswegen gesucht werden?

Es wird meist auf mehrere Vertriebswege gesetzt, um nicht in Abhängigkeiten von einem Händler etc. zu kommen. Ein weiterer Aspekt ist dabei auch, dass ein möglichst großer Anteil des Marktvolumens für das eigene Unternehmen meist nur dann erreicht werden kann, wenn man **verschiedene Vertriebswege nutzt**:

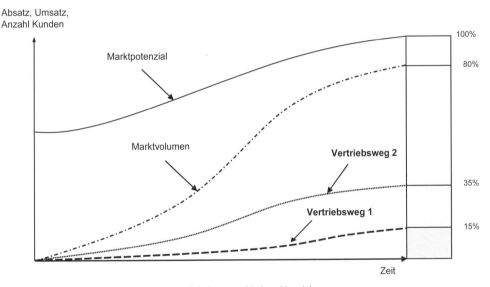

Abb. 8.20: Abschöpfung von Umsatzpotenzial über verschiedene Vertriebswege

Für die **Auswahl des Vertriebsweges** können die folgenden Kriterien herangezogen werden:[1]
- Die **laufenden Kosten** sind höchst unterschiedlich. Bei einem freien Handelsvertreter, der auf Provisionsbasis arbeitet, gehen sie gegen Null, bei einem eigenen Vertriebsmitarbeiter als angestelltem Vertriebsmann sind sie sehr hoch.

---

[1] Vgl. Cateora/Graham, S. 436 ff.

- Die **Kapitalerfordernisse** können beim Aufbau von Verkaufsniederlassungen sehr hoch werden, während sie bei einer Distribution über Händler niedrig sind. Maximale Investitionen sind meist dann verlangt, wenn das Unternehmen eigene Vertriebswege aufbauen möchte, z.B. seinen eigenen Außendienst. Bestehende Vertriebswege zu nutzen, könnte den Kapitalbedarf verringern, wenn nicht Kommissionsware, Darlehen für die Zwischenhändler etc. eingesetzt werden.
- Die **Kontrollierbarkeit der Vertriebswege** ist bei externen Händlern sehr gering, die eigene Abhängigkeit sehr hoch, insbesondere, wenn nur wenige externe Händler verfügbar sind. Im Gegensatz hierzu ist die Kontrollierbarkeit bei eigenen Verkaufsniederlassungen sehr hoch. Auch beim eigenen Vertriebsmitarbeiter ist diese aufgrund der strikten Weisungsgebundenheit gut durchsetzbar, beim Handelsvertreter nur schwierig, da die Steuerungsmöglichkeiten begrenzt sind. Je mehr ein Unternehmen in die Vertriebswege eingebunden ist, umso mehr kann es seine Auswirkungen steuern. Je länger die Vertriebswege, umso geringer die Fähigkeit, die Preise, die Promotion, das Verkaufsvolumen zu beeinflussen.
- Ein hoher **Abdeckungsgrad** aus eigener Kraft wird vermutlich nur in den wenigsten Fällen möglich sein. Oft ist man dann auf einen Mix aus verschiedenen Vertriebswegen angewiesen. Meist strebt das Unternehmen ohnehin nur ein optimales Verkaufsvolumen in jedem Markt an, möchte einen vernünftigen Marktanteil sichern, oder eine befriedigende Marktdurchdringung erlangen. Viele Unternehmen streben keine volle Marktabdeckung an, sondern möchten in den Ballungsräumen signifikant vertreten sein.
- Der **Charakter des eigenen Unternehmens** determiniert die Auswahl des Vertriebsweges ebenfalls. Ist das eigene Unternehmen etwa sehr serviceorientiert, kann man den Absatz nur bedingt freien Handelsvertretern überlassen, möglicherweise passen sie gar nicht zum Unternehmen.
- Viele Zwischenhändler, v.a. Handelsvertreter, sind kleine Einheiten. Falls sie schließen, wegziehen oder einen Lieferanten herausnehmen, kann das Unternehmen seinen gesamten Vertrieb in einer Region verlieren. Viele Zwischenhändler besitzen eine geringe Loyalität zu ihren Lieferanten. Sie nehmen deren Marken in guten Zeiten, wenn sie damit Geld verdienen können, auf, werden aber die Zeiten schlecht, sind diese auch sehr schnell wieder draußen. Eine **Kontinuität und Zuverlässigkeit** ist vor allem dann gewährleistet, wenn Unternehmensangehörige diese Leistungen erbringen.

Nach diesen Kriterien können die unterschiedlichen Vertriebswege durchgegangen werden. Letztendlich ist die Auswahl nach Abwägung der Vor- und Nachteile zu treffen, dabei ist zu entscheiden, wie schwer die Fakten jeweils in die Waagschale fallen.

Selbstverständlich muss auch die Effektivität der Vertriebswege gemessen werden:[1]

---

[1] Vgl. Obrist/Gerber, S. 35.

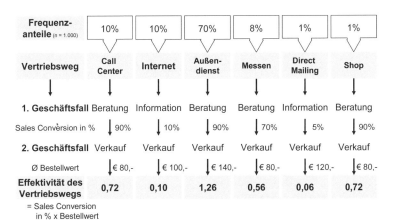

Abb. 8.21: Messung der Effektivität der Vertriebswege

> **Vertriebswegentscheidungen** sind aufgrund ihrer langfristigen Auswirkungen in hohem Maße strategische Entscheidungen, damit kurzfristig nicht reversibel und erfordern meist hohe Investitionen in der Phase des Aufbaus. Sie binden das Unternehmen durch **langfristige Verpflichtungen** an eine mehr oder weniger große Zahl unabhängiger Vertreter und an Märkte, die von diesen bedient werden. Das System der Vertriebswege gehört damit zu den allerwichtigsten externen Ressourcen. Zum Aufbau benötigt man viele Jahre und es lässt sich nicht leicht verändern. Daher sind Vertriebswegentscheidungen strategische Entscheidungen, die nicht mehr ohne weiteres korrigierbar sind.

8.4.3 Empfehlungsmanagement im Vertriebsprozess

Persönliche Kontakte und **Empfehlungen** können für ein Unternehmen von entscheidender Wichtigkeit sein und ungeahnte Geschäftsoptionen eröffnen. Es ist durchaus möglich, den bestehenden Kunden gezielt danach zu fragen, ob er eine Weiterempfehlung aussprechen kann.

Voraussetzungen für das Geben von Empfehlungen sind die Grundzufriedenheit des Kunden sowie eine Vertrauensbasis. Empfehlungen beeinflussen eine Vielzahl von Gewinngrößen:

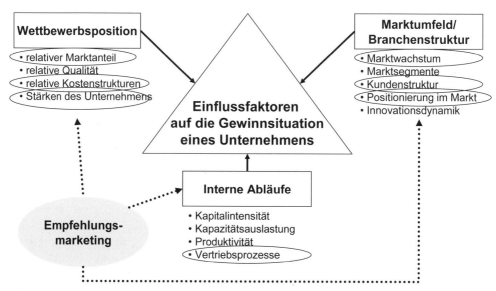

Abb. 8.22: Einflussfaktor „Empfehlung" auf die Gewinnsituation eines Unternehmens

Durch den neuen Vertriebsweg „Empfehlungen" können möglicherweise neue Marktsegmente identifiziert und bearbeitet werden, zu denen man vorher keinen Zugang hatte. Damit erhöht sich die Anzahl von Neukunden. Diese positiven Auswirkungen auf die Gewinnsituation des Unternehmens ergeben sich jedoch nur dann, wenn die Voraussetzungen im Unternehmen dafür geschaffen worden sind. Aktives **Empfehlungsmanagement fordert Anpassungen** im eigenen Unternehmen:

- Das Empfehlungsmarketing wird in die **Vertriebsprozesse** implementiert. Die Vertriebsprozesse werden bei dieser Gelegenheit optimiert.
- Die **Stärken des Unternehmens** sind klar definiert und allen Mitarbeitern eingängig, sonst wird es für den potentiellen Neukunden schwierig, sich zu entscheiden.
- Empfehlungsmanagement stellt auch eine Möglichkeit dar, den eigenen Vertrieb zu multiplizieren. Das setzt erstens voraus, dass die Kapazitäten im Unternehmen vorhanden sind und zweitens eine Problemlösung nicht fortlaufend neu entwickelt werden muss: Es müssen daher Möglichkeiten vorliegen, **Vertrieb und Leistungen zu standardisieren**.

8.4 Vertriebswege zum Kunden

Kunden haben auf ihrem Weg zum Empfehler bereits eine Entwicklung durchgemacht:

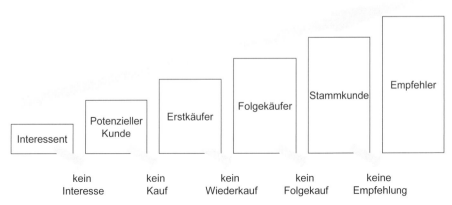

Abb. 8.23: Entwicklung eines Kunden zum Empfehler

Es kann davon ausgegangen werden, dass nur Stammkunden zu glaubwürdigen Empfehlern werden. Der Empfehler wiederum erwartet ein Danke-schön und ein Feedback. Das Ziel ist, aus einem Empfehler einen „Wiederholungstäter" zu machen.

> Fragen Sie Ihre Kunden, ob sie andere Personen kennen, die an Ihrer Leistung ebenfalls interessiert sein könnten? Tipp: Versehen Sie Ihren Wunsch mit einer Begründung, wie zum Beispiel: „Ich möchte expandieren. Wen kennen Sie denn, der sich vielleicht für unser Angebot ebenfalls interessieren könnte?"

Um sich ernsthaft mit Empfehlungsmanagement zu beschäftigen, können die folgenden **zehn Handlungsempfehlungen für erfolgreiches Empfehlungsmanagement** ausgesprochen werden:

1. **Nur wirkliche Stärken führen zu empfehlenswerten Leistungen**: Es werden dauerhafte Stärken identifiziert, die der Wettbewerber nicht hat und der Kunde haben will.
2. **Nur kommunizierte Stärken wirken sich auf das Geschäft aus**: Stärken müssen von jedem Mitarbeiter verstanden werden und glaubhaft vermittelbar sein. Oftmals nennt in einem Unternehmen jeder Mitarbeiter andere Stärken gegenüber seinen Kunden. Daher müssen die Stärken ermittelt werden, die zur Positionierung passen.
3. **Qualität ist eine Stärke – aber nur nach den Kriterien des Kunden**: Nur was versteht der Kunde unter Qualität? Welche Kriterien von Qualität besitzt er? Nur mit „interner Qualität" kann man auch eine „externe Qualität" beim Kunden liefern, die der Kunde erkennt: Qualität aus Unternehmenssicht und aus Kundensicht.
4. **Menschen kaufen von Menschen – empfehlen ist normal**: Oftmals werden keine Empfehlungen aus dem eigenen sozialen Umfeld geholt, es besteht eine klare Trennung zwischen Geschäft und dem Privatleben. Hier gilt es die Gründe für die Nichtempfehlung herauszufinden.

5. **Persönliche Wege zum Neukunden sind notwendig**: Bei Empfehlungen spielt der persönliche Kontakt die entscheidende Rolle. Dieser lässt sich nicht beim ersten Kundengespräch aufbauen. Es stellt sich die Frage nach der Systematisierbarkeit des Neukundenvertriebs. Wie können Meinungsführer und Multiplikatoren identifiziert, klassifiziert und die Kontakte gehalten werden?
6. Bei neuen Firmenkunden hilft nur ein **formelles Vorgehen**: Der Neukundenvertrieb geht über lange Zeiträume, meist Jahre: In dieser Zeit können die Ansprechpartner auf beiden Seiten wechseln. Daher muss die „Stabübergabe" verlustfrei erfolgen. Dieser Aufwand lohnt sich jedoch meist nur bei A-Kunden. Dies macht es erforderlich, eine ABC-Klassifizierung von neuen Kontakten sowie die jeweilige Analyse von Marktgelegenheiten vorzunehmen und die nächsten Schritte bei A-, B- und C-Kunden zu planen.
7. **Umgang mit C-Kunden – Nieten oder „versteckte Perlen"?** Meist werden C-Kunden nicht weiter beachtet. Oftmals lohnt es sich wirklich nicht. Aber manche sind „versteckte Perlen". Daher gilt es, sie zu identifizieren und die Ermittlung der Gründe für die C-Position vorzunehmen. Es gibt verschiedene Gründe, warum ein Kontakt in eine C-Position rutscht: ehemalige unzufriedene Kunden, ehemalige vergessene Kunden, bestehende, nicht aktive Kunden.
8. **Empfehler und Empfohlene starten eine neue Empfehlungskette**: Ein Kunde, der einmal empfohlen hat, wird es wieder tun. Ein Kunde, der selbst empfohlen wurde, wird es auch tun. Aber sind die Kunden bekannt, die Weiterempfehlungen ausgesprochen haben? Wie kann man auf sie aufbauen? Analyse der eigenen Kundenbeziehungen: Identifizierung von Empfehlern und Empfohlenen sowie der Qualität der Kontakte, d.h. Zugang zur richtigen Zielgruppe.
9. **Auch bei Empfehlern gibt es eine ABC-Klassifizierung**: In welche Empfehler lohnt es sich, zu investieren? Aufbau einer „Empfehler-Datenbank" nach der Wertigkeit von Empfehlern.
10. **Was hat der Kundenberater davon?** In Deutschland werden Vertriebsleistungen oftmals nicht ausreichend belohnt. Eine Belohnung kann in unterschiedlicher Weise erfolgen. Welche ist für das eigene Haus die Richtige? Ansatzpunkt ist die Gestaltung von Belohnungen: Entgeltgestaltung, Bedeutung von Anerkennung für den einzelnen Berater, Incentives.

8.5 Kommunikation mit dem Kunden

8.5.1 Kommunikation im B2B-Markt

Auch für technisch orientierte Unternehmen, die Kommunikation immer noch mit Werbung gleichsetzen und eher dem B2C-Markt zuordnen, ist die Kommunikation mit dem Kunden ein Erfolgsfaktor. Das Unternehmen braucht klare Vorstellungen, was es mit Kommunikation erreichen will: Die Kommunikationsbotschaft kommuniziert die Stärken des Unternehmens, mit denen der Kunde erreicht werden soll. Dieser wiederum muss diese Botschaft auch verstehen und akzeptieren, d.h. die Glaubwürdigkeit spielt eine Rolle. Schließlich soll sie für den Kommunikator, hier das eigene Unternehmen, auch den gewünschten Effekt haben, wie

8.5 Kommunikation mit dem Kunden

Steigerung des Bekanntheitsgrads etc. Es gibt dafür unterschiedliche **Formen der Kommunikation**:

- **Werbung** („Advertising") ist jede bezahlte Form von nicht-persönlicher Präsentation von Marktangeboten, z.B. Anzeigen, TV-Spots. Sie ist öffentlich, beeinflussend, ausdrucksstark und unpersönlich.
- Die **Verkaufsförderung** („Sales Promotion") umfasst kurzfristige und zeitlich begrenzte Maßnahmen zur Förderung der Geschäftsanbahnung und bietet einen Anreiz, den Kaufakt zu vollziehen. Dazu gehören auch Messen und Ausstellungen als zeitlich begrenzte, oder auch regelmäßig stattfindende Veranstaltungen, vorwiegend für Fachbesucher, sowie auch Events als Durchführung von Veranstaltungen zu Marketingzwecken.
- Der **persönliche Verkauf** („Personal Selling") beinhaltet die persönlichen Verkaufspräsentationen und damit die persönliche Ansprache des Kunden. Sie ist ein interaktiver Prozess zwischen Verkäufer und Kunde.
- **Öffentlichkeitsarbeit** („Public Relations") ist das Bemühen des Unternehmens um Verständnis bei einzelnen Zielgruppen, um den Aufbau und die Pflege von Vertrauen sowie um die Erreichung eines bestimmten Bekanntheitsgrads in der Marktöffentlichkeit. Diese erwünschten Wirkungen kann das Unternehmen durch Zeitschriften- und Presseartikel erreichen, durch Einladungen der Presse zur Geschäftseröffnung oder durch Vortragstätigkeiten. Durch die Sozialisation lernen Menschen, dass sachliche Informationen eher den Zeitungen und Büchern zu entnehmen sind als anderen Medien wie z.B. dem Fernsehen, dem eher ein Unterhaltungswert zugeschrieben wird.
- **Direct Marketing** ist eine direkte Kommunikation mit dem Kunden, um eine direkte Reaktion zu erreichen. Sie ist nicht-öffentlich, an Kunden angepasst, aktuell und interaktiv.

Gerade im technischen Umfeld spielt immer wieder die Kommunikation der Stärke „Qualität" eine herausragende Rolle. Qualität wird immer aus Kundensicht definiert und variiert in Abhängigkeit von dem Personenkreis und dessen Wahrnehmung. Damit ist Qualität immer eine **subjektive Qualität**. Da die Kundenanforderungen in der Regel mehrdimensional sind, sollte das dann auch die Kommunikation von Qualitätsführerschaft berücksichtigen! Es gibt keinen absoluten Qualitätsführer, sondern nur Qualitätsführer auf unterschiedlichen Teilqualitätsdimensionen:

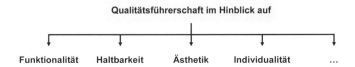

Abb. 8.24: Kommunikation von Qualitätsführerschaft

In einem Marktsegment können mehrere Qualitätsführer existent sein, dies zeigt sich etwa im Automobilbereich recht anschaulich: BMW steht für Sportlichkeit, Audi für Zuverlässigkeit, Porsche für Erfolg. Sie sind alle Qualitätsführer auf jeweils ihrem Gebiet in ihrer spezifischen Zielgruppe.

Daher wird zunächst ermittelt, welche Dimensionen in dem jeweiligen Marktsegment für die Beurteilung der Qualität relevant sind. Für welche Zielgruppe sind diese Eigenschaften relevant? Wer legt die Qualitätsdimensionen fest oder beeinflusst sie signifikant, z.B. Warentester, Unternehmen, Kunden? Bestehen Unterschiede je nach Marktsegment? Nicht bei allen Gütern sind die Qualitätsdimensionen einfach bestimmbar, wie etwa bei Erfahrungsgüter (z.B. Reiseziele, Lebensmittel), Suchgütern (z.B. Schrauben im Baumarkt), Vertrauensgüter (z.B. Arztbesuch, Dienstleistungen). Vor allem dort, wo der **Faktor Mensch** bei der Erbringung einer Leistung eine große Rolle spielt, ist eine konstante Qualität nur aufwendig zu gewährleisten, z.B. bei komplexen technischen Dienstleistungen.

Die **Ziele der Kommunikation** werden festgelegt, was konkret erreicht werden soll. Übliche Ziele sind die Folgenden:

- Die **Überzeugung** der Kunden von der Wertigkeit der eigenen Marke durch den Aufbau einer Präferenz, die sie motiviert, den Anbieter zu wechseln.
- Die **Erinnerung** des Kunden, dass er das Marktangebot in der näheren Zukunft benötigen wird und von welchem Anbieter er es erhalten kann. Mitunter möchte der Anbieter auch nur im Gedächtnis des Kunden bleiben, falls der Kauf nicht akut wichtig ist. Fortlaufende Erinnerungen erfüllen eine ganze Reihe von Funktionen:
  – Marken werden durch Wiederholungen einer Kommunikationsbotschaft gestaltet und damit der Bekanntheitsgrad des Unternehmens und/oder seiner Marktangebote gesteigert.
  – Die Positionierung des Marktangebots findet dadurch statt, dass der Kunde bei verschiedenen Anlässen mit einer Kommunikationsbotschaft konfrontiert wird und versteht, „für was das Unternehmen und seine Marktangebote stehen".
  – Weiterempfehlungen eines Marktangebots an potenzielle Kunden basieren darauf, dass das Marktangebot in Erinnerung geblieben ist.
- Die Bereitstellung von **Informationen** über die Funktionen des Marktangebots, das Geben von Anregungen, wie das Marktangebot noch eingesetzt werden kann, sowie die Beschreibung der erhältlichen Dienstleistungen. Das erhöht die Loyalität des Kunden gegenüber dem Unternehmen und fördert den Aufbau eines Unternehmensimages.
- Um die Nachentscheidungsdissonanzen des Kunden nach dem Kauf zu vermeiden, die zu Rückgaben, Beschwerden aufgrund nicht verstandener Eigenschaften etc. führen können, erfolgt eine **Bekräftigung des Kunden**, dass dieses Marktangebot die richtige Wahl war.

Unternehmen haben sehr oft das folgende Problem: Sie haben sehr gute Marktangebote, im Vertrieb sind sie jedoch auf Externe angewiesen, die wiederum den Kundenkontakt halten und für sich bewahren. Veränderungen der Präferenzen der Kunden kommen nur sehr zeitverzögert beim Hersteller an, seine Reaktionszeit verringert sich dadurch mitunter dramatisch. Dieses Problem stellt sich für Unternehmen, die nur im B2B-Markt tätig sind, ohne den B2C-Markt zu beachten; etwa für den Maschinenhersteller, der keinen Kontakt zu den **Kunden des Kunden** hat, die letztlich die Produkte der Maschine kaufen. Die Aufgabe ist nun, die Kunden seines Kunden und deren Bedürfnisse zu kennen, um sich so weit wie möglich auf verändernde Kundenerwartungen einzustellen. Es bestehen zwei grundsätzliche Mög-

8.5 Kommunikation mit dem Kunden

lichkeiten, die Kommunikation auf dem Markt zu platzieren, die sich gegenseitig nicht ausschließen:[1]

Abb. 8.25: Pull- und Push-Strategien

- Die **Push-Strategie** geht davon aus, dass die Marktangebote an den Kunden im Markt verkauft werden („Push"). Die Marketingmaßnahmen des Herstellers richten sich auf den direkten Kunden, dessen eigene Marketingmaßnahmen dann wiederum an deren Kunden. Die Hauptlast des Vertriebs trägt aber der direkte Kunde des Herstellers, der die Marktangebote schließlich an eine Vielzahl von Einzelkunden verkaufen muss. Den Kundenkontakt hat somit der direkte Kunde, so dass er sich gegenüber dem Hersteller in einer äußerst guten Position befindet. Der Kundenkontakt stellt für den direkten Kunden einen Vermögensgegenstand dar, den er behütet. Er wird in der Regel darüber so wenig Informationen wie möglich an andere, wie den Hersteller, weitergeben. Der direkte Kunde kann somit in einem gewissen Umfang Macht auf den Hersteller ausüben.
- Die **Pull-Strategie** geht davon aus, dass der Kunde des Kunden selbst ein Marktangebot beim direkten Kunden nachfragt, wenn er von dessen Güte überzeugt ist („Pull"). Der direkte Kunde wendet sich dann selbst an den Hersteller und bemüht sich um das Marktangebot. Die Frage ist also, was das Unternehmen tun muss, um beim **Kunden des Kunden** ein Suchverhalten auszulösen. Dies erfolgt durch Kommunikationsmaßnahmen an den Kunden des Kunden, z.B. durch Werbeanzeigen, durch Promotion und durch Messeauftritte. Neben der Verlagerung der Macht vom direkten Kunden zurück auf den Hersteller hat dies für den Hersteller auch den Vorteil, dass er näher am Markt ist und dessen Veränderungen schneller erkennt (ohne den Umweg über den direkten Kunden), infolgedessen kann er schneller darauf reagieren.

Bei Pull-Strategien denkt man unwillkürlich an große Unternehmen, z.B. aus der Nahrungsmittelbranche und Kosmetikbranche, die auf der einen Seite mit großen Werbeaufwendungen das Markenbewusstsein der Konsumenten schaffen und auf der anderen Seite die Zwischenhändler „bearbeiten". Aber es gibt auch Möglichkeiten für mittelständische Unternehmen, mehr in Endkundendimensionen zu denken, dies zeigt das folgende Beispiel eines mittelständischen Unternehmens der Biotechnologie im Bereich der Entwicklung und Herstellung

---

[1] Vgl. Kohlert, 2002a, S. 62 ff.

eines Krebsmittels: Anstatt sich nur auf die Kunden Krankenhäuser und niedergelassene Ärzte zu verlassen (Push-Strategie), werden Selbsthilfegruppen initiiert und finanziert, die dann diese Behandlungsalternative ihren Ärzten, meist nach einigen erfolglosen Versuchen mit Präparaten des Wettbewerbers, vorschlagen (Pull-Strategie). Über die Selbsthilfegruppen wird das eigene Präparat im Gedächtnis der Kunden („**Customer's Mind**") positioniert:

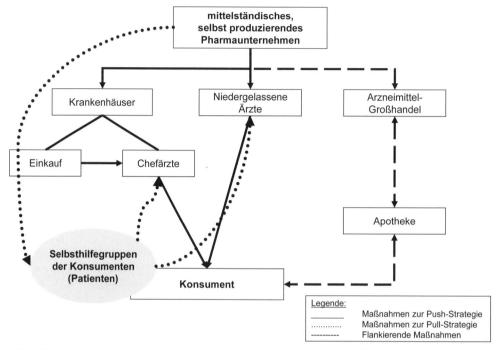

Abb. 8.26: Verbindung von Pull- und Push-Strategien am Beispiel eines mittelständischen selbstproduzierenden Pharmaunternehmens

8.5.2 Kommunikationsmaßnahmen in der Umsetzung

Kommunikation wird immer sehr eng mit der Werbung verknüpft. **Werbung**[1] ist die Gestaltung der auf den Markt gerichteten Informationen eines Unternehmens. Es ist dabei der bewusste Versuch, Menschen unter Einsatz spezifischer Werbemittel zu beeinflussen und zu einem bestimmten Kaufverhalten zu bewegen. Die Kaufentscheidung kann dabei unmittelbar oder mittelbar erfolgen. Die Werbung kann damit mit Kommunikation an den Markt gleichgesetzt werden. Die **Komponenten einer Kommunikationsmaßnahme** sind die folgenden:

---

[1] Die beiden Begriffe Werbung und Kommunikation werden synonym verwendet.

8.5 Kommunikation mit dem Kunden

- Das **Kommunikationsziel** („Promotion Objective") beinhaltet die eindeutige Zielsetzung einer Maßnahme. Wie bereits dargelegt, muss die Kernbotschaft, die an den Kunden befördert werden soll, unmissverständlich sein.
- Durch das **Markenversprechen** („Brand Promise") wird die Marke des Unternehmens durch die Kommunikation bestätigt und verstärkt. Dies kann z.B. auf die Zuverlässigkeit und Kompetenz des Maschinenbauers für hochwertige, außergewöhnliche Lösungen abzielen oder auf ein vorhandenes globales Netzwerk, das den Kunden auch in entferntesten Regionen einen Service aus erster Hand bieten kann.
- Die Kommunikationsmaßnahme übermittelt dem Kunden die mögliche **konkrete Unterstützung** („Support"), z.B. die Schnelligkeit in der Reaktion oder maßgeschneiderte Lösungen zu einer individuellen Finanzierung.

Vor der Gestaltung von Kommunikationsbotschaften wird sich das Unternehmen mit einigen Fragestellungen auseinandersetzen müssen, ein sogenanntes „**Briefing**" ist unerlässlich. Darin werden alle wichtigen Informationen über das eigene Unternehmen, seine Marktangebote und die Kommunikationskampagne zusammengefasst:

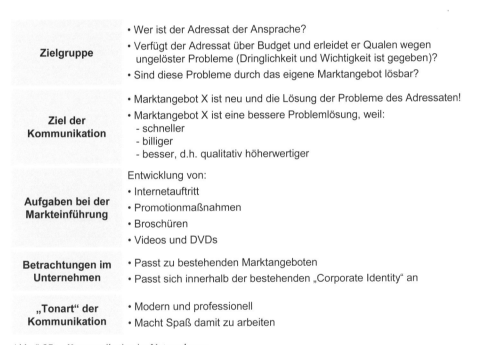

Zielgruppe	• Wer ist der Adressat der Ansprache? • Verfügt der Adressat über Budget und erleidet er Qualen wegen ungelöster Probleme (Dringlichkeit und Wichtigkeit ist gegeben)? • Sind diese Probleme durch das eigene Marktangebot lösbar?

Ziel der Kommunikation	• Marktangebot X ist neu und die Lösung der Probleme des Adressaten!
	• Marktangebot X ist eine bessere Problemlösung, weil:
	  - schneller
	  - billiger
	  - besser, d.h. qualitativ höherwertiger

Aufgaben bei der Markteinführung	Entwicklung von: • Internetauftritt • Promotionmaßnahmen • Broschüren • Videos und DVDs
Betrachtungen im Unternehmen	• Passt zu bestehenden Marktangeboten • Passt sich innerhalb der bestehenden „Corporate Identity" an
„Tonart" der Kommunikation	• Modern und professionell • Macht Spaß damit zu arbeiten

Abb. 8.27: Kommunikation im Unternehmen

Zur **Gestaltung von Kommunikationsbotschaften** wird immer wieder die **AIDA-Formel** aus dem Hut gezaubert. AIDA ist ein Akronym für ein Werbewirkungs-Prinzip. Es wurde bereits 1898 zum ersten Mal veröffentlicht. Dieses Stufenmodell enthält vier Phasen, die sich durchaus auch überschneiden können, die die Kunden durchlaufen sollen und die letztlich zu deren Kaufentscheidung führen sollen. Die vier Phasen werden als gleich wichtig angesehen und finden auch heute noch in Werbestrategien und Verkaufsgesprächen ihren Niederschlag:

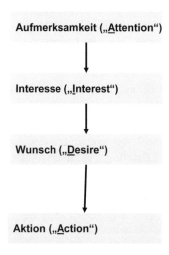

Aufmerksamkeit („Attention")
- Wie kann das Unternehmen Aufmerksamkeit auf sich lenken?
- Was könnte den Empfänger (=potenziellen Kunden) interessieren?
- Was ist die Kernbotschaft an den Empfänger?

Interesse („Interest")
- Womit kann Interesse beim Empfänger geweckt werden?
- Woran ist der Empfänger interessiert, welche Ziele und Motive lassen sich bei ihm erkennen?

Wunsch („Desire")
- Wie kann beim Empfänger der Wunsch ausgelöst werden, mehr wissen zu wollen? Daher wird die Aussage so formuliert, dass:
  - sie beim Empfänger wertschätzend und bestätigend ankommt
  - als motivbezogene Nutzenargumentation formuliert wird

Aktion („Action")
- Wie kann den Wünschen des Empfängers entsprochen werden, ohne dabei eigene Interessen unberücksichtigt zu lassen?
- Was soll mit der Botschaft erreicht bzw. ausgelöst werden?

Abb. 8.28: AIDA-Formel

Kommunikationsmaßnahmen greifen oftmals die empfundenen Risiken des Kunden auf und versuchen den Kern des Risikos durch eine **Kommunikationsbotschaft** zu entkräften. Dies kann z.B. wie folgt gestaltet werden:

	Empfundenes Risiko für den Kunden	Spezifische Konkretisierung durch das Marktangebot	Risikobegrenzung durch die Marke
funktionell	Erfüllt die Maschine meine Erwartungen?	Ist die Maschine stabil?	Eine Maschine von ... ist stabil!
finanziell	Lohnt es sich, so viel Geld auszugeben?	Was bekommt man für sein Geld?	Aufgrund der langen Nutzungsdauer ist die Maschine jeden Euro wert!
sozial	Werden die Mitarbeiter die Maschine bedienen können?	Wie sehen die Schulungsmaßnahmen dafür aus?	Die exzellenten Schulungen von ... gewährleisten den optimalen Einsatz!

Abb. 8.29: Finden der wichtigen Botschaften an den Kunden

Der Vertrieb gibt sich viel Mühe, Präsentationen bei potenziellen Kunden zu erhalten. Daher lohnt es sich auch, die Präsentationen sorgfältig vorzubereiten. Bei der Zusammenstellung der **Präsentationsunterlagen** sollten folgende Grundregeln beachtet werden:

- Nicht das Marktangebot, dass dem Kunden angeboten wird, sondern die **Problemlösung steht im Vordergrund**.
- Es sollte auf alles verzichtet werden, was keine Sympathie schafft, z.B. **keine negativ belegten Worte**, keine Übertreibungen, kein Eigenlob.
- Die Darstellungen müssen **verständlich**, der Bestellvorgang einfach und die Preisgestaltung klar sein.
- Bei einer Präsentation muss überdies noch ein **guter Einstieg** gewählt werden; dieser weckt das Interesse des Zuhörers und gibt dem Verkäufer die entsprechende Sicherheit.
- **Emotionale Appelle** werden rationalen vorgezogen; Art und Umfang sind abhängig vom Marktangebot. Natürlich kann z.B. eine Maschine nicht nur mit emotionalen Appellen verkauft werden, aber ganz ohne geht es auch hier nicht.
- Wenn emotionale Appelle angewandt werden, sollte man ihnen einen **positiven Sinn** geben. Menschen mögen es, wenn ihnen eine heile Welt vorgespielt wird. Dieses positive Image überträgt sich dann auf das eigene Marktangebot.

> Der Auftritt nach außen sollte immer allgemeinverständlich sein und sich nicht in technischen Details verlieren. Sollten technische Details von Interesse sein, weil z.B. der technische Leiter bei der Präsentation zugegen ist, so sollte man darauf vorbereitet sein, um dann auch entsprechende Fragen beantworten zu können. Bei der eigentlichen Präsentation haben sie jedoch nichts zu suchen. Im Auftritt wird der Nutzen des Marktangebots deutlich hervorgehoben, denn die Darstellung des Nutzens entscheidet darüber, ob es zu einem zweiten Gespräch kommt oder nicht. Dieser Nutzen ist für alle Anwesenden klar erkennbar, unabhängig davon, aus welcher Fachrichtung sie kommen.

8.5.3 Verkäufer – das Scharnier zum Kunden

Der **persönliche Verkauf** („Personal Selling") ist der Verkauf durch Personen. Damit sind alle Kontakte des Verkäufers mit potenziellen Kunden gemeint, die darauf ausgerichtet sind, Kundenbestellungen zu erlangen. Hier gibt es auch unterschiedliche **Formen des Verkaufs**:

Adhoc-Verkauf	• **Bedarfsfälle** werden meist durch Anfragen oder im Rahmen von Kampagnen festgestellt • kein systematisches Besuchsprogramm • oft keine Kundenklassifizierung oder gar -qualifizierung vor Angebotserstellung • Beziehungspflege ist kaum von Bedeutung
Besuchstouren-Verkauf	• regelmäßige Besuche eines weitgehend **festen Kundenstamms** in einem vordefinierten Verkaufsgebiet • regelmäßige Betreuung von Verkaufseinrichtungen • Auslieferungsverkauf • kontinuierliche Ordertätigkeit • Besuche i.d.R. durch Generalisten • „routinierte" Beziehungspflege
Projekt-Verkauf	• besucht und betreut werden **wechselnde Projekte**, je nach Bedarf • diskontinuierliche Ordertätigkeit • Besuche i.d.R. durch Spezialisten
Key-Account-Verkauf	• Besuch von **Schlüsselkunden** nach Bedarf • Jahresverträge mit Abnahmevereinbarungen • Gebietseinteilungen sind nicht relevant • lange Besuchsdauer, Projektgespräche, Präsentationen • Generalisten und Spezialisten im Verbund • Beziehungspflege hat sehr hohe Bedeutung

Abb. 8.30: Formen des Verkaufs

„Personal Selling" gilt als eine der wirkungsvollsten Formen der Kommunikation, allerdings auch als die teuerste. Der Verkäufer hat dabei verschiedene Aufgaben, die über das eigentliche Verkaufen weit hinausgehen. Der „Mann an der Front" ist der Informationsbeschaffer für das Unternehmen. Er ist auch derjenige, der Marktentwicklungen, Veränderungen der Präferenzen der Kunden und das Auftreten von neuen Wettbewerbern als Erster mitbekommt, lange vor seinem Unternehmen. Er ist eine gute Informationsquelle für das Unternehmen. Die **Beschaffung und Pflege der folgenden Kundeninformationen** gehören zu seinen Aufgaben:[1]

- Adresspflege und Pflege der persönlichen Kontakte
- Absatzgebiet und Abnehmerstruktur der Kunden
- Jahresbedarf der Kunden an der gesamten Palette von Marktangeboten, also auch an den Marktangeboten, die zur Zeit von Wettbewerbern bezogen werden
- Feststellen der Einkaufsfrequenz und der Einkaufsgewohnheiten
- Besuchshäufigkeit der Verkäufer der Wettbewerber, Gewinnmargen und Rabatte
- Werbeaktivitäten der Kunden
- Beurteilung der wirtschaftlichen Entwicklung und der Absatzchancen
- Beurteilung der eigenen Marktangebote anhand von Stärken/Schwächen-Profilen im Vergleich zu den Angeboten der Wettbewerber

---

[1] Vgl. Kohlert, 2002a, S. 139.

8.5 Kommunikation mit dem Kunden

Dem Verkäufer kommt auch die Aufgabe zu, mit seinen **Kunden in Kontakt zu bleiben**. Auch dieses muss strukturiert werden:

	Kontakte zur Akquisition			Persönliche Aufmerksamkeiten			Serviceprogramm		
	persönlicher Besuch	telefonische Akquisition	schriftliche Information	Geburtstag	Geschenke	Einladung	Lieferzeit	Beratung	Service
A-Kunden Anzahl: __									
B-Kunden Anzahl: __									
C-Kunden Anzahl: __									

Abb. 8.31: Übersicht zur Betreuung der Kunden

Die **Anforderungen an den Verkäufer** haben sich in den letzten Jahren deutlich gewandelt.[1] Entgegen der weit verbreiteten Auffassung ist die Funktion der Vertriebswege nicht nur die Distribution von Marktangeboten, sondern die Anforderungen des Kunden an den Lieferanten und seine Verkäufer erweitern sich. Die **Aufgaben eines Verkäufers** sind daher heute sehr vielfältig:[2]

- Der Verkauf muss letztendlich durch einen **Vertragsabschluss** zustande kommen. Alle dem endgültigen Verkauf vorgelagerten Maßnahmen wie Annäherung der Parteien, Präsentation, Entkräften von Gegenargumenten und Vertragsverhandlungen gehören zu den Aufgaben des Mitarbeiters. Das Wort „Verkaufen" hat im Deutschen einen leicht negativen Beigeschmack. In den USA wird „Verkaufen" als etwas Wichtiges angesehen, gute Verkäufer erzielen Spitzengehälter. In Deutschland dagegen wird es als etwas eher Anrüchiges betrachtet. Dessen ungeachtet muss jedes Unternehmen verkaufen, wenn es auf dem Markt bestehen und sich weiterentwickeln möchte.
- Die **Ermittlung potenzieller Kunden** ist eine weitere Funktion der Vertriebswege. Die Mitarbeiter, die im Verkauf tätig sind, erhalten viele Informationen über den Markt, den Kunden und potenzielle neue Kunden, denen sie nachgehen können.

---

[1] Vgl. Belz, S. 24.
[2] Vgl. Kohlert, 2002a, S. 124 f.

- Der Mitarbeiter im Außendienst ist ein **„wandelnder Marktforscher"**, der tagtäglich Informationssammlungen über den Markt und Wettbewerb betreibt. Durch eine Kanalisierung dieser Informationen erhält das Unternehmen wertvolle Informationen.
- Die Kommunikation, d.h. die **Information der bestehenden oder potenziellen Kunden** über das Marktangebot und den Service, kann über diesen Mitarbeiter erfolgen.
- Die **Bereitstellung von Serviceleistungen** ist ebenfalls eine weitere Funktion des Vertriebsweges. Oft ist der Verkäufer hier der erste Ansprechpartner des Kunden, da ein persönlicher Kontakt besteht. Der Verkäufer berät bei Problemen und erbringt im Einzelfall sogar technische Hilfeleistungen.

Bevor der Mitarbeiter im Vertrieb gesucht werden soll, muss zunächst das **Anforderungsprofil für den Verkäufer** stehen. Das liegt zum ersten am Unternehmen selbst und der Rolle des Verkäufers in der eigenen Vertriebsorganisation:

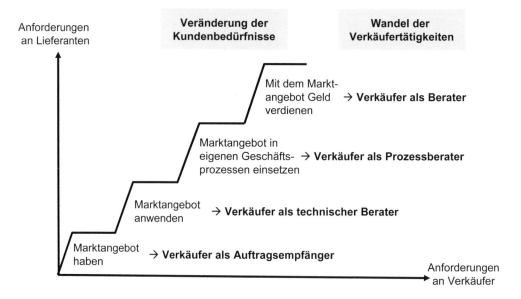

Abb. 8.32: Veränderung bei Kundenbedürfnissen und im Verkauf

> Der Mitarbeiter im Außendienst ist oft die erste Person, mit der der neue Kunde Kontakt hat. Mit ihm verbindet er die Leistungsfähigkeit des Unternehmens, d.h. er schließt von ihm auf das Marktangebot und die Leistungsfähigkeit des Unternehmens. Entsprechend sorgfältig sollte die Auswahl des „Mannes bzw. der Frau vor Ort" erfolgen.

8.5.4 Verkaufsförderung

Unter **Verkaufsförderung** („Sales Promotion") versteht man alle Maßnahmen, die den Absatz kurzfristig und unmittelbar stimulieren sollen. Das Unternehmen kann seine Maßnahmen auf den Kunden direkt, den Außendienst oder auf den Händler fokussieren:[1]

- Beim Kunden zielt die Verkaufsförderung auf die **Verbesserung des von dem Kunden** wahrgenommenen Preis/Leistungs-Verhältnisses ab, z.B. durch die Verteilung von Produktproben und Gutscheinen, durch das Angebot einer Warenrücknahme oder durch die Gewährung von Preisnachlässen.
- Im Außendienst soll die **Motivation der Mitarbeiter** verbessert werden, z.B. durch die Veranstaltung von Wettbewerben, durch Schulungsveranstaltungen oder durch die Bereitstellung von Verkaufshilfen wie Broschüren, Video-Filmen und CDs.
- Beim Händler ist es ähnlich wie beim Außendienst, es kommen nur noch weitere mögliche Maßnahmen hinzu wie die Gewährung von Preiszugeständnissen bei der Einführung neuer Marktangebote und die Bereitstellung von Display-Material.

Unter diesen Voraussetzungen können allerdings erklärungsbedürftige Marktangebote eher schlecht über Maßnahmen der Verkaufsförderung vermarktet werden. Ist der Kontakt zum Endkunden zu weit, weil die Vertriebswege zu verschlungen sind, könnte überlegt werden, wie im Sinne einer „Pull-Strategie" die Kundennähe wieder hergestellt werden kann. Die Bereitschaft des Käufers zum Kauf hängt auch vom richtigen „Timing" ab, es muss also die Phase im Produktlebenszyklus beachtet werden, denn die Maßnahmen der Verkaufsförderung differieren je nach Phase.

Auch die **Messe** kann als Form der Verkaufsförderung betrachtet werden. Dabei sind die Gründe von Unternehmen für eine Messeteilnahme sehr vielfältig:[2]

- Auf der Messe besteht die Möglichkeit, **potenzielle Kunden** kennenzulernen und Aufträge zumindest anzubahnen.
- Auf Messen werden oft **Neuheiten** gezeigt und man hat auch die Möglichkeit, die Reaktionen der Messebesucher auf das neue Marktangebot direkt zu erleben.
- Wenn man nicht auf der Messe vertreten ist, vermutet die Branche und damit die Kunden, dass das Unternehmen sich dies nicht mehr leisten kann. Dies würde sich negativ auf den **Erfolg** des Unternehmens auswirken.
- Man sieht die Wettbewerber und kann ungezwungen mit ihnen ins Gespräch kommen. Daneben bieten Messen auch Gelegenheiten, „**Mystery Shopping**" zu betreiben. Hier gibt man sich als potenzieller Kunde aus und versucht, mit dem Wettbewerber am Messestand ins Gespräch zu kommen, um wichtige Informationen zu erhalten.

Jede **Messeteilnahme** sollte gut vorbereitet werden, um daraus den größtmöglichen Nutzen zu ziehen; ansonsten ist sie finanziell kaum zu rechtfertigen. Die folgenden Faktoren sind dabei zu berücksichtigen:[3]

---

[1] Vgl. Nieschlag/Dichtl/Hörschgen, S. 534 ff.
[2] Vgl. Kohlert, 2002a, S. 133.
[3] Vgl. ebenda, S. 133 ff.

- Auswahl der richtigen Messe und **Festlegung der eigenen Zielsetzungen**, z.B. Aufträge zu erhalten, Kontakte zu potenziellen Kunden zu knüpfen, eigene Handelsvertreter zu treffen und die eigenen Produkte vorzustellen oder den Erfahrungsaustausch, die Produktschulung und die Motivation der bestehenden Handelsvertreter zu fördern.
- Es empfiehlt sich, eine **Ankündigung der Messeteilnahme** und eine Einladung an potenzielle Kunden zu verschicken oder am besten gleich Besuchstermine mit den entsprechenden Kunden zu vereinbaren, um nicht verschiedene wichtige Gespräche gleichzeitig führen zu müssen. Oftmals ist man bei persönlichen Kundenbesuchen gar nicht in der Lage, das gesamte Leistungsspektrum des eigenen Unternehmens zu präsentieren. Eine Messe bietet dann eine gute Gelegenheit hierzu.
- Der **Messestand** soll angenehm gestaltet sein, d.h. nicht mit zu vielen Marktangeboten überhäuft werden. Besucher dürfen sich nicht vom Marktangebot erdrückt fühlen. Der Messestand sollte auch hell beleuchtet werden, denn Helligkeit wirkt positiv und zieht Menschen an.
- Von Bedeutung ist auch die zum Produkt und zum Kundenkreis passende **Kleidung des Standpersonals**: Insbesondere bei Messen mit internationalem Fachpublikum sollte darauf geachtet werden, dass die Kleidung entsprechend der Bedeutung des Unternehmens und des Produkts als angemessen betrachtet wird. Von nicht alltäglicher Kleidung sollte abgesehen werden, es sei denn, sie passt zum Produkt. Selbstverständlich gehört auch eine bestimmte Kommunikationsfähigkeit dazu, die nicht aufdringlich, wohl aber von Fachkompetenz gekennzeichnet sein sollte, um so mit potenziellen Kunden ins Gespräch zu kommen.
- Eine Messebeteiligung ist zu teuer, wenn man nicht versucht, bestmögliche Ergebnisse zu erzielen. Üblicherweise sammelt man auf Messen sehr viele Gesprächsprotokolle, Visitenkarten, zahlreiche Eindrücke von Wettbewerbern, man nimmt neue Marktangebote und neue Entwicklungen zur Kenntnis etc. Nach der Messe kommt die Nacharbeit, der „**Follow-up**" und zwar innerhalb eines Zeitraums, der in einem zeitlichen Zusammenhang zur Messe steht: Informationen werden auf den Weg gebracht, alle Interessenten werden sowohl angeschrieben als auch angerufen. Oft führt ein persönlicher Anruf eher zum Erfolg als nur die Zusendung von Prospekten. Wie sagt es ein amerikanisches Sprichwort aus Verkäuferkreisen aus den 20er Jahren des 20. Jahrhunderts: „The one who makes the calls makes the sales!" Diese Nachbearbeitungszeit sollte bereits bei der Planung der Messe mitberücksichtigt werden.

„**Events**" sind erlebnisorientierte Instrumente der Promotion für zielgruppenspezifische Adressaten, z.B. Handelsunternehmen und sonstige Kunden. Sie dienen zur Umsetzung der den Marketingzielen zugrunde liegenden Marketing-Strategien. Alle „Events" müssen sowohl zur Zielgruppe als auch zu den veranstaltenden Unternehmen, d.h. zu deren Image, passen. Da sie der Kundenakquisition und -bindung dienen, sollen sie unternehmensweit konsistente Kundenerfahrungen ermöglichen und sich nicht in widersprüchlichen Aktionen kannibalisieren. Beispiele für „Events" sind die Organisation von Konferenzen, z.B. Technologie-Tagen, Seminaren und Vorträgen sowie Wettbewerben, mit der die definierten Zielgruppen erreicht werden können.

8.5.5 Praxisfall: Umsetzung einer Marketing-Strategie bei der Robert Bosch GmbH[1]

Problemstellung

Nach dem „Elchtest" (Fahrdynamik-Test) der Mercedes-Benz A-Klasse im Jahre 1997 wurde die Marktprognose für die Absatzentwicklung des ESP[2] deutlich nach oben korrigiert. Um diesen Anforderungen gerecht zu werden, wurden die Entwicklungs- und Fertigungskapazitäten erhöht. Die Nachfrage des Marktes blieb aber dann nach dem Abklingen des „Rummels" um den „Elchtest" hinter den Prognosen zurück.

Das ESP hatte durch den „Elchtest" kurzfristig einen hohen Bekanntheitsgrad erreicht. Leider verbanden viele Marktteilnehmer in der Folgezeit das Stichwort ESP nicht mit „aktiver Fahrsicherheit" sondern mit „Problemen rund um das Fahrwerk". Auch war der Informationsstand des Handels über Wirkung und Nutzen von ESP gering. Hinzu kam, dass ESP ein erklärungsbedürftiges Produkt war. Dadurch hatten viele Fahrzeughändler Schwierigkeiten, den Sicherheitsgewinn des Systems dem Verbraucher zu erläutern, obwohl der Gesamtverband der deutschen Versicherungswirtschaft (GdV) in einer Studie feststellte, dass 25 % aller Unfälle mit schweren Personenschäden durch Schleudern verursacht werden und in Folge jeder dritte Unfall mit Todesfolge ein Schleuderunfall ist; der GdV konstatierte, dass ESP viele dieser Unfälle verhindern könnte.

So wurde im Verkaufsgespräch ESP meist nicht behandelt und durch Sonderausstattungen ersetzt, die einfacher erläutert werden konnten. Genau hier musste angesetzt werden: Um die Marktentwicklung des ESP nachhaltig zu beeinflussen war es daher notwendig, den Fahrzeughandel über die Funktion und den Nutzen des ESP und seine Vorteile, aber auch über physikalische Grenzen zu informieren, und so den Informationsstand über ESP zu erhöhen.

Lösungsansatz

Eine spezielle Kommunikation für ESP wurde notwendig, um den Marktteilnehmern die Thematik „ESP" nahezubringen. Die Ansatzpunkte für diese Kommunikation waren:
- die Fahrzeughändler/-hersteller:
  – Ausbildung und Verkaufsschulung der Händler
  – Bereitstellung von Informationsmaterial (Verkaufsargumente, Informationsleitfäden) für den Handel
  – Einbindung des ESP in die Produktpräsentation des Fahrzeuges beim Handel
- die Konsumenten sollten mit ESP vertrauter werden durch:
  – Messeauftritte (z.B. IAA[3]) und Internetseiten
  – Berichterstattungen anhand der Beschreibung von „Alltagssituation" mit und ohne ESP (siehe die folgenden Infografiken)

---

[1] Die Informationen wurden von der Robert Bosch GmbH zur Verfügung gestellt und durch den Autor dieses Buches überarbeitet.
[2] Elektronisches Stabilitätsprogramm.
[3] Internationale Automobilausstellung.

- Herausstellen des Produktnutzens in der klassischen Werbung
• die Öffentlichkeit:
  - Verstärkung der Informationen über ESP, insbesondere an Meinungsführer
  - Fachvorträge über die Funktionsweise und Vorteile des ESP bei Verbänden und Automobilvereinigungen
  - Fahrzeugtests mit/ohne ESP auf Teststrecken

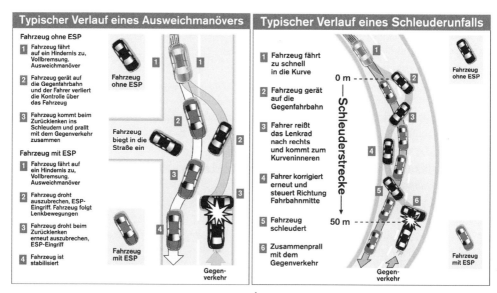

Abb. 8.33: Infografiken „Ausweichen" und „Schleudern"[1]

Umsetzung in der Praxis

In der Folgezeit konnte in den Gesprächen mit den **Fahrzeugherstellern** der Bedarf an Informationen über ESP im Handel genauer definiert werde. Gemeinsam mit einzelnen Autoherstellern wurden folgende Maßnahmen durchgeführt:

• Abgabe von Informationspaketen bestehend aus Broschüren, Videos, CD-ROMs, Animationen und Argumentationshilfen über die Funktion und den Nutzen von ESP für den Fahrzeughandel
• Verkaufshilfen für Händler („Leitfaden Verkaufsargumentation")
• Verkäuferschulungen (Theorie und Praxis, d.h. Fahrtests) über ESP im Rahmen der Schulungen zu Fahrzeugneuanläufen des Herstellers
• Einbindung von ESP in das Informations- und Schulungsmaterial der Hersteller

Erschwerend war sicherlich, dass das elektronische Stabilitäts-Programm (ESP) 1999 unter verschiedenen Namen von den Fahrzeugherstellern beworben wurde, wie etwa ESP (Elekt-

---

[1] Darstellung der Robert Bosch GmbH (mit freundlicher Genehmigung).

ronisches Stabilitäts-Programm) bei Daimler, VW/AUDI, Ford und Opel, DSC (Dynamic Stability Control) bei BMW und Jaguar und PSM (Porsche Stability Management) bei Porsche.

Um beim **Konsumenten** Bekanntheit zu schaffen, den Nutzen von ESP zu kommunizieren und einen Bedarf zu wecken, wurde, wie erwähnt, neues Informationsmaterial erstellt, etwa Broschüren, CD-ROMs oder Animationen. ESP wurde deutlicher in das Bewusstsein der Verbraucher gerückt, d.h. es wurden Informationen erteilt, der Nutzen hervorgehoben und ein Bedarf geweckt. Wichtig war hierbei, dass nicht die technische Leistung und Innovation in den Vordergrund gestellt wurde, sondern der Nutzen des Systems für den Konsumenten. Für die Ausrichtung der Kommunikation auf den Nutzen für den Konsumenten wurden die folgenden Kommunikationsmittel erstellt:

- ESP-Internetseiten, die Nutzen und Funktion einfach erläutern; mit der Möglichkeit, weiteres Informationsmaterial zu bestellen
- Animationen, die Verkehrssituationen mit/ohne ESP zeigen
- Infografiken, die dem Leser Funktion und Nutzen nahebringen
- Interaktive Stationen zu ESP auf Messen
- Anzeigenmotive, die den Nutzen in den Vordergrund stellen
- Broschüren und Faltkarten

Die Informationsprogramme und Nutzenargumentationen wurden in der **Marktöffentlichkeit** herausgestellt, die Informationen über ESP wurden verstärkt: Mit Fachvorträgen über die Funktionsweise und den Nutzen von ESP, wo möglich anhand von Vorführungen, Videofilmen, technischen Infomappen etc. Dabei waren die Maßnahmenschwerpunkte die Folgenden:

- Intensivere Presseberichterstattung, Nutzen der Ergebnisse der „RESIKO-Studie[1]" bzw. Darstellung von „Alltagsgeschichten", d.h. es wurden anhand konkreter Beispiele/Fahrsituationen die Vorteile des ESP erläutert
- Presseveranstaltung im Testzentrum Boxberg; ESP-Fachvorträge und Fahrtests für die regionale/überregionale Tagespresse
- Fachvorträge und Diskussionen bei automobilnahen Organisationen (Verkehrswacht, Automobilclubs etc.)
- Kontakte zu Unfallforschern und Versicherungen

Lerneffekte für das Unternehmen

Die folgenden Erfahrungen wurden bei der Umsetzung des Konzepts gemacht:

- ESP ist ein komplexes und erklärungsbedürftiges Marktangebot, das im Gegensatz zu z.B. einem Navigationssystem beim Händler nicht vorgeführt werden kann.
- Der Erklärungsaufwand im Handel ist im Vergleich zu anderen Sonderausstattungen hoch. Die Händler brauchen Hilfestellung bzgl. klarer Nutzenkommunikation.

---

[1] Bei der RESIKO Studie (Retrospektive Sicherheitsanalyse von PKW-Kollisionen mit Schwerverletzten) handelt es sich um eine Information des Instituts für Fahrzeugsicherheit des Gesamtverbands der Deutschen Versicherungswirtschaft e.V.

- Die typischen Informations- und Schulungsaktivitäten der Hersteller für den Handel waren bis dato nicht auf solch komplexe Marktangebote wie ESP ausgerichtet.
- Mögliche Schulungen des Handels bedeuten für den Zulieferer „Handels-Denken", d.h. Bosch muss sich an den Bedürfnissen des Handels ausrichten (klare Informationen, Nutzenargumentation, Motivation).
- Man braucht einfache, schlüssige Kommunikatoren, um die Vorteile von ESP klar aufzeigen zu können.
- ESP wird als modernstes Sicherheitssystem kommuniziert. Dies setzt allerdings voraus, dass der Fahrzeughersteller ESP in einer Baureihe bei allen Motivversionen zumindest als Sonderausstattung anbietet.
- Die Positionierung von ESP muss zum Markeneindruck des Kunden passen. Um diesen nicht zu stören, muss daher die Positionierung der Marke „Bosch" ggf. entsprechend zurücktreten.

Insgesamt zeigte sich, dass Maßnahmen nur in ihrer Gesamtheit wirken können. Einzelne Anzeigenkampagnen, wie sie oft gefahren werden, verpuffen und können nur flankierend eingesetzt werden. Geachtet werden muss dabei auf eine einheitliche Aufbereitung und Darstellung der Infomaterialien, um die Wiedererkennung zu erhöhen.

Glossar über wichtige Fachbegriffe im Marketing

ABC-Analyse	Hilfsmittel zur Priorisierung von Kunden, Marktangeboten etc. hinsichtlich Umsatz oder Deckungsbeitrag mit dem Ziel der Identifikation derjenigen Kunden, Produkte etc., die am meisten zum Unternehmenserfolg beitragen
Absatzpotenzial	Anteil am Marktpotenzial, das ein Unternehmen als maximal erreichbar betrachtet
Account Manager	Eine Stufe unter dem → Key Account Manager, in der Regel bearbeitet er seine Kunden eigenverantwortlich
After Market	Im Gegensatz zu den OEM in der Wertekette nachgelagerte Stufen, die sich i.d.R. mit dem Endkunden beschäftigen und ihm das Produkt direkt verkaufen, ihm Reparaturdienstleistungen anbieten etc.
Appropriability	Kontrolle und Sicherung einer Innovation durch das Unternehmen
Barterhandel	Alle wirtschaftlichen Transaktionen, bei denen Waren oder Leistungen ganz oder teilweise gegen andere Waren oder Leistungen getauscht werden
Basistechnologien	Technologien, die von allen Wettbewerbern beherrscht werden und damit kaum noch geeignet sind, Wettbewerbsvorteile zu erringen
Benchmarking	Vorgehensweise zum Vergleich von Marktangeboten oder Geschäftsprozessen, um aus den Unterschieden Verbesserungsmöglichkeiten für das eigene Unternehmen zu generieren
Best Practices	Lernform, die man als Imitationslernen von herausragenden Beispielen bezeichnen kann; durch Nachahmen versuchen Unternehmen, die Erfahrungen und das Wissen anderer Unternehmen aus der Realisierung von Spitzenleistungen zu nutzen und auf das eigene Unternehmen zu übertragen, um damit die eigene Leistungsfähigkeit zu verbessern

Bottom-Up-Prozess	Prozess der Planerstellung, der auf der untersten Planungsebene beginnt und anschließend auf den höheren Planungsebenen schrittweise zusammengefasst wird, bis als Endergebnis ein integrierter Gesamtplan entsteht
B2B-Marketing	Business-to-Business (B2B) bedeutet, Unternehmen verkaufen ihre Marktangebote an andere Unternehmen aus Fertigung und Handel, staatliche Stellen, Non-Profit-Organisationen
B2C-Marketing	Business-to-Consumer (B2C) bedeutet, Unternehmen verkaufen ihre Marktangebote direkt an den Konsumenten
Branding	Marktangebote werden mit eigenen Persönlichkeiten bzw. Marken ausgestattet, die eine bestimmte Aussage transportieren und dem Kunden leichter im Gedächtnis bleiben und ihn zum identifizierbaren Objekt machen
BRIC-Staaten	BRIC steht für die Anfangsbuchstaben der vier Staaten Brasilien, Russland, Indien und China; diese sogenanntne Schwellenländer haben jährliche Zuwachsraten der Wirtschaftsleistung von 5 bis 10 %, weshalb einige Prognosen voraussagen, dass sie bis 2050 die G8-Staaten überflügeln könnten.
Business Driver	Bestehende Herausforderungen im Unternehmen, denen es sich bewusst ist und aus denen meist „Business Initiatives" resultieren
Business Initiatives	Projekte, Programme, Pläne etc. die ein Unternehmen umsetzt, um damit die Probleme zu lösen, die es identifiziert hat
Buying Center	Alle am Einkaufsprozess in einem Unternehmen beteiligten Rollen wie Einkauf, Entscheider, Empfehler etc.
Cash Cow	„Goldesel" oder „Melkkuh" bezeichnet allgemein ein Produkt, mit welchem hohe Gewinne erwirtschaftet werden
Cash-Flow	Saldo aus Ein- und Auszahlungen eines Unternehmens, er stellt damit eine Kennzahl für die Liquidität des Unternehmens dar
Clubbing	Bindung von bestehenden und potenziellen Kunden über eine Mitgliedschaft in einem Club an ein Unternehmen mit dem Vorteil für die Mitglieder, bestimmte Leistungen nur als Mitglied des Clubs zu erhalten

Cluster	Kritische Größen an einem Standort, die in einem bestimmten Feld durch Konzentration und Komplementarität der Leistungen einen ungewöhnlichen Erfolg haben
Co-Branding	Kreierung eines gemeinsamen starken Marktauftritts durch die Kombination von mindestens zwei zugkräftigen Markennamen
Co-Marketing	Verknüpfung der einzelnen Marketingaktivitäten von Unternehmen mit ähnlicher Marktpositionierung zum Ausschöpfen „verwandtschaftlicher" Zielgruppen
Commodities	Englischer Ausdruck für Rohstoffe, vor allem im Börsenumfeld verwendet, darunter werden im Marketing Standardprodukte verstanden, die keine Alleinstellungsmerkmale ermöglichen, somit besteht nur noch der Preis als alleiniges Unterscheidungsmerkmal zu den Wettbewerbern
Complementary Assets	Komplementäre Vermögensgegenstände („Assets"), um das eigene Know-how auch wirklich zu nutzen, z.B. Markenname, Vertriebswege, Kundenbeziehungen
Collaterals	Sammelbegriff für Broschüren, Folder, Kataloge, Firmen- und Produkt-Broschüren, verkaufsunterstützende Unterlagen, Beilagen, Formulare etc. in der Unternehmenskommunikation eines Unternehmens
Collateral Assets	Beherrschung derjenigen Fähigkeiten, die notwendig sind, um das Know-how auch wirklich zu nutzen bzw. im Markt umzusetzen
Cross-Selling	Teilbereich des „Customer Relationship Management" mit dem Ziel, durch den Verkauf sowohl mehrerer zueinander komplementärer, als auch voneinander verschiedener Marktangebote des Unternehmens die Kundenzufriedenheit und Kundenloyalität zu erhöhen und den Kundenlebenszyklus zu verlängern
Customer Appreciation	Erbringen von aus der Sicht des Unternehmens kleinen Leistungen, die für den Kunden einen höheren Wert haben und ihm die Wertschätzung des Unternehmens mit dem Ziel der Kundenloyalität vermitteln
Customer Insight	Kennen der besonderen Situation des Kunden in Markt und Wettbewerb durch den Verkäufer

Customer Lifetime Value	Gewinn, den ein Unternehmen mit einem Kunden über die Dauer der gesamten Kundenbeziehung erzielt
Deckungsbeitrag	Anteil des Umsatzes nach Abzug der direkt zurechenbaren Kosten, der zur Deckung anderer Kosten zur Verfügung steht
Desinvestition	Rückgewinnung bzw. Freisetzung der in konkreten Vermögensgegenständen gebundenen finanziellen Mittel durch Verkauf, Liquidation und Aufgabe; die Desinvestition ist die Umkehrung der Investition
Desk Research	Suche und Auswertung von bereits erhobenen Daten
Differenzierung	Herausstellen von Unterscheidungsmerkmalen zu den Marktangeboten der Wettbewerber, um im Markt als unverwechselbar anerkannt zu werden
Direct Marketing	Direkte und gezielte Ansprache eines bestehenden oder potenziellen Kunden
Economies of Scale	Kostenvorteile in der Fertigung pro Stück, die sich aus einer erhöhten Fertigungsmenge ergeben
Educational Acquisition	Eintrittsstrategie in Märkte, mit denen das Unternehmen nicht vertraut ist, durch Akquisition eines Unternehmens mit dem entsprechenden Know-how
End-of-Life-Management	Diskussion um strategische Alternativen in der Degenerationsphase, die sich oft um die Frage Liquidation oder Abschöpfung drehen
Entrepreneur	Unternehmerisch denkender und handelnder aktiver Mensch in Unternehmen, der, durch Geschäftsgelegenheiten getrieben, auf eigenes Risiko handelt; also visionäre, innovative, auf Wachstum ausgerichtete Unternehmerpersönlichkeit
Erfahrungskurveneffekte	Zusammenhang zwischen der Erfahrung, gemessen am kumulierten Absatz des Produkts (Marktangebot), und dem Verlauf der Stückkosten, der sich in einem Kostenreduzierungspotenzial darstellt
Ertragsgesetz	Steigt der Einsatz eines Produktionsfaktors bei konstantem Einsatz der anderen Faktoren, so nimmt das Produktionsergebnis zunächst progressiv und dann degressiv zu

Event	Erlebnisorientiertes kommunikationspolitisches Instrument für zielgruppenspezifische Adressaten zur Umsetzung der Marketingziele
Event Manager	Mitarbeiter, der etwa Messen oder eigene Veranstaltungen eines Unternehmens organisiert und durchführt und dafür Personal, Räume und Ausstattung beschafft
Exit Strategy	Strategie, die es im Falle eines Misserfolgs ermöglicht, mit geringst möglichen Kosten eine fragwürdige Entscheidung wieder rückgängig zu machen
Experteninterview	Form der qualitativen empirischen Sozialforschung, bei der Experten aus der Industrie, Forschung etc. zu einem bestimmten Sachverhalt befragt werden
Experience Curve Effects	→ Erfahrungskurveneffekte
Feature	Einzelne Bestandteile und Eigenschaften eines Marktangebots
Field Research	Eigene Erhebung von bislang nicht publizierten Daten für einen bestimmten Zweck durch Beobachtung, Befragung oder Experimente
First Mover Advantage	Vorteile, die für ein Unternehmen daraus resultieren, dass es das erste ist, z.B. bei der Nutzung einer neuen Technologie und bei der Definition eines neuen Marktes
Game-over Strategy	→ Exit Strategy
Geschäftsmodell	Modellhafte Beschreibung eines Geschäftes, bestehend aus den drei Komponenten Kundenwerte, Gestaltung der Wertekette, Darstellung der Gewinnaussichten
Geschäftsprozess	Menge miteinander verknüpfter Aktivitäten, welche in einer bestimmten Reihenfolge sequentiell und/oder parallel ausgeführt werden, um ein festgelegtes Ergebnis für einen bestimmten Kunden oder Markt zu erreichen.
Handelsvertreter	Selbständiger, der im Auftrag eines oder mehrerer Unternehmen im Außendienst im fremden Namen Geschäftskontakte zu Kunden aufbaut und unterhält

Handlungsempfehlungen	Im kulturellen Kontext des Unternehmens gewichtete Schlussfolgerungen, die damit eine gewisse Subjektivität haben und sich am Umsetzbaren im Unternehmen orientieren
Hypothese	Vor der empirischen Untersuchung getroffene Annahme über eine oder mehrere Sachverhalte, die anhand einer oder mehrerer Stichproben überprüft wird
Iceberg Principle	Das kritische Problem ist oft nicht das Sichtbare (über der Wasseroberfläche), sondern das, was auf den ersten Blick nicht erkennbar ist (unter der Wasseroberfläche)
Image	Wahrnehmung eines Marktangebots oder Unternehmens in der Marktöffentlichkeit und die Verbindung mit bestimmten Attributen durch die Kunden
Incentive	Nicht-materieller Anreiz, mit dem die Motivation, insbesondere bei Mitarbeitern im Außendienst, verstärkt werden soll
Ingredient Branding	Aufwertung eines Marktangebots durch markierte Komponenten, die eine starke Marke beinhalten
Innovation	Weiterentwicklung (kontinuierliche Innovation) eines bestehenden Produkts, die dem Kunden oft gar nicht auffällt und von ihm keine Verhaltensänderung erfordert, oder Weiterentwicklungen, die vom Kunden eine Verhaltensänderung erfordern (diskontinuierliche Innovationen); für die Kunden sind Diskontinuitäten wichtig, da nur durch sie bahnbrechende Verbesserungen möglich sind
Innovationsmanagement	Transfer von Wissen in Nutzen bzw. Kundenwerte
Internes Marketing	Ausgestaltung der Geschäftsprozesse innerhalb eines Unternehmens, mit denen Marketing-Ziele verfolgt werden
IP-Strategy	Strategie, wie ein Unternehmen sein „Intellectual Property", d.h. seine intellektuellen Eigentumsrechte schützt und sie gegenüber dem Wettbewerb verteidigt
Kannibalisierung	Reduzierter Absatz eines Marktangebots des Unternehmens durch Einführung eines anderen konkurrierenden Marktangebots durch dasselbe Unternehmen, da die Kunden das neue Marktangebot als Substitut verstehen

Kernprodukte	Komponenten eines Marktangebots, die einen merklichen Wertbeitrag zu den Endprodukten leisten
Key Account Management	Organisation der Mitarbeiter im Verkauf nach großen Kunden bzw. Schlüsselkunden, denen besondere Aufmerksamkeit gewidmet werden muss
Key Accout Manager	Mitarbeiter, der eigenverantwortlich die wichtigsten Kunden, die sogenannten „Key Accounts", bearbeitet, deren Geschäftsprozesse, Marktumfeld und Bedürfnisse analysiert
Kognitive Dissonanz	beschreibt die menschliche Neigung von Käufern eines Marktangebots, in der direkten Phase nach dem erfolgten Kauf Informationen über das Marktangebot selektiv aufzunehmen und die Kaufentscheidung in Frage zu stellen, insbesondere dann, wenn es sich um eine wichtige Entscheidung handelt und die Alternativen sehr ähnlich waren, was bis zur Rückabwicklung des Kaufs führen kann
Kooperation	Zusammenarbeit von Unternehmen auf freiwilliger Basis unter Beibehaltung ihrer wirtschaftlichen und rechtlichen Selbständigkeit
Koopkurrenz	Zwei oder mehrere Unternehmen kooperieren in der Abwicklung von Aufträgen und konkurrieren gleichzeitig in der Akquisition von neuen Aufträgen
Kundenwert	Differenz des vom Kunden empfundenen Nutzens zu den Kosten des Marktangebots
Lead Customer	→ Referenzkunde
Life Cycle Costs	Alle Kosten eines neuen Marktangebots von der Entwicklung, der Markteinführung bis hin zur Herausnahme, also für die gesamte Lebensdauer eines Marktangebots
Lock-in	Kosten für den Wechsel von einem zum anderen Anbieter sind größer als der durch den Wechsel entstehende Nutzen, so dass der Wechsel praktisch keine Option mehr darstellt
Make-or-Buy-Entscheidung	Entscheidung des Herstellers, Teile zuzukaufen oder selbst herzustellen

Management-by-Objectives	Personalführungsmodell, bei dem das Handeln anhand von Zielsetzungen gesteuert wird
Marke	Ein Marktangebot oder Unternehmen mit stets gleichbleibender Aussage, etwa über Qualität und Design, das die Kunden dadurch im Gedächtnis behalten, wiedererkennen und mit bestimmten positiven Eigenschaften verbinden
Marketing	Auseinandersetzung mit dem Wettbewerber um Kunden
Market Ownership	Beherrschung eines Marktes durch einen herausragenden Kundenwert, der dem Kunden im Gegensatz zum Wettbewerber angeboten wird
Marketing-Mix	Strukturierung des Marketing in Marktangebot, Preis, Vertriebswege und Promotion, die vom Unternehmen festgelegt werden, um die Marketing-Strategien auf dem Markt umzusetzen
Marketing-Strategie	Grundlegende Ausrichtung eines Unternehmens am Markt, z.B. als Kostenführer oder Technologieführer
Marktangebot	Kombination aus Produkten und Dienstleistungen, die, aufeinander abgestimmt, die Aufgabenstellung eines spezifischen Kundenproblems lösen
Marktanteil	Verhältnis des vom Unternehmen realisierten Umsatzes zum Marktvolumen
Marktanteil, relativer	Verhältnis des eigenen Marktanteils zum Hauptwettbewerber oder zu den drei größten Wettbewerbern
Marktforschung	Beschaffung und Analyse von Daten für die Ableitung von Handlungsempfehlungen zur Lösung einer spezifischen Aufgabenstellung
Marktpotenzial	Aufnahmefähigkeit des Marktes
Marktsegmentierung	Aufteilung eines Gesamtmarktes bezüglich seines Kaufverhaltens in Untergruppen, die eine homogene, gegenüber anderen Untergruppen heterogene Struktur aufweisen
Marktvolumen	Absatzmenge, die von allen Anbietern realisiert wird

Mass Customization	Fähigkeit eines Unternehmens, einer großen Menge an Kunden auf die jeweiligen spezifischen Bedürfnisse abgestimmte Marktangebote anzudienen, um die Erwartungen eines jeden Kunden zu erfüllen
Mediaplaner	Mitarbeiter, die den Einsatz der Werbung im Unternehmen planen und die einzelnen Maßnahmen aufeinander abstimmen, um die Wirkung beim Kunden zu maximieren
Meinungsführer	Person innerhalb einer sozialen Gruppe, die hinsichtlich ihrer Kompetenz oder Autorität auf Ansichten, Meinungen und Verhaltensweisen der Gruppenmitglieder einen bestimmten Einfluss ausübt
Missing Piece-Analysis	Identifizierung von Schwachstellen des Wettbewerbers, die auf eigene Stärken treffen
Mission	Gemeinsames Verständnis der Mitarbeiter über als besonders wichtig erachtete Unternehmensziele, grundlegende Strategien und mögliche Entwicklungsrichtungen
MRO	Steht für „Maintenance, Repair and Operations" und sind die sogenannten „indirekten Bedarfe" in der Fertigung eines Industriebetriebes, wie z.B. Instandhaltungsmaterial, Ersatzteile, Betriebsstoffe, schnellverschleißende Werkzeuge und Vorrichtungen, aber auch Büromaterial oder Hygienepapiere
Mystery Shopping	Testkauf, bei dem der Beobachter als Testkunde auftritt, um Informationen zu erhalten
Network Marketing	Vermarktung von Marktangeboten über das eigene Netzwerk von Kontakten zu anderen Marktteilnehmern
Netzeffekte	Diese liegen vor, wenn sich das Verhalten eines Marktteilnehmers auf das Wohlergehen eines oder mehrerer anderer Marktteilnehmer auswirkt
Market Ownership	Dies zu besitzen bedeutet, dass der Kunde eine bestimmte Aufgabenstellung sofort mit dem Unternehmen in Verbindung bringt, dass die „Market Ownership" besitzt
Newcomer	Neu in einen Markt eintretendes Unternehmen

OEM	Original Equipment Manufacturer sind die Hersteller von Produkten, im Zuliefergeschäft sind sie die Erstausrüster
Opportunity Costs	Kosten bzw. entgangener Nutzen einer nicht gewählten Handlungsalternative
Opportunity Management	Mehrstufige Erfassung, Pflege und Qualifizierung eines jeden Kundenkontakts, von der noch anonymen Adresse bis zum letztendlichen Vertragsabschluss
PEST-Analyse	Dies ist ein englisches Akronym für political, economical, social, technological und analysiert die externe Umweltanalyse anhand dieser Fakotren und ihren jewieliegn Einfluss auf das Unternehmen
Portfolio	Modelle, die eine Aufteilung von Vermögensbestandteilen auf verschiedene Anlageformen oder Märkte zum Zweck der Gewinnmaximierung und der Risikominimierung sicherstellen sollen, z.B. Wertpapiere, strategische Geschäftseinheiten
Positionierung	Kommunikation von Marktangeboten durch das Unternehmen an die Zielgruppen, um einen bestimmten Platz in deren Wahrnehmung zu besetzen
Preis/Absatz-Funktion	Visuelle Darstellung eines Zusammenhangs zwischen den möglichen Preisen eines Marktangebots und den jeweils zu erwartenden Absatzmengen
Preiselastizität	Verhältnis der relativen Änderung der nachgefragten Menge eines Gutes in Bezug auf die verursachende Preisänderung dieses Gutes
Primärforschung	→ Field Research
Proaktives Marketing	Unternehmen kontaktieren ihre Kunden von Zeit zu Zeit mit neuen Anwendungsmöglichkeiten oder verbesserten Versionen und halten damit den Kontakt zum Kunden
Produktportfolio	Summe aller geschäftlichen Aktivitäten eines Unternehmens
Prognose	Auf Erfahrungen, Beobachtungen oder sonstigen Erkenntnissen beruhende Aussagen über zukünftige Ereignisse

Public Relations	Bemühen des Unternehmens um Verständnis bei einzelnen Zielgruppen, um den Aufbau und die Pflege von Vertrauen und um die Erreichung eines bestimmten Bekanntheitsgrads in der Marktöffentlichkeit
Referenzgruppen	Personen, die einen direkten oder indirekten Einfluss auf das Verhalten oder die Einstellungen einer Person haben. Normalerweise gehören dazu die Familie und der Freundeskreis
Referenzkunde	Kunde, der zum Zweck der gemeinsamen Weiterentwicklung ein noch nicht ausgereiftes Marktangebot erhält, oft mit einem Preisabschlag verbunden, um es gemeinsam mit dem Anbieter zur Serienreife zu führen und weiteren potenziellen Kunden die Leistungsfähigkeit des neuen Marktangebots zu belegen
Reisender	Mitarbeiter eines Unternehmens im Außendienst, der für sein Unternehmen Geschäftskontakte zu Kunden aufbaut und unterhält
Relationship Marketing	Schaffung langfristig befriedigender Beziehungen für alle wichtigen Partner, um langfristige Präferenzen und Geschäftsmöglichkeiten zu erkennen und diese aufeinander abzustimmen und zu erhalten
Re-order Quote	Weitere Bestellungen von Altkunden (bestehenden Kunden)
Return on Investment (RoI)	Rückflüsse aus dem Markt an das Unternehmen aus einer getätigten Investition, z.B. interne Verzinsung; gemessen in % von der Investition
Rückwärtsintegration	Kauf von Lieferanten eines Unternehmens mit dem Ziel der Sicherung von Zulieferungen
Sales Promotion	Maßnahmen, die den Absatz kurzfristig und unmittelbar stimulieren
Schlüsseltechnologien	Technologien, die derzeit und kurz- bis mittelfristig einen deutlich überragenden Einfluss auf die Wettbewerbsfähigkeit aufweisen und sich bislang noch im Entwicklungsstadium befinden
Schlussfolgerungen	Schlüsse aus im Rahmen einer Marktforschung ermittelten objektiven Daten

Schrittmachertechnologien	Technologien, die sich noch in einem frühen Entwicklungsstadium befinden, aber schon erkennen oder vermuten lassen, dass sie gravierende Auswirkungen auf das Wettbewerbsgeschehen in der betrachteten Industriebranche haben können
Screening	Prozess der Entscheidungsfindung mit Hilfe einer Checklist mit verschiedenen Fragestellungen
Segmentierung	→ Marktsegmentierung
Sekundärforschung	→ Desk Research
Selling Center	Alle am Vertriebsprozess in einem Unternehmen beteiligten Rollen von Mitarbeitern, wie Verkäufer, technischer Berater etc.
Service-Management	Aktive Nutzung von Serviceleistungen als Differenzierungsmerkmal für das eigene Marktangebot gegenüber dem der Wettbewerber
Share of Wallet	Anteil des Einkaufsvolumens eines Kunden, der beim verkaufenden Unternehmen verbleibt
Skimming-Preisstrategie	Markteintritt mit einem hohen Einführungspreis und mit großem Werbeaufwand, um die Bereitschaft der Kunden, hohe Preise zu akzeptieren, zu nutzen
Spin-off	Eine Unternehmensgründung erfolgt durch die Verselbständigung einer Teileinheit eines Unternehmens, durch deren Mitarbeiter, die einen Teil der Aktiva mitnehmen, die als Basis für das neue Unternehmen genutzt wird
Sponsoring	Förderung einer Institution durch Zuwendung von finanziellen oder nicht-finanziellen Mitteln zur Unterstützung der eigenen Marketingziele
Stärken	Vorgaben, die einem Unternehmen Wettbewerbsvorteile in einem Markt(-segment) verschaffen
Strategien	Grundsatzregelungen von Unternehmen, die mittel- bis langfristig angelegt auf ein Ziel ausgerichtet sind und den Charakter einer Leitlinie haben

Strategische Geschäftseinheit	Ein nach Technologie, Markt, Wettbewerb und sonstigen Kriterien abgrenzbares Tätigkeitsfeld eines Unternehmens, für das eine relativ unabhängige Strategie geplant und durchgesetzt werden kann
Substitution	Problemlösungen, die vom Kunden als Alternative in Betracht gezogen werden können
SWOT	Methode zur Erkennung der eigenen Stärken, steht für Strengths/Weaknesses und Opportunities/Threats
Szenario-Technik	Prognoseverfahren bei kalkulierbarer Unsicherheit, mit dessen Hilfe Konsequenzen für das Unternehmen unter verschiedenen zu erwartenden Zukunftsbildern abgeleitet werden
Technologie	Technologien sind die Verfahren und Prozesse, die einem Unternehmen zur Herstellung von Produkten grundsätzlich zur Verfügung stehen
Technologie-Portfolio	Abbildung der in einem Unternehmen insgesamt eingesetzten Technologien in einer zweidimensionalen Matrix mit den beiden Dimensionen unternehmensexterne, d.h. vom Unternehmen selbst nicht beeinflussbare Parameter und unternehmensinterne, d.h. vom Unternehmen zu beeinflussende Parameter
Technologieorientierung	Technologieorientierte Unternehmen nutzen einen Vorsprung im Know-how über eine bestimmte Technologie, um strategische Wettbewerbsvorteile aufzubauen und sich vom Wettbewerber anhand von Technologien zu differenzieren
Testimonial	Öffentliches Bekenntnis eines Kunden zu einer Innovation, die als Referenz für weitere Kunden durch den Hersteller genutzt werden kann
Time-to-Market	Schnelligkeit, mit der innovative Marktangebote von der Entwicklung bis zur Markteinführung umgesetzt werden können
Top-Down-Prozess	Prozess der Planerstellung, dessen langfristige Ziele, ausgehend von der Unternehmenspolitik, auf der strategischen Planungsebene formuliert und in einem Gesamtplan den unteren hierarchischen Planungsebenen zur Ableitung von Zielen und Maßnahmen für die taktische und die operative Ebene vorgegeben werden; die Planerstellung ist also gegenläufig zum Bot-

	tom-Up-Prozess, vom integrierten Gesamtplan zu den untersten Planungsebenen
Trade Secret	Bei einer Innovation wird auf die Patentierung verzichtet, da diese eine Offenlegung der Innovation mit sich bringen würde; es wird ganz bewusst auf die Geheimhaltung vertraut
Trend	Grundrichtung einer Entwicklung über einen bestimmten Zeitraum hinweg, die aus vergangenheitsbezogenen Datenmengen abgeleitet wird
Unique Selling Proposition	Eigenschaft eines Marktangebots, die es einem Unternehmen erlaubt, sich vom Wettbewerber zu differenzieren
Unternehmenskultur	Persönlichkeit eines Unternehmens basierend auf seinen gewachsenen Wertestrukturen, die sich in bestimmten Denkschemata und Problemlösungsmustern ausdrücken
Versionizing	Herstellung und Anbieten eines Marktangebots in unterschiedlichen Versionen für unterschiedliche Marktsegmente oder Kunden
Vision	Vorgabe der grundlegenden Richtung, in die sich ein Unternehmen entwickeln soll
Vorwärtsintegration	Kauf von Vertriebsunternehmen eines Unternehmens mit dem Ziel der Sicherung von Vertriebswegen
Wertschöpfungskette	Umfasst alle Tätigkeiten von strategischer Relevanz, die mit der Erstellung eines Marktangebots verbunden sind, von der Versorgung mit Rohstoffen über die Fertigung bis zur Auslieferung an den Kunden
Window of Opportunity	Plötzlich erscheinende Marktgelegenheit, die nur für einen bestimmten Zeitraum offen ist, den das Unternehmen nutzen muss, danach verschließt sich die Gelegenheit wieder
Win/Win-Strategie	Gemeinsame Strategie zweier Unternehmen, die aufgrund ihrer Abstimmung größeren Nutzen daraus erzielen als durch eine getrennte Umsetzung ihrer jeweiligen Strategie
Wirtschaftlichkeit	Mit einem minimalen Einsatz muss ein maximales Ergebnis erreicht werden oder ein bestimmtes vorgegebenes Ergebnis muss mit einem minimalen Einsatz erreicht werden

Workshop	Aufarbeiten eines spezifischen Problems im Unternehmen durch die Mitarbeiter unter Hinzuziehung eines (externen) Moderators, der oft die entsprechenden Methoden vorstellt, die die Teilnehmer dann im Workshop einsetzen

Literaturhinweise

Adner/Snow: Vorwärts in die Nische, in: Harvard Business Manager, Heft 05/2010, S. 62–69

Anderson/Narus: Business Marketing. Understand what Customers Value, in: Harvard Business Review, Heft 06/1998a, S. 53–65

Anderson/Narus: Business Market Management. Understanding, Creating, and Delivering Value, Upper Saddle River 1998b

Andreasen, Alan R.: Cost-Conscious Marketing Research, in: Harvard Business Review, Heft 04/1983, S. 74–79

Ansoff, Igor: Strategies for Diversification, in: Harvard Business Review, Heft 05/1957, S. 113–124

Backhaus, Klaus: Investitionsgütermarketing, München 1990

Baghai/Coley/White: Turning Capabilities into Advantages, in: The McKinsey Quarterly, No. 1/1999, S. 100–109

Baumgarth, Carsten: Markenführung von B-to-B-Marken, in: Backhaus/Voeth: Handbuch Industriegütermarketing, Wiesbaden 2004, S. 799–823

Bea/Haas: Strategisches Management, Stuttgart 2005

Bea/Scheurer/Hesselmann: Projektmanagement, 2008

Belz, Otto: Marketing. Durch Nacht zum Licht, in: Thexis, Heft 02/2004, S. 21–25

Berekoven/Eckert/Ellenrieder: Marktforschung. Methodische Grundlagen und praktische Anwendung, Wiesbaden 2009

Berry/Lefkowith/Clark: In Services, What's in a Name, in: Harvard Business Review, Heft 05/1988, S. 28–30

Bower, Joseph L.: Disruptive Technologies. Catching the Wave, Boston 1994

Bratl/Miglbauer/Trippl: Best Practice of Best Best Practice, Wien 2002

Capon/Hulbert: Marketing Management, Upper Saddle River 2001

Cateora/Graham: International Marketing, Boston 1999

Cohen, Dan S.: The Heart of Change Field Guide. Tools and Tactics for Leading Change in your Organization, Boston 2005

Comstock/Gulati/Liguori: Marketing für Ingenieure, in: Harvard Business Manager, Heft 12/2010, S. 64–79

Coyne, Kevin P.: Sustainable Competitive Advantage, in: The McKinsey Quarterly, Number 03/2000, S. 31–34

Coyne/Hall/Clifford: Is your Core Competence a Mirage, in: The McKinsey Quarterly, Heft 01/1997, S. 40–54

Coyne/Subramaniam: Bringing Discipline to Strategy, in: The McKinsey Quarterly, Heft 04/1996, S. 61–70

Dayal/Landesberger/Zeisser: Building Digital Brands, in: The McKinsey Quarterly, No. 02/2000, S. 42–52

Diller, Hermann: Preispolitik, Stuttgart 2007

Dolan, Robert J.: How do you Know when the Price is Right, in: Harvard Business Review, Heft 05/1995, S. 174–183

Drucker, Peter: Management. Tasks, Responsibilities, and Practices, New York 1973

Dunfee, Thomas W.: Einen ethischen Standpunkt vermarkten, in: Mastering Management, Stuttgart 1998, S. 433–436

Ehrmann/Olfert: Kompakt-Training Risikomanagement: Basel II – Rating, Ludwigsbhafen 2005

Friedrichs, Jürgen: Methoden der empirischen Sozialforschung, Opladen 1980

Freeman, R.: Definition Stakeholder, 1984

Fuchs, Wolfgang A.: Handbuch After Sales Communication. Konzepte, Management und Programme zur Durchführung, Berlin 2000

Geisser, Fredy: Mehr Umsatz und Gewinn durch genaue Marktsegmentierung, in: Strategie, Heft 03/2002, S. 8–9

Gerybadze/Kohlert: Branchenstudie Entrepreneurship in der IT-Industrie. Spin-offs und Neugründungen, Düsseldorf 2000

Golub/Henry: Market Strategy and the Price-Value Model, in: The McKinsey Quarterly, Sonderheft „Strategy Anthology" 2000, S. 47–49

Gottfredon/Schaubert/Saenz: Der große Firmen-Check, in: Harvard Business Manager, Heft 08/2008, S. 51

Grittner, Peter: Four Elements of Successful Sourcing Strategies, in: American Management Association, Management Review, Heft 10/1996, S. 41–45

Hägele/Schön: Überleben durch Kooperationen, in: Automobilindustrie, Heft 01/1998, S. 66–68

Hagelauer et al.: Informatik-Handbuch, München 1999

Hahn/Taylor: Strategische Unternehmensplanung – Strategische Unternehmensführung, Berlin/Heidelberg 2006

Hanser, Peter: Marketing entfesselt den Bullen, in: Absatzwirtschaft, Heft 5/2007, S. 26–31

Hauser/Groll: Kompetenz als Botschaft. Vertrauen als Ziel, in: Absatzwirtschaft Marken 2002, S. 38–40

Henderson, Bruce D.: Die Erfahrungskurve in der Unternehmensstrategie, Frankfurt/New York 1974

Hettich/Hippner/Wilde: Customer Relationship Management (CRM), in: WISU, Heft 10/2000, S. 1346–1366

Hillebrecht, Steffen: Nachfragerzufriedenheit, in: WISU, Heft 11/1996, S. 989

Hinterhuber/Handbauer/Matzler: Kundenzufriedenheit durch Kernkompetenzen. Eigene Potenziale erkennen, entwickeln, umsetzen, München/Wien 1997

Hofmaier, Richard: Investitionsgüter- und High-Tech-Marketing, Landsberg/Lech 1993

Jobber, David: Principles and Practice of Marketing, London 1998

Kahnemann/Tversky: Prospect Theory. An Analysis of Decision under Risk, in: Econometrica, Heft 02/1979, S. 263–291

Kamenz, Uwe: Marktforschung, Stuttgart 1997

Kemper/Baars: Business Intelligence und Competitive Intelligence, in: HMD, Heft 247/2006, S. 7–20

Kim/Mauborgne: Der Blaue Ozean als Strategie. Wie man neue Märkte schafft. Wo es keine Konkurrenz gibt, München/Wien 2005

Kinnear/Taylor: Marketing Research. An Applied Approach, New York 1996

Kohlert, Helmut: Marketing in technisch-orientierten Unternehmen, in: marke41, Heft 5/2010a, S. 58–61

Kohlert, Helmut: Marketing-Audit in 8 Schritten – Wie nutzen technisch-orientierte Unternehmen Marketing?, in: marke41, Heft 6/2010b, S. 68–73

Kohlert, Helmut: Organisation des Markteintritts, in: Kohlert, Helmut: Entrepreneurship für Ingenieure, München/Wien 2005a, S. 181–195

Kohlert, Helmut: Marketing für Entrepreneure, in: Kohlert, Helmut: Entrepreneurship für Ingenieure, München/Wien 2005b, S. 149–167

Kohlert, Helmut: Internationales Marketing für Ingenieure, München/Wien 2005c

Kohlert, Helmut: Faszination Selbständigkeit – Herausforderung Entrepreneurship, Renningen 2002a

Kohlert, Helmut: Produkte und Dienstleistungen im Jahr 2010. Innovations- und Kundenbedarf, in: Rollladen und Sonnenschutz, Heft 01/2002b, S. 34–39

Kohlert/Delany/Regier: Amerikageschäfte mit Erfolg. Leitfaden für den Einstieg in den nordamerikanischen Markt, Heidelberg 1999

Kohlert et al.: Vom Risiko zur Chance. Russland und die Ukraine im Fokus mittelständischer Maschinenbauer und Automobilzulieferer aus Baden-Württemberg, Stuttgart 2005

Kohlert/Fohrer: Menschen empfehlen uns, in: Genograph, Journal für die Genossenschaften in Baden-Württemberg, Heft 10/2010, S. 52–55

Kohlert/Schinkel: Der Weg zum Entrepreneur. Forderungen der Wirtschaft an die Entrepreneurshipausbildung Esslingen 2001

Kotler, Philip: Kotler on Marketing, New York 1999

Kotler, Philip: Marketing-Guide. Die wichtigsten Ideen und Konzepte, Frankfurt/Main 2004

Kotler/Keller/Brady/Goodman/Hansen: Marketing Management, Harlow 2009

Lanning/Michaels: A Business is a Value System, in: The McKinsey Quarterly, Sonderheft „Strategy Anthology" 2000, S. 53–57

Levitt, Theodore: Marketing Myopia, in: Harvard Business Review, Heft 04/1960, S. 45–56

Lewin, Kurt: Defining the Field at a Given Time, in: Psychological Review, Heft 50/1943, S. 292–310

Macharzina, Klaus: Unternehmensführung, Wiesbaden 2005

Malhotra/Birks: Marketing Research, Harlow 1999

Mankiw, N. Gregory: Principles of Economics, Fort Worth 1998

Mateika, Marc: Unterstützung der lebenszyklusorientierten Produktplanungen am Beispiel des Maschinen- und Anlagenbaus, Essen 2005

McGrath/MacMillan: Mischen Sie den Markt auf, in: Harvard Business Manager, Heft 10/2005, S. 69–82

Meffert, Heribert: Marketing, Wiesbaden 1998

Meffert/Burmann/Kirchgeorg: Marketing, Wiesbaden 2008

Mercer Management Consulting/Fraunhofer Gesellschaft: Studie „Future Automotive Industry Structure 2015", München 2003

Meyer/Davidson: Offensives Marketing, Freiburg 2001

Miller, Jerry P.: Millenium Intelligence. Understanding and Conducting Competitive Intelligence in the Digital Age, Medford 2000

Min/LaTour/Williams: Positioning Against Foreign Supply Sources in an International Purchasing Environment, in: Industrial Marketing Management, Heft 23/1994, S. 371–382

Mintzberg, Henry: The Strategy Process, Harlow 2002

Moon, Youngme: Break Free from the Product Life Cycle, in: Harvard Business Review, Heft 05/2005, S. 87–94

Moore, Geoffrey A.: Crossing the Chasm, New York 1999

Müller, Nicolaus: Marketingstrategien in High-Tech-Märkte, Frankfurt 1995

Nagel/Ley: Unternehmenssignale, Landsberg/Lech 1994

Nagel/Stark: Marketing und Management, Bad Wörishofen 2009

Nagl, Anna: Der Businessplan. Geschäfte professionell erstellen: Mit Checklisten und Fallbeispielen, Stuttgart 2006

Nalebuff/Brandenburger: Coopetition. Kooperativ konkurrieren. Mit der Spieltheorie zum Unternehmenserfolg, Frankfurt 1996

Narayandas, Das: Wie Sie Firmenkunden an sich binden, in: Harvard Business Manager, Heft 12/2005, S. 39–54

Nattermann, Philipp M.: Best Practice ≠ Best Strategy, in: The McKinsey Quarterly, No. 02/2000, S. 22–31

Neuman, W. Lawrence: Social Research Methods. Qualitative and Quantitative Approaches, Boston 1994

Nieschlag/Dichtl/Hörschgen: Marketing, Berlin 1997

O.V.: Unbekannte Marken-Riesen, in: asw Marken, Heft 01/2000, S. 38–39

O.V.: Zur Position der Stärke, in: Automobilindustrie, Heft 03/1998a, S. 24–25

O.V.: Marketing als Führungsphilosophie, in: Automobil Industrie, Heft 01/1998b, S. 18–20

Obrist/Gerber: Zielgruppenorientierung und Hybridität als Marketingtreiber im Direktvertrieb, Heft 6/2010, S. 35

Osterwalder/Pigneur: Business Model Generation, Hoboken 2010

Ott, Alfred E: Grundzüge der Preistheorie, Göttingen 1984

Porter, Michael E.: Die Wettbewerbskräfte – neu betrachtet, in: Harvard Business Manager, Heft 05/2008, S. 20–26

Porter, Michael E.: Clusters and the New Economics of Competition, in: Harvard Business Review, Heft 06/1998a, S. 77–90

Porter, Michael E.: Competitive Advantage. Creating and Sustaining Superior Performance, New York 1998b

Porter, Michael E.: Wettbewerbsstrategien, Frankfurt 1985

Prahalad/Hamel: The Core Competence of the Corporation, in: Harvard Business Review, Heft 03/1990, S. 79–91

PricewaterhouseCoopers: Datenqualität als Grundlage für gute Managemententscheidungen, in: PwC – Das Mandantenmagazin, Heft 08/2005, S. 33–35

PricewaterhouseCoopers/Sattler: Industriestudie: Praxis von Markenbewertung und Markenmanagement in deutschen Unternehmen, Frankfurt 1999

Raffée, Hans: Prognosen als ein Kernproblem der Marketingplanung, in: Raffée/Wiedmann, Strategisches Marketing, Stuttgart 1985, S. 142–166

Rahn, Stephan: Marketing steigert Innovationskraft, in: Absatzwirtschaft Sonderheft 2011, S. 87 – 89

Raithel/Scharf: Market-based Assets – die Trumpfkarte für das Reporting, in: Marketing Review St. Gallen, Heft 3/2011, S. 54–59

Reichheld/Sasser: Zero-Migration. Quality Comes to Services, in: Harvard Business Review, Heft 05/1991, S. 105–111

Reichmann, Thomas: Controlling mit Kennzahlen und Management-Tools. Die systemgestützte Controlling-Konzeption, München 2006

Richter, Hans P.: Investitionsgütermarketing: Business-to-Business-Marketing von Industrieunternehmen, Wien 2001

Roland Berger Strategy Consultants/Rothschild: Studie „Strategies for profitable growth in the global automotive supply industry", München/Frankfurt 2006

Romano, Catherine: Customer Service. The Morphing of Customer Service, in: Management Review, Heft 12/1995, S. 13–18

Romppel, Andreas: Competitive Intelligence. Konkurrenzanalyse als Navigationssystem im Wettbewerber, Berlin 2006

Scheuss, Ralph: So machen Sie Ihr Unternehmen fit für den Hyper-Wettbewerb, Berlin 2009

Scheuss, Ralph: Handbuch der Strategien, Frankfurt 2008

Schlei, Jochen: Vertrieb und Service. Im Team die Kundenbeziehung stärken, in: Absatzwirtschaft, Heft 06/2003, S. 36–42

Schultz/Robinson/Petrison, Sales Promotion Essentials, Chicago 1993

Schumpeter, Joseph: The Theory of Economic Development, Cambridge 1934

Shapiro, Benson P.: What the Hell is Market Oriented, in: Harvard Business Review, Heft 06/1988, S. 119–125

Shapiro/Bonoma: How to Segment Industrial Markets, in: Harvard Business Review, Heft 03/1984, S. 104–110

Shapiro/Jackson: Industrial Pricing to Meet Customer Needs, in: Harvard Business Review, Heft 06/1978, S. 119–127

Shapiro/Varian: The Art of Standard Wars, in: California Management Review, Heft 04/1999, S. 8–32

Sherden, William A.: Market Ownership. The Art & Science of Becoming #1, New York 1994

Silberer, Günter: Werteforschung und Werteorientierungen in Unternehmen, Stuttgart 1991

Stahl/Matzler: Continous Prospect Scanning. Ein Ansatz der kompetenzorientierten Entwicklung von Kundenakquisitionsstrategien, in: Journal für Betriebswirtschaft, Heft 02/2001, S. 56–69

Stippel, Peter: Konkurrenzabwehr im globalen Wettbewerb. Fast wie beim CIA, in: Absatzwirtschaft, Heft 04/2002, S. 14–18

Strauss/Corbin: Grounded Theory: Grundlagen qualitativer Sozialforschung, Weinheim 1996

Suarez/Lanzolla: The Half-Truth of First-Mover Advantage, in: Harvard Business Review, Heft 04/2005, S. 121–127

Teece, David J.: Profiting from technological innovation: implications for integration, collaboration, licensing and public policy, in: Research Policy, Heft 15/1986, S. 285–305

Teichert/von Wartburg: Wissen teilen für mehr Wachstum, in: Harvard Business Manager, Heft 03/2006, S. 39–45

Theuvsen, Ludwig: Kernkompetenzorientierte Unternehmensführung, in: SIWSU, Heft 12/2001, S. 1644–1650

Thomas, Dan R. E.: Strategy is Different in Service Businesses, in: Harvard Business Review, Heft 04/1978, S. 158–165

Thommen/Achleitner: Allgemeine Betriebswirtschaftslehre, Wiesbaden 2006

Töpfer, Armin: Kundenzufriedenheit – Messen und Steigern, Neuwied 1999

Vahs, Dietmar: Organisation. Einführung in die Organisationstheorie und –praxis, Stuttgart 2007

Vahs/Burmester: Innovationsmanagement. Von der Produktidee zur erfolgreichen Vermarktung, Stuttgart 1999

Vester, F.: Unsere Welt. Ein vernetztes System, München 1983

Webster/Wind: A General Model for Understanding Organizational Buying Behavior, in: Journal of Marketing, Heft 04/1972, S. 12–19

Weiand, Achim: Stakeholder-Analyse. Interessengruppen identifizieren und einbinden, in: Zeitschrift für Organisation, Heft 02/2012, S. 134–137

Westendorp, Peter H. van: NSS-Price Sensitivity Meter. A New Approach to Study Consumer Perception of Prices, Venice ESOMAR Congress, Amsterdam 1976

Witkowski, Helmut: Einführung in die Preistheorie, Rinteln 1984

Wolf & Müller Regionalbau: Vertriebshandbuch, Stuttgart 2010

Zerdick et al.: Die Internetökonomie, Berlin 2001

Zerres/Zerres: Handbuch Marketing-Controlling, Berlin 2006

Zikmund, William G.: Exploring Marketing Research, Forth Worth 1994

Zoeten, Robert de: Industrial Marketing. Praxis des Business-to-Business-Geschäfts, Stuttgart 1999

Stichwortverzeichnis

A
ABC-Analyse 151
After-Market-Option 207
AIDA-Formel 373
Analogieschluss 120
Analyse
   Branche, Markt und Wettbewerb 39
   eigenes Unternehmens 38
Angriffsstrategien 237
Appropriability 111
Auftragsrealisierung 309
Austausch 10

B
B2B-Markt 13
B2C-Markt 13
Befragung
   Methoden 67
   persönliche 71
Befragungsmethoden 67
Benchmarking 144
Best Practices 146
betriebliches Vorschlagswesen 255
Big Picture-Perspektive 31, 33
Blue Ocean-Strategien 243
Blueprinting 326
Bottom-Up-Prozess 280
Branche
   Austrittsbarrieren 108
   Determinanten 105
   Eintrittsbarrieren 106
   Indikatoren 109
   Makroprofil 240
   Mikroprofil 240
Brand Promise 194, 373
Briefing 373
Budgethoheit 296
Business Customer Understanding 15
Business Driver 112, 292
Business Initiatives 292
   Erkennen 293
Business Intelligence 44, 76
   bei neuen Technologien 77
Business Modelling 86
Business Plan 40
Buying Center 10, 310, 313, 315

Ermittlung 316
Rollen 313

C
Cash Cow 167
Chasm 133
C-Kunden 306
Cluster 225
Compelling Event 296, 302, 306
Complementary Assets 111
Coopetion 224
Corporate Brands 196
Cost-plus Pricing 354
Customer Relationship Management 317
Customer's Mind 372
Customer-Lifetime Value 319

D
Datenauswertung 71
Descriptive Research 60
Desk Research 49, 54
Deskriptoren 73
Dienstleistungen
   Anforderungen an Mitarbeiter 326
   Arten 337
   Aufbau 338
Differenzierung 105, 183, 192, 273
   ausgehend vom Kunden 193
   ausgehend vom Marketing-Mix 192
   Gefahren 228
   Quelle 273
   Voraussetzungen 228
   Ziel 227
Differenzierungsstrategie 227
Diversifikation 218

E
Economies of Scale 108, 226
Einkauf
   Beschaffungsverhalten 310
   Entscheidungsprozesse 311
Einkäufer
   Hard Facts 312
   Soft Facts 312
Empfehlungsmanagement 365
Erfahrungskurveneffekte 165, 388
Ertragsmodell 85

Ertragspotenzial 187
Events 380
Executive Summary 38
Exit Strategy 98, 108
Exit-Klauseln 98
Experience Curve Effects 226
Experteninterview 71
Explanatory Research 61
Exploratory Research 60

F
Fähigkeiten 219
Fat Cats 234
Field Research 49, 51
First-Mover Advantage 262, 263
Follow-up 380
Forschung
    qualitative 59, 71
    quantitative 59
Forschungsfragen 58
Fragen
    geschlossene 70
    offene 70

G
Game-Over-Strategie 109
Gap
    operatives 215
    strategisches 215
Gatekeeper 314
Geschäftsgelegenheit
    Bewertung 270
    Qualifikation 302
    Verzicht 305
Geschäftsmodell 85
    Dekonstruktion 231
Geschäftsplan 40
Gewinn 12
Gewinnpotenzial 272
Go/NoGo-Entscheidung 305
Grundorientierung 19, 21
    Gesellschaftliche Orientierung 20
    Marktorientierung 19
    Produktionsorientierung 19
    Produktorientierung 19
    Verkaufsorientierung 19
Grundwerte 26

H
Handlungsempfehlungen 65
Herding 228
Hintergrundinformationen 50, 55

I
Iceberg Principle 55
Implementierung
    Barrieren 277
    Ergebnisse 278
    kritische Meilensteine 278
    Termine 278
    Verantwortlichkeit 278
Indikatormethode 120
Informationen
    Wettbewerber 143
Informationsbeschaffung 42
Ingredient Branding 197
Innenbetrachtung des Unternehmens 30
Innovationen 251
    diskontinuierliche 252
    Erfolgskriterien 253
Innovationsmarketing 254
Inside-Out-Perspektive 20
Integration 32
International Brand 196
Internet-Ökonomie 265
    positives Feedback 266
Interview
    Experten- 71
    teilstrukturiert 69
    Vorgehensweise 68
IP-Strategie 222

J
Joint Demand 16

K
Kaufakt 9
Kernkompetenzen 90
    Kriterien 92
    strategische Dimension 93
Key Account Manager 288
Key Performance Indicator 278
Kommunikation 10, 368
    Botschaft 374
    Formen 369
    Präsentationsunterlagen 375
    Technologie-Markt 133
Komplementär 224
Konzentration 32
Kooperationen 221
    Formen 221
    Risiken 223
    Zielsetzungen 222
Koopkurrenz 224
Kosten 349
Kostenführerschaft 226
    Gefahren 227
    Voraussetzungen 226
Kreuzpreiselastizität 16

Krisensituation 100
Kunden
    Bedürfnisse 9, 162
    Einkaufsverhalten 258
    Informationen 376
    Innovation.................................. 252
    Kaufmotive 295
    Klassifizierung 151, 153
    Kontaktprozess 327
    Qual 295
    Verhandlungsmacht 115
    Zurückgewinnung 306
Kunden des Kunden 15, 49, 370, 371
Kundenloyalität 324
    Formen 324
    im B2B-Markt 324
Kundenorientierung 19
Kundenwert 154, 346
    Vier-Felder-Matrix 299
    Vorgehensweise 157
Kundenwertanalyse 154
Kundenzufriedenheit 320, 322

L
Leistungsversprechen 337
Life Cycle Costs 312
Lock-in 115, 262
    Quellen 267
Loss Analyse 308

M
Mainstream Market 133
Make-or-Buy-Entscheidung 223
Management-by-Objectives 277
Marke 194
    Namensgebung 195
    Positionierung 194
    Unternehmensmarke 196
Market-Audit
    mögliche Ergebnisse 178
Market-based Assets 333
Market-based View 20
Marketing 22, 305
    Anforderungen 12
    Aufgabe 286
    Begriff 5
    Definition 8
    Grundbegriffe 8
    Handlungsfeld 6
    Kernaufgaben 12
    operatives 36
    strategisches 36
Marketing Implementierung 36
Marketing Information System 48
Marketing Screen 96
Marketing und Verkauf 22

Marketing-Audit 174
    Ablauf 175
    Ziele 175
Marketing-Mix 33, 331
    aus Kundensicht 35
    aus Unternehmenssicht 33
Marketing-Stimuli 311
Marketing-Strategie 29, 32
    Formulierung 240
    Prinzipien 32
    Zielsetzungen 341
Markt 10
Marktangebot 9, 34, 333
    erklärungsbedürftiges 342
    komplementäres 225, 267
Marktanteil
    relativer 119, 166
Marktattraktivität 171, 272
Marktdurchdringung 217
Marktentwicklung 217
Marktfeldstrategie 217
Marktforschung
    Anwenderbefragung 82
    B2B-Markt 62, 71
    im Kleinen 82
    mehrstufiger Ansatz 82
    Mythen 80
    Technologie-Frühaufklärung 77
    Technologieumfeld 76
Marktforschungsprojekte 44
    B2B-Markt 48
    Marktforschungsreport 66
    Methoden-Mix 81
Marktforschungsprozess
    Zielsetzungen 54
Marktführer 135, 234
    Empfehlungen 236
    Verteidigungsstrategien 235
Marktorientierung 21
    Abteilungen 23
    Unternehmenskultur 24
Marktpenetration 217
Marktpotenzial 119
Marktsegmente
    vernachlässigte 234
Marktsegmentierung 181, 183
    B2B-Markt 184
    B2C-Markt 184
    Kriterien 181
    Prozess 182
    Vorteile 181
Marktsegmentierungskriterien
    B2B-Markt 185
    B2C-Markt 184

Markttest 275
    Alpha-Test 275
    Beta-Test 276
Marktvolumen 119
Marktwachstums/Marktanteils-Portfolio ... 165
Massenmarktstrategie 180
Maßnahmen 33
Messe 379
    Vorbereitungen 379
Metcalfe's Law 265
Mission 27
Mittelständler 188
Mystery Shopping 379

N
Nachfassaktion 67
Nachfrage 9
Nachrichtensystem
    Wettbewerberanalyse 52
Network 11
Network Marketing 11
Netzwerk 11
Netzwerkeffekt 265, 267
Neue Normalität 2
Nischenstrategie 228
    Gefahren 229
Nutzenargumentation 344
Nutzwert 9

O
Öffentlichkeitsarbeit 369
Opportunity Analysis 302
Outside-In-Perspektive 20

P
Patente 222
Personal Selling 369, 375
persönlicher Verkauf 375
PIMS-Studie 165
Pionier
    Gewinne 264
    Vorteile 262
Porters 5-Forces-Analysis 113
Portfolio
    Boston Consulting Group 165
    Marktattraktivitäts/Wettbewerbsvorteil. 170
    McKinsey 170
Positionierung 183, 197, 344
    durch Marke 193
    Grundformen 198
    strategische 197
Positionierungs-Template 199
Post-Sale-Service 309
Präsentation 307, 375
Preis 34
    Compare Effect 274

Preisbildung 346, 348
    externe 349
    Methoden 354
    Prozess 352
Preisdifferenzierung 351
Preiselastizität 349, 351
Preisstrategie
    Abschöpfungsstrategie 347
    Follow the Leader 355
    Hochpreisstrategie 347
    Market Penetration Pricing 347
    Marktdurchdringungsstrategie 347
    Niedrigpreisstrategie 347
    Preisabfolgestrategien 347
    Preisfolger 348
    Preisführer 347
    Preiskämpfer 348
    Preiswettbewerbsstrategien 347
    Premium Pricing Strategy 347
    Promotional Pricing 347
    Skimming Pricing Strategy 347
    Survival Pricing 348
Preisstrategien 347
Preisverhandlungen 356
Price-Sensitivity-Meter 357
Primärforschung 49
privilegiertes Vermögen 91
proaktives Marketing 317
Problemlösung 9, 32
Product Life Cycle 121
Produkt/Markt-Expansionsmatrix 217
Produkt/Markt-Kombinationen 39
Produktentwicklung 217
Produktlebenszyklus 121, 125
    Degenerationsphase 123
    Einführungsphase 122
    Position 124
    Reifephase 123
    strategische Empfehlungen 125
    Wachstumsphase 122
Produktmanager 17
    Kompetenzen 18
Prognosen 120
Promotion 34
Prospect Theory 352
Public Relations 369
Pull-Strategie 371
Push-Strategie 371

Q
Quellen für Primärdaten
    unternehmensexterne 52
    unternehmensinterne 52
Quellen für Sekundärdaten
    unternehmensexterne 50
    unternehmensinterne 50

R

Rechercheplan ... 52
Referenzkunden ... 275
Relationship Marketing ... 11, 193
Resource-based View ... 20
Risiko ... 246
Risikomanagement
    Risikoidentifikation ... 247
    Risikomatrix ... 248
    Risiko-Matrix ... 247
    Risikoschwelle ... 250
    Risikosteuerung ... 248
    Vorgehensweise ... 246

S

Sales Promotion ... 369, 379
Sandwich-Position ... 207
Scharfschützen-Konzept ... 180
Schlussfolgerungen ... 65
Segmentierungsstrategie ... 180
Sekundärforschung ... 49
Selling Center ... 312
Serviceleistungen ... 336
    fünf Stufen ... 321
Set of Methods ... 174
Stakeholder ... 7, 99
Stakeholder-Analyse ... 99
    Ziel ... 99
Standards ... 267, 268
Stärken ... 32, 158, 160
Stärken/Schwächen-Profil ... 95
Strategic Fit ... 220
Strategie und Taktik ... 33
Strategien ... 29, 244
    der Herausforderer ... 237
    der Marktführer ... 234
    der Verfolger ... 239
    Umsetzung ... 277
strategische
    Alternativen ... 225
    Geschäftseinheiten ... 164
strategische Stoßrichtung
    differenziert ... 187
    fokussiert ... 187
    undifferenziert ... 187
Substitutionsprodukt ... 116
Substitutionsrisiko ... 116
Switching Costs ... 115
SWOT-Analyse ... 160
    Strategieempfehlungen ... 162
Symptom ... 56
Szenario-Technik ... 121
    Grundmodell ... 75

T

Tacit Knowledge ... 287
Targeting ... 183
Technologie-Markt
    Kommunikation ... 133
    Kundentypen ... 134
    Nischenbesetzungen ... 133
Technologien
    Vermarktung ... 128
    Zyklen ... 259
technologischer Adaptionszyklus ... 130
    Chasm ... 133
    Konservative ... 131
    Lücken ... 131
    Pragmatiker ... 130
    Skeptiker ... 131
    Techies ... 130
    Visionäre ... 130
Testimonial ... 275
Tiger Competitors ... 234
Total Cost of Ownership ... 346
Trade Secret ... 108
Transaktionen ... 10
Trends ... 121
    Treiber ... 73

U

Umfeld ... 3
    Informationen ... 36
    innovatives ... 261
    Umfeldfaktorenfaktoren ... 1
Umfeld-Analyse ... 38
    Aufgaben ... 44
    Makro ... 45
    Mikro ... 45
Umfeldfaktoren ... 311
Umsatzfokus/Kostenfokus-Modell ... 299
Umsatzstrom ... 87
Umsetzung
    Ampelsteuerung ... 280
    von Zielen ... 277
Underdog ... 356
Unique Selling Proposition ... 192
Unternehmen
    marktorientierte ... 252

V

Value Chain ... 110
Value Proposition ... 30, 85, 296
    Bewertung ... 87
Verbesserungen ... 251
Verfolgerstrategien ... 239
Verhandlungen ... 308
Verkauf ... 11, 22
    Formen ... 375
    Projekt- ... 302

Verkäufer
- Anforderungen ... 377
- Aufgaben ... 377
- Niederlage ... 308

Verkaufsförderung ... 379
Verkaufsorientierung ... 21
Versionizing ... 267
Verständnisschlüssel ... 197
Verteidigungsstrategien ... 234
Vertrieb und Verkauf ... 285
Vertriebsingenieur ... 17
Vertriebsprozess ... 11, 286
- Ablauf ... 287
- Kette ... 288
- Strukturierung ... 287

Vertriebswege ... 10, 14, 34, 361
- Auswahl ... 363
- Entscheidungen ... 365
- Formen ... 361

Vision ... 25
- Funktionen ... 25
- Wirksamkeit ... 26

W

Wachstumsoptionen ... 220
Wargaming ... 149
Wechselkosten ... 257
Werbung ... 372
- Komponenten ... 372

Wertekette ... 110
- Dekonstruktion ... 231

Wertschöpfung ... 86
Wertschöpfungskette ... 110
Westendorp-Preismodell ... 357

Wettbewerb
- horizontaler ... 274
- vertikaler ... 274

Wettbewerber ... 113, 233
- Fähigkeiten ... 141
- neue ... 117
- relevante ... 139
- Strategie ... 140
- Vergeltung ... 108
- Zielsetzungen ... 139

Wettbewerberanalyse
- Competitive Screening ... 141

Wettbewerbsstrategien ... 138, 233
Wettbewerbsvorteile
- durchhaltbare ... 94
- durchhaltbarer ... 93
- operative ... 216
- relative ... 171
- strategische ... 158, 160, 216

Window of Opportunity ... 97
Wünsche ... 9

Z

Ziele ... 277
- Begriff ... 27
- Festlegung ... 39
- Realisierung ... 278
- SMART ... 28

Zielgruppe ... 10
- Bestimmung ... 183

Zielmarktbestimmung ... 183
Zulieferer ... 206, 207
- Auswahl ... 210
- Bewertung ... 209
- Ziele ... 207, 211

 Ein Wissenschaftsverlag der Oldenbourg Gruppe

Marion Steven

BWL für Ingenieure

4., korrigierte und aktualisierte Auflage 2011
X, 365 Seiten
broschiert
ISBN 978-3-486-70686-4
€ 39,80

Marion Steven vermittelt in diesem Buch, was der in der Praxis tätige Ingenieur an betriebswirtschaftlichem Grundlagenwissen benötigt, um sich in Bereichen der Wirtschaft kompetent zu verständigen.

Praktische Beispiele stellen den Bezug zur Berufswelt des Ingenieurs her. Ein Glossar betriebswirtschaftlicher Fachbegriffe am Schluss des Buchs hilft nicht nur beim Erlernen der Fachterminologie, sondern erlaubt auch seine zusätzliche Nutzung als Nachschlagewerk.

 Das Lehrbuch bietet speziell für Ingenieure, Naturwissenschaftler und andere Nicht-Ökonomen alles, was an betriebswirtschaftlichen Grundkenntnissen nötig ist.
PROCESS

Für Studenten der Ingenieur- und Naturwissenschaften sowie Ingenieure in der Praxis.

Bestellen Sie in Ihrer Fachbuchhandlung
oder direkt bei uns: Tel: +49 89/45051-248
Fax: +49 89/45051-333 | verkauf@oldenbourg.de   **www.oldenbourg-verlag.de**

Ein Wissenschaftsverlag der Oldenbourg Gruppe

Michael Kerres

Mediendidaktik
Konzeption und Entwicklung mediengestützter Lernangebote

3., vollständig überarbeitete Auflage 2012
XI, 532 Seiten
gebunden
ISBN 978-3-486-27207-9
€ 49,80

Neue Bildungsmedien sind eine Herausforderung für die Bildungsarbeit. Oft wird von den „Potenzialen multi- und telemedialer Lernumgebungen" (CBT, Internet, Videokonferenzen etc.) gesprochen, doch in der Umsetzung sind die Lernangebote häufig enttäuschend.

Dieses Buch stellt den Prozess der Konzeption und Entwicklung neuer Bildungsmedien systematisch vor. Aus der interdisziplinären Sichtweise von Pädagogik und Informatik werden die mediendidaktischen und -informationstechnischen Kriterien für die Planung didaktisch wertvoller Medien beschrieben. Die Neuauflage trägt besonders der aktuellen Entwicklung im Bereich internetgestütztes Lernen Rechnung.

 Das insgesamt kompakte, nüchterne und handfeste Werk über das Lehren und Lernen mit Neuen Medien sollte eine Pflichtlektüre für Lernsoftware-Entwickler und Lehrer bilden.
c't – Magazin für Computertechnik

Für Studenten der Informatik und Pädagogik sowie Entwickler von Bildungsmedien.

Bestellen Sie in Ihrer Fachbuchhandlung
oder direkt bei uns: Tel: +49 89/45051-248
Fax: +49 89/45051-333 | verkauf@oldenbourg.de

www.oldenbourg-verlag.de